रुद्र रचनावली

खंड-3

शिवप्रसाद मिश्र 'रुद्र' काशिकेय का कथा-साहित्य

रुद्र रचनावली

शिवप्रसाद मिश्र 'रुद्र' काशिकेय की सम्पूर्ण रचनाएँ

खंड-3

सम्पादक

डॉ. मीनाक्षी मिश्र

राधाकृष्ण प्रकाशन

ISBN : 978-81-8361-867-0 (सम्पूर्ण सेट)

रुद्र रचनावली (खंड-3)

पहला संस्करण : 2018

मूल्य : ₹4000
(चार खंडों का सम्पूर्ण सेट)

प्रकाशक
राधाकृष्ण प्रकाशन प्राइवेट लिमिटेड
जी-17, जगतपुरी, दिल्ली-110 051

शाखाएँ : अशोक राजपथ, साइंस कॉलेज के सामने, पटना-800 006
पहली मंजिल, दरबारी बिल्डिंग, महात्मा गांधी मार्ग, इलाहाबाद-211 001
36 ए, शेक्सपियर सरणी, कोलकाता-700 017

वेबसाइट : www.radhakrishnaprakashan.com
ई-मेल : info@radhakrishnaprakashan.com

मुद्रक : बी.के. ऑफसेट
नवीन शाहदरा, दिल्ली-110 032

RUDRA RACHANAVALI (Khand-3)
Complete works by Shivprasad Mishra 'Rudra' Kashikey
Edited by Dr. Meenakshi Mishra

पुरोवाक्

हिन्दी साहित्य के विकास में काशी का अवदान विशिष्ट रहा है। काशी की पावन भूमि ने एक से बढ़कर एक महान् साहित्यकार उत्पन्न या परिपोषित किये हैं और आज भी करती चली आ रही है। लेकिन यहाँ की विलक्षण संस्कृति, खास अन्दाज़ यदा-कदा ही किसी साहित्यिक व्यक्तित्व में मुखर होता है। यह विलक्षणता 'कबीर', 'भारतेन्दु', 'तेगअली', 'प्रसाद' और 'रुद्र काशिकेय' को ही मिल पाई थी।

रुद्र जी का व्यक्तित्व काशी की संस्कृति में रचा-पगा व्यक्तित्व था। उनकी ज़िन्दादिली और बेलौसपन उनके व्यक्तित्व के साथ ही उनके साहित्य में परिलक्षित होता है। वे भारतीय संस्कृति, इतिहास, परम्परा और युगबोध के सचेत अध्येता व काशी के सांस्कृतिक परिवेश को चित्रित करने वाले मूर्धन्य साहित्यकार रहे हैं।

रुद्र रचनावली का तृतीय खंड शिवप्रसाद मिश्र 'रुद्र' काशिकेय का कथा-साहित्य है। इसमें उनके पूर्ण एवं अपूर्ण उपन्यासों एवं कहानियों को काल-क्रमानुसार रखा गया है। सर्वप्रथम 'बहती गंगा' (प्रथम संस्करण 1952, राजकमल, दिल्ली), 'सुचिताच' (प्रथम संस्करण, 1957, आराधना प्रकाशन, काशी), 'रामबोला रामबोले' अपूर्ण उपन्यास है जिसके दो अंक मानस मयूख, त्रैमासिक शोध पत्रिका के (रामनवमी अंक), 31 मार्च सन् 1965 ई. एवं 30 जून सन् 1965 ई. में प्रकाशित हुए। काशिका संस्कृति पर 'मृणमानव और महेश' उनकी संकल्पना में ही रह गया। इसे बद्ध न कर सके और चल बसे।

कहानियों में मानवीय विश्लेषण, अलाप की उत्पत्ति कोतवाल पाण्डे, मत्स्यगंधा, यशस्वीयश, दमड़ी औ दुकड़ाकऽ नाइके सेंधुरवा, कमच्छा का जादू, जुझौअल, दधीचि के अस्थिदान की कहानी है। इन कहानियों का प्रकाशन विविध पत्रिकाओं– 'ख़ुदा की राह पर', 'तरंग', 'वासंती', 'त्रिपथगा', 'प्रसाद' आदि में हुआ। जिनका कालक्रमानुसार विवरण रचना के साथ उल्लिखित किया गया है।

रुद्र जी की अमर कृति 'बहती गंगा' कथ्य एवं शिल्प की विलक्षणता के कारण हिन्दी कथा-साहित्य की अमूल्य निधि है। काशी के लगभग दो सौ वर्षों (सन् 1750-1950) तक के गत्यात्मक इतिहास एवं अंचल विशेष की संस्कृति

को सत्रह तरंगों में प्रस्तुत करने वाला यह प्रथम उपन्यास है। काशी का जो जीवन इन कहानियों में उद्भासित होता है, वह मौजमस्ती, अक्खड़पन से भरा हुआ आनन्दवादी जीवन है, जिसमें वीरता का सम्पुट है, लोक सौन्दर्य एवं सनातन बनारस की अनुपम छटा है। रचना में अनेक स्थलों पर जनसंघर्षों का भी चित्रण मिलता है, जिनमें निहित मानवीय बोध, आधुनिकता एवं राष्ट्रीय गौरव की स्पष्ट झलक दिखती है। टुन्नू और दुलारी जैसे पात्रों के माध्यम से विदेशी सत्ता के प्रति विद्रोह एवं उसके प्रति अस्वीकार भाव को बखूबी प्रस्तुत किया है। प्रेम की गहनता इसकी कहानियों को मार्मिक बनाती है।

'बहती गंगा' की जीवन्तता के मूल में रुद्र की प्रगतिशीलता और लोक-बोध दोनों हैं। इनकी कहानियों के नायक सामान्य जन नहीं बल्कि समाज के चरित नायक हैं जिन्हें काशी की भाषा में गुंडा कहा जाता है और ये गुंडे दूसरों के प्राणों की रक्षा के लिये स्वयं को बलिदान कर देते हैं। रुद्र ने इन पात्रों का चित्रण यथार्थता के साथ किया है, कल्पित नहीं है। इन ऐतिहासिक पुरुषों की वीरता काशी के इतिहास का नगीना है।

समाज में हाशिए पर रहने वाली स्त्रियों में भी असाधारण पुरुषोचित गुणों का उद्घाटन मिलता है। रकिया, वेश्या, दुलारी, सुन्दर कसबिन, गंगा, सुधा आदि ऐसे ही नारी चरित्र हैं। बनारस में सैकड़ों टाइबर्न बनाने वाला निरंकुश शासक बकले रकिया में झाँसी की रानी का वीरांगना स्वरूप देखता है। इन सभी नारी पात्रों की अपनी विशेषताएँ हैं, अपनी प्रकृति है।

'बहती गंगा' का ऐतिहासिकता के साथ दूसरा मुखड़ा है—आंचलिकता। काशी के आंचलिक जीवन का यह सबसे शक्तिशाली सवाक् चित्रपट है। काशी अंचल की भाषा, लोकोक्ति, लोककथाएँ, लोकगीत, मुहावरे, वेशभूषा, लोक संस्कृति, धर्म, जीवन, समाज तथा आर्थिक और राजनीतिक जागरण के प्रश्न एक साथ मूर्तिमन्त हो उठे हैं। उपन्यासकार की सबसे बड़ी सफलता यह रही है कि उसने जिस समाज का चित्रण किया है उसे न केवल देखा है बल्कि स्वयं उसके रस से तरल और उद्भासित भी हुआ है। इसी कारण उपन्यास में जितनी कथाओं का संयोजन है वे सभी सजीव एवं यथार्थ हैं। आंचलिक दृष्टि से देखे जाने पर यह प्रथम उपन्यास ठहरता है, इसकी कहानियाँ सन् 1948 से 50 के बीच आँधी, आज, रक्षक, स्वतंत्र भारत में प्रकाशित हुई। इस प्रकार रेणु के आविर्भाव के पूर्व ही आंचलिक उपन्यास के दिशा-निर्देशन और विधायक तत्त्वों का हिन्दी उपन्यास में समावेश हो चुका था। भाषा की प्रवाहमयता देखते ही बनती है। वह उनके अंतर्मन से फूट पड़ी है जिसके लिए न तो कोई श्रम सापेक्ष है और न ही शब्दकोश पलटने पड़े। आचार्य सीताराम चतुर्वेदी के मत से सभी को सहमत होना पड़ेगा—"इस 'बहती गंगा' की सबसे बड़ी विशेषता है इसकी भाषा, जिसमें तनिक मिलावट नहीं, सीधी मुहावरेदार

सरस सूक्तियों और लहरियादार शब्दावली से भरी भावों के साथ ऐसी झूमती, इठलाती, बलखाती, लचकती, लहरें लेती झूलती-मचलती है कि आप एक-एक वाक्य को दस-दस बार पढ़ें तो जी न भरे।''

रुद्र जी अपनी प्रयोगशीलता के कारण सदैव चर्चित रहे हैं। इनका दूसरा उपन्यास सुचिताच न केवल कथ्य अपितु अपने नामकरण में भी सर्वथा नवीन है। सुमित्रा, चित्रा, तारा, चन्द्रा को केन्द्र में रखकर उपन्यास का सृजन हुआ है। इसमें कुल चार अध्याय हैं, जिनमें पाँच-पाँच कथाएँ हैं। कथाओं के तारतम्य में एक एकांकी 'शशिना सह याति कौमुदी' का रखा जाना उपन्यासकार की विशिष्ट शैली का परिचायक है। उपन्यास में विभिन्न पात्रों एवं उनके विचारों के माध्यम से प्रेम के नये प्रतिमान प्रस्तुत किये गये हैं। प्रेम तत्त्व की मीमांसा करते हुए 'रुद्र' नारी-मनोविज्ञान के पारखी रूप में सामने आते हैं। अनेक संश्लिष्ट चरित्रों के माध्यम से प्रेम के सूक्ष्म से सूक्ष्म मनोभावों को बखूबी प्रस्तुत किया है। 'सुचिताच' रुद्र काशिकेय की प्रखर अनुभूति और प्रौढ़ कलात्मकता से युक्त रचना है। भाषा के प्रवाह, शब्दों के चयन, अलंकारों के प्रयोग तथा व्यंग्य-छटा इन सभी में उनका विशिष्ट शैलीकार रूप दृष्टिगत होता है। रुद्र जी का आखिरी उपन्यास 'रामबोला रामबोले' अनबोला ही रह गया है। तुलसी के जीवन-वृत्तांत की अभिनव प्रस्तुति प्रकाशित दो अंकों में देखने को मिलती है।

कहानियों में भावबोध के विविध स्तर दिखलायी पड़ते हैं। एक ओर उनमें हास्य और व्यंग्य का पुट विद्यमान है तो दूसरी ओर पौराणिक, ऐतिहासिक, सामाजिक कहानियों की रचना की। 'मानवीय विश्लेषण' एवं 'अलाप की उत्पत्ति कोतवाल पाण्डे' अपने विशेष मनोरंजक कथानक एवं संवाद शैली की उत्कृष्टता के कारण अनूठी हास्य-व्यंग्य प्रधान कहानी है। पौराणिक आख्यान को आधार बनाकर 'मत्स्यगंधा' और 'दधीचि के अस्थिदान की कहानी' को पूर्वाभास कौशल पद्धति से प्रस्तुत किया। 'यशस्वीयश', 'दमड़ी औ दुकड़ाकऽ नाइके सेंधुरवा' ऐतिहासिक कहानियाँ हैं। इतिहास के जीवंत चरित्रों को आधार बनाकर इसकी रचना की है। यश ही वह प्रथम गृहस्थ था जिसे बुद्ध ने प्रव्रज्या प्रदान की। 'दमड़ी औ दुकड़ाकऽ नाइके सेंधुरवा' काशी की मिट्टी में जन्मी एक सामान्य बालिका मनूबाई की कथा है। मनू के जीवन की विस्मयकारी घटनाओं, पराक्रम एवं वीरता का यथार्थ चित्रण हुआ है। 'कमच्छा का जादू' घटना प्रधान कहानी है। 'जुझौअल' में सामान्य-सी घटना को आधार बनाकर एक रंजक कथानक की सृष्टि की है। काशिका की विशिष्ट शैली में रचित इस कहानी की कुछ अलग ही महक है। बनारस की विशिष्टताओं को यहाँ के वीरों के स्वरूप विन्यास में लेखक के सूक्ष्म अध्ययन का पूरा परिचय मिलता है। बनारसी बोली के प्रयोग से जीवन्तता, गतिशीलता एवं प्रभावपूर्णता आई है।

रुद्र जी का कथा साहित्य सर्वथा अनूठा एवं अनुपम है। उनके मन में जैसी तरंगें उठीं उसी के अनुरूप कहानी का सृजन किया। 'बहती गंगा' में विशेष काल-खंड की चेतना को अपनी वाणी देकर विशिष्ट शिल्प के माध्यम से काल-सीमा से बाहर कालजयी बना दिया है जो अपनी सांस्कृतिक प्रस्तुति एवं लोकोन्मुखता के चलते चिरकाल तक प्रासंगिक बना रहेगा।

–डॉ. मीनाक्षी मिश्र

अनुक्रम

पुरोवाक् *5*

उपन्यास

बहती गंगा

मेरी बात *17*

गाइए गणपति जगबन्दन 19
घोड़े पै हौदा औ हाथी पै ज़ीन 22
नागर नैया जाला कालेपनियाँ रे हरी 27
सूली ऊपर सेज पिया की 33
आए, आए, आए 42
अल्ला तेरी महजिद अव्वल बनी 51
रोम-रोम में वज्रबल 56
सिवनाथ-बहादुरसिंह वीर का खूब बना जोड़ा 63
एही ठैयाँ झुलनी हेरानी हो रामा! 67
राम-काज छनभंगु सरीरा 75
एहि पार गंगा ओहि पार जमुना 80
चैत की निन्दिया जिया अलसाने 85
इस हाथ दे उस हाथ ले 90
दीया क्या जले जब जिया जल रहा 95
नारी, तुम केवल श्रद्धा हो! 99
मृषा न होइ देव-रिसि बानी 104
सारी रंग डारी लाल-लाल 109

सु-चि-ता-च

मेरा निवेदन है *119*

सुमित्रा **125**

शमा-परवाना 125
हृदयराम और रूपचन्द 130
कली और काँटा 136
पाँचवाँ-मुरगा 142
सत्य और स्वप्न 150

चित्रा **155**
दिल-ए-नादां तुझे हुआ क्या है 155
न किसी की आँख का नूर हूँ 160
नाज़वाले नियाज़ क्या जानें 166
बैठ जाता हूँ जहाँ छाँव घनी होती है 171
बुलबुल के आँसुओं में है खुशबू गुलाब की 177
तारा **183**
तडिद्वा तारा वा कनकलतिका वा किमबला 183
यदि सा वनिता हृदये निहिता 190
शशिना सह याति कौमुदी 197
संसार-नाटक-रसोत्तम-रत्न-पात्रीम् 203
एको रसः करुण एव 209
चन्द्रा **215**
मोरी बुधि लड़कइयाँ मैं का जानूँ राम 215
जवने रे मँगिया में नउले सेंधुरवा 219
रेलिया सवतिया पिया को लिये जाए 222
जौ तूँ जइहौ राजा पुरब के देसवाँ 227
धनि रे सेंधुरवा कऽ भाग 230

रामबोला रामबोले **235**
रामबोला रामबोले या तुलसी की रामकहानी *239*
प्रस्तावना *239*
असी गंग के तीर 245
बालकांड 245
तब अति रहेउँ अचेत 245
पाछिले को उपखानु 249
सुमति हियँ हुलसी 257

कहानी

मानवीय विश्लेषण 265
अलाप की उत्पत्ति कोतवाल पाण्डे 271
मत्स्यगंधा 273
यशस्वीयश 279
दमड़ी और दुकड़ा कऽ नाइके सेंधुरवा 283
कमच्छा का जादू 290
जुझौअल 297
दधीचि के अस्थिदान की कहानी 300

उपन्यास

बहती गंगा

करुणापति त्रिपाठी
और
मुकुन्ददेव शर्मा को

मेरी बात

पूरे एक युग के बाद 'बहती गंगा' का पुनर्प्रकाशन दिल्ली के राधाकृष्ण प्रकाशन द्वारा किया जा रहा है। प्रथम प्रकाशन दिल्ली की ही एक प्रकाशन संस्था ने किया था। दोनों बार श्री ओम्प्रकाश ही घटक रहे हैं। मैं उनका कृतज्ञ हूँ, इसलिए कि यदि वे स्वयं ही मुझे खोजते हुए मेरे पास न आते तो मैं कथमपि किसी प्रकाशक के पास न जाता और 'बहती गंगा' अभी तक 'अन्तःसलिला' ही बनी रह जाती; कारण, मैं यह मानता हूँ कि यदि लेखक के लिए प्रकाशक आवश्यक है तो प्रकाशक के लिए लेखक भी। अतः लेखक ही प्रकाशक की दरेदौलत पर हाज़िर होकर क्यों बा-अदब, दस्तबस्ता, लरज़ते पैरों और लड़खड़ाती ज़बान से अपनी दरख़ास्त पेश करे? मुझे इस एकांगी आकर्षण में तनिक भी रस नहीं मिलता और पेशेवर लेखक न होने के कारण अपनी रचनाओं के प्रकाशनार्थ भी मैं आतुर नहीं।

'बहती गंगा' के प्रथम प्रकाशन पर हिन्दी-जगत ने जैसा स्वागत किया और हिन्दी के आलोचकों ने जैसी अनुकूल प्रतिक्रिया प्रकट की, उसका कारण मेरी कला नहीं, मेरा सौभाग्य ही है; कारण, हिन्दी में आलोचना कृति को नहीं, कृतिकार को देखकर की जाती है जिसमें अपने विशेष गुट का सविशेष ध्यान रखा जाता है। मेरे सम्बन्ध में हिन्दी के आलोचक अपनी बँधी परिधि के बाहर गए, 'गुट' का न रहते हुए भी मुझ नगण्य को उन्होंने 'राजसंस्करण' का सम्मान प्रदान किया, इसके लिए उनके प्रति जितनी कृतज्ञता प्रकट करूँ वह कम ही है।

उक्त कृपालु आलोचकों ने यह प्रश्न भी उठा रखा है कि 'बहती गंगा' उपन्यास है अथवा कहानी-संग्रह? इसका निर्णय भी वही करेंगे, उन्हीं का यह काम है, मेरा नहीं। मेरा निवेदन तो इतना ही है कि 'प्रिय-प्रवास' और 'कामायनी' को महाकाव्य के चौखटे में 'फिट' किए बिना क्या उनका महत्त्व स्थापित नहीं किया जा सकता? क्या कथा-साहित्य की विधाएँ कहानी और उपन्यास तक ही सीमित हैं? विधाएँ साहित्य की जननी नहीं हैं; साहित्य ही विधाओं का जनक है।

एक बार उन सभी मित्रों को धन्यवाद देता हूँ जिन्होंने किसी भी प्रकार से इस रचना के प्रस्तुतिकरण में योग दिया है; जैसे ही ईश्वरचन्द्र सिन्हा और श्री रामनारायण ने सचमुच कोंच-कोंचकर यह रचना प्रस्तुत करने के लिए मुझे विवश किया था और काशी नागरी प्रचारिणी सभा के प्रधानमंत्री श्री सुधाकर पांडेय ने इसके पुनर्प्रकाशन के

लिए अपने 'आगा'नुमा तकाज़ों से मेरी नाकों दम कर दिया। सर्वाधिक तकाज़े स्वयं श्री ओम्प्रकाशजी ने किए।

अन्त में यह निवेदन भी आवश्यक है कि गत पन्द्रह वर्षों में हिन्दी कथा-साहित्य ने बड़ी उन्नति की है—नयी कहानी, अ-कहानी और नये उपन्यास तथा अ-उपन्यास तक; परन्तु कहानी आज भी अपनी ही जगह पर है; जो भी परिवर्तन हुआ है उसकी कला में ही, क्योंकि तथ्य यही है—

'लुत्फ़ है लफ़्ज़ये कहानी में,
शख़्स की हो कि शख़्सियत की हो।'

ज्ञानवापी, वाराणसी
1967

—'रुद्र' काशिकेय

गाइए गणपति जगबन्दन

श्रीगणेशाय नमः करते हुए 'विनय पत्रिका' में जिस समय गोस्वामी तुलसीदास ने 'गाइए गणपति जगबन्दन' लिखा उस समय उन्हें यह कल्पना तक न थी कि 'गणपति' की यह वन्दना किसी राजवंश के संस्थापक के यहाँ दाम्पत्य-कलह और चिर-अभिशाप का कारण बन जाएगी।

1

गढ़ गंगापुर के परकोटे पर अपने सखा और सेनापति पांडेय बैजनाथसिंह के साथ टहलते हुए राजा बलवन्तसिंह ने थाली बजने और ढोलक पर थाप पड़ने की आवाज़ सुनी। गानेवालियों के मुँह से 'गाइए गणपति जगबन्दन' का मंगलगान आरम्भ होते सुना और अनुभव किया कि पुरुष-कंठों से उठे तुमुल कोलाहल में गीत का स्वर अधूरे में ही सहसा बन्द हो गया है। उन्होंने समझ लिया कि रानी पन्ना ने पुत्र-प्रसव करके उन्हें निपूता कहलाने से बचा लिया।

और यह भी जान लिया कि मेरे 'पट्टीदारों' ने अनुचित हस्तक्षेप कर मंगलगान बन्द करा दिया है। उन्हें यह भी प्रतीत हुआ कि उनका कोई चचेरा भाई काशी की गलियों में निर्द्वन्द्व विचरनेवाले साँड़ की तरह चिल्ला रहा है, "ढोल-ढमामा बन्द करो। वर्ण-संकरों के पैदा होने पर बधाई नहीं बजायी जाती।" उन्होंने घूमकर कहा, "सुनते हो सिंहा यह बेहूदापन!"

"बेहूदापन काहे का, राजा?" सिंह उपाधिधारी ब्राह्मण-तनय ने व्यंग्यपूर्ण स्वर में कहा, "इन्हीं बाबूसाहब और आपके चाचा बाबू मायाराम का सिर काटकर रानी के पिता ने आपके पास भेजा था; बाबू साहब उसी का बदला ले रहे हैं।"

राजा ने बैजनाथसिंह की ओर साश्चर्य देखकर कहा, "बदला? वह तो तुम्हारे पराक्रम से मैंने पूरा-पूरा चुका लिया। अब स्त्रियों से कैसा बदला?"

"मैं क्या जानूँ, अन्नदाता! आपने जो रास्ता दिखाया है, आपके भाई उसी पर सरपट दौड़ रहे हैं।" बैजनाथ ने उस उपेक्षा के भाव से कहा जो उत्सुकता उत्पन्न करती है।

"कुछ सनक गए हो क्या, सिंहा? कैसी बहकी-बहकी बातें कर रहे हो!" राजा ने डाँटने का अभिनय किया।

"बहकता नहीं हूँ, सरकार!" अनुनय-भरे स्वर में सिंहा बोला, "आप ही स्मरण कीजिए, जब डोभी के ठाकुर की गुर्ज से आपका खाँडा दो टूक हो गया था, तो मैंने धर्म-युद्ध के नियमों की परवाह न कर आपके और उसके द्वन्द्व-युद्ध में हस्तक्षेप किया, यों कहिए कि उसे मार डाला। छत्रा-भंग होते ही ठाकुर के बचे-खुचे सिपाही भाग निकले। आपने पुरुषविहीन गढ़ी में निर्बाध प्रवेश किया था, सरकार!"

सिंहा की बोली में दर्प गूँजने लगा। राजा को चुप देखकर उसने पुनः कहा, "सामने ठाकुर की पुत्री, यही पन्ना, सिर के बाल बिखेरे, आँखों में आँसू भरे, हाथ से हँसुआ लिए आपका रास्ता रोके खड़ी थी।"

"तुम भी स्मरण करो सिंहा, मुझसे आँख मिलते ही उसके हाथ से हँसुआ छूट गिरा था।" राजा ने कहा। जवाब में सिंहा फिर तड़पा, "मुझे स्मरण है, सरकार! आपने उसे गिरफ़्तार करने का हुक्म दिया था। मैंने आपको रोकते हुए कहा था कि राजा, यह नारी है, इसे छोड़ दीजिए। बाबू साहब ने राजा के बेटे को वर्ण-संकर कहकर ठाकुरों को यही स्मरण कराया है, सरकार!" हाथ जोड़ते हुए अपनी बात समाप्त कर बैजनाथसिंह ने मूँछों पर ताव दिया और फिर उत्तर के लिए विनोदपूर्ण दृष्टि से राजा के मुख की ओर देखने लगा। राजा ने उसकी बात का जवाब न दे एक ठंडी साँस ली और सिर झुका लिया।

बैजनाथसिंह के अधर-प्रान्त पर वक्ररेखा-सी खिंच गई और वह पुनः धीरे से बोला, "पाप के वृक्ष में पाप का ही फल लगता है, राजा!"

"जानता हूँ। केवल यही नहीं जानता था कि विवाहिता पत्नी का पुत्र भी वर्ण-संकर कहला सकता है!"

"ईश्वर की दृष्टि में नहीं, समाज की दृष्टि में!"

"अब चेत हो गया सिंहा, मैंने भारी पाप किया।"

"तो जिसके पैदा होने से चेत हो गया उसका नाम चेतसिंह रखिएगा।"

"किन्तु यह जो उलझन पैदा हुई उसे क्या करूँ?"

"उसे तो समय ही सुलझाएगा, सरकार!"

"मैं भी प्रयत्न करूँगा," राजा ने कहा और वह अठारहवीं शताब्दी की यह समस्या सुलझाते हुए अन्तःपुर की ओर चले।

2

अन्तःपुर में पुरुषार्थी पुरुषों की परुष हुंकार से ढोल बन्द होते ही प्रसूति-पीड़ा से कातर रानी पन्ना के पीले मुख पर स्याही दौड़ गई। उसने विषादपूर्ण दृष्टि से दाई की गोद में आँखें बन्द किए पड़े सद्यःजात शिशु को देखा। उसके सूखे अधरों पर रुदनपूर्ण स्मिति क्षण-भर चमककर उसी प्रकार तिरोहित हो गई जैसे किसी पयःस्विनि की क्षीण धारा मरुभूमि की सिकताराशि का चुम्बन लेकर उसी में विलीन हो जाती

है। उसने उठकर शिशु का रक्ताभ ललाट चूम लिया। उसके हृदय में स्नेह की नदी उमड़ पड़ी, मस्तक में भावनाओं का तूफ़ान बह चला और आँखों से झरने की तरह वारि-धारा फूट पड़ी।

बुद्धिमती दासी चुप रही। तूफ़ान का प्रथम वेग उसने निकल जाने दिया और तब सान्त्वना के स्वर में वह कहने लगी, "क्या करोगी रानी, मन को पीड़ा पहुँचाकर? सोने की लंका तो दहन होती ही है। सहन करो।"

जामुन-जैसी रस-भरी काली आँखें अपनी विश्वस्त दासी की आँखों से मिलाती हुई पन्ना बोली, "वैभव की आग में कब तक जलूँ, लाली? कभी-कभी तो घृणा के मारे मन में आता है कि बग़ल में सोए राजा की छाती में कटार उतार दूँ, परन्तु...।"

"परन्तु...रुक क्यों जाती हो?"

"मेरी दृष्टि के सामने वही मूर्ति आ जाती है जिसे देखकर मेरे हाथ का हँसुआ छूट गिरा था। मैं कटार रख देती हूँ। चुपचाप लेटकर आँख मूँद लेती हूँ जिससे वही मूर्ति दिखाई पड़ती रहे।" आँख बन्द करके कुछ देखती हुई-सी पन्ना ने कहा।

"तब तो तुम सुखी हो, रानी!"

"अपमान, उपेक्षा और उत्पीड़न में क्या कम सुख है, लाली! इन तीनों से हृदय में जो दारुण घृणा उत्पन्न होती है वह क्या परम सन्तोष की वस्तु नहीं?" रानी के स्वर में तीव्रता आ गई।

श्रम से हाँफते हुए भी उसने आवेश-भरे चढ़े गले से कहा, "भला सोचो तो! उस आदमी से मन-ही-मन घोर घृणा करने में कितना आनन्द आता है जो तुम्हें दबाकर, बेबस बनाकर समझता है कि उसके दबाव से तुम उसका बड़ा सम्मान करती हो, उस पर बड़ी श्रद्धा रखती हो।"

विष-जर्जर हँसी हँसती हुई पन्ना थककर चुप हो गई और शय्या पर उसने धीरे से अपनी शिथिल काया लुढ़का दी। रानी के मन में घृणा का यह विराट कालकूट अनुभव करके लाली भी पीली पड़ गई। पन्ना ने लेटे-लेटे फिर कहा, "इन लोगों ने आज मेरी प्रथम सन्तान के जन्म पर मंगलगान नहीं गाने दिया। गणेशजी की स्थापना होते ही उनकी मूर्ति उलट दी। मैं तुमसे कहे देती हूँ लाली, कि यदि मेरे बेटे को इन लोगों ने राजा न होने देकर मुझे मेरी आजीवन व्यथा-साधना के मूल्य से वंचित किया तो ये वंशाभिमानी तीन पीढ़ी भी लगातार राज न कर सकेंगे। हर दूसरी पीढ़ी इन्हें गोद लेकर वंश चलाना पड़ेगा और तीन गोद होते-होते राज्य समाप्त हो जाएगा।" अपलक नेत्रों से देखती हुई आविष्ट-सी होकर रानी ने अपना कथन समाप्त किया और तुरन्त ही राजा को सामने खड़ा देख वह सशब्द रो पड़ी।

सूतिकागार का परदा हटाकर राजा चौखट पर खड़े थे। उन्होंने सहानुभूति और अनुनय से सम्पुटित वाणी से कहा, "शाप मत दो रानी, मेरे बाद तुम्हारा ही लड़का राजा होगा। क्लेश मत करो।" राजा ने रानी के प्रसूतिपांडुर मुख पर स्निग्ध दृष्टि डाली। वह यह भूल गए कि व्रण के दाह को शीतल करनेवाला घृत आग में पड़कर

उसे और भी दहका देता है। उन्होंने भ्रमवश समझ लिया था कि रानी उनके अत्याचारों की चोट से जर्जर है। इसीलिए वह उस पर मधुर वचनों का लेप लगाने आए थे। वह नहीं जानते थे कि रानी अपमान की आग में जल रही है। अतः उन्हें यह देखकर आश्चर्य हुआ कि रानी की मुख-मुद्रा सहसा सघन गगन-सी गम्भीर हो गई, मुख लाल हो उठा, आँखों से चिनगारियाँ-सी छूटती प्रतीत हुईं। सहानुभूति के चाबुक का आघात रानी सह न सकी। उसने आवेश में कहा, "जले पर नमक न छिड़को, राजा! जिसके जीते उसके बेटे के जन्म पर गाया जानेवाला मंगलगान लोग रोक सकते हैं वे लोग बाप के मर जाने पर बेटे को राजा न जाने कैसे बनने देंगे! साहस हो तो अधूरी वन्दना पूरी कराओ, राजा!"

"कुटुम्बियों से ही मेरा सैनिक बल है, रानी! राजनैतिक कारणों से...।"

"चुप रहो। देखूँ, कब तक तुम लोग राजनीति के नाम पर नारी के गौरव और हृदय की बलि चढ़ाते हो!"

"रानी!" राजा ने कुछ धमकी-भरे स्वर में कहा।

"मैं न डरूँगी, राजा!" रानी वैसे ही उद्धत स्वर में बोलती गई, "मैं न डरूँगी! तुम्हारी राजनीति रानी के गर्भ से राजकुमार के जन्म पर बधाई-वादन रोक सकती है, परन्तु माता को अपने पुत्र के जन्मोत्सव पर मंगलगान करने से न तुम रोक सकते हो, न तुम्हारे कुटुम्बी रोक सकते हैं और न तुम्हारी राजनीति ही रोक सकती है। समझे! मैं बधाई गाती हूँ। बुलाओ अपने भाइयों को, रोकें!" कहते-कहते जैसे किसी स्वजन की मृत्यु पर लोग छाती पीटते हुए रोते हैं वैसे ही दोनों हाथों से अपनी छाती धड़ा-धड़ पीटती हुई रानी चिल्ला-चिल्लाकर विक्षिप्तों के समान गाने लगी—"गाइए गणपति जगबन्दन! गाइए गणपति जगबन्दन!!"

घोड़े पै हौदा औ हाथी पै ज़ीन

"का गुरु! पालागी!" लोटन बहेलिये ने नागर गुरु को कबीर चौरा की ओर से आते देख हाथ जोड़कर कहा।

"मस्त रहऽ!" नागर ने आशीर्वाद देते हुए लोटन के पीछे देखा कि पीठ पर हौदा लिए एक घोड़ा और ज़ीन-कसा एक हाथी खड़ा है। उन्हें राजा के पच्चीस-तीस सिपाहियों ने घेर रखा है। उसने लोटन से पूछा, "का हाल-चाल हौ? ई कैसन तमासा बनउले हौअऽ?"

लोटन नागर के समीप बढ़ आया और हँसकर धीरे से बोला, "राजमाता कऽ हुकुम हौ, अउर का? सुनलऽ कि नाहीं, कम्पनी बहादुर भाग गैल?"

नागर की उत्सुकता बढ़ गई। उसने लोटन का हाथ थामकर, जहाँ आजकल ज्ञानमंडल यंत्रालय का भवन है, वहीं बने एक चबूतरे पर बिठा दिया। नगर में चारों

ओर सन्नाटा छाया हुआ था। दो दिन से तरह-तरह की अफ़वाहें उड़ रही थीं। राजा चेतसिंह से जुरमाना वसूल करने के लिए वारेन हेस्टिंग्स स्वयं कल कलकत्ता से काशी आया था। राजा-प्रजा सभी घबराए हुए थे। राज्य की सेना अकर्मण्य होकर हाथ-पर-हाथ धरे बैठी थी और नगर-निवासी निरुत्साह थे।

चबूतरे पर बैठकर लोटन ने धीरे-धीरे धीमे स्वर में नागर को बताया कि सबके घबराए रहने पर भी राजमाता पन्ना ने अपना दिमाग़ कैसे ठीक रखा। गली-गली में लड़ाई के लिए उन्होंने सब महाजनों को बुलाकर किस तरह अपने घरों में दस-दस, बीस-बीस सिपाही छिपा रखने के लिए राज़ी किया और किस तरह इन तैयारियों की ख़बर पाकर वारेन हेस्टिंग्स रातोंरात चुनार भाग गया! हाथ की उँगली से सामने इशारा करते हुए उसने कहा, "अब न पता चलल, गुरु! सहेबवा वही भूसावाली कोठरी में लुकल रहल। जब हम ई ख़बर राजमाता के देहली त ऊ कहलिन कि बस यही मौका हौ। हाथी पर जीन कस दऽ अउर घोड़ा पर हउदा, जेम्में मालूम होय कि सहेबवा घबराय के भागल हौ। एतनै से बनारसिन के फेर जोस आय जाई। सुनऽन गुरु, लड़िकवा का चिल्लात हौ अन! अउर ओहर देखऽ लबदन सहुआ आपन बाल-बच्चा लेहले कहाँ जात हौ! एसारे के हियाँ गइली तो कहवाय देलस कि घरे नाहीं हौअन। तनी पूछीं कि घरे नाहीं रहल तऽ अब आय कहाँ से गयल?" लोटन चबूतरे से कूदा। नागर ने भी उसका अनुकरण किया।

इतने में बेलगाम घोड़ी की तरह चंचल और गुलाब के फूल-सी रंगीन, छरहरी सहुआइन ने जेवरों की पिटारी और भी जोर से बगल में दबाते हुए बिजली की तरह चमककर कहा, "मर किनौना!"

माँग और माथे पर सिन्दूर की मोटी-सी तह जमाए और सिर पर आवश्यक वस्त्रादि से भरी कम्बल की गठरी उठाए, हथिनि-सी भारी-भरकम बड़ी सहुआइन ने मेघगर्जन किया, "बज्जर परै!"

बड़ी सहुआइन के बीस वर्षीय रोग-कातर पुत्र सुदीन और छोटी सहुआइन की नौ-वर्षीया पुत्री 'गौरा' ने क्षितिज के दो छोरों की तरह अपनी माताओं की प्रतिध्वनि की और 'तमाखू के पिंडा' उनके पिता लबदन साब 'रह तो जा, सारे' कहते हुए उन लड़कों पर बरस पड़े जो जुलूस बनाए चिल्लाते जा रहे थे–

'घोड़े पै हौदा औ हाथी पै ज़ीन
जल्दी से भाग गैल–!'

सपरिवार सावजी इससे अधिक नहीं सुन सके। उन्होंने समझा कि लड़के उन पर व्यंग्य कर रहे हैं; जेवर की पिटारी को हौदा और कम्बल को ज़ीन बताकर उनकी पत्नियों को घोड़ी और हथिनी कह रहे हैं। सावजी ने मन-ही-मन बिना सुने ही लड़कों के नारों की अधूरी पंक्ति भी पूरी कर ली थी। उन्हें विश्वास हो गया था कि 'जल्दी से भाग गैल' के बाद 'लबदन सुदीन' ही है। वह सचमुच घर छोड़कर भाग भी रहे थे। व्यंग्य सोलह आने सही समझकर उन्हें क्रोध हो आया। वह जुलूस में सबसे

पासवाले एक छोटे-से लड़के पर हाथ का डंडा चला बैठे और एक हाथ चलाने के बाद चबूतरे की टेक लेकर हाँफने लगे। लकड़ी आते देख लड़का छलका, फिर भी छोर छू जाने से छिलोर-सी लग गई। सावजी को पागल समझकर उधर लड़का हँसने लगा और इधर सावजी साँड़ की तरह डकराकर रो पड़े।

उनके गाल पर करारा तमाचा पड़ा था। हिलते हुए दो दाँत बाहर छिटक पड़े थे। मुँह से रक्त की क्षीण धारा-सी बह रही थी। उन्होंने आँख उठाकर देखा कि नागर गुरु सामने खड़े पूछ रहे हैं, "लड़िका के काहे मरले! बोल!"

"ए सारे से पूछऽ कि ई भागत काहे रहल?" लोटन बहेलिये ने कहा।

लबदन साव विकट संकट में पड़े। आज उनकी सालगिरह क्या आई कि ख़ासी 'गरह-दसा' आ गई। सबेरे से ही घर में जो किचकिच चली उसने साँझ होते-होते यह रंग दिखाया। उनका लड़का 'फिरंग रोग' से पीड़ित था। उसके मुँह में छाले पड़ गए थे। सावजी 'फिरंग रोग' का अर्थ नहीं जानते थे, परन्तु सन्देह करते थे कि यह रोग कैसा होता है और यह भी समझते थे कि है वह बहुत ही घृणित। इसलिए सबेरे आँख खुलते ही बेटे का मलिन मुख देख उनका जी खट्टा हो गया। उन्होंने क्रोध से घूरते हुए बेटे को देखा। बेटे ने समझा कि पिता इशारे से उसका हाल पूछ रहे हैं। उसने विश्व की सारी करुणा अपनी मुख-मुद्रा में बटोरते हुए पिता की सहानुभूति प्राप्त करने के लिए रुँधे हुए गले से कहा, "बाबू, थूकत नाहीं बनत; बड़ा कष्ट हौ।"

मन की सारी घृणा और क्रोध को पिघले सीसे-सी प्रतप्त वाणी में घोलते हुए बाप ने उत्तर दिया, "तोसे थूकत नाहीं बनत तऽ नाहीं सही। दुनिया तो तोरे मुँह पर थूकत हौ।"

बेटे ने यह जवाब सुना तो मुँह बनाकर वहाँ से हट गया। परन्तु उसकी जननी ने, जो पास ही बैठी मसाला पीस रही थी, इतनी ही बात पर महाभारत मचा दिया; ऐसे पैने-पैने वचन-बाणों की वर्षा आरम्भ कर दी कि सावजी का कलेजा जर्जर हो उठा। उन्होंने जलकर कहा, "कलमुँही, भैंस! बिहाने-बिहाने काने के जड़ी चरचराए लगल।"

बड़ी सहुआइन ने भी उसी वज़न में जवाब दिया, 'निगोड़ा, कुक्कुर, निरबसा, बिहाने-बिहाने लड़िका के कोसै लग गयल। जे बिहाने एकर नाँव ले ले, ओके दिन-भर अन्नकऽ दरसन न होय!"

बात कुछ अंश तक सही थी। साव के सूमपन के कारण वास्तव में लोग सबेरे उनका नाम नहीं लेते थे। इसीलिए सहुआइन की यह बात उनके कलेजे में बरछी की तरह चुभ गई। वर्षगाँठ का झमेला न होता तो वह कुछ उत्तम-मध्यम किए बिना कदापि न मानते। परन्तु पूजन के समय दोनों पत्नियों के साथ ग्रन्थि-बन्धन आवश्यक था। अतः बड़ी सहुआइन के मुँह फुलाने की आशंका से उनके हाथ-पैर फूल गए। उन्होंने कड़वे काढ़े-सा अपमान का प्याला पीते हुए भी पत्नी को मनाना आरम्भ कर दिया। छोटी सहुआइन ने भी आकर सपत्नी को समझाया, "आखिर कहलन तऽ अपने बेटवा के न, कोई पराए के तो नाहीं! जाए दऽ!"

अन्ततः बड़ी सहुआइन शान्त हुईं। घर का वातावरण पुनः साधारण हुआ। सावजी पूजा-पाठ के फेर में पड़े। नगर में दो दिन से हड़ताल रहने के कारण बेचारे नवग्रह-पूजन और हवन की सामग्री भी न मँगा पाए थे। पड़ोसियों से माँग-जाँचकर किसी तरह सामान भी जुटाया तो पंडित ने पूजा करने आने से इनकार कर दिया। कहला भेजा, "नगर की स्थिति ठीक नहीं है, राजा अपने ही महल में बन्द है, मलिच्छों की सेना सड़क पर चक्कर लगा रही है। मैं ऐसा घनचक्कर नहीं कि चौखट के बाहर पैर रखूँ। यदि प्राण संकट में डालकर जाऊँ भी तो 'सीधा' तो डेढ़ दमड़ी का मिलेगा न!"

साव ने जो यह बात सुनी तो उनके भी छक्के छूट गए। वह स्वयं अनगढ़, अनवसर और बेहूदी वार्ता को ही खरी-खरी कहना समझते थे। उन्होंने जो पंडितजी का निखरा-निखरा सन्देश सुना तो खरा बोलने का उनका हौसला पस्त हो गया। उधर छोटी सहुआइन को पंडित के उत्तर से अपना सौभाग्य-सूर्य अस्त होता हुआ प्रतीत हुआ। वह अस्त-व्यस्त हो उठीं। साव की तम्बाखू के पिंड-जैसी काली और स्थूल काया से आग की रेखा के समान सटते हुए उन्होंने गद्‌गद गले से कहा, "तोहई न रहबऽ तऽ धन रह के का कारी? दूसरा पंडित बोलावऽ।"

पाँच पैसे का 'सीधा' देने का वचन देने पर दूसरा पंडित आया। दोनों पत्नियों के साथ गाँठ बाँधकर साव ने सावधानी से मंत्र पढ़ते, दक्षिणा के स्थान पर जल चढ़ाते, पूजा समाप्त की। हवन आरम्भ हुआ। घी की कमी से आग दहक नहीं रही थी। गौरा पंखे से आग सुलगा रही थी। सहसा चिनगारियाँ उसके हाथ और मुँह पर आ पड़ीं। सबके मुँह से सहानुभूतिसूचक ध्वनि हुई, परन्तु सावजी ने हँसते हुए छोह-भरी वाणी में कहा, "बिटिया, एक चिनगारी में तो तू धीरज छोड़ देहलू। जब सती होएके होई तब तू का करबू?"

पंडित हक्का-बक्का होकर साव का मुँह निहारने लगा। गौरा बिना कुछ समझे हँसने लगी, परन्तु उसकी माँ का जी जलने लगा। बाहरी आदमी के सामने लड़ तो सकती नहीं थी; उसने झनककर साव के दुपट्टे से अपनी चादर की गाँठ खोल दी और चमककर खड़ी हो गई। साव भी अपनी भूल समझ गए, पर तीर हाथ से छूट चुका था। वह असहाय की तरह छोटी सहुआइन का मुँह निहारने लगे। बड़ी सहुआइन ने सौत का हाथ पकड़कर खींचते हुए कहा, "आखिर कहलन तऽ अपनै बिटिया के न! कोई पराए के तऽ नाहीं? जाए दऽ।" और खुली गाँठ फिर से बाँध दी।

छोटी सहुआइन ने वक्र-दृष्टि से सौत को देखा, परन्तु कुछ बोली नहीं। हवन बिना और किसी दुर्घटना के समाप्त हो गया। परन्तु साव के सिर की गर्दिश अभी तक समाप्त न हुई थी। वह भोजन करने बैठे कि लोटन बहेलिये ने गली में से आवाज़ दी, "सावजी हो, हे लबदन साव!"

लबदन साव ने झरोखे से नीचे झाँका। देखा कि राजा चेतसिंह का अंगरक्षक लोटन बहेलिया ज़री की डोरी पड़ी और सोना-जड़ी कत्तीदार पगड़ी सिर पर रखे, हरा

अंगरखा पहने, कमर में गुलाबी फेंटे से तलवार फँसाए, हाथ में फरसा लिए उन्हें आवाज़ दे रहा है। उन्होंने धीरे से गौरा को बुलाकर कहा, "बिटिया, कह दे, बाबू घरे नाहीं हौअन!" उसने सिर निकालकर पिता की बात दोहरा दी।

"लौटैंतऽ कह दिहे ड्यौढ़ी पर आवैं। राजमाता कऽ हुक्म हौ।" बहेलिये ने कहा और पैर आगे बढ़ाया। राजमाता के इस सन्देश में साव को अनभ्र वज्रपात की ध्वनि सुनाई पड़ी। उन्हें आशंका हुई कि यह बुलाहट उनसे रुपया ऐंठने के लिए हुई है। वह चिन्ता में पड़ गए।

लबदन साव ने 'रामदाने कऽ लेडुआ पैसा में चार' की बानी बोलते हुए काशी की गलियों में घूम-घूमकर व्यापार आरम्भ किया था और कौड़ी-कौड़ी जोड़कर नखास पर हलवाई की दुकान खोली थी। ज्यों-ज्यों उनका उदर स्फीत होता गया त्यों-त्यों बाज़ार में उनकी दर चढ़ती गई और वह दमड़ी पर चमड़ी निछावर कर बैठे। उसी पैसे पर राजा की दृष्टि लगी देख वह बिल्कुल ही घबरा उठे। छोटी सहुआइन ने उन्हें सान्त्वना दी, संकट से बचने का रास्ता बताया और कहा, "घबड़ैले काम न चली। रुपया-पैसा ज़मीन में गड़ल हौ, ओकर कउनो चिन्तै नाहीं। दूर चारठे गहना जउन उप्पर हौ ओके ले लऽ अऊर कुछ कपड़ा-लत्ता संघे बान्ह लऽ। चल् चलऽ हमरे नइहर। ई आफत पटाय जाई तऽ लउट आए।"

साव को बात पसन्द आ गई। वह बोरिया-बँधना बाँध अपनी ससुराल कर्ण-घंटा की ओर चले। परन्तु रास्ते में यह कांड हो गया। उन्होंने समझ लिया कि अब जान किसी प्रकार नहीं बचती। इसलिए बहेलिये की बात सुनकर उन्होंने आँसू-भरी दृष्टि से एक बार नागर की ओर देखा और फिर लाठी की तरह सीधे उन दोनों के चरणों पर गिर पड़े।

नागर को दया आ गई। परन्तु उसने कर्कश स्वर में पूछा, "बोल, बोल, लड़िका के काहे मरले?" साव ने पड़े-पड़े ही हाथ जोड़कर उत्तर दिया, "हमारा तनिकौ दोष नाहीं हौ, गुरु? हमरे भागै पर लड़िकवा हमार हँसी उड़ावत रहलन।"

"तोहार हँसी उड़ावत रहलन?" नागर ने आश्चर्य में पड़कर पूछा। वह समझ ही नहीं पा रहा था कि वारेन हेस्टिंग्स के पलायन की बात से साव की हँसी कैसे उड़ाई गई! साव ने लज्जावश अपनी पत्नियों के सम्बन्ध में घोड़ी और हथिनि-विषयक अपनी कल्पना पर परदा डाल दिया। केवल इतना ही कहा, "तोहऊँ तऽ सुनत रहलऽ, गुरु! लड़िकवा का कहत रहलन?"

"का कहत रहलन, तोहई कहऽ।" नागर बोला।

झेंप-भरी दृष्टि से इधर-उधर देखते हुए साव ने इतना ही कहा, "ले अब का कहीं! लड़िकवा यही तऽ कहत रहलन—

'घोड़े पै हौदा औ हाथी पै ज़ीन
जल्दी से भाग गइलै लबदन सुदीन।' "

नागर और लोटन दोनों ठठाकर हँस पड़े। नागर ने कहा, "धत्तेरी की! साहु का समझऽला कि जीनकऽ तुक सुदीन के सिवा अउर कुछ होई नाहीं सकत। जा भाग हियाँ से!" नागर ने साव को ठोकर लगाई और स्वयं आगे बढ़ा। लड़कों की भीड़ ने नारा लगाया–

"घोड़े पै हौदा औ हाथी पै ज़ीन
जल्दी से भाग गैल वारेन हेस्टीन।"

सावजी ने मुँह बनाकर कहा, "ऐं!"

नागर नैया जाला कालेपनियाँ रे हरी

1

तलवारिया दाताराम नागर को जब बीस वर्ष कालेपानी-निवास की सज़ा सुनाई गई तब वारंट के नागपाश से मुक्त उनके संगी-साथी और चेले-चपाटे रो पड़े। उन बहादुरों का पत्थर-जैसा कलेजा भी हिल गया और हिचकियाँ बँध गईं। हथकड़ी और डंडा-बेड़ी से कसा हुआ नागर का छरहरा बदन लौह-बन्धन की परवाह न कर लाठी की तरह सीधा तन गया। उसकी आँखों के डोरों की ललाई और भी तन गई। उसके पतले होंठों पर घृणा-भरी मुसकान फैल गई और उसने न्यायाधीश की ओर आँखें तरेरकर देखा। जज से आँखें चार हुईं और नागर की आँखों की ज्वाला सह न सकने के कारण उसने आँखें नीची कर लीं। वह होंठों में ही बुदबुदाया, "बहादुर आदमी है!" पर नागर ने उसकी बात न सुनी। उसकी निगाह अपने मित्रों और चेलों की ओर घूम गई थी। उसने उन पर क्रोधपूर्ण दृष्टि डाली और गरजकर कहा, "नामर्दों की तरह रोते क्यों हो? बीस बरस ब्रह्मा के दिन नहीं हैं, चुटकियों में उड़ जाएँगे। जाओ, बाबाजी से कह देना कि अब हमारे घर-द्वार का भार उन्हीं पर है। और मिर्ज़ापुरवाले बाबाजी से कहना कि सुन्दर की खोज-ख़बर लेते रहेंगे। जाओ!"

उस्ताद का आदेश पाकर भारी मन और भीगे नयन लिए नागर के चेले अदालत के कमरे से बाहर निकले। नागर एक बार पैर के पंजों पर खड़ा हो गया; सारी नसें कड़कड़ाकर बोल उठीं। उसने अपना शरीर ज़रा दाहिने-बाएँ हिलाया और उसके भुजदंडों पर मछलियाँ तैर गईं; बेड़ी झनझनाई और वह बँधे हुए शेर की तरह झूमता बरकन्दाज़ों के आगे-आगे चल पड़ा।

2

सन् 1772 की काशी अपने गुंडों के लिए प्रसिद्ध थी। वारेन हेस्टिंग्स द्वारा काशी राज्य की लूट के बाद जब विदेशी शासन ने वीरों को अपनी तलवारें कोष में ही रखने के लिए विवश किया, तब उनके लिए सिंह-वृत्ति ग्रहण करने के अतिरिक्त और मार्ग न

रहा। राजा चेतसिंह की दुर्दशा देखकर जिस समय काशी अचेत होने लगी तब उनके नालायक़ बेटे, जो गुंडे कहलाते थे, सचेत हुए और उन्होंने विदेशी 'मलिच्छ' के प्रति घृणा का व्रत लिया। ऐसे लोगों में दाताराम नागर और भंगड़ भिक्षुक प्रमुख थे। अलईपुर में, जहाँ आज छुतहा अस्पताल है, उसी के समीप 'ऐतरनी-बैतरनी' तीर्थ के बगीचे में भंगड़ भिक्षुक का कुआँ था। बाग़ तो अब नहीं रह गया है पर कुआँ अब भी मौजूद है। वहीं नागर का अखाड़ा भी था। वहाँ उन्हीं जैसे लोग एकत्र होते और फ़िरंगियों तथा उनके सहायकों को क्षति पहुँचाने की योजनाएँ बनाई जातीं। बनारस में शम्भूराम पंडित, बेनीराम पंडित, मौलवी अलाउद्दीन, कुबरा और मुंशी फ़ैयाज़ अली तथा मिर्ज़ापुर में अंग्रेज़ों की ओर से ठेकेदार बनकट मिसिर अंग्रेज़ों के प्रमुख सहायक थे। कुबरा तो राजा चेतसिंह के पलायन के समय ही बाबू ननकूसिंह नजीब द्वारा मारा जा चुका था। बेनीराम और शम्भूराम गुंडों के भय-वश घर के बाहर बहुत कम निकलते। परन्तु मुंशी फ़ैयाज़ अली बनारस के नायब और बनकट मिसिर मिर्ज़ापुर में रहने के कारण अपने को ख़तरे से बाहर समझते थे। नागर के मित्रों की राय हुई कि पहले मिसिर से ही निबट लिया जाए। नागर ने अपने भाई श्यामू और बिट्ठल को मिसिर के पास भेजकर कहलाया कि अगली पूर्णिमा को ओझला के नाले पर आपको भाँग छानने का न्योता है। मिसिर ने निमंत्रण स्वीकार कर कहला भेजा कि भोजन-पानी का प्रबन्ध मेरी ओर से होगा।

3

जेल की काल-कोठरी में पड़ा-पड़ा नागर अपने जीवन का हिसाब-किताब जोड़ रहा था। उसे विश्वास था कि झाँसीवाले हिम्मत बहादुर राजा अनूपगिरि गोसाईं के पुत्र उमरावगिरि के काशी में रहते उसके परिवार को कोई कष्ट न होने पाएगा और मिर्ज़ापुर में गोसाईं जयरामगिरि सुन्दर को खाने-पहनने का कष्ट न होने देंगे।

सुन्दर का स्मरण होते ही उसे ओझला के नालेवाली घटना भी याद हो आई। मिसिर अकोढ़ी बिरोही के सौ लठैतों को लेकर आया था। नागर भी अपने भाइयों, मित्रों और शिष्यों की पलटन के साथ वहाँ पहले से ही पहुँच चुका था। एक ओर पचीसों सिलबट्टे खटक रहे थे; दूसरी ओर कढ़ाइयों में पूड़ियाँ छन रही थीं। भाँग-बूटी छानने और खाना-पीना हो जाने के बाद चाँदनी रात में दोनों दलों में जमकर भिड़न्त हुई। बीच-बीच में मिसिर चिल्ला उठता था, "भगवती विंध्यवासिनी की जय!" साथ ही नागर की ललकार उसकी ध्वनि से जा टकराती, "जय भगवान हाटकेश्वर की!" दोनों ही अपने-अपने गिरोह से बाहर आकर एक-दूसरे से भिड़ने का हौसला रखते थे।

अन्त में दोनों एक-दूसरे के सामने आ भी पड़े। नागर ने खाँडा चलाया; मिसिर ने अपनी लाठी पर वार झेला। खाँडे के पानी में लाठी तिनके-सी बह गई। मिसिर पीछे

हटा, पर नागर रपेटता गया। तब मिसिर घूमा और भाग चला। नागर ने उसका पीछा किया। चाँदनी रात होने के कारण मिसिर नागर की दृष्टि से ओझल न हो पाता था। सहसा दाताराम ने सोचा, 'भागते शत्रु का पीछा करना अधर्म है।' वह ठुमक गया।

शृंखलाबद्ध नागर की बेड़ियाँ खनखनाईं और अपने जीवन का यह गौरवपूर्ण अध्याय पढ़ते-पढ़ते उसकी छाती गर्वस्फीत हो उठी। काल-कोठरी के मच्छर उसका खून पीते-पीते तृप्त हो चुके थे, इसलिए उनका सामूहिक आक्रमण बन्द हो गया था। फलतः, बन्दी नागर की आँखें लग गईं। परन्तु जाग्रतावस्था के विचार निद्रा में भी स्वप्न बनकर उसके मस्तिष्क में मँडराते रहे। उसने सपना देखा–

वह मिसिर का पीछा छोड़कर लौट रहा है। आधी रात का समय है। चाँदनी सोलहों कला से खिली हुई है। नाले के उस पार बबूल पर बैठा हुआ घुग्घू रह-रहकर चिल्ला उठता है। शिकार की आशा में एक ही पैर पर शरीर का भार देकर खड़े बगुले के सफ़ेद परों पर ज्योत्स्ना बिखरी पड़ रही है। स्निग्ध आलोक में पैरों के नीचे पीली मिट्टी उष्ण निःश्वास के साथ ही कठोरता छोड़कर शीतल और कोमल हो गई है। नागर ने अनुभव किया कि नीरव रात्रि की निस्तब्धता, तीव्र ज्योत्स्ना, दूर प्रसुप्त वनस्थली और चतुर्दिक् फैली पीली मिट्टी ने सारे वातावरण को जैसे पांशुमुख रुग्ण शिशु के समान करुण बना दिया है। साथ ही उसने यह भी देखा कि सामने टीले से सटकर सफ़ेद गठरी-सी कोई वस्तु पड़ी है। उसने निगाह जमाकर देखा–मालूम हुआ कि वह कोई अवगुंठनावृत्त नारी-मूर्ति है।

नागर के शरीर के रोएँ भरभरा उठे, शरीर काँप गया और वक्षस्थल के नीचे हृत्पिंड ने एक बार अत्यन्त द्रुतगति से चलकर स्नायुमंडल को छिन्न-भिन्न-सा कर दिया। उसकी शून्य दृष्टि घूमती हुई अपने हाथ के खाँडे पर पड़ी। खाँडे की चमक आँख में उतर आई। उसे स्मरण हो आया कि लोहे के सामने प्रेत नहीं ठहरते। उसने खाँड़ा सँभाला और आगे बढ़ा। उसे पास आते देख नारी-मूर्ति उठ खड़ी हुई और उसने लज्जा, संकोच, भय और दुविधा-भरी दृष्टि नागर पर डाली। नागर ने भी उसे भरी-आँख देखा और आँखों से ही उसका परिचय पूछा। नागर की पौरुष-भरी मूर्ति देखकर वह कुछ आश्वस्त-सी हुई।

नागर की नोकदार, झीनी, काली, ऊपर की ओर मरोड़ी हुई मूँछें, कमर में एक ओर बिछुआ और दूसरी ओर खोंसी कटार, लम्बा, छरहरा, कमाया हुआ शरीर, पट्टेदार घुँघराले बाल और डोरा-पड़ी रतनार आँखें देख उसका संकोच जाता रहा। अत्यन्त प्रगल्भा की तरह उसने हँसकर नागर का हाथ थाम लिया। नागर के शरीर में बिजली दौड़ गई। रक्त-नेत्र के आलोड़न से उसके शरीर की मांसपेशियाँ सनसना उठीं। उसने उसे स्नेहार्द्र प्रलुब्ध दृष्टि से देखा। उसके भी हाथ उठे और उसने ज्योत्स्ना-स्नात सुरापूर्ण पात्र के समान मदिर उस रमणीय स्त्री के कमनीय कलेवर को अपनी ओर खींचा। रमणी खिंचने का उपक्रम कर ही रही थी कि नागर चौंका और उसका हाथ छोड़ते हुए उसने हलके झटके से अपना हाथ भी छुड़ा लिया। नारी गिरते-गिरते बची।

नागर को सहसा अपने पिता के वचन स्मरण हो आए थे जो उसे वीर-व्रत में दीक्षित करते समय उसके पिता ने कहे थे–'बेटा! इस व्रत को धारण करनेवाला पर-स्त्री को माता समझता है।' और उसके पिता वह व्यक्ति थे जिन्होंने नागर ब्राह्मणों के कुलदेवता भगवान हाटकेश्वर की स्थापना काशीजी में की थी। उसने तड़पकर पूछा, "तू कौन है?"

"ऐसे ही पूछा जाता है?" नारी ने उलटे प्रश्न किया। नागर दो क़दम पीछे हटा। नारी के समक्ष कभी परुष न होनेवाला उसका हृदय स्वस्थ होते ही पुनः स्निग्ध हो गया था। उसने हताश-से स्वर में कहा, "अच्छा भाई, तुम कौन हो?" नारी हँसी, उसने उत्तर दिया, "पहले एक प्रतिष्ठित ठाकुर की कुँवारी कन्या थी, अब किसी की रखैल कसबिन हूँ।"

"ऐसा कैसे हुआ?" नागर ने पूछा।

"वैसे ही जैसे यहाँ आते-आते तो तुम मर्द थे, पर यहाँ आते ही देवता बन गए।"

"तुम्हें कसबिन किसने बनाया?"

"सब मिसिर महाराज की किरपा है। साल-भर हुआ, मैं अपनी बारी में आम बीन रही थी जहाँ से मिसिर ने मुझे उठवा मँगाया और कसबिन से भी बदतर बनाकर रख छोड़ा है।"

"इस बखत यहाँ कैसे आई हो?"

"सुना था, आज मिसिर से किसी की बदी है। देखने आई थी कि मिसिर का गला कटे और मेरी छाती ठंडी हो।"

"अब क्या?"

"क्या कहूँ? भागती बखत मिसिर ने मुझे यहाँ देख लिया है। अब बड़ी दर्दुसा से मेरी जान जाएगी। तुम्हारी सरन हूँ, रच्छा करो।"

नागर ने दो मिनट कुछ सोचा, फिर बोला, "तुम नारघाट चली जाओ। वहीं घाट पर मैं तुमसे मिलूँगा।"

रमणी फिर हँसी। नागर मुसकरा उठा।

कठोर भूमि पर पड़े क़ैदी ने करवट बदली। उसके जेल-यातना-पीड़ित मुख पर मधुर मुसकान दौड़ गई। स्वप्न ने करवट ली। नागर ने देखा, रमणी को विदा करके वह पुनः चलने लगा। सामने रास्ता एक घाटी में होकर जाता था, जो इतना सँकरा था कि उसमें एक समय एक ही व्यक्ति के चलने का अवकाश था। नागर ने देखा, मिसिर भी लौट रहा है और घाटी में आगे-आगे जा रहा है। नागर की आहट पाकर भी वह पीछे न घूमा, बढ़ता ही चला गया।

"ठहरो, मिसिरजी!" नागर ने आवाज़ दी।

"चले आओ, नागर!" बिना घूमे ही मिसिर ने जवाब दिया। नागर ने उसके साहस पर विस्मित होकर फिर कहा, "मिसिरजी, तुम खाली हाथ हो और मैं हथियारबन्द हूँ। कहीं पीछे से हमला कर दूँ, तब?"

मिसिर ठठाकर हँस पड़ा। फिर बोला, "मालूम है तुम गुंडे हो, ऐसा छोटा काम कभी कर ही नहीं सकते।"

नागर सरल आनन्द से आप्लावित हो उठा। फिर पूछा, "तब मैदान से भागे क्यों थे?"

"तुम मेरी लाठी टूटी देखकर भी जोश में आगे बढ़े आ रहे थे। तुम भूल गए थे कि निरस्त्रा शत्रु पर वार नहीं करना चाहिए।"

"लेकिन मिसिरजी, तुमने काम बहुत खराब किया है। एक तो अपना देश फिरंगियों के हाथ बेच दिया। उस पर एक कुँवारी कन्या की इज़्ज़त भी उतार ली है। तुम्हें हमसे लड़ना ही पड़ेगा।"

"मैं तो अब भी खाली हाथ हूँ, भाई!"

"इससे क्या, मैं भी खाँडा रखे देता हूँ। मेरे पास बिछुआ और कटार भी हैं। इनमें से एक तुम ले लो। बस यहीं निबट जाए।"

स्वप्न में युद्ध के घात-प्रतिघात के साथ ही उसके मुख पर भी विभिन्न रेखाएँ बन और बिगड़ रही थीं। उसने वैसी ही दीर्घ साँस ली जैसी मिसिर के कलेजे में कटार उतार देने के बाद उसने घटनास्थल पर ली थी। उसकी आँख खुल गई। स्वप्न ने उसे चिन्तित कर दिया था। समाज से बहिष्कृत सुन्दर को उसने निःस्वार्थ-भाव से आश्रय दिया था। नारघाट पर किराए के एक मकान में उसे टिकाकर आत्मनिर्भर बनाने के लिए वह उसे मिर्ज़ापुर की पेशेवर गानेवालियों से गाने-बजाने की शिक्षा दिलाने लगा। जब कभी वह मिर्ज़ापुर जाता तब उसकी सारी व्यवस्था देख-सुन दिन रहते ही उसके यहाँ से चला आता। रात उसके घर कभी न ठहरता। उसे वह सुन्दर पुकारता था। वह उसे सुन्दर लगती थी।

4

श्रावण कृष्णा-सप्तमी का चन्द्रमा आकाश में उदित हो रहा था। बन्दी ने ठंडी साँस खींची। बेड़ी के चुभने से उसे कहीं पीड़ा हुई। उसने अपनी स्थिति अनुभव की और फिर वह स्थिति लानेवाली परिस्थिति पर विचार करने लगा–

मिर्ज़ापुर में ही उसे ख़बर मिली कि बनारस के नायब फ़ैयाज़ अली इस बार फिर मुहर्रमी जुलूस के दुलदुल घोड़े को ठठेरी बाज़ार की ओर से निकलवाने की कोशिश कर रहे हैं। कम्पनी का राज होने के बाद गत दो वर्ष से फ़ैयाज़ अली मुहर्रम के जुलूस के लिए नया रास्ता निकाल रहे थे। दो बार तो नागर ने उधर से जुलूस न जाने दिया था। इस बार उसने सुना कि फ़ैयाज़ अली जुलूस के साथ पलटन भी भेजेंगे। नागर का रक्त उबल पड़ा। वह मिर्ज़ापुर से सीधे बनारस आया और सुंड़िया होते ठठेरी बाज़ार में उस समय पहुँचा जब दुलदुल घोड़ा उसके ठीक सामने से ही जा रहा था। उसने तड़पकर खाँडे से घोड़े पर वार किया। घोड़ा दो टूक होकर ढेर

हो रहा। पलटन भी नागर पर टूट पड़ी। गोरों की संगीनों और तिलंगों की तलवारों से नागर के खाँडे की लड़ाई थी। संगीनें झुक गईं और खाँडा रास्ता चीरता हुआ बढ़ता चला गया।

नागर ने ब्रह्मनाल जाकर उमरावगिरि की बावली के एक नाले में अपने को छिपाया। पर वहाँ अपने को सुरक्षित न समझ वह एक रात राजघाट की खोह में घुसा। एक दिन कटेसर निबटने जाते समय मुख़बिरों से ख़बर पाकर गोरों और तिलंगों की सेना ने उसे फिर जा घेरा। ख़ाली हाथ केवल लोटे से दो-चार सैनिकों की खोपड़ी तोड़ने के बाद नागर गिरफ़्तार हो गया।

नागर को जीवन-भर का हिसाब-किताब जोड़ने के बाद अनुभव हुआ कि मेरा जीवन सार्थक है। उसने सन्तोष की साँस ली।

5

नागर को सज़ा सुनाई जाने के दो दिन बाद जिस रात श्रावण कृष्ण-नवमी का चन्द्रमा उदित हुआ उस समय आकाश मेघाच्छन्न था। अस्पष्ट फीके आलोक में व्यक्ति और वस्तु की सीमा-रेखा तो समझ में आ जाती थी, पर वह स्पष्ट दिखाई न देती थी। हलके-फुलके मेघों के दल इधर-उधर उड़ते फिर रहे थे। आकाश के एक कोने में एक चमकदार तारा झिलमिला रहा था। इसी समय गोसाईं जयराम गिरि, भंगड़ भिक्षुक और नागर का एक चेला बिरजू चील्ह गाँव में इक्के पर से उतर नारघाट जाने के लिए नाव में सवार हुए। उन्हें यह ख़बर न थी कि सुन्दर को नागर के कालेपानी जाने की ख़बर मिल चुकी है। उन्हें यह भी न मालूम था कि सुन्दर इस समय भी उस पार नारघाट की सीढ़ियों पर बैठी बूढ़ी गंगा के पानी में पैर झुलाए आकाश की ओर एकटक देख रही है; वह सोच रही है कि सिर पर यह जो नीला आकाश है, आख़िर वह है क्या? उसके पार भी क्या इसी प्रकार सुख-दुख और हास्य-रुदन से भरा हुआ पृथ्वी के ही समान कोई स्थान है जो इस प्रकार फल-फूलों और लताओं से रंगीन हो रहा है? वहाँ भी क्या ऐसे ही नर-नारी हैं? वहाँ भी क्या ऐसे ही तृप्तिहीन, आश्रयहीन गृह हैं? ऐसी ही लांछना है, ऐसा ही अविचार है? नागर से उसका कितना अल्प परिचय था; फिर भी उसने ऐसा व्यवहार किया जैसे वह उसका जन्म-जन्मान्तर का परिचित हो। वही नागर कालेपानी गया। सुन्दर सोचने लगी, 'कालापानी कहाँ है? दूर, बहुत दूर कोई टापू है जहाँ से लौटकर कोई नहीं आता।' सुन्दर का हृदय भर आया, उसके ओंठ हिले। वह गुनगुनाने लगी–

"अरे रामा, नागर नैया जाला कालेपनियाँ रे हरी!
सबकर नैया जाला कासी हो बिसेसर रामा,
नागर नैया जाला कालेपनियाँ रे हरी!"

उसका स्वर क्रमशः ऊँचा हुआ। निस्तब्धता की छाती चीर उसकी करुण ध्वनि आकाश में गूँजी। सूने पाषाण-तट, चंचल तरंगें और नौका पर सवार नागर के साथी सुनने लगे–

"घरवा में रोवैं नागर माई औ बहनियाँ रामा
सेजिया पै रोवै बारी धनियाँ रे हरी!
खुँटिया पै रोवै नागर ढाल तरवरिया रामा,
कोनकाँ में रोवै कड़ाबिनियाँ रे हरी!"

नाव और समीप आ चली थी। तीनों नौकारोहियों ने सुना–

"रहिया में रोवैं तोर संगी अउर साथी रामा,
नारघाट पर रोवै कसबिनियाँ रे हरी!"

और वे फूट-फूटकर रो उठे। मल्लाह ने और तेज़ी से डाँड चलाया, नाव ठीक सुन्दर के सामने आ पड़ी। पर सुन्दर अपने ही विचारों में मग्न गाती रही–

"जो मैं जनत्यूँ नागर जइबा कालेपनियाँ रामा,
तोरे पसवाँ चलि अवत्यूँ बिनुरे गवनवाँ रे हरी!"

ऊपर वायु सिसक रही थी, नीचे गंगा की लहरें कराह रही थीं और नौका पर बैठे मल्लाह-सहित तीनों यात्रियों की आँखें बरसाती नदी से होड़ लगा रही थीं।

इसके बाद भी, बहुत दिनों तक मिर्ज़ापुर-निवासी नारघाट की पगली को पैसा देकर उससे यही कजली गवाते और करुणा ख़रीदते रहे। सुननेवालों की आँखें भर आतीं, जब वह कलेजे का सारा दर्द घोलकर गाती–

"अरे रामा, नागर नैया जाला कालेपनियाँ रे हरी!"

सूली ऊपर सेज पिया की

1

"डुगडुग, डुगडुग, डुगडुग!"

इधर चाँदनी चौक के पूर्वी द्वार पर डौंडीवाला डुग्गी पर चोट देकर चिल्लाया– "खलक ख़ुदा का, मुलुक बादशाह का, हुक्म कम्पनी बहादुर का...ऽ...ऽ...ऽ...ऽ! भंगड़ भिक्षुक को पता बताए के जो पकड़वाय देगा तिसको पाँच सौ कलदार इनाम दिया जाएगा और जो जानके विसका पता छिपावेगा सो तकसीर भरैया...ऽ...ऽ.ण्..ऽ...ऽ!"

"डुगडुग, डुगडुग, डुगडुग!" और उधर उसी समय उत्तरी द्वार से झाँझ की झनकार के साथ आवाज़ आई–"ढब...ढब...ढबाढब...ढब...ढबाढब...ढब!" और उमंग से चंग बजाता हुआ स्वयं भंगड़ भिक्षुक बाज़ार में घुसा। अपनी सुरीली, दर्द-भरी और ऊँची आवाज़ में वह लावनी गा रहा था–

"मत पास पहुँच हरि के, बिधि के बुध के निगंठ के पूछो।
विष-रस पीने का मज़ा कंठ से नीलकंठ के पूछो।"

बीन के तारों जैसी उसके गले की मीठी झनकार से आकृष्ट होकर लोग अपने घरों और दुकानों से बाहर निकल आए। डुग्गीवाले ने भी वह स्वर सुना, उसे पहचाना और अपनी गाढ़े की दोहर के तले डुग्गी छिपाकर वह वहाँ से चलता बना।

भिक्षुक का रंगीला रूप और दुस्साहस देखकर काशी के नागरिक एक साथ ही मुग्ध और विस्मित हो गए। उसने सदा की तरह आज भी गेरुए रंग की लुंगी कमर से बाँध रखी थी और शीत ऋतु होते हुए भी उसके शरीर पर गेरुए रंग के ज़री के दुपट्टे के सिवा और कोई वस्त्र न था। स्नेह-सिक्त भ्रमर-कृष्ण कुंचित केश उसके कंधों पर लहरा रहे थे और इसके साथ ही कानों के ठीक नीचे कटा चौड़ा पट्ठा उसके मूँछ-दाढ़ी-मुड़े गोरे मुख-मंडल पर ऐसा जान पड़ता था जैसे सहस्त्र पूँछों और दो हाथोंवाले सर्प ने किसी कनक-गोलक के दोनों ओर अपना पंजा जमाकर, उससे चिपक अपनी सारी पूँछें लटका दी हों।

उसके सस्मित ओष्ठाधर पान के रस से रंगे थे और नशे से डगमग उसकी बड़ी-बड़ी मद-भरी आँखों में सुरमे की गहरी बाढ़ थी। दोनों कानों में एक-एक रुद्राक्ष की बाली और गले में स्फटिक का कंठा झूल रहा था। चौड़े ललाट पर भस्म का त्रिपुंड दमक रहा था। और त्रिपुंड के बीच में एक सिन्दूरी टीका था। कन्धे के नीचे चौड़े फल का भीषण कुठार लटक रहा था। उसके पीछे सैकड़ों आदमियों की भीड़ थी।

गन्धियों ने दौड़कर उसको इत्र मला, मालियों ने गजरे पहनाए और सेठ-साहूकारों ने रुपये-पैसे की भेंट दी। वह काशीवासियों की वीरवृत्ति का प्रतीक था। दाताराम नागर और भंगड़ भिक्षुक की जोड़ी नगर में राम-लक्ष्मण की जोड़ी कहलाती थी। छह महीने पहले दाताराम कालेपानी गया और उसी दिन से भिक्षुक भी नगर से अन्तर्धान हो गया था। आज भिक्षुक के फिर प्रकट होने की बात जो जहाँ सुनता, वह वहीं से उसे देखने के लिए दौड़ पड़ता। शिवाला घाट पर अंग्रेज़ों की क़ब्रें भिक्षुक के पौरुष की साक्षी थीं और उसी सिलसिले में आज उसकी गिरफ़्तारी के लिए डौंडी पीटी जा रही थी।

घंटे-सवा घंटे तक गाते-बजाते हुए समूचा चौक घूम लेने के बाद, बाज़ार के मध्य में स्थित शिव-मन्दिर के ऊँचे चबूतरे पर भिक्षुक चढ़ गया और उसने ऊँची आवाज़ में कहा, "पंचो, आप सब लोग डौंडी सुन चुके हो। पाँच सौ कलदार कम रक़म नहीं है। जिसे इनाम का हौसला हो सामने आए!"

भिक्षुक की बात सुनकर उपस्थित लोगों में से कुछ हँस पड़े, कुछ मौन रह गए और शेष सभीत नेत्रों से कचहरी की ओर देखने लगे। चाँदनी चौक के–जिसे आजकल गुदड़ी बाज़ार कहते हैं–दक्षिणी दरवाज़े के ठीक ऊपर उन दिनों कचहरी थी। न जनता में से उसकी ओर कोई बढ़ा और न कचहरी से ही किसी ने झाँका। यह देख भिक्षुक के अधरों पर उस भुवन-मोहन मुसकान की रेखा खिंच गई जो यदि पुरुष के मुँह लगती है तो उसे देवता बना देती है और जब नारी के अधर पर खेलती है

तो नारी कुलटा कहलाने लगती है। समवेत् जनसमूह पर उसी मुसकान की मोहिनी डालते हुए उसने कहा, ''अच्छा, अब चलता हूँ। कोतवाली जाकर तनिक कोतवाल का भी हौसला देख लूँ।''

2

पौष की सन्ध्या सिहरने लगी थी। दालमंडी में अमीरजान तवायफ़ की दिव्य हवेली के दूसरे खंडवाले कमरे में तबला ठनकने लगा था। दीवारों पर टँगे शीशे में दीपाधारों में मोमबत्तियों के गुल खिल चुके थे। खिड़कियों के छज्जों में फूलों के गजरे लटकाए जा चुके थे। ठेका, सारंगी और मजीरे की सहायता से अमीरजान पीलू पर 'रियाज़' कर रही थी–''पपीहा रे, पी की बोली न बोल!''

अमीरजान 'स्थायी' समाप्त कर 'अन्तरा' पर आ ही रही थी कि उसे गली में हलचल की आहट लगी। उसने देखा कि सामने की खिड़कियों में वेश्याओं का समूह बाहर गला निकाले गली में उत्सुकतावश कुछ देख रहा है। अमीरजान भी उठकर खिड़की पर आई। उसने देखा कि बूढ़े, अपाहिजों और भिखारियों को रुपये-पैसे लुटाता मस्त मन्थर गति से गली में भंगड़ भिक्षुक चला जा रहा है। उसके पीछे-पीछे आदमियों की बड़ी भीड़ है। नगर की प्रसिद्ध सुन्दरी वारांगनाएँ अपने-अपने झरोखों पर डटी हैं, परन्तु भिक्षुक की दृष्टि चतुर्दिक् चक्कर लगाने में ही व्यस्त है, उसे ऊपर देखने का अवसर नहीं मिल रहा है। सौन्दर्य का यह अपमान उसे सहन नहीं हुआ। वह स्वयं भी नगर की प्रसिद्ध वेश्या थी। उसके रूप की तूती बोलती थी। सुर ने उसे असुर की शक्ति दे रखी थी और तान ने उसे शैतान बना रखा था। इन्हीं दोनों के बल वह हृदयों पर आधिपत्य जमाती थी और उनके सारे रस का शोषण कर अन्त में उन्हें बरबाद कर देती थी।

औरों की तरह उसने भी भिक्षुक को देखा, औरों की तरह वह भी उसके रूप पर मुग्ध हुई, किन्तु यह देखकर वह औरों से कहीं अधिक दुखी हुई कि अशर्फ़ियों के मोलवाली उसकी मुसकान का मोती भिक्षुक की नयन-झोली में न गिरकर सड़क की धूल में लोट रहा है। तब औरों से बढ़कर उसने एक काम किया, अर्थात् पश्मीने का शरबती शाल अपने शरीर से उतार उसने भिक्षुक के ऊपर डाल दिया। भिक्षुक ने शाल नीचे खींचते हुए चौंककर सिर ऊपर उठाया। अमीरजान से उसकी आँखें चार हुईं। विजय गर्व से भरी छुरी की धार-जैसी तीखी मुसकान अमीरजान के अधर पर खेल गई, किन्तु वह देर तक न बनी रह सकी। भिक्षुक ने निशाना साधकर अपने हाथ की रुपयों-पैसों से भरी थैली ऊपर उछाली और वह पूरे ज़ोर से अमीरजान की नाक के सिरे पर तड़ाक जा बैठी। उसकी नाक से रक्त टपकने लगा मानो किसी लक्ष्मण ने पुनः किसी शूर्पणखा का नासिका-छेदन किया हो। भिक्षुक ठठाकर हँस पड़ा।

ठीक उसी समय बग़ल की मस्जिद से एक कदर्य, कुरूप और बूढ़ी भिखारिन बाहर निकली। वह सैकड़ों पैबन्द-लगा पाजामा पहने थी। उसका कुरता तार-तार हो रहा था और चादर के नाम पर उसके पास एक चीथड़ा-मात्र था। उसने भी वेश्या-भिक्षुक-कांड देखा। उसके झुर्रियों से भरे पोपले मुँह से एक विचित्र ध्वनि निकली, जिसे हँसी भी कह सकते हैं और खाँसी भी। हाथ की लठिया पर सारे शरीर का भार देकर वह तन गई और अपनी गन्दी अँगुलियों से भिक्षुक का चिबुक छूते हुई बोली, ''वारी जाऊँ बेटा, शाबाश!'' लोगों को आशंका हुई कि क्रुद्ध भिक्षुक कहीं बूढ़ी को ढकेल न दे, परन्तु भिक्षुक ने दृष्टि और वाणी दोनों ही में कौतुक भरकर कहा, ''माई, तू कहाँ? अच्छा, आ ही गई तो कुछ लेती जा।'' और उसने शीत से थरथर करती बूढ़ी की जर्जर काया पर अमीरजान की शाल डाल दी। बूढ़ी बदले में दुआ तक न दे पाई थी कि भिक्षुक आगे बढ़ा।

...और कोतवाली आ गई। भिक्षुक के पीछे चलनेवालों की संख्या अब तक हज़ार के ऊपर पहुँच चुकी थी। सभी उत्सुक थे कि देखें, कोतवाली चलकर कैसे निपटती है! भिक्षुक के बल और जीवट, शस्त्र-कौशल और शास्त्र-ज्ञान, कुश्ती की निपुणता और संगीत की साधना आदि का हाल बनारस का बच्चा-बच्चा जानता था। साथ ही नये अंग्रेज़ी राज्य के क़ायदे-क़ानूनों की हृदयहीन पाबन्दी का स्वाद भी काशी की जनता को अल्प-समय में ही मिल चुका था। उस जनता का विश्वास पूरा था कि आज अद्‌भुत विराट और 'अवसि देखिए देखन जोगू'—जैसी कोई बात होकर ही रहेगी। स्वभाव से ही तमाशबीन काशी के नागरिकों की उत्कंठा जाग गई थी। परन्तु जब कोतवाली सामने आ गई तो कोरे तमाशबीन कतराने लगे, कायर छितराने लगे।

वर्तमान चौक थाने के सामने जहाँ आज सवारियाँ खड़ी होती हैं, एक कुआँ था और कुएँ के चतुर्दिक् मैदान। तत्कालीन काशी में गोल-गप्पे, कचालू की एकमात्र दुकान नित्य शाम उसी कुएँ पर लगती। थाने के दक्षिण ठीक सामने सड़क की पटरी पर कोतवाली थी! भिक्षुक ने कुएँ की ऊँची जगत पर खड़े हो कोतवाली की ओर मुँह उठाकर आवाज़ लगाई, ''हुजूर कोतवाल साहब! भिक्षुक ड्योढ़ी पर आया है। क्या हुकुम होता है?''

कोतवाल साहब मिनके तक नहीं और जो दो-एक बरकन्दाज़ कोतवाली के फाटक पर थे, वे भी भीतर चले गए। भिक्षुक ने भैरव विषाण के वज्रनाद के समान भयंकर अट्टहास किया। एकत्र जनसमूह का कौतूहल शान्त हो गया था। लोगों ने मान लिया कि सरकार भिक्षुक से पराजित हो गई। उन्हें अचरज न हुआ। वे जानते थे कि सदा से ही सरकार भिक्षुकों से हार मानती चली आई है और भविष्य में हार मानती जाएगी। भिक्षुक पर उनकी श्रद्धा और बढ़ गई। भिक्षुक भी धीरे-धीरे दो-चार घनिष्ठ साथियों के साथ कूचा अजायबसिंह (वर्तमान कचौड़ी गली) पार करता हुआ अपने पंचगंगा घाटवाले अड्डे की ओर चला।

3

भिक्षुक का तन थकावट से चूर और मन चिन्ता से जर्जर हो रहा था। वह गंगा-तट की एक मढ़ी पर जा बैठा। उसके साथी सब्ज़बाग़ की सैर का डौल लगाने लगे। कल दोपहर से वह बराबर चल रहा था। सोने की बात ही क्या, उसे बैठने तक का अवसर न मिला था। वह पूरब की ओर मुँह करके लेट रहा।

शिशिर की सन्ध्या थी। पौष पूर्णिमा का हिमश्वेत चन्द्र नैशविहार के लिए निकल पड़ा था। उधर पानी से उठता हुआ कुहासा क्रमशः दिगन्तव्यापी होने का प्रयत्न कर रहा था। प्रतीत होता था कि आकाश-गंगा के तट पर बैठी चन्द्रमुखी ने पार्थिव गंगा के ऊपर अपना सघन केश-जाल लटका दिया है। इस पार से उस पार की कोई वस्तु दिखाई न पड़ती थी, परन्तु भिक्षु उसी ओर देखना चाहता था।

वह देखना चाहता था कि उस काली चादर के पीछे छिपे एक कच्चे दोमंजिले धवलगृह को, और वह देखना चाहता था उस धवलगृह में आलोक-शिक्षा-सी स्थित धवल सौन्दर्य की स्वामिनी मंगला गौरी को। मंगला गौरी ने कल उसे बाल-बाल बचा लिया था। उसने उसे देखते ही पहचान लिया था, परन्तु भिक्षु ने उसे तब पहचाना जब उसने अपनी आम की फाँक-जैसी आँखों से अश्रुरस उलीचते हुए गद्‌गद कंठ से पूछा था, "क्या गौरी की तपस्या अब भी पूरी नहीं हुई?" और तब वह उसे पहंचानकर पुनः दूसरी रात आने का वचन दे बैठा। तभी से उसके मन में एक ही प्रश्न चक्कर काट रहा था कि क्या त्यागी हुई वस्तु पुनः ग्रहण की जा सकती है?

मंगला गौरी उसकी पत्नी थी। परन्तु उसने उसका मुख जीवन में दो बार ही देखा था–एक, विवाह की रात और दूसरे, तेरह वर्ष बाद पिछली रात। भिक्षुक ने अलवर के एक ऐसे चारण-कुल में जन्म लिया था जिसकी जीविका का साधन कड़खा-पाठ न होकर असि-संचालन था। उसे जन्म से ही व्यायाम और शस्त्र-संचालन की शिक्षा मिली थी। तेरह वर्ष की आयु में उसका विवाह जैसलमेर में हुआ। श्वसुर राजस्थान के प्रसिद्ध चारण थे। कितने ही राजाओं ने 'लाखपसाव' और 'कोड़पसाव' से उनका सम्मान किया था। उत्तर वयस में उन्होंने नाथ-द्वार जाकर कंठी बँधवा ली थी। उसके बाद ही कन्या के रूप में उनके घर में प्रथम सन्तान ने जन्म लिया। कन्या पिता की आँखों की पुतली हो गई। अनजाने ही पुत्री पर भी पिता का रंग चढ़ने लगा। पिता पूजा करते और पुत्री गोविन्दलाल की प्रतिमा के समक्ष नाचती हुई तोतली बोली से गाती, "मैं तो गिरधर आगे नाचूँगी!"

भिक्षुक को विवाह की रात की वह घटना याद आई जब सप्तपदी समाप्त होने पर ससुराल की स्त्रियों ने उसको कविता और दोहा सुनाने के लिए कहा और वह मौन रह गया। कारण, तब तक उसे अपना नाम चन्द्रचूड़ को चनरचूर बताने का अभ्यास था। उसके चुप रह जाने पर महिलाओं का मर्म स्वर उसके कानों में धनुषटंकार की भाँति गूँज उठा, "मूर्ख है।" चतुर चतुरानन की चातुरी वहाँ भी चल गई। नैश-जागरण से

नींद में माती, भागवत के सैकड़ों श्लोक कंठस्थ रखनेवाली मंगला के भी मुख से प्रतिध्वनि की तरह निकल पड़ा, "मूर्ख है।"

वह अनपढ़ था, परन्तु अज्ञानी नहीं। और मूर्ख यदि बलवान हुआ तो फिर उसके स्वाभिमान की सीमा नहीं रह जाती। वह उठ खड़ा हुआ और महिला-मंडल को ढकेलता बाहर निकल आया। रात के अँधेरे में अपने को छिपाता वह जंगल में भागा और मरुभूमि में महीनों का मार्ग पार कर वह काशी आ पहुँचा। यहाँ उसने विद्या पढ़ी, विद्वान् भी हुआ, पर फिर घर लौटकर नहीं गया।

भिक्षुक की विचारधारा में बाधा पड़ी। उसके एक साथी ने आकर कहा, "गुरु, तैयार हो गई।"

"बड़ा जाड़ा है, आज तो पंचरत्नी छानूँगा।" भिक्षुक ने कहा।

"अच्छा, तो अभी तैयार हुई जाती है।" साथी ने कहा।

नागबच्छ और धतूरे के बीज के साथ सिल पर संखिया की दो लकीर खींच भिक्षुक के हिस्से की भाँग पुनः पीसी गई। गोला तैयार होने पर उसके पेटे में थोड़ी अफ़ीम रख दी गई और चुल्लू-भर जल के सहारे भिक्षुक ने वह गोला अपने उदर में उतार लिया। आकाश को अपनी तान से गुँजाते हुए वह उठ खड़ा हुआ। गंगा की लहरों ने प्रतिध्वनि की।

"विष-रस पीने का मज़ा कंठ से नीलकंठ के पूछो!"

4

दस बजे रात गंगा में ग्यारह डुबकियाँ लगाकर जब भिक्षुक बाहर निकला तो उसे ऐसा प्रतीत हुआ कि शीत के प्रहार से उसका नशा उखड़ गया है। उसके संगी-साथी विदा हो गए थे। उसने बदन पोंछते हुए घाट के किनारे स्थित अपनी मढ़ीनुमा खोह में प्रवेश किया। दीवट में मृतप्रदीप जल रहा था और भूमि पर बाघम्बर पड़ा था। उसी पर बैठे गाँजे का दम लगाते हुए विचार करने लगा। अभी तक वह इस प्रश्न की मीमांसा न कर पाया था कि जिसका त्याग कर दिया उसका पुनर्ग्रहण उचित है या नहीं? विधि और निषेध दोनों पहलू उसके सामने आते थे–'त्यागी हुई वस्तु उच्छिष्ट है, मा़नो उसे ग्रहण नहीं करते। नारी साधना-पथ का अन्तराय है, मैं साधक हूँ।'

पुनः दूसरे ही क्षण वह सोचता–'गौरी मेरी सहधर्मिणी है। वह जैसी सुन्दरी है वैसी बुद्धिमति भी। उससे मुझे कर्तव्य-पालन में सहायता ही मिलेगी। उसका मैंने पाणिग्रहण किया है। उसका भरण-पोषण करना मेरा कर्तव्य है। मैं उसे वचन दे आया हूँ, वह मेरी प्रतीक्षा करती होगी।' प्रश्न के इस सामाजिक पहलू ने निर्णय कर दिया। वह अभिभूत-सा धीरे-धीरे खोह के बाहर निकला। एक नाव खोली। उस पर बैठ उसने उसे धारा में छोड़ दिया और स्वयं भी विचारधारा में बह चला। उसके हाथ यंत्रवत् नाव खे रहे थे। वह सोच रहा था कि यदि वह न होती तो सिपाही मुझे अवश्य पकड़ लेते। मैं खाली

हाथ थका-माँदा और पैदल था; वे हथियारबन्द, घोड़े पर सवार थे। न जाने कैसे पहचान लिया दुष्टों ने! अलीनगर से कटेसर तक दौड़ा मारा। पर उन्हें पता भी चल गया होगा कि आज किसी से पाला पड़ा है। सब तो पीछे रह गए, परन्तु वह ससुरा हवलदार, उसने अन्त तक पीछा न छोड़ा।

नाव किनारे लग गई। भिक्षुक उस पर से उतरा। रेती में खूँटा गाड़कर उसने नाव उसी में बाँध दी और स्वयं गाँव की ओर चला। फीकी चाँदनी में श्रृंगाल चन्द्रमा की ओर मुँह उठा-उठाकर चीत्कार कर रहे थे। गाँव में पहुँचते ही कुत्ते उसके पीछे-पीछे भौंकते चले। मंगला गौरी के ओसारे के सामने पहुँच भिक्षुक ने देखा कि ओसारे में काठ की चौकी पर बैठा वही हवलदार मूँछों पर हाथ फेरता हुआ बड़े स्वर में रामायण की चौपाइयाँ उड़ा रहा है—

"हे खगमृग हे मधुकर श्रेनी।
कहुँ देखी सीता मृगनैनी।।
तुम आनन्द करहुँ मृग जाए।
ये कंचन-मृग हेरन आए।।"

भिक्षुक सामने नाँद के पीछे, जहाँ वह पिछली शाम छिपा था, आकर खड़ा हो गया। कल शाम वह यहीं बैल बाँधने के खूँटे से ठोकर खाकर तृषातुर गिर पड़ा था। गौरी वहीं खड़ी नाँद में बैलों के लिए सानी दे रही थी। उसके गिरते ही वह पास आई थी। उसे देखते ही वह चौंकी थी और बग़ल से आती घोड़ी की टाप की आवाज़ सुनकर नाँद की ओर अँगुली उठाकर उसने भरे गले से कहा था, "वहाँ, नाँद के पीछे!" और वह कठिनाई से नाँद के पीछे छिप पाया था कि घोड़े पर चढ़ा यही हवलदार आया। उसने पूछा था, "गौरी, इधर से कोई आदमी अभी भागा है?" और गौरी ने क्षण-भर का भी विलम्ब किए बिना उत्तर दिया था, "नहीं तो, मैं आज दरवाज़े पर दो घंटे से हूँ।" इस पर हवलदार ने कहा था, "अच्छा, थोड़ा पानी पिला।"

यह बात याद आते ही भिक्षुक ने देखा कि सामने का दरवाज़ा खुला और गौरी अपने हाथ में दूध-भरा कटोरा लिए निकली। उसने हवलदार से कुछ कहा। हवलदार ने मुसकराकर कटोरा उसके हाथ से ले अपने मुँह लगाया। भिक्षुक की पीठ पर जैसे कोड़ा पड़ा। वह वहाँ से सरपट भागता हुआ गंगा-तट पर आया, नाव खोलकर उस पर बैठ गया और उसे खेते हुए मन-ही-मन अपने को धिक्कारने लगा, 'ओह, मैं पढ़-लिखकर भी मूर्ख ही रहा! मैं अपनी कामुकता को कर्तव्य का चोला पहना रहा था। रूप के क्षणिक आकर्षण में मैं अपनी आजन्म साधना नष्ट करने जा रहा था। मैंने एक बार भी यह न सोचा कि जैसलमेर की यह गौरड़ी यहाँ कैसे चली आई और फिर यहाँ वह एक पुरुष के साथ रहती है, उससे मुसकराकर बात करती है, उसे कटोरा भर-भर दूध पिलाती है!'

भिक्षुक के हाथों में डाँडा और विचार में उधेड़बुन चल रही थी। तरी की पुष्ट वायु की तरावट से जब उसका मस्तिष्क कुछ ठंडा हुआ तो विचारों की धारा भी दूसरी ओर घूमी। आत्मनिन्दा के भाव ने विपरीत दिशा में ज़ोर बाँधा। भाव-सबलता के कारण

उसके ओंठ हिल उठे और मन के विचार बड़बड़ाहट के रूप में निकल पड़े—बिना समझे-बूझे निर्णय यही कहलाता है। केवल अनुमान के आधार पर मैं 'यत्परोनास्ति' चिन्ता में पड़ा हूँ। हो सकता है, हवलदार उसका कोई निकट सम्बन्धी हो। उससे मिलकर पूछ लेने में ही क्या बुराई थी? पर बात यह है कि सब साध्य-साधना करने पर भी मेरा मन साधारण जन की ही तरह अब भी ईर्ष्या-द्वेषग्रस्त है। विवाह की रात की तरह ही अब भी मेरे षड्रिपु जाग रहे हैं, अन्यथा मेरे नाम से डोंडी पिट रही है, यह सुनकर मुझे नगर में निकल पड़ने और दिन-भर घूमते रहने की क्या ज़रूरत थी? मेरे साथ बड़ी भीड़ थी, इसी से मेरे सामने आने की किसी ने हिम्मत न की। नहीं तो पकड़े जाने पर जो कुछ होगा वह मुझसे छिपा नहीं है। नागर कालापानी गया, मैं फाँसी जाऊँगा। अपनी जलन के कारण मैं गौरी के प्रति दूसरी बार अन्याय करने जा रहा था।

और आधी गंगा पार कर लेने पर भी उसने अपनी नाव पुनः कटेसरवाले पुल की ओर घुमा दी। नाव घूमते ही उसने चकित होकर देखा कि उससे थोड़ी ही दूर पर राजकोट की ओर से बीस-पचीस नावों पर सवार गोरे सैनिक उसी की नाव की ओर बढ़े आ रहे हैं। उसने जल्दी से नाव घुमाई और सैनिकों को अपनी ओर बन्दूक छतियाते देखा। गोलियाँ छूटने के पहले ही वह पानी में कूद पड़ा। यथासम्भव अधिकाधिक डुबकी लगाता हुआ वह किनारे पर पहुँचा और हँकवे में फँसाए सिंह के समान तीर की तरह वह अपनी गुफा में घुस गया। सैनिक भी नावों से उतर खोह के दरवाज़े पर खड़े हो गए।

5

सैकड़ों कंठों से उठी उल्लास-ध्वनि गंगा की लहरों पर लुढ़कती, रेती पर दौड़ती और चने के खेतों पर से उड़ती जब यदुनाथ हवलदार के दोमंजिले मकान में घुसकर भूमि पर सोई मंगला गौरी के कर्ण-पुटों से टकराई तो उसकी आँखें खुल गईं। उसने ध्वनि का अनुसरण करते हुए पश्चिमी दीवार में बने हुए गवाक्ष से बाहर झाँका। घनश्याम तरुराज के अन्तराल से उसने देखा कि श्यामल शस्य-क्षेत्रों और बालू-भरी भूमि के बाद गंगा पर क्रमशः ऊपर उठती धूम्रराशि माधवराव के धरहरे के कंगूरे पर विराट अजगर-सी कुंडली बाँध रही है।

आज गौरी ने रात आँखों में काटी थी। नित्य भूमि पर शयन का नियम रखते हुए भी उसने आज शय्या बिछाई थी और उस पर सूचिकार्य-खचित आस्तरण भी डाल रखा था। पर जिसे उस शय्या पर शयन करना था, वह आया ही नहीं। सारी रात प्रतीक्षा करने के बाद जब भोर में दक्खिनी वायु चली तो उसकी पलकें झप गईं। और अब उठने पर देख रही है कि उसके नयन और मन में ही नहीं, गंगा-पार भी आग लगी है। सहसा किसी ने दरवाज़ा खटखटाया; गौरी के किवाड़ खोलते ही एक पड़ोसी की चंचल और हँसोड़ पुत्री गेंदा तूफ़ान की तरह कोठरी में घुसी और गौरी के गले में हाथ

डाल फूलों के हार-सी झूलती हुई उसने कहा, "जीजी, कब से तुम्हें बुला रही हूँ! चिल्लाते-चिल्लाते गला बैठ गया। तुम क्या कर रही थीं?"

"सबेरे-सबेरे मुझसे तेरा कौन-सा काम अटक रहा था, गेंदा?" गौरी ने उसे अपना गला छुड़ाते और मुसकराते हुए कहा। तेरह वर्ष की अल्हड़ छोकरी गेंदा को गौरी से कोई काम न था। वह केवल उसे यह समाचार देने आई थी कि उस पार नगर में आग लगी है। सो उसने कहा, "काम तो कुछ नहीं था, जीजी! उस पार आग लगी है। गाँव-भर देखने गया है। मैं भी किनारे तक गई थी।

"अच्छा!" गौरी ने विस्मय का अभिनय करते हुए कहा।

"अच्छा क्या? सोचा था, तुम्हें भी साथ लेती चलूँ। खिड़की के नीचे खड़ी होकर कितना चिल्लाई! रोज़ तो तुम चार बजे भोर से ही उठकर क्या-क्या गाया करती थीं। आज तुम्हारी आहट ही नहीं मिली। हाँ, वह गीत तो गाओ जीजी–'म्हांने चाकर राखो जी, गिरधारी लाला'।" यह कहकर गेंदा खिलखिलाकर हँसी। फिर तत्काल संयत होकर बोली, "अच्छा जीजी, ये सब गीत तुमने सीखे कहाँ?"

अल्हड़ गेंदा प्रश्न पर प्रश्न करती जा रही थी, बिना यह ख़याल किए कि उसके प्रश्न गौरी के हृदय पर हथौड़े की चोट कर रहे हैं। फिर भी गौरी ने कहा, "इसमें बताने की क्या बात है? मेरे बाप श्री गोविन्दलाल के उपासक थे न! उन्हीं से यह सब सीखा है। उनके गोलोकधाम जाने पर जब दामादों ने मेरी सब सम्पत्ति छीन ली तो मैं अपने मामा के पास चली आई। मामा ने जब काशीराज की सेना में नौकरी की तो मैं भी यहाँ चली आई।"

"अच्छा, एक गीत गाओ, जीजी! मुझे बड़ा अच्छा लगता है।" गेंदा ने कहा।

"इस समय चित्त ठिकाने नहीं है गेंदा, फिर कभी गाऊँगी।"

"नहीं, मेरी अच्छी जीजी! दो-ही-एक कड़ी सुना दो," गेंदा ने बच्चों की तरह मचलते हुए कहा। अन्त में गौरी को गेंदा के हठ के सामने झुकना पड़ा। उसने शून्य शय्या की ओर देख गुनगुनाना आरम्भ किया–

"एरी मैं तो दरद-दिवाणी
मेरो दरद न जाने कोय।
सूली ऊपर सेज पिया की
केहि विधि मिलना होय!"

"किससे केहि विधि मिलना होय, जीजी? उससे तो नहीं जो परसों साँझ को नाँद के पीछे छिपा था?" फिर खिलखिलाकर गेंदा ने पूछा।

"आ मर कलमुँही!" गौरी ने कहा और साथ ही सुना कि उसके मामा नीचे खड़े पुकार रहे हैं–"गौरी, गौरी! अभी तक नीचे नहीं उतरी, बात क्या है?"

सीढ़ी पर मामा के चढ़ने की आहट मिली। वह कहीं कोठरी में न आ जाएँ, इसलिए गेंदा के साथ वह स्वयं बाहर निकल आई और सामना होते ही पूछ बैठी, "क्या है, मामा?"

"अपना अभाग है, बिटिया! कम्बख़्त आज कुत्ते की मौत मारा गया। कहीं परसों ही गिरफ़्तार हो गया होता तो पाँच सौ कलदार मेरे हाथ लगता।" यदुनाथ हवलदार ने कहा। सुनते ही गौरी को जैसे काठ मार गया और उसके चेहरे पर हवाई उड़ने लगी। उसने कठोर संयम से काम लिया और उसके मुँह से आह तक न निकली। गेंदा ने यदुनाथ से पूछा, "कौन कुत्ते की मौत मारा गया, काका?"

"अरे वही, नागर गुंडे का साथी भंगड़ भिक्षुक! लेकिन बिटिया, वह रहा बड़ा बहादुर। जिस गोरे ने उसकी खोह में घुसने के लिए भीतर सिर डाला उसका सिर भीतर ही रह गया। पाँच-सात गोरों के कटते ही सेना ने लकड़ियों से खोह को तोप कर उसमें आग लगा दी। देख न, कितनी लपटें उड़ रही हैं!"

गौरी और गेंदा दोनों पश्चिम की ओर अग्नि-तांडव देखने लगीं। गौरी ने देखा कि अशरीरी आत्मा की लोल लोलिहान अँगुलियों के समान लपलपाती लपटें आकाश छूने के लिए उचक रही हैं। उनके ऊपर उड़ती हुई धुएँ की रेखा ने सूली का आकार धारण कर रखा है और उसी सूली की नोक पर बैठा हुआ भिक्षुक क्रमशः ऊपर उठता जा रहा है। उसने कुछ सोचा और गेंदा से कहा, "तू नीचे चल, मैं अभी दरवाज़ा बन्द करके आई।"

गेंदा नीचे उतर गई। गौरी फिर कोठरी में घुसी। उसने भीतर से द्वार बन्द कर दिया। कोने में रखा निष्प्रभ दीप अब भी मन्द-मन्द जल रहा था। उसने दीपक उठाया और उसकी लौ शय्या पर बिछे बिछौने से लगा दी। क्षण-भर में ही शय्या जलने लगी। वही दीपक अपने आँचल के तले रख, उसने बारह वर्ष बाद शय्या पर पैर रखा। आँचल को भी आग पकड़ चुकी थी। पल-भर में ही गेंदा और यदुनाथ को भी ज्ञात हो गया कि गौरी की कोठरी में आग लगी है। गेंदा दौड़कर सीढ़ी चढ़ी और दरवाज़ा पीटते हुए चिल्लाई, "जीजी, जीजी, यह क्या?"

भीतर से चंडी के अट्टहास की तरह गौरी का शब्द सुनाई पड़ा—"गेंदा, सूली ऊपर सेज पिया की, एहि विधि मिलना होय!" और फिर काठ-कबाड़ तथा जलते मांस की दुर्गन्ध बाहर निकलने लगी।

आए, आए, आए

1

उस दिन ज्ञानवापी की आलमगीरी मस्जिद के मुअज़्ज़न ने भिनसहरी रात नमाज़ियों को जगाने के लिए मीनार पर चढ़कर अज़ान नहीं दी, गंगा-स्नान करके नवस्थापित विश्वनाथ मन्दिर में जानेवाले दर्शनार्थियों ने 'हर हर महादेव शम्भो' की ध्वनि से नीचे गली नहीं गँजाई, पहरेदार ने भी 'जागते रहो, चार बजा है' चिल्लाकर मोहल्ले का फाटक खुलवाने के लिए अन्तिम रौंद नहीं लगाया, परन्तु मस्जिद के सामने वाले

दोमंजिले मकान के बरामदे में टँगा हुआ तोता प्रतिदिन के अभ्यासवश ठीक समय पर बोल उठा, "राधेश्याम, राधेश्याम!"

पिंजरे के ठीक नीचे पड़ी तीन पैर की चारपाई पर बिछी जीर्ण कन्था पर लेटे वृद्ध और अन्धप्राय चित्रकार रामदयाल की ऊँघती आँखें कीर-कूजन से खुल गईं। उसने मुँह के आगे हाथ लगाकर जमुहाई ली और फिर चुटकी बजाते हुए स्वयं भी बोल उठा, "राधेश्याम, राधेश्याम!"

उसे फिर जमुहाई आई। मुँह बाए और उस पर हथेली लगाए ही उसने अस्पष्ट शब्दों में कहा, "आज भी अमीरन न आई तो...?" और जमुहाई का क्रम अटूट-सा हो गया।

टिकियावाली बुढ़िया अमीरन का गत तीन दिन से पता न था, इसीलिए उसके ग्राहक घबरा उठे। जाड़ा हो, गरमी हो, बरसात हो, टिकियावाली अमीरन बिना नाग़ा अपने गिने-चुने ग्राहकों के लिए छोटी-सी टोकरी में टिकिया और अम्बरी तम्बाकू लेकर नगर की प्रदक्षिणा करने सूर्य के साथ ही निकल पड़ती। उसकी ताज़ी कुरकुराती टिकियों और खुशबूदार नशीली तम्बाकू के चाहक हाथ में चिलम और टिकिया धराने के लिए चिलम में रखा अंगारा फूँक से जिलाते हुए टिकियावाली की प्रतीक्षा में अपने घरों से निकल आए रहते।

टिकियावाली भी सुँघनी रंग का चूड़ीदार पाजामा और हरे रंग का कुरता पहने, सिर पर गेरुए रंग की चादर डाले, एक हाथ से लठिया टेकते और दूसरे हाथ से कमर के सहारे टोकरी सँभाले अपनी जर्जर जूतियाँ चटकाती आती। आतुर ग्राहक के सामने पहुँच हाँफते हुए लाठी पर टेक देकर खड़ी हो जाती, चबूतरे या सीढ़ी पर टोकरी रख देती और कानों में पड़ी चाँदी की छोटी-छोटी आध दर्जन बालियों में प्रभाती पवन के कारण उलझे श्वेत केशों को चाँदी के ही छल्लों से गूँथी कम्पित और शीर्ण अँगुलियों से सँवारती हुई क्षण-भर दम लेती। फिर सिल पर कूँचकर मुँह में जमाया ज़र्दापान जीभ से गाल की ओर हटा देती, खखारकर गला साफ़ करने का प्रयत्न करती और हँसकर चुटकी बजाते हुए, फूटे परन्तु सधे गले से गा उठती–

"पिया आवन की भई बेरिया
दरवजवाँ लागि रहूँ।"

तत्पश्चात् कौड़ी-दो कौड़ी की टिकिया बेच आगे बढ़ जाती। उसकी इन मुद्राओं पर उसके ग्राहक मुसकरा देते। कभी-कभी कोई उसी-जैसा बुड्ढा ग्राहक यह भी कह बैठता, "बीबी, अब तो तुम्हारी वह उमर नहीं रही, नहीं तो लोगों को कुछ और ही शक हो जाता।" डाँटने का अभिनय करती हुई अमीरन जवाब देती, "मियाँ बुड्ढे हुए, लेकिन अकल न आई। सच तो यह है कि जिनकी शक के लायक उमर नहीं रही उन्हीं पर सबसे ज़्यादा शक करना चाहिए।" इस पर कोई और बोल उठता, "यह क़ानून बनाओगी तो तुम भी शक से रिहाई न पा सकोगी।" वह उसे भी चमकाती हुई कहती, "हमारी फ़िक्र न करो। हम औरतों को शक का रास्ता बचाकर चलने का अभ्यास होता है।" और इस जवाब के बाद सिवा झेंपकर हँसने के बात आगे बढ़ाने का रास्ता न रह जाता। उसके चले

जाने के बाद वहाँ एकत्र लोगों में निमूँछिए कहते, "बेहया है," अधेड़ कहते, "बेलौस है," बुड्ढे कहते, "जोगिन है" और स्वयं अमीरन पूछने पर कहती, "मैं क्या थी, यह भूले जुगों बीत गए। अभी आगे चलकर क्या हो जाऊँगी, यह अल्लाह ही जानता है। अलबत्ता मैं इतना ही जानती हूँ कि मैं इस बखत क्या हूँ।" इस पर भी यदि कोई कहता कि "अच्छा यही बताओ कि तुम इस वक़्त क्या हो," तो उसके मुखमंडल पर विचित्र गम्भीरता छा जाती। वह धीरे-धीरे कहती, "मैं घर-घर अलख जगानेवाली भैरवी हूँ।"

2

बरामदे से संलग्न कोठरी में चित्रकार की पत्नी कृष्णप्रिया भी जाग चुकी थी और बिछौने पर लेटे-ही-लेटे गुनगुना रही थी–"जागिए ब्रजराज कुँवर पंछी सब बोले।"

सबेरा हो चुका था। रामदयाल को भ्रम हुआ कि कोई उसका दरवाज़ा खटखटा रहा है। उसने अपनी पत्नी को पुकारा, "अजी सुनती हो, उठो दरवाज़ा खोलो। शायद अमीरन आ गई।"

"तुम तो जैसे रात-भर अमीरन का ही सपना देखते रहे हो।" कहते-कहते कृष्णप्रिया उठी और बरामदे में आकर गली के नीचे झाँका। किसी को न देख उसने कहा, "क्या अमीरन को अपनी जान भारी पड़ी है कि वह इस खून-ख़राबी में घर से बाहर निकले?"

"वही तो," बूढ़े चित्रकार ने कहा, "परन्तु क्या करूँ? अमल बुरी चीज़ है। देखो, कोने-अन्तरे में अगर थोड़ी-बहुत तम्बाकू पड़ी हो तो मुझे दे दो।"

"जो कुछ था सब समाप्त हो गया, अब तुम्हीं खोजो।" उसने कहा और फिर भुनभुनाने लगी, "दंगे का दिन है, अड़ोसी-पड़ोसी भी भाग गए हैं, नहीं तो उन्हीं से सबेरे-सबेरे भीख माँगती।"

असहाय रामदयाल ने पत्नी के वचन सुने और यह जानते हुए भी कि अभीप्सित वस्तु मिलनेवाली नहीं, उसने एक कोने में हाथ बढ़ा टटोलना आरम्भ किया। वह जो कुछ खोज रहा था वह तो हाथ न लगा, परन्तु उसका हाथ अपनी ही बनाई हुई एक तसवीर पर पड़ गया। चित्र पर हाथ पड़ते ही उसकी हथेली एक बार पुनः वैसे ही जलने लगी जैसे सत्ताइस वर्ष पूर्व यही चित्र चुराने के अभियोग में अग्नि-परीक्षा के अवसर पर जलते हुए लौह गोलक से वह जली थी। उसने तत्काल चित्र पर से हाथ खींच लिया, परन्तु बुझी आग धधक चुकी थी। उसने स्मृति के धुएँ में स्पष्ट देखा–

जमुना का किनारा है और किनारे काली मिट्टी के एक टीले पर फूँस से छाई हुई एक झोंपड़ी। झोंपड़ी की चूना-पुती भीत पर कोयले के छोटे-से टुकड़े से बारह-तेरह वर्ष का एक बालक एक बालिका का चित्र बनाने के प्रयत्न में तल्लीन है। लड़का गत बारह घंटे से भूखा है, परन्तु चित्र-रचना के आगे उसे क्षुधा भी भूल गई है। उसकी पीठ पर तीखी धूप पड़ रही है, परन्तु उसे इसकी चिन्ता नहीं। उसी समय उसी की

तरह धुन की पक्की सात-आठ वर्ष की एक लड़की एक हाथ में मट्ठे से भरा लोटा और दूसरे में पत्ते में लपेटा नमक, मिर्च और मोटी-मोटी दो रोटियाँ लिए, बालू में झुलसते पैरों की ओर से सर्वथा लापरवाह जल्दी-जल्दी वहाँ आई। लड़के के पीछे खड़ी होकर आदेश के स्वर में उसने कहा, "हंस, पहले इसे खा ले, चित्र पीछे लिखना!"

लड़का चौंक पड़ा। लड़की को देखकर बोला, "काका देख लेंगे तो बिना पीटे न छोड़ेंगे।" किंकिनी खिलखिलाकर हँसी। उसने कहा, "काका तो खा-पीकर चौपाल में पड़े नागलीला बाँच रहे हैं। मैं देखकर तब आई हूँ। विरथा परिश्रम काहे करते हो? तुमसे मेरी तसवीर न बन सकेगी।" और उसने लोटा तथा पत्ते सहित रोटी उसके सामने रख दी। पुनः तत्काल ही प्रश्न किया, "तुम काका से इतना डरते क्यों हो?"

"बप्पा कह गए हैं कि ग़रीबों को अमीरों से डरना चाहिए।" हंस ने कहा।

किंकिनी फिर हँसी। उसने पूछा, "इसी से तुम मेरे घर कभी नहीं आते?" "हाँ," सिर झुकाए हंस ने कहा और सहसा अपनी चमकीली आँखें किंकिनी के चेहरे पर जमाकर बोला, "मैं तुम्हारी तसवीर ज़रूर बनाऊँगा।" "अच्छा, पहले खा लो!" किंकिनी बोली। हंस खाने लगा। किंकिनी ने वार्ता आगे बढ़ाई।

"अच्छा, जब मेरा ब्याह हो जाएगा और मैं अपने घर जाऊँगी तब तुम वहाँ आना। आओगे न?"

हंस ने कहा, "हूँ!"

किंकिनी कहती गई, "तुम्हारे बप्पा के मर जाने के बाद यहाँ तो अब तुम्हारा कोई और रहा नहीं। वहाँ तुम्हें बड़े सुख से रखूँगी। ऐसे ही नदी-किनारे कोठेदार घर होगा। सामने अमराई होगी। पीछे फूलों का बगीचा होगा। वहाँ मैं दौड़-दौड़कर तितली पकड़ूँगी। तुम बैठकर मेरी तसवीर बनाना। अच्छा, बप्पा ने तुम्हें मेरे यहाँ आने से मना क्यों कर दिया?"

किंकिनी की प्रत्येक बात पर हंस 'हूँ', 'हूँ' करता जाता था। इस प्रश्न पर भी उसे यही करना पड़ा। कारण, उसे ज्ञात न था कि उसके कथावाचक पिता ने यह जानकर कि मैं स्वयं पुत्र का नाम परमहंस रख देने के सिवा उसे और कुछ न दे जा सकूँगा, वंश-गौरव के बल पर नम्बरदार से उसकी बेटी माँगी थी और धनमत्त नम्बरदार ने अपमानपूर्वक प्रस्ताव ठुकरा दिया था। उसके घर से लौटकर आत्मग्लानि में गले पिता भगवती ने स्वप्न में भी नम्बरदार की देहली न लाँघने का आदेश पुत्र को दे दिया।

हंस का भोजन समाप्त हो गया। वह नदी पर जाकर पानी पीने और लोटा माँजने के लिए उठ खड़ा हुआ, किन्तु किंकिनी ने पहले ही लोटा उठा लिया और वह नदी की ओर दौड़ चली। उसने बालू से रगड़कर लोटा माँजा, पानी भरा और लौटने के लिए घूमी कि पास ही खड़ा एकमात्र नाव पर से एक लम्बा-चौड़ा बलवान व्यक्ति किनारे कूदा। उसने एक हाथ से किंकिनी का मुँह बन्द कर दिया और दूसरा हाथ उसकी कमर में डाल उसे उठाकर वह नाव में चला गया। किंकिनी के हाथ से छूटा लोटा लुढ़ककर पानी में जा गिरा। पाँच-सात मिनट बाद नाव खुल गई।

हंस टीले पर खड़ा किंकिनी-हरण देखता रहा। सहसा उसे अपने पीछे कुछ लोगों के आने की आहट लगी। उसने सुना कि नम्बरदार अपने पियादे से कह रहा है– "रामदयाल, पैर पर ऐसी लाठी मारना कि सदा के लिए लँगड़ा हो जाए। बालक समझकर तरह मत दे जाना।" रामदयाल की क्रूरता से परिचित हंस जल्दी से पार्श्ववर्ती पलाशवन में भागा। भागते-भागते कई कोस निकल गया। थककर एक स्थान पर गिर पड़ा। घंटे-भर पड़े रहने के बाद एक पथिक ने उसे उठाकर उससे उसका नाम पूछा। नशे में चूर आदमी की तरह हंस ने कहा, "ऐं, मेरा नाम रामदयाल है।"

इसके बाद उस गाँव में किंकिनी का शब्द फिर कभी न सुनाई पड़ा। हंस तो सदा के लिए उड़ ही गया।

3

"कोने में आँख फाड़-फाड़कर क्या देख रहे हो?" चित्रकार की पत्नी ने पूछा।

"कुछ नहीं," अपनी भावना में खोए हुए चित्रकार ने उत्तर दिया, परन्तु उसने अपनी आँखें कोने की ओर से नहीं हटाईं। उसकी स्मृतियाँ उसके मानस-चक्षु के सामने विचित्र-विचित्र चित्र प्रस्तुत कर रही थीं और जन्मजात चित्रकार उन चित्रों की ये खूबियाँ बारीकी से निहार रहा था–

नवाब अस्करी मिर्ज़ा का दरबार नित्य की तरह गुलों-बुलबुलों से महक-चहक रहा। अस्करी मिर्ज़ा एक मसनद पर टेक दिए अधलेटे-से थे। उनके गोरे-गोरे हाथ-पाँवों में कलापूर्ण ढंग से मेंहदी सजाई हुई थी। छल्लेदार ज़ुल्फ़ें मसनद पर बिखरी पड़ी थीं। सामने अफ़ीम की पीनक में झूमते-बैठते ख़्वाजा फ़सीह एक शे'र का मतला माँजते जा रहे थे। उन्हीं के पार्श्व में मिरजई पहने और सिर पर भारी पगड़ी बाँधे 'दिव्य' कवि डटे थे। उन्होंने हाथ बाँधकर कहा–"ख़ुदाबन्द! श्रीमती नयी बेगम साहिबा के रूप की परसंसा में मैंने एक सवैया रची है, मरज़ी होय तो अरज़ करूँ।"

"अभी नहीं। यह मुसव्विर रामदयाल हैं। इन्हें मैंने दिल्ली से बुलाया है," मिर्ज़ा ने कहा, और चित्रकार से पूछा, "सफ़र में तकलीफ़ तो नहीं हुई?"

यथोचित उत्तर-प्रत्युत्तर के बाद नवाब ने कहा, "मैंने अपनी नयी बेगम की तसवीर बनाने के लिए आपको बुलाया है। आपने भी शायद उनका नाम सुना है। बनारस में क्या, दूर-दूर तक उनके नाचने-गाने की धूम थी।" नवाब बात समाप्त भी न कर पाए थे कि एक मुसाहिब ले उड़े; बोले, "तलवार की धार पर वह नाचे, बताशे पर फिरकी की तरह वह घूमे, सिर पर पानी-भरी थाली रख धमा-चौकड़ी मचाए और क्या मजाल कि एक बूँद भी छलके!"

"अच्छा, बकिए मत," नवाब ने मुसाहिब को डाँटा और खड़े होकर मुसव्विर से कहा, "आप मेरे साथ आइए।" मुसव्विर और नवाब साथ-साथ ज़नाने महल में जा रहे थे और नवाब कह रहे थे, "बेगम को आपकी कलम बहुत पसन्द है। उन्हीं की ज़िद थी कि तसवीर बनवाऊँगी तो उस्ताद रामदयाल से ही।"

एक बाहरी आदमी के साथ नवाब को महल के भीतर आते देख बाँदियाँ आश्चर्यचकित हो गईं। नवाब ने एक दासी से कहा, "बेगम से कह दो कि उस्ताद रामदयाल आए हैं। गुनियों से क्या परदा!" बेगम ने सुना तो दौड़ी आईं, परन्तु चित्रकार को देखकर स्तब्ध हो गईं। उनके मुँह से निकला, "हंस!"

चित्रकार की भी वही दशा थी, उसके मुँह से भी निकल पड़ा, "किंकिनी!" दोनों एक-दूसरे की ओर एकटक देखते रहे। नवाब ने पूछा, "क्या आप लोग एक-दूसरे को पहले से पहचानते हैं?" रामदयाल चुप रहा।

"हाँ भी, नहीं भी," बेगम ने प्रकृतिस्थ होकर कहा, "हाँ यों कि हम दोनों एक बार पहले मिल चुके हैं। नहीं इसलिए कि मैं यह नहीं जान पाई थी कि आप ही उस्ताद रामदयाल हैं।"

"हंस-किंकिनी क्या?"

"एक रागिनी का नाम है," हँसकर बेगम ने कहा, "उसी से तो हम दोनों ने एक ही बार मुलाक़ात रहने पर एक-दूसरे को इतनी जल्दी पहचान लिया। मैंने हंस-किंकिनी रागिनी गाई थी। इन्होंने मज़ाक में कहा था कि हंस के पैर में किंकिनी बाँध दी जाएगी तो वह निश्चय शिकारी के तीर का शिकार बन जाएगी।"

"ओह!" नवाब ने कहा था।

"ओह!" चित्रकार के मुँह से निकला। उसकी पत्नी ज़ोर से उसका कन्धा हिला रही थी।

"ओह! मस्जिद के दक्षिणवाला हनुमानजी का मन्दिर मुसलमान तोड़ रहे हैं। इसके बाद वे हम लोगों पर टूट पड़ेंगे। मैं पहले ही कहती थी कि घर छोड़कर कहीं हट चलो!"

"इतना हल्ला क्यों करती हो?" चित्रकार ने झल्लाकर कहा, "आज सत्ताइस वर्ष से मैं बाहर नहीं निकला। अब आज बाहर निकलकर दुनिया को क्या मुँह दिखाऊँगा?"

4

"गोरों और तिलंगों को लेकर जैंडल साहब आ गए। अब जान बच जाएगी," शान्ति की साँस लेकर चित्रकार ने पत्नी से कहा।

चित्रकार की पत्नी ने जिसे 'जैंडल साहब' समझा वह वास्तव में बर्ड थे। ज़िला मजिस्ट्रेट मिस्टर बर्ड ने आते ही दंगाइयों को फुर्र से उड़ा दिया। इतने में उसकी निगाह ऊपर बरामदे में खड़े वृद्ध दम्पती की ओर गई। उसने समझा कि ये असहायता के कारण नहीं भाग सके हैं। उन्हें किसी सुरक्षित स्थान पर पहुँचा देना उसने अपना कर्तव्य समझा। बरामदे के नीचे आकर उसने रामदयाल को कुछ दिन के लिए किसी सुरक्षित स्थान में चले जाने के लिए समझाना आरम्भ किया, परन्तु रामदयाल के पास एक ही जवाब था–"साहब, सत्ताइस बरस में मैं एक बार भी घर से बाहर नहीं निकला। इस उम्र में मेरी प्रतिज्ञा भंग न कराइए।" लाचार होकर बर्ड चला गया। चित्रकार की पत्नी अपने पति पर पुनः हँसने लगी, "क्यों नहीं चले गए? साहब इतना समझा रहा था। बेमौत मरने से क्या लाभ?"

"बेमौत कोई नहीं मरता," चित्रकार ने झल्लाकर उत्तर दिया, "बेमौत मरना होता तो मैं मिर्ज़ा अस्करी के ही हाथों कभी का मर चुका होता; सत्ताइस बरस से चोरी के कलंक का बोझ न ढोता।"

"परन्तु तुमने तो तसवीर नहीं चुराई थी।"

"बहुत दिन तक मैं भी यही समझता था कि मैंने तसवीर नहीं चुराई, परन्तु इधर विचार करने पर यही प्रतीत होता है कि जो कुछ मैंने किया वह मेरी अधमता ही थी।"

"मुझे तो तुमने कभी कुछ बताया नहीं।"

"कोई यज्ञ तो किया नहीं था जो तुमसे कहता! वह सब सोचने से भी दुख होता है।"

"फिर भी?"

"चुप रहो।"

रामदयाल ने पत्नी को चुप करा दिया, परन्तु स्वयं उसका मन चुप न रह सका। वह उससे बार-बार चुपके-चुपके कहने लगा, 'कह क्यों नहीं देते कि...'

'तम्बाकू में अफ़ीम की पुट देनेवाली यह टिकियावाली अमीरन तेरी बाल्यसंगिनी किंकिनी है। यही किसी समय काशी की प्रसिद्ध वेश्या अमीरजान थी। अपने रूप और गुण के बल पर वह नवाब अस्करी मिर्ज़ा की बेगम भी हो गई थी। परन्तु पूस की एक अँधेरी रात में, जबकि बिजली चमक रही थी और मूसलधार पानी बरस रहा था, वह झाड़ई मारकर नवाब के महल से निकाल दी गई थी। उसका अपराध यही था कि उसने बचपन के एक साथी को पहचान लिया था; उसकी कला पर मुग्ध हो गई थी और पति की वस्तु होते हुए भी उसका बनाया चित्र अपना समझकर तुझे ही पुरस्कार में दे दिया था; तूने उसे स्वीकार कर किंकिनी का दूसरी बार सर्वनाश किया। क्योंकि नवाब ने यह सूचना पाकर भरी महफ़िल में कहा था, "बेगम बनने पर भी बाज़ारी बू नहीं गई।" और उन्होंने ऋषीश्वर भट्ट को चित्र का स्वामी बनाकर तुझ पर चोरी का अभियोग लगाया। तेरे दम्भ ने तुझे सत्य का दर्शन न होने दिया। तूने चोरी करना अस्वीकार किया, तेरा हाथ जला और तू सदा के लिए घर में मुँह छिपाकर बैठा रहा। कह दे, अपनी पत्नी से यह सब कह दे। तेरा भी बोझ उतर जाए!'

रामदयाल पत्नी की तरह मन को न डाँट सका। उलटे स्वयं अपराधी की तरह उसने बिना बोले ही कहा, 'यह जानता तो दिल्ली से न आता!' मन ने पुनः टोका, 'यहाँ आने में तूने कोई भूल नहीं की। भूलें की हैं तूने यहाँ आकर। जब तू चित्र बनाकर नवाब के पास गया तो उनके यह कहने पर कि "बेगम का रंग बहुत उजला है, आपने यह रंग क्यों दिया," तू चुप क्यों नहीं रह गया? और यदि बोला भी तो यह क्यों कह बैठा कि रंग सफ़ेद नहीं है, किन्तु इस भूरे और फीके केसरिया रंग के साथ आकाशीय नीले रंग का जो सम्मिश्रण है उसकी शोभा का आनन्द रसिक वैष्णव ही जानते हैं। यह तेरी पहली भूल थी। दूसरी भूल तूने अमीरन से तसवीर लेते समय की। उससे वार्ता करने में तूने ख़याल न किया कि दरवाज़े से कान लगाए नवाब की बड़ी बीवी मुलतानी बेगम एक-एक शब्द सुन रही है।'

चित्रकार को वे बातें स्मरण हो आईं। वह बेगम के पास रात्रि के समय प्रथम बार एकान्त में आया था। पूर्व-व्यवस्था के अनुसार बेगम उसकी प्रतीक्षा कर रही थी। उसने उसे देखते ही कहा था–"तुमने तो वास्तव में बड़ी उन्नति की है हंस, याद है तुमने मुझे इसका वचन दिया था?" कहते-कहते उसका स्वर आर्द्र हो उठा था। वह गद्‌गद गले से बोली थी–"देखा, नारी का प्रेम पुरुष को उन्नत बनाता है, परन्तु पुरुष का प्रेम नारी को गिराता है।"

किंकिनी अपूर्व रूपशालिनी थी। वह आदर्श प्रतिमा थी, जिस पर कलाकार जान देते थे। सौ दीपकोंवाले झाड़ के उज्ज्वल प्रकाश में हंस किंकिनी को एकटक देख रहा था। उसने उत्तर नहीं दिया, स्वयं एक क़दम आगे बढ़ा। दो क़दम पीछे हटते हुए किंकिनी बोली, "आगे मत आओ, पतन की ओर न बढ़ो। मैं लाल-लाल आँखों के पहरे में रहकर अस्पृश्य हो गई हूँ।"

इस बार हंस का मुँह खुला। वह बोला, "ललाई की तलछट को हरियाली कहते हैं।" वह पुनः आगे बढ़ा। बाहर से किसी के ठठाकर हँसने की आवाज़ आई। किंकिनी ने तसवीर उठाकर हंस के हाथों में देते हुए कहा, "इसे लो और जल्दी चले जाओ।" हंस ने चित्र लिया और तत्काल ही चोर-दरवाज़े में अदृश्य हो गया।

सोचते-सोचते रामदयाल के समक्ष मुलतानी का चित्र खड़ा हो गया।

मुलतानी के शरीर में सौन्दर्य के अनेक उपादान थे, परन्तु भेद-वृद्धि ने उन्हें ढँक रखा था। नाक के दोनों ओर स्थूल कपोल और अधरोष्ठ तथा चिबुक के नीचे एकत्र वसा का स्मरण आते ही रामदयाल ने घृणा से मुँह बिचका लिया और तत्काल ही अत्यन्त आवेश में आ अपनी अँगुलियों के बढ़े हुए नखों पर अँगूठा फेरकर उनकी प्रखरता परखते हुए वह ज़ोर से बोल उठा, "यदि इस समय मुलतानी सामने होती तो अँगुलियों से उनकी आँखें निकाल लेता और नहीं तो मुँह का मांस नोच डालता।"

वैष्णव कलाकार की मुखमुद्रा अत्यन्त हिंस्र हो उठी। पत्नी ने सत्ताइस वर्ष बाद जीवन में दूसरी बार पति का यह स्वरूप देखा। वह डर गई। किसी ने नीचे दरवाज़ा खटखटाते हुए कहा, "दरवाज़ा खोलो, मैं मुलतानी हूँ।"

5

मुलतानी रामदयाल के सामने पहुँची। रामदयाल ने देखा कि सामने ग्यारह-बारह वर्ष की एक मैली-सी लड़की छींट का गन्दा कुरता-पाजामा पहने रटे हुए तोते की तरह कहती जा रही थी–

"बुआ अमीरन बहुत बीमार है। उन्होंने कहा है कि मैं अब कुछ दम की ही मेहमान हूँ। क्या आप मेरे घर कभी न आइएगा? बुआ ने यह भी कहा है कि समझाकर कह देना कि मैं अपने घर की बात कर रही हूँ, उन घरों की नहीं जहाँ से कोई मुझे भगा या उठा ले जा सकता हो।"

"तुम बड़ी बहादुर हो मुलतानी, दंगे में भी घर से निकल पड़ी हो!"

"इसमें बहादुरी क्या है?" मुलतानी ने कहा, "सड़क पर तो लोग चल-फिर रहे हैं। अलबत्ता, गली-कूचों में कहीं-कहीं लड़ाई हो रही है। मगर मेरा नाम मुलतानी नहीं, रकिया है। मैं नन्हें खाँ की लड़की हूँ।"

"तुमने तो मुलतानी बताया था?"

"ओहो, वह तो अमीरन बुआ सभी पाजी लड़कियों और औरतों को मुलतानी ही पुकारती हैं। मेरी शराफ़तों से उन्होंने मेरा नाम मुलतानी रख दिया है।" रकिया उर्फ़ मुलतानी ने कहा।

रामदयाल चुपचाप उठ खड़ा हुआ। उसने एक चीथड़ा-सा कन्धे पर डाल लिया, टटोलकर लकड़ी उठा ली, फिर रकिया से कहा, "चल!"

कृष्णप्रिया चुपचाप बैठी सब देख-सुन रही थी। अब उससे न रहा गया। उसने उठकर पति का हाथ पकड़ा, फिर पूछा, "कहाँ जा रहे हो?"

"अमीरन के यहाँ," भर्राए स्वर में रामदयाल ने कहा। कृष्णप्रिया ने क्षण-भर पति का मुख ध्यान से देख फिर हाथ छोड़ दिया। रामदयाल ने एक हाथ से रकिया का कन्धा पकड़ा और दूसरे से लाठी ठकठकाता हुआ घर से निकल गया।

वह पग-पग ठोकर खाता था, गिरते-गिरते बचता था, फिर भी आतुरतापूर्वक चलता जा रहा था। सहसा 'दीन, दीन' के नारों से एक बार उसके कान सुन्न-से हो गए। रकिया सकपकाकर रामदयाल से सट गई। इतने में ही दस-पन्द्रह आदमियों ने दोनों को घेर लिया। रामदयाल ने मन-ही-मन कहा, 'अब सचमुच मौत आ गई। आध घंटा बाद आती तो प्रसन्नता से स्वागत करता।' "मुसलमान की लड़की भगाए लिए जा रहा है। देखते क्या हो, मारो!" एक दंगई ने कहा। दूसरे दंगई ने लड़की का हाथ पकड़कर उसे खींच लिया। उसके सहारे खड़ा चित्रकार मुँह के बल ज़मीन पर आ रहा। नाक और बचे-खुचे दाँत टूट गए। चेहरा रक्तरंजित हो गया।

सहसा दंगाइयों में भगदड़ मच गई। एक तेजस्वी तरुण ने तलवार से उन पर आक्रमण कर दिया था। क्षण-भर तो दंगई ठहरे, परन्तु तरुण की सहायतार्थ बरकन्दाज़ों की पलटन आते देख वे भाग खड़े हुए। तरुण ने आहत चित्रकार से कहा, "जहाँ कहो, तुम्हें भेज दूँ। मैं काशी-नरेश का भाई प्रसिद्धनारायण हूँ।"

"भगवान आपका भला करे," पुनः पार्श्व में आकर खड़ी रकिया के कन्धे पर हाथ रखते हुए कलाकार ने कहा, "मैं तो इस लड़की के साथ जाऊँगा।" तरुण चला गया। वे दोनों भी अपनी राह चले।

सहसा एक झोपड़ी की चौखट पर चित्रकार को खड़ा करती रकिया ने कहा, "आप इसमें जाइए। बगल में मेरा घर है। अपने घर जाती हूँ।"

रकिया अपने घर चली गई। दुविधा में पड़ा रामदयाल चौखट पर खड़ा रहा। उसने सुना कि भीतर अमीरन वायु के प्रकोप में गाने का प्रयत्न कर रही है—"मोरे मन्दिर अजहूँ नहीं आए!"

अमीरन के स्वर में तेज का प्रकाश नहीं रह गया था। उसकी जगह करुणा की आर्द्रता आ गई थी। रामदयाल सुनने लगा–

"मैं का हाय करूँ मोरी आली,
किन सौतिन बिलमाए!"

उसने आलाप लेने का प्रयत्न किया। गिटकिरी भरना चाहा, परन्तु भीषण हिचकी आई। केवल इतना ही सुन पड़ा–"आए, आए, आए।"

रामदयाल अब न रुक सका। वह लपककर भीतर घुसा। उसने पुकारा, "किंकिनी!"

परन्तु किंकिनी मौन पड़ गई थी। उसकी आँखें खुली थीं और उसके मुख पर विजय-गर्व की मुसकान थी।

कोठरी में स्वर गूँज रहा था–'आए, आए, आए!'

अल्ला तेरी महजिद अव्वल बनी

राजघाट पर पुराने क़िले के खँडहर में पड़ी ब्रिटिश फ़ौज की छावनी में सुबह होते ही तहलका-सा मच गया। सभी भयभीत हो उठे। बात भी असाधारण थी। रात को दस बजे अन्तिम 'राउंड' लगाकर स्थानीय सैनिक-टुकड़ी के सर्वोच्च अधिकारी मेजर बकले भले-चंगे अपने शिविर में सोने गए। परन्तु सुबह अपनी कुर्सी पर मरे पाए गए।

मेजर बकले अभी बिलकुल तरुण थे और अपने अफ़सरों तथा मातहतों दोनों के प्रिय पात्र। इस बार छुट्टी में घर जाने पर उनका विवाह भी होनेवाला था। ऐसे सुखी आदमी द्वारा आत्महत्या की बात की तो कल्पना ही नहीं थी। इसलिए लोग मेजर की मृत्यु में किसी रहस्य की कल्पना कर रहे थे। उनके शरीर पर किसी प्रकार के अस्त्र-शस्त्र का घाव भी नहीं था। बाहर पहरे पर खड़े सन्तरी का बयान था–"मेजर साहब रात बहुत प्रसन्न थे, प्याले-पर-प्याला चढ़ाए जा रहे थे और भर्राए गले से 'व्हेन सैली केम इनटू द गार्डेन' (उपवन में जब सैली आई) गाए जा रहे थे। एक बार बाहर आकर मुझसे कहा कि 'मैं एक ज़रूरी पत्र लिखने जा रहा हूँ। तुम राउंड लगाने में खड़-बड़ करके डिस्टर्ब (अशान्ति) मत करना।' फिर वह भीतर जाकर पत्र लिखने लगे। बारह का घंटा बजने के ठीक बाद ही एक बार भीतर 'क्लैरा, क्लैरा' कहने की आवाज़ आई और किसी चीज़ के गिरने का धमाका हुआ। फिर सब शान्त हो गया। मैंने समझा कि मेजर साहब नशे में शायद कैम्प-बेड (शिविर शय्या) से गिर पड़े और फिर चुपचाप सो गए।"

मेजर के कैम्प में उनके उच्च सहयोगी उनकी लाश के इर्द-गिर्द कुरसियों पर बैठे थे। मिलिटरी सर्जन ने शव-परीक्षण के पश्चात् हृदय की गति बन्द हो जाने से मृत्यु की घोषणा कर दी। कप्तान गोवर ने यथासम्भव मुखमुद्रा विषाद, मलीन बनाते हुए

कहा, "इस ट्रैजेडी (त्रासद दुखजनक घटना) में इतनी ही सन्तोष की बात है कि इसे अपनी वाग्दत्ता के विश्वासघात का कड़वा प्याला नहीं पीना पड़ा।"

लेफ़्टिनेंट हिल ने अपनी काहिल आँखें गोवर की आँखों से मिलाते हुए आश्चर्य-भरे स्वर से पूछा, "अच्छा?" "हाँ," गोवर ने कहा, "आज ब्राइटन से मेरे एक मित्र का पत्र आया है। वह एम.पी. (पार्लमेंट का सदस्य) है। उसी ने क्लेरिसा कीर्टिंग से ब्याह किया है।"

"जो चिट्ठी लिखते-लिखते मेजर मरे हैं, उसे पढ़ना चाहिए। शायद हृदय की गति बन्द होने के कारण का पता चल जाए।" फ़ौजी सर्जन ने कहा। गोवर ने भी स्वीकृति दी। हिल ने टेबल पर से चिट्ठी उठा ली और उसे रुक-रुककर पढ़ने लगा–

फ़ोर्ट, राजघाट
बनारस
सितम्बर, 1858

"मेरे हृदय की रानी,

"वेस्लियन मिशन के फ़ादर मोनियर के हाथ तुमने जो चिट्ठी भेजी थी वह मुझे मद्रास में ही मिल गई। परन्तु मुझे उसी वक़्त कर्नल नील के साथ उत्तर भारत के लिए रवाना होना पड़ा। तुम्हीं समझो यह मेरा कितना बड़ा दुर्भाग्य था कि तुम्हारा चिर-प्रतीक्षित पत्र मेरे हाथ में हो और मुझे उसे खोलने तक का अवकाश न मिले! फिर भी मैंने उसे चूमा–बार-बार चूमा। मगर कीट्स की तरह मैं भी यह नहीं बता सकता कि चुम्बनों की संख्या फ़ोर (चार) थी या एस्कोर (एक कोड़ी)। फिर इस समय भी पुरवा हवा चल रही है। मैं इसे चूम रहा हूँ। शायद मेरा चुम्बन यह तुम्हारे पास तक पहुँचा दे।

"इस गरम मुल्क में रहने के बावजूद अत्यन्त स्वस्थ और प्रसन्न हूँ।

"गदर बिलकुल दबा दिया गया। अब हम लोग विद्रोहियों को दंड देने के बहाने हिन्दुस्तानियों को ऐसी सीख दे रहे हैं कि वे सैकड़ों वर्ष तक सिर न उठा सकेंगे। सचमुच कर्नल नील बड़ा बहादुर आदमी है। वह जैसा बहादुर है वैसा ही बुद्धिमान। उसने यहाँ सड़क की दोनों पटरियों पर सैकड़ों 'टाइबर्न' (लन्दन में वह स्थान जहाँ उन दिनों मृत्यु-दंड-प्राप्त अपराधियों की सज़ा सार्वजनिक रूप से कार्यान्वित की जाती थी) बना दिए हैं। वह अपने साथ फ़ौज और रस्सियों के हज़ारों टुकड़े लेकर चलता है। सड़क पर जहाँ कोई नेटिव (भारतवासी) दिखाई पड़ा कि फिर उसकी ख़ैर नहीं। वह बूढ़ा हो या जवान, तुरन्त पकड़ लिया जाता है। रस्सी के एक टुकड़े से उसका हाथ पीछे बाँध दिया जाता है और दूसरा टुकड़ा गले में बाँधकर सड़क के किनारे किसी वृक्ष की डाली से उसे लटका देते हैं। यह वस्तुतः मज़ेदार चीज़ होती है–ऊपर हवा में पाँच मिनट अद्भुत नृत्य होता है और नीचे हम लोग 'इन ऑनर ऑफ़ ओल्ड इंग्लैंड' (वृद्ध इंग्लैंड की प्रतिष्ठा के लिए) 'थ्री चीयर्स' देते (तीन बार हर्ष-ध्वनि करते) हैं।

''कल्पना करो, और इस दृश्य का मेरी ही तरह आनन्द लो। फ़ौज की एक टुकड़ी के साथ मुझे यहाँ छोड़ कर्नल नील कलकत्ता गया है।

''हम लोग यहाँ एक खँडहर में रहते हैं, जिसे यहाँ वाले अब तक क़िला ही कहते हैं। यह शहर भी अजीब है, यहाँ के बहुत पुराने नगरों में है। मुसलमान जिस पूज्य दृष्टि से मक्का, यहूदी फ़िलस्तीन और ईसाई यरूशलम या रोम को देखते हैं, इस नगर के प्रति हिन्दुओं की दृष्टि उससे भी अधिक श्रद्धा-सम्पन्न है। मेरे एक सिविलियन दोस्त ने मुझे बताया है कि यहाँ के लोग बड़े ही 'टर्बुलेंट' (दुर्दान्त) हैं; वे गम्भीर बातों पर विज्ञतापूर्ण दृष्टि से मुसकराते हैं और छोटी-छोटी बात पर लड़ मरते हैं।

''गत सप्ताह की बात है। मेरी रेजिमेंट का कार्पोरल ब्लिस रात में चुपके से शहर चला गया था। यहाँ ब्रिटिश सैनिक प्रायः रात को छावनी से भाग जाया करते हैं। हम अफ़सर लोग भी इसमें कोई अन्याय या अनीति नहीं समझते। मानव-स्वभाव को कुछ छूट देनी ही होगी। ख़ैर, सबेरे ब्लिस भटककर नगर के 'इंटीरियर' (भीतरी भाग) में जा पहुँचा।

''यहाँ यह बात जान रखनी चाहिए कि यहाँ की गलियाँ बड़ी ही तंग, गन्दी और बड़ी ही चक्करदार हैं। ऐसी ही एक गली में घुसकर ब्लिस ने देखा कि एक दुकान पर छोटी-छोटी, गोल-गोल, पीली-पीली कई चक्करवाली कोई मिठाई एक बहुत बड़े बरतन में भरे हुए रस में तैयार हो रही है। एक आदमी लोहे के किसी लम्बे औज़ार से उन्हें उसमें उलट-पुलट कर बाहर निकाल एक दूसरे बरतन में रखता जाता है।

''ब्लिस को भूख लगी थी। उसने पैसा निकालने के लिए एक हाथ पैंट की ज़ेब में डाला और दूसरा हाथ मिठाई पर। बेचारे के दोनों हाथ फँसे थे। इतने में मिठाईवाले ने उसी गरम रस में सने लोहे के औज़ार को ब्लिस के सिर पर मारा। ब्लिस सिर बचा गया, परन्तु औज़ार कनपटी पर पड़ा और उसका कान कट गया। कोई नेटिव होता तो घबराकर वहीं 'कलैप्स' कर (ढेर हो) जाता। उसने 'रिट्रीट' (पलायन), इसे रिट्रीट तो नहीं कह सकते, इस प्रकार की 'सार्टी' (कावेबाजी) से काम लिया और गलियों का व्यूह भेदते हुए छावनी वापस आ गया। परन्तु फिर बाद में वह उस गली का न पहचान सका जहाँ उक्त दुर्घटना हुई थी। नहीं तो हम लोग हलवाई को कच्चा ही चबा जाते।

''प्रिये, पत्र लम्बा हुआ जा रहा है। पर क्या करूँ, लिखने का अवसर भी तो कम मिलता है। अब तक मैंने औरों के बारे में लिखा है। अब कुछ अपने बारे में भी लिखूँगा।

''जैसा मैं पहले लिख चुका हूँ, यह देश बड़ा विचित्र है और उसमें भी इस बनारस का तो कहना ही क्या! यहाँ आकर मैं भयंकर उलझन में फँस गया हूँ। 'हैमलेट' में किंग ऑफ़ डेनमार्क (डेनमार्क के राजा) का प्रेत जैसे अपनी क़ब्र से निकलता है वैसे ही यहाँ एक बुढ़िया भी गोर से बाहर निकलने के लिए बेचैन है। आधी रात होते ही वह कल क़ब्र से बाहर निकली थी। जिसे छोटी-सी मस्जिद में उसका मज़ार है वह भी उसकी बनवाई हुई है। दो बजे रात तक मस्जिद के खुले सहन में वह टहलती और गाती रही। सब तो समझ में नहीं आया, लेकिन गीत की पहली पंक्ति स्पष्ट सुन पड़ी— 'अल्ला तेरी महजिद अव्वल बनी!' (हाउ ग्रैंड इज़ दाइ मॉस्क, ओ लॉर्ड!)

''प्रिय क्लैरा, पढ़कर चौंकना मत। यह औरत बेतरह मेरे पीछे पड़ी है। यह जानकर डरना भी मत कि मेरे ही हुक्म से परसों सुबह छह बजे इसे गोली मारी गई थी। यह बड़ी विचित्र औरत थी। इसकी कहानी मैं तुम्हें सुनाता हूँ। इससे तुम समझ सकोगी कि 'नेटिव' (देसी) औरतें 'लव अफ़ेयर्स' (प्रेम-प्रपंच) में कितनी बुद्धिहीन होती हैं। सच तो यह है कि इन्हें प्रेम करना और उसे निबाहना आता ही नहीं।

''इस औरत का नाम रकिया था और मृत्यु के समय उम्र 58 साल। यह मुलतानी नाम से भी मशहूर है। 'अपने एक 'लव इंट्रीग' (प्रेम-प्रपंच) में इसे अपनी नाक गँवानी पड़ी थी। इससे इसकी आकृति बड़ी भयावह हो उठी। इसके बारे में मुझे जो पता लग सका है उसके अनुसार वह लड़कपन में ही किसी को दिल दे बैठी थी, परन्तु वह आदमी इसकी पहुँच से बहुत ऊँचे था। विवाह की तो बात ही क्या, वह उसके सामने भी नहीं पहुँच सकती थी। दूसरी ओर, स्वभाव से अमाजान (चंडी) होने के कारण इसने किसी भी पुरुष से विवाह कर सहचरी का परावलम्बी पद ग्रहण करना स्वीकार नहीं किया। सुनता हूँ, उसके पास प्रचुर रूप था। बड़े-बड़े लोग उसे पत्नी का सम्मानित पद देना चाहते थे–परन्तु उसने सबका प्रस्ताव ठुकरा दिया और स्वेच्छा से अनैतिक जीवन बिताती रही।

''तुम्हें सुनकर आश्चर्य होगा कि यह औरत भी झाँसी की रानी की तरह ग़दर को आज़ादी की लड़ाई मानती थी। इसीलिए ग़दर के दिनों में यह फ़ैनेटिक (हिंस्र और कट्टर) हो उठी थी। यद्यपि बनारस में ग़दर का ज़ोर नहीं था, परन्तु कुछ अंग्रेज़ अधिकारियों की कमज़ोरी से बड़ी गड़बड़ी मची। अंग्रेज़ों में भगदड़ मच गई। वे नावों पर बैठ-बैठकर चुनार की ओर चले। इस नगर की यह भी एक विचित्रता है कि यहाँ पर हमारा राज्य होते हुए भी एक दूसरा आदमी यहाँ का राजा कहलाता है। सुना है, परन्तु सबूत नहीं मिलता कि इसी राजा के बाप ने अपने क़िले के नीचे नदी में अंग्रेज़ों से भरी कई नावें डुबा दीं। हम लोगों ने उसे फाँसी दे दी होती, पर जैसा कि कह चुका हूँ, सबूत नहीं मिलता।

''उस घाट पर डूबनेवाली अभागी नौकाओं में से एक मिस्टर बेंटले नामक एक अंग्रेज़ व्यापारी का भी परिवार था। बनारस में उन्होंने मुलतानी को अपने बच्चे की आया नियुक्त कर रखा था। उस परिवार की अन्तिम यात्रा में मुलतानी भी उनके साथ थी। नाव डूबी, परन्तु यह बच गई। यह एक बार भी कह देती कि अमुक व्यक्ति की आज्ञा से नाव डूबाई गई और तट की ओर तैरनेवालों पर गोली चलाई गई, तो हमारा सारा काम बन जाता। लेकिन रकिया बड़ी जिद्दी औरत थी। सभी वैज्ञानिक यंत्रणाएँ दी गईं, परन्तु उसका एक ही जवाब था–'मैं नहीं जानती, नाव कैसे डूबी'।''

''सुना था, उसी नाव पर झालर नाम का एक हिन्दू 'क्लर्जी' (पुरोहित) भी सवा था। वह बहुत खोज करने पर गिरफ़्तार किया जा सका। यहाँ के हिन्दू क्लर्जी साधारणतया बहुत तगड़े और बातूनी होते हैं परन्तु झालर अत्यन्त दुर्बल और 'इम्बेसाइल' (मूढ़) निकला। उसे यह भी नहीं याद है कि उसकी नाव कभी डूबी भी थी। लाचार होकर उसे रिहा करना पड़ा। लेकिन वह औरत! उसका रोआँ-रोआँ विद्रोही था।

''जीवन-भर रकिया समाज-विद्रोह कर जीती रही और अन्त में राज्य-विद्रोह कर मरी।''

''बनारस से होकर जानेवाली विद्रोही सेना के स्वागत में इसने बनियों को भड़काकर कुओं में चीनी-भरे बोरे डालकर शरबत तैयार कराया था। इतनी ही बात पर इसे सौ बार गोली मारी जा सकती थी। परन्तु बड़ी मछलियाँ हाथ लग सकें, इसलिए मैंने इसे बहुत समझाया कि राजा के बाप प्रसिद्धनारायणसिंह के बारे में तू जो-कुछ जानती है, सचमुच बता दे, मैं तेरी जान बचा दूँगा। मेरी बात सुनकर उसने कोई जवाब नहीं दिया; खड़ी-खड़ी मुसकराती रही। उसके नाक-कटे मुँह पर वह मुसकान सचमुच बड़ी भीषण थी। दोपहर का समय था, चारों ओर सशस्त्र सन्तरियों की भीड़ थी। फिर भी एक बार मैं डर गया, तथापि मैंने अपनी बात जारी रखी। आख़िर मेरी बात सुनते-सुनते वह तैश में आ गई। अपना शैतान चेहरा और भी भीषण बनाकर उसने कहा, 'कैसी बातें करते हो, साहब! कुछ देर के लिए तुम अपने को औरत समझ लो और फिर सोचो कि जब तुम दस बरस के थे उस समय किसी ने तुम्हारी जान बचाई। उसी दिन तुमने उसे दिल दे दिया; सारी उमर उसी की याद में बिता दी। आख़िरी उमर में किसी ने तुमसे अपने माशूक के खिलाफ गवाही देने के लिए कहा। अब तुम्हीं कहो, क्या तुम सचमुच बयान दे सकोगे?'

'' 'अपनी जान सबको प्यारी होती है; उसे बचाना कौन न चाहेगा?' मैंने कहा।

'' 'सात समुन्दर तेरह नदी पार तुम्हारे देस में ऐसा होता होगा, लेकिन यहाँ तो कोई जहाँगीर भी आए और मेरे माशूक के खिलाफ मुझसे कुछ कहलाकर मुझे नूरजहाँ भी बनाना चाहे तो भी मैं तख्ते-हिन्दुस्तान को ठोकर मार दूँ।'

''इस बेहूदा और बदसूरत बुढ़िया को अपनी तुलना नूरजहाँ से करते सुनकर मुझे हँसी आ गई। मैंने कहा, 'क्या जान बचाने के लिए भी नहीं?'

''जान-जान क्या करते हो? जान तो एक दिन जाएगी ही।'' उसने शेरनी की तरह दहाड़ते हुए कहा। मुझे भी उसकी गुस्ताख़ी पर गुस्सा आ गया।

''मैंने कहा, ''तुम्हारी जान कल ही जाएगी—सुबह ठीक छह बजे गोली मारकर। प्राणदान के सिवा जो इच्छा हो बताओ, पूरी कर दी जाएगी।''

''मेरी कोई इच्छा आज तक पूरी नहीं हुई। कोई कर ही न सका। तब तुम क्या करोगे? फिर भी,'' उसने अपनी बनवाई हुई मस्जिद की ओर इशारा करके कहा, 'अगर तुमसे हो सके तो मुझे जुमेरात तक जीने दो। मैंने यह महजिद बड़े चाव से बनवाई, लेकिन कूढ़मगज मुल्ला ने फतवा दे दिया कि कसब की कमाई से बनी महजिद में मुसलमान को नमाज़ न पढ़ना चाहिए। खैर, कोई बात नहीं। मुझे दो-चार रोज और जीने दो, जुमेरात को मैं वहाँ नमाज़ पढ़ लूँ। उसी दिन ईद है, अपनी महजिद में मैं खुद रतजगा कर लूँ, फिर सुबह तुम खुशी से गोली मार देना। उसी महजिद में मैंने अपनी कब्र भी तैयार करा रखी है।'

''अब कुछ नहीं हो सकता, हुक्म बदला नहीं जा सकता।'' मैंने कहा। ''तब तुमने मेरी ख्वाहिश क्यों पूछी? झूठे कहीं के! लेकिन तुम भी इतना जान रखो कि मैं ईद

की रात अपनी महजिद में ज़रूर नमाज़ पढूँगी और ज़रूर-ज़रूर रतजगा करूँगी। तुम मुझे रोक नहीं सकते।'' उसने कहा और इसके बाद हँसते हुए और 'अल्ला तेरी महजिद अव्वल बनी' गाते हुए वह सिपाहियों के पहरे हवालात में चली गई।

''परसों सुबह उसे गोली मार दी गई, उसे मिट्टी भी दे दी गई। फिर भी जैसा कि मैं ऊपर लिख चुका हूँ, वह रात में मस्जिद में टहलते और गाते देखी गई। जिस सिपाही ने मुझे पहले यह ख़बर दी उसे मैंने डाँट दिया। परन्तु अपनी आँख और कान पर मैं कैसे अविश्वास करूँ?

''प्रिय क्लैरा! आज ही ईद है। मस्जिद के ठीक सामने अपने कैम्प में बैठा हुआ यह चिट्ठी मैं तुम्हें लिख रहा हूँ। रात के बारह बजना ही चाहते हैं। समूचे कैम्प में सन्नाटा छाया हुआ है। हवा साँय-साँय चल रही है। आसमान में चाँद नहीं है, तारे खूब खिले हैं। लो, सन्तरी ने बारह का घंटा भी बजा दिया, और वह देखो, मस्जिद के सहन में नकटी बुढ़िया ने भी चहलक़दमी शुरू कर दी। उसके नकिया-नकियाकर गाने की आवाज़ मेरे कानों में आ रही है। अरे, आज यह क्या? वह शैतान मस्जिद से निकलकर मेरे कैम्प की ओर आ रही है। कितनी जल्दी-जल्दी आ रही है वह! लो, वह दरवाज़े पर पहुँच गई! शायद सुअर का बच्चा मेरा सन्तरी सो गया। क्लैरा-क्लैरा, मुझे बचाओ! मेरी हालत ख़राब हुई जा रही है। अरे, वह तो कमरे में आ गई! इसका गाना सुनकर मेरा खून पानी हुआ जा रहा है। बन्द कराओ, बन्द कराओ, मेरा गला घुट रहा है। बन्द कराओ इसका यह गाना–'अल्ला तेरी महजिद...!' ''

रोम-रोम में वज्रबल

1

रस्सी के अभाव में अपनी धोती से ही फाँसी लगाने के लिए रामरज से रंगी दीवार के ऊपर टँगी बालब्रह्मचारी हनुमानजी की तसवीर के सामने निर्वसन होने की कल्पना-मात्र से गोदावरी लजा गई। उसे ऐसा करने में आत्महत्या से भी बढ़कर पाप प्रतीत होने लगा। वह चित्र की ओर देर तक एकटक देखती रही और तब निश्चय कर बैठी कि मैं हनुमानजी के सामने नग्न होकर फाँसी नहीं लगा सकती। इससे अच्छा तो छत पर से नीचे गली में कूद पड़ना है।

छत का ध्यान आते ही वह कोठरी से बाहर निकली। मुँडेर पर चढ़कर नीचे झाँकते ही उसे झाईं आने लगी। वह डर गई और उधर से उसने अपना मुँह फेर लिया। मुँह फेरते ही उसे सामने गंगा की धारा बहती हुई दिखाई पड़ी। उसने सोचा कि गंगा में डूबकर भी प्राण दिये जा सकते हैं। उसे आश्चर्य हुआ कि आत्महत्या का इतना सरल उपाय उसे अब तक क्यों नहीं सूझा था!

अब गोदावरी गंगा में डूबने चली। उसके जीवन में सूनेपन का विष शनैः-शनैः इतना अधिक घुल चला था कि वह प्रत्येक श्वास के साथ कड़वी निराशा पीने और निश्वास के साथ घृणा की दुर्गन्ध वमन करने लगी। वह स्पष्ट अनुभव करती थी कि जिस जीवन में स्नेह, सम्मान, धन आदि में से अहं की तृप्ति का एक भी सम्बल न हो, वह सचमुच मृत्यु है और ऐसे जीवन की मृत्यु ही वास्तविक जीवन। उसकी गिनती उन सुहागिनों में थी जिनका जीवन विधवाओं से भी अधिक दुर्वह होता है। तब उसने आत्महत्या का निश्चय किया। सर्वप्रथम उसने विष खाने की इच्छा की, परन्तु वह उसे मिल न सका; एक गज़ रस्सी के अभाव में वह फाँसी न लगा सकी; छत से कूदने में उसे भय लगता था, इसलिए वह गंगा में डूबने चली।

माघ का सबेरा था। आकाश में घोर घटा छाई थी। सूर्य का दर्शन नहीं हो रहा था और तीर की तरह छेदती हुई तीखी हवा चल रही थी। फिर भी गोदावरी गंगा-तट पर पहुँची। शीत की अधिकता के कारण दो-ही-चार स्नानार्थी इधर-उधर घाटों पर दिखाई पड़ रहे थे, घाट भी कम लगे थे, परन्तु और भी एकान्त स्थान की खोज में गोदावरी आगे बढ़ती गई और दत्तात्रेय मन्दिर के नीचे से होती हुई भोंसला घाट की सीढ़ियाँ उतरी। यह देखकर कि घाट पर केवल दो आदमी हैं, वह आश्वस्त हुई और उनके हट जाने की प्रतीक्षा में वह पानी में पैर लटकाकर अन्तिम सीढ़ी पर बैठी रही।

2

गंगा में कमर-भर खड़े जीतू केवट ने पानी में छितनी छान, उसमें पड़ा कंकड़-पत्थर सीढ़ी पर उलट दिया और अपनी चपल परन्तु अभ्यस्त अँगुलियों से वह उस ढेरी में टटोलने लगा। धातु-खंड का स्पर्श होते ही उसकी संवेदनशील अँगुली क्षण-भर रुकी। दूसरी अँगुली ने उसकी सहायता की और दोनों अँगुलियों ने मिलकर वह टुकड़ा उठाकर जीतू की आँखों को दिखाया। आँखों ने उस धातु-खंड का मूल्य आँका और बिचककर मुँह ने कह दिया, ''बस, मद्धसाही!''

''का भयल, जीतू?'' ऊनी कनटोप पर चारखाने का अँगोछा कसते और शरीर पर पड़ा कम्बल और भी कसकर लपेटते हुए ननकू घाटिये ने पूछा। मद्धसाही कान में खोंसते हुए जीतू ने परम असन्तुष्ट स्वर में उत्तर दिया, ''न जाने केकर मुँह देखकर उठल रहली, गुरु। आज दमड़ी कऽ डौल नाहीं देखात। जाड़ा-पाला में घंटा-भर तऽ पानी में ऐंठन बीत गयल। एहर पेइ अइसन चंडाल हौ कि मानत नाहीं।''

''ई तऽ हई हौ! आज जर-जात्री के आवै कऽ तऽ कौनो लच्छन हौ नाहीं, हमहूँ घाट उठाय के घरे चल जाइत लेकिन बाबू सिबनाथ सिंह के आसरे बैठल हई। ऊ गंगा नहाए कऽ नेमी हउअन। रोज हमरै घाट पर नहालन। लेकिन अब तोहऊँ पानी में से निकस आवऽ। बदरी कऽ हावा बेकार करी।'' ननकू ने सहानुभूति-भरे स्वर में जीतू को समझाया। परन्तु जीतू पूरब की ओर से आते हुए एक बजड़े को बड़े ध्यानपूर्वक देख

रहा था। बजड़ा लहरों पर तिनके की तरह नाच रहा था। स्पष्ट जान पड़ता था कि वह कर्णधारों के क़ाबू के बाहर हो गया है। फिर भी वे जी-जान से उसे किनारे लगाने का प्रयत्न कर रहे हैं। बजड़े पर निगाह जमाए हुए ही जीतू ने उत्तर दिया, "अब तऽ ओखरी में मूड़ पड़ी गैल हौ, मूसर के चोट से कहाँ तक डेराब?" जीतू की बात के जवाब में ननकू कुछ कहने ही जा रहा था कि जीतू की अष्ठवर्षीय पुत्री मछिया की आवाज़ सुन पड़ी, "हे बाबू, मूँड़ी हम खाब।" ठीक उसकी आवाज़ का पीछा करते हुए उसके बेटे झिंगवा का स्वर सुन पड़ा, "नाहीं बाबू, मूँड़ी हम खाब!" और आगे-आगे मछिया तथा उसके पीछे झिंगवा दोनों ही भागते हुए आकर बाप के पास ऊपर सीढ़ी पर खड़े हो गए।

बजड़े की ओर से निगाह हटाकर जीतू ने अपने बेटे-बेटी की ओर मुँह किया और कहा, "घरे रहीं तऽ तूँ लोगन कऽ भाई करेजा खाय। बहरे रहीं तऽ तुँ लोग मूँड़ चबाए दौड़ल आवाऽ। हमार जान तऽ बड़ी साँसत में हौ भाई!"

जीतू की आँख में कौतुक नाच रहा था, परन्तु उसके स्वर की कठोरता से झिंगवा डर गया और उसका चेहरा उतर गया। उधर मछिया की आँखों ने पिता की आँखों में विनोद का संकेत देखा। वह हँस पड़ी और अपने आँचल में से एक बड़ी-सी रोहू मछली निकालकर दिखाते हुए उसने कहा, "तोहार मूँड़ी नाहीं बाबू, रोहू कऽ मूँड़ी खाब!"

रोहू देखकर जीतू के मुँह में भी पानी भर आया। उसने पूछा, "एतनी बड़ी रोहू तैं कहाँ पाय गइली, मछिया?"

"मम्मा के घर से आइल हो," मातुल-गृह के गर्व से गलकर मछिया ने उत्तर दिया। जीतू ने भी सन्तुष्ट होकर आदेश किया, "लेजो! अपने माई से कह दे कि एकर रसा बनावै। जो!"

मछिया और झिंगवा दोनों चले गए। लहरों पर उछलता हुआ बजड़ा घाट के समीप आ रहा था। जीतू ने ननकू से कहा, "खायके जुगुत त बइठ गयल, गुरु! अब एक सूकी मिल जाए तऽ पियहू कऽ ठेकाना हो जाता।"

इतने में बजड़ा किनारे लगा। उस पर सवार एक बंगाली यात्री ने पूछा, "झालर ठाकुर का घर कहाँ है?"

3

गोदावरी घाट खाली होने की प्रतीक्षा करते-करते ऊब गई। घुटने तक उसके दोनों पैर पानी में थे। शरीर में सरद हवा लग रही थी, परन्तु उसके हृदय में जो आग जल रही थी उसकी आँच ज्यों-की-त्यों थी। उसने ननकू और जीतू की बातचीत सुनकर इतना समझ लिया कि दोनों ही अभाव-पीड़ित हैं। उनकी पीड़ा से उसे यह सोचकर एक प्रकार का सन्तोष हुआ कि विश्व में मैं ही अकेली अभावग्रस्त नहीं हूँ।

जीतू और मछिया की वार्ता से उसकी सन्तोष-भावना कुंठित हो गई। पति-पुत्र से भरे गार्हस्थ जीवन का मनोरम चित्र उसकी आँखों के सामने खींच गया। उसके हृदय में टीस-सी उठी और जिस समय जीतू ने स्नेह-गद्गद कंठ से अपनी पत्नी की चर्चा चलाई तो उस अज्ञात केवट-कामिनी के सौभाग्य पर गोदावरी का मन ईर्ष्या से तिलमिला उठा। उसने उस घाट से उठकर और भी एकान्त गंगातट खोजने का विचार किया। वह अपना विचार कार्यान्वित करने जा ही रही थी कि उसने एक बजड़ा किनारे लगते और उस पर सवार एक परदेशी को अपने पति का नाम लेते सुना। वह चुपचाप बैठी रह गई। उसने सुना कि जीतू परदेसी से कह रहा है, "झालर ठाकुर नाहीं, झालर महाजन।"

"माँझी ठीक कहत हौ, जीतू! बंगालिन में पंडा के ठाकुर कहल जाला। तूँ जनतऽ नाहीं?" ननकू घाटिए ने कहा। "वाह रे, हम नाहीं जानति! लड़कइयों में झाला गुरु के संघे हम गुल्ली-डंडा खेलले हई। अउर हमहीं ओन्हैं नाहीं जानित? खूब कहलऽ, गुरु!" अपनी जानकारी पर आक्षेप हुआ समझकर जीतू ने ननकू को कुछ गरमाकर जवाब दिया। नवागन्तुक यात्री ने जीतू से फिर पूछा, "झालर उपाध्याय ठाकुर को क्या जानता?"

"का नहीं जानता? सब जानता," कहकर जीतू ने झालर उपाध्याय की हुलिया बताना आरम्भ किया, "सिर की जैसन हाथ गोड़ रहल, रूखा-सूखा चेहरा।"

जीतू के मुँह से अपने पति की आकृति का निरूपण सुनकर गोदावरी को स्मरण हो आया कि उसके पति कितने भोले-भाले और दुर्बल थे। अपने भोलेपन और दुर्बलता के कारण वह समूचे समाज की परिहास-वृत्ति के आलम्बन थे। उन्हें लोग अनायास चपत जमा देते। वह बेचारे सिर खुजलाते हुए इधर-उधर देखकर चुप हो जाते। उन्हें राह चलते कोई अड़ंगी देकर गिरा देता। वह धूल झाड़कर चुपचाप घर लौट आते। घर में भी पुरुष उनका अपमान करते और स्त्रियाँ उपेक्षा। गोदावरी को सुना-सुनाकर लोग झालर की मूर्खता, शक्तिहीनता और अक्षमता पर व्यंग्य करते और गोदावरी मन-ही-मन जलती। आज जीतू के मुख से भी वही बात सुनकर उसके हृदय का सूखा घाव हरा हो गया। उसने सुना कि बंगाली यात्री जीतू से कह रहा है, "नहीं, नहीं, हमारा ठाकुर दुर्बल नहीं, बड़ा बलशाली है।" "अरे ऊतऽ हनुमानजी कऽ दरसन पउले के बाद न। हम पहिले कऽ हाल कहत हई।" जीतू बोला।

उधर फिर बिना रुके श्रद्धा-विगलित स्वर में ननकू भी बोल चला, "झालर महाराज का नियम था कि वह बिना संकटमोचन हनुमान का दर्शन किए अन्न नहीं ग्रहण करते थे। दो साल हुए, सावन के महीने में सूर्य-ग्रहण पड़ा। यजमान यात्री के चक्कर में उस दिन झालर को हनुमानजी के दर्शन का ध्यान न रहा। दिन-भर के थके-माँदे झालर रात के नौ बजे घर आए। नहा-धोकर भोजन के लिए आसन पर बैठे। परन्तु ज्यों ही उन्होंने पहला ग्रास उठाया कि उन्हें स्मरण पड़ गया कि आज हनुमानजी का दर्शन नहीं किया। बस वहीं हाथ रोक उन्होंने अपनी माँ से कहा, "माँ, मेरी थाली देखती रह,

मैं दम-भर में दर्शन करके लौट आता हूँ।'' माँ ने उन्हें मना किया, परन्तु उन्होंने नहीं माना और घर से निकलकर संकटमोचन का रास्ता पकड़ा। जानते हो बाबू, संकटमोचन का मन्दिर नगर से डेढ़ कोस दूर है। दिन-दोपहर भी वहाँ कोई अकेले जाने की हिम्मत नहीं कर सकता। बीच में रामापुरा है जहाँ तीर-कमानधारी डोम दिन-दहाड़े बटमारी करते हैं। मन्दिर के चारों ओर घना जंगल है जिसमें भयंकर जंगली जानवर ही नहीं, बड़े-बड़े ज़हरीले साँप-बिच्छू भी रहते हैं। रास्ते में अस्सी का विकट नाला है। बरसात में तो उसकी यही दशा हो जाती है कि यदि उसमें हाथी भी पड़े तो चीथड़ा होकर बह जाए। खयाल करो बाबू, उसी मन्दिर की ओर भरी बरसात, अमावस की रात में दुर्बल ब्राह्मण अकेला चल पड़ा। बादल घिरे थे, बूँदें पड़ रही थीं, रह-रहकर बिजली चमक उठती थी। और उसी के प्रकाश में ब्राह्मण अश्वमेध के घोड़े की तरह निर्द्वन्द्व दौड़ा चला जा रहा था। जहाँ उसे डर लगता वह जोर से चिल्ला उठता—

'खल दल वन दावा अनल राम स्याम घन मोर।
रोम-रोम में वज्रबल, जय केसरी किसोर!'

और फिर दूने वेग से अपने मार्ग पर अग्रसर हो जाता। इस प्रकार दौड़ते-दौड़ते जब झालर नाले के किनारे पहुँचे तो उन्होंने देखा कि नाला उमड़कर समुद्र हो रहा है। उसे पार करने का कोई साधन न देख उन्होंने धोती और दुपट्टा उतारकर एक पेड़ की डाल पर रख दिया। लंगोट के ऊपर अँगोछा कसकर कूदने के लिए उछले। परन्तु आगे न बढ़ सके। उनका हाथ पकड़कर किसी ने पीछे से खींच लिया। अपना हाथ छुड़ाने के लिए झटका देते हुए जब वह घूमे तो उन्होंने देखा कि एक हट्टे-कट्टे आदमी ने उनका हाथ कसकर पकड़ रखा है। उन्होंने दयनीय मुद्रा से उसकी ओर देखा। उसने झालर से पूछा, 'क्या आत्महत्या करना चाहते हो?'

''नहीं, मैं हनुमानजी का दर्शन करने जा रहा हूँ।'' झालर ने उत्तर दिया। नाले की प्रखर धारा की ओर इशारा करते हुए उस अज्ञात व्यक्ति ने झालर से कहा, 'इस धारा में हाथी भी अपना पैर नहीं जमा सकता। तुम्हारी तो हड्डी का भी पता न लगेगा।'

''अब चाहे जो हो, मैं तो संकटमोचन का दर्शन किए बिना अन्न नहीं ग्रहण कर सकता। यही मेरा नेम है।'' अत्यन्त विनीत स्वर में झालर ने आगन्तुक को समझाया।

''अब तुम समझ लो कि तुम्हें संकटमोचन का दर्शन हो गया और लौट जाओ।'' अज्ञात व्यक्ति ने कहा। यदि झालर को अवसर मिला होता तो वह अब तक उस व्यक्ति के पास से भाग निकलते, परन्तु उसने तो उनका हाथ पकड़ रखा था। दिन-भर के परिश्रम से तो वह परेशान थे ही, उधर उनके उदर में क्षुधा ने भी लंका-दहन मचा रखा था। अतः स्वभाव के प्रतिकूल आज वह कुछ कड़े पड़ गए और झल्लाकर बोले, ''तुम्हारे कहने से समझ लूँ कि दर्शन हो गया! यहाँ हनुमानजी कहा हैं?''

''परम दुर्बल और निरीह झालर को गरमाते देख वह व्यक्ति मुसकराया और धीरे-धीरे बोला, ''समझ लो, मैं ही हनुमानजी हूँ।'' इस पर झालर एकदम बिगड़ उठे। उन्हें

जीवन में पहली बार क्रोध हो आया। उन्होंने दाँत पीसते हुए कहा, "सभी ऐरे-गैरे हनुमानजी बनने लगें तो हो चुका! तुम हनुमानजी हो तो प्रमाण दो।"

"क्या प्रमाण लोगे?"

"यदि तुम हनुमानजी हो तो मुझे वही रूप दिखाओ जो उन्होंने सीताजी को दिखाया था। वही रूप–कनक भूधराकार सरीरा, समर भयंकर अति बल बीरा।" कुछ सोचकर झालर ने कहा।

"डरोगे तो नहीं?"

"नहीं?"

"अच्छा, तो देखो।" उस व्यक्ति ने कहा और सहसा उसका शरीर लगा बढ़ने। ऐसा जान पड़ा मानो उसका सिर आकाश छू लेगा। झालर उपाध्याय ने भयवश आँखें मूँद लीं और घिघियाकर उस व्यक्ति के चरणों में गिर पड़े।

"जब उन्होंने आँखें खोलीं तो देखा कि पहलेवाला आदमी उनके सामने खड़ा है। उस आदमी ने फिर कहा, 'बोलो, तुम मुझसे क्या चाहते हो? जो माँगोगे वही पाओगे।'

"झालर को उसी दिन दोपहर की वह घटना स्मरण पड़ी जिसमें एक पंडे ने झापड़ मारकर उनसे रक़म छीन ली थी, और वह सदा की भाँति दुम दबाकर वहाँ से हट गए थे। यह ध्यान आते ही उनके मुँह से सहसा निकला, 'आप अपनी कानी अँगुली का बल मुझे दे दीजिए।'

"हनुमानजी फिर मुसकराए और उन्होंने कहा, 'तुम्हारा कलियुगी कलेवर इतना बल सह न सकेगा। तुम अपना मुँह ऊपर उठाकर खोल दो।'

"स्वाँति ने प्यासे पपीहे की तरह झालर ने अपना शुक्ति-मुख ऊपर उठाया। हनुमानजी ने भी अपना रोआँ तोड़कर उनके मुख में डाल दिया। मुँह में रोआँ पड़ते ही झालर के शरीर में बिजली-सी दौड़ गई और वह वायु-वेग से दौड़ते हुए घर वापस आए। आते ही वे चौके में घुस पड़े और थाली में रखा भोज्य-पदार्थ दोनों हाथों से उठा-उठाकर मुँह में ठूँसने लगे। थाली का सामान समाप्त होने पर उन्होंने चौके में बचे सामान में हाथ लगाया और जब वह भी समाप्त हो गया तो 'भूख-भूख' चिल्लाते हुए वह भंडार में घुस गए और आटा, दाल, चावल जो भी चीज़ सामने आई सब भक्षण करने लगे।"

ननकू की बात सुनते-सुनते गोदावरी को उस रात की घटना स्मरण हो आई। झालर के उस अद्‌भुत आचरण से लोगों को 'ऊपरी फेर' का भ्रम हो गया। लोगों ने उन्हें भंडार में घुसा देख बाहर खिड़की लगा दी थी और झालर रात-भर भंडार में अन्न-ध्वंस करते रहे थे। उधर ननकू कहता जा रहा था–

" 'हाँ बाबू, सबेरा होने पर झालर इसी घाट पर वह जो टेढ़ी मढ़ी खड़ी है उसी पर हाथ टेककर खड़े हो गए। यही मढ़ी तब बिलकुल सीधी थी। लोगों ने समझा की यह वही रोनेवाला झालर है। कोई-कोई बोली भी काटने लगे। एक ने कहा, 'गुरु, तनी सँभार के, कहीं तोरे धक्के से मढ़ी न लोट जाए।' उस बखत झालर महाराज तो आपे

में थे नहीं। सो, उन्होंने गरजकर कहा, 'ई बात!' और मढ़ी पर जो उन्होंने अपने शरीर का दबाव दिया तो मढ़ी अरराकर झुक चली। देखने वाले लोग 'बाप, बाप' चिल्लाकर भागे। यह देख झालर महाराज बड़े ज़ोर से हँसे और पत्थर का एक टुकड़ा उठाकर मढ़ी के नीचे रख दिया। मढ़ी उस पर आज तक रुकी खड़ी है। इसके बाद उन्होंने किलकिलाकर विकट ध्वनि की और उछलकर गंगा की बाढ़ में कूद पड़े। इसके बाद क्या हुए, कहाँ गए--यह कोई नहीं जानता।''

"इसके बाद वह कहाँ गए, मैं जानता हूँ।'' आगन्तुक बंगाली बोला।

"आप जानते हो?'' आश्चर्य से ननकू ने कहा। उधर गोदावरी भी अपने प्रत्येक लोमकूप को कान बनाकर आगन्तुक बंगाली का उत्तर सुनने के लिए आतुर हो गई। आगन्तुक भी कहने लगा–

"मेरे बड़े भाई मुर्शिदाबाद के राजा के दीवान हैं। राजा साहब भी झालर ठाकुर के यजमान हैं। यही दो वर्ष पहले सावन का महीना था। सबेरे का दरबार लगा था कि झालर ठाकुर पानी से तर केवल एक अँगोछा पहने दरबार में घुस पड़े और राजा साहब से कहा कि 'मैं भूखा हूँ।' राजा ने ही नहीं, हम सभी ने यही समझा कि ठाकुर का मस्तिष्क विकृत है। परन्तु उन्हें कष्ट न होने पाए, यही सोचकर हमने उनके निवास और रसद का प्रबन्ध कर दिया। थोड़ी ही देर में भंडारी ने आकर सूचना दी कि ठाकुर ने केवल आटा ही डेढ़ मन ले लिया है और उपले की ढेरी में आग दहकाकर उसी आटे का मोटा-मोटा लिट्टी बना उसमें सिद्ध कर रहे हैं। यह सुनकर हम सबको निश्चय हो गया कि ठाकुर पागल हो गए। परन्तु राजा साहब को न जाने क्या सूझी कि उन्होंने अपने मुसलमान महावत को बुलाकर कहा कि वह हाथी लेकर ठाकुर की ओर जाए और वह उधर न आने के लिए चाहे जितना कहें, उनकी एक न माने।

"महावत ने तुरन्त आदेश का पालन किया। वह हाथी लेकर ठाकुर की ओर बढ़ा। ठाकुर उस समय भोजन कर रहे थे। वह हाथी उधर न लाने के लिए हाथों के इशारों से बार-बार 'हूँ-हूँ' करने लगे, परन्तु जब हाथी न रुका तो उन्होंने लिट्टी का एक बड़ा टुकड़ा तोड़कर उसी से हाथी को मारा। हाथी 'पें-पें' करता हुआ उलटे पैर भागा। जब महावत ने राजा साहब को इसकी सूचना दी तो वह ठाकुर के पास गए और उनसे निवेदन किया कि 'मेरे उद्यान में कहीं से गैंडा आ निकला है। हम लोगों ने उसे उसी में साल-भर से बन्द कर रखा है। उसके कारण मेरा सुन्दर उद्यान नष्ट-भ्रष्ट हो रहा है। आप हमारा संकट दूर कर दें।' ठाकुर ने राजा की प्रार्थना स्वीकार कर ली। हम सब लोग महल में से होकर उद्यान के ऊपरी खंड में जा बैठे। ठाकुर ने उद्यान का साल-भर से बन्द दरवाज़ा एक ठोकर मारकर तोड़ गिराया और भीतर प्रवेश कर गैंडे को ललकारा। गैंडा भी उद्यान में मानुस-गन्ध पाकर बफरता हुआ सामने आया। उसके सामने आते ही ठाकुर बिजली की तरह उस पर झपटे। उसका एक पिछला पैर उन्होंने अपने पाँव से दबाकर दूसरा पैर हाथ से ऊपर उठाया और जैसे बजाज कपड़े का थान फाड़ता है वैसे ही उसे फर्र से चीरकर दो-टूक कर दिया।

तत्पश्चात् वह बैठकर गैंडे का रक्त चुल्लू में भरकर वेदमंत्रों से अपने पितरों का तर्पण करने लगे। उन्होंने राजा साहब को भी उसी से तर्पण कराया और इसके पश्चात् वहाँ से विदा हो गए।''

आगन्तुक बंगाली की बात सुनकर जीतू और ननकू दोनों स्तब्ध हो उठे। गोदावरी की निस्तेज आँखों में भी चमक आ गई। इतने में आगन्तुक ने पुनः पूछा, ''ठाकुर का कोई लड़का नहीं है?''

''नहीं, उनकी धर्मपत्नी है।'' ननकू ने उत्तर दिया।

''धन्य है, धन्य है! मैं उस साध्वी के दर्शन करूँगा जिसे ऐसा देवता पति मिला।'' श्रद्धा-विगलित होकर यात्री ने कहा।

गोदावरी की छाती गर्वस्फीत हो उठी। उसके भूखे अहं को भोजन मिला और वह पानी में से पैर निकाल उठ खड़ी हुई और घर लौटने के लिए सीढ़ियाँ चढ़ने लगी।

सिवनाथ-बहादुरसिंह वीर का खूब बना जोड़ा

ऊपर पीपल के विशाल वृक्ष पर कौए बोलने लगे।

नीचे प्रायः पाँच सौ व्यक्तियों का समूह गाने-बजाने में मस्त झूम रहा था। रात के दस बजे से लावनी की जो ललकार आरम्भ हुई वह अब तक जारी थी। झाँझयुक्त चंग की आवाज़ पर पाँच आदमी एक साथ गाते थे–

''सिवनाथ बहादुरसिंह वीर का खूब बना जोड़ा,
सम्मुख होकर लड़े निकलकर मुँह नाहीं मोड़ा।''

और तब एक आदमी अत्यन्त सुरीले स्वर से अकेले ही चहकता–

''दो कम्पनी पाँच सौ चढ़कर चपरासी आया,
गली-गली औ' कूचे-कूचे नाका बँधवाया,
मिर्ज़ा पाँचू ने कसम खाय के कुरान उट्ठाया...।''

इसी समय फेंकू ने बग़ल में बैठे रूपचन्द का हाथ दबाकर उससे धीरे से कहा, ''अब चलना चाहिए।''

काशी में नीलकंठ महादेव मन्दिर के उत्तर की ओर जहाँ आजकल दरभंगा-नरेश का शिवाला है, सदा की भाँति होली के ठीक पाँच दिन पूर्व उक्त मजलिस आरम्भ हुई थी। सबेरा हो जाने पर भी गायन-वादन का क्रम टूटता न देख फेंकू का धीरज छूट गया। दो दिन पूर्व मीर-घाट पर लाठी लड़ने में उसका सिर फट गया था। उस पर अब भी पट्टी बँधी हुई थी। रात-भर के जागरण से उसके सिर में ही नहीं, सिर के घाव में भी दर्द हो रहा था। उधर रूपचन्द की आँखें भी उनींदी हो गई थीं। अतः रूपचन्द ने फेंकू का प्रस्ताव तत्काल स्वीकार कर लिया और घर चलने के लिए उठ खड़ा हुआ। दक्षिण की ओर चार क़दम चलकर दोनों दाहिनी ओर मुड़े और रूपचन्द

ने सामने स्थित चौरे की ओर उँगली उठाकर कहा, "देखो भाई, वही जगह है जहाँ रात मेरे हाथ से मलाई का पुरवा झटक लिया गया।"

रूपचन्द सोलह-सत्रह वर्ष की उम्र का बालक-मात्र था। अभी-अभी पंजाब से काशी आकर गढ़वासी टोले में आकर बस गया था। पड़ोस में जो गाने-बजाने का सार्वजनिक आयोजन सुना तो रात को दुकान से लौटकर नहीं गया, वरन् आधा पाव मलाई लेकर सीधे नीलकंठ जाने के लिए ब्रह्मनाल भी ओर से चौरी की ओर मुड़ा। चौरी के पास पहुँचते ही किसी ने झटककर पुरवा उड़ा लिया। चतुर्दिक् निगाह दौड़ाने और रात चाँदनी रहने के बावजूद कोई नज़र न आया।

उक्त घटना स्मरण आते ही उसके रोएँ इस समय भी भरभरा उठे। उसके साथी बीस-वर्षीय तरुण पहलवान फेंकू ने विज्ञ की भाँति सिर हिलाया और कहा, "हूँ।" रहस्य का रंग और गाढ़ा हो गया।

सुबह का रंग भी और अधिक निखर आया था। शाक-भाजी ख़रीद और गंगा-स्नान कर लोग उस रास्ते लौटने लगे थे। कुछ बूढ़ी स्त्रियाँ चौरे पर अच्छत-फूल भी फेंक रही थीं। उन्होंने रूपचन्द की बात सुनी, उसकी विवर्ण विकृति देखी और कुछ स्मरण कर स्वयं भी काँप उठीं। बग़ल से गुज़रते हुए पुरुषों ने सुना; वे भी सिहर उठे।

फेंकू यह सब देख मुसकराने लगा। एक वृद्ध ने कहा, "बेटा, हँसने की बात नहीं है, यह बड़े वीर का चौरा है।"

"अरे ठाकुर सिवनाथसिंह का न? अपने राम को भी सब विदित है। इसी मोहल्ले में पैदा हुए और पले।" फेंकू ने गर्व से कहा।

रूपचन्द कभी उस वृद्ध और कभी अपने साथी की ओर देख रहा था। उसने पूछा, "क्यों, बात क्या है? आप लोग बताते क्यों नहीं?"

फेंकू ने कहा, "चलो घर, वहीं बता देंगे।"

बालकों की तरह मचलते हुए रूपचन्द ने कहा, "नहीं-नहीं, पहले यह बताओ कि सिवनाथसिंह कौन थे और यह चौरा क्यों बना।"

"इतनी उतावली थी तो वहीं बैठकर पूरी लावनी ही क्यों न सुन ली?" फेंकू ने डाँटा।

"गाना-वाना मेरी समझ में नहीं आता। पंडितजी, आप कहिए, सिवनाथसिंह कौन थे?"

वृद्ध पंडित ने उत्तर दिया, "सिवनाथसिंह क्षत्रिय थे और थे नगर के विख्यात् गुंडे। चौबीसों घंटे डंके की चोट सोलह परी का नाच कराते थे–छमाछम! छह और नौ की ध्वनि से उनका घर गूँजता रहता थ। खुली कौड़ी पड़ती थी। 'न अंटी का लासा, सफा खेल खुलासा' वाला मामला था उनका। नाम सुनकर लोगों का खून सरद होता था और वह खुद ऐसे तपते थे जैसा जेठ की दुपहरिया में सूरज तपता है। जैसे सूरज का जवाब चन्द्रमा है वैसे ही बाबू बहादुरसिंह सिवनाथसिंह के जोड़ीदार थे। उन्हीं की तरह बहादुर, उन्हीं की तरह शेर! कहावत है कि घोड़े की लात घोड़ा ही सह सकता है। सो सिवनाथसिंह का बल बहादुरसिंह और बहादुरसिंह का तेज सिवनाथसिंह ही सह सकते थे। सागिरदों की 'धड़क' खोलने के लिए उन्हें दो दलों

में बाँट दोनों फागुन-भर धर्म-युद्ध करते थे। वह धर्म-युद्ध ही था। पिता-पुत्र लड़ते थे और भाई पर भाई वार करता था। आजकल की तरह बुराई नहीं निकाली जाती थी, जिसमें ये सिर तुड़ाए बैठे हैं।''

वृद्ध ने जिस समय फेंकू की ओर उँगली उठाकर कहा उस समय फेंकू ने रूपचन्द का हाथ दबा रखा था और उसके ताकने पर कनखी से घर चलने का इशारा कर रहा था। वृद्ध ने यही देख उस पर व्यंग्य किया था।

उधर रूपचन्द वृद्ध की एक-एक बात सुन नहीं, पी रहा था। उसने फेंकू के इशारे की उपेक्षा कर दी। वृद्ध पुनः कहने लगा, ''सौ बरस की बात है। बनारस में नया-नया अंग्रेज़ी राज हुआ था। तब पुलिस नहीं थी, बरकन्दाज़ थे। तब ज़नानापन नहीं चलता था, मरदानेपन की इज़्ज़त थी। मुक़दमा बनाया नहीं जाता था, मूँछों की गुर्रेरबाज़ी के कारण स्वयं बनता था। अंग्रेज़ी राज्य में देशी ढंग से जुआ खेलने और देशी शराब पीने की रोक थी, आज भी है। परन्तु सिवनाथसिंह के घर के आँगन में दो फड़ों पर कौड़ी फेंकी जाती थीं और एक-एक फड़ के सामने सिवनाथसिंह और बहादुरसिंह एक हाथ में नंगी तलवार खींचे दूसरे हाथ से नाल की रक़म उतारकर सामने रखी पेटी में डालते जाते थे। दरवाज़ा चौबीसों घंटे खुला रहता था, पर क्या मजाल थी कि पंछी पर मार सके!''

वृद्ध ने रुककर साँस ली। रूपचन्द आश्चर्य के समुद्र में उभ-चुभ हो रहा था। उसके ऊपर भय की भयावनी लहरें उठ-बैठ रही थीं। वृद्ध वक्ता मुसकराया और फिर कहने लगा, ''उस समय मिर्ज़ा पाँचू शहर-कोतवाल थे। वह अपने को दूसरा लाल खाँ समझते थे। बरकन्दाज़ों की पूरी पलटन लेकर गश्त के लिए निकलते थे। पाँच बार नमाज़ पढ़कर अपने 'मज़हबी' होने का प्रचार किया था। सिवनाथसिंह के कारण उनकी बड़ी किरकिरी होती थी। मिर्ज़ा पाँचू और उनके बरकन्दाज़ों ने सिवनाथ और बहादुर से टक्कर ली, लेकिन जैसे चट्टान से टकराकर लहर सौ टुकड़े होकर पीछे लौट जाती है, वे भी पहले तो प्रशस्त और मस्त लेकिन बाद में परास्त और त्रस्त होकर रह गए।

''अन्त में सिवनाथ और बहादुर के विनाश के लिए मिर्ज़ा पाँचू ने क़ुरान उठाकर क़सम खाई और एक-दो कम्पनी याने पाँच सौ सिपाही लेकर सिवनाथसिंह का घर घेर लिया। सिवनाथसिंह बाहर गए थे, बहादुरसिंह मौजूद थे। परन्तु उनके हाथ-पाँव फूल गए। जुआरियों की मंडली भी घबराई।

''सर्वाधिक चपल, साथ ही सर्वाधिक चालाक एक जुआरी ने उछलकर द्वार बन्द कर लिया। बन्दूकों के कुन्दों से सिपाही फाटक पर चोट देने लगे। प्रहार दरवाज़े पर नहीं, सिवनाथसिंह की शान पर हो रहा था। बहादुरसिंह ने उठने का प्रयत्न किया तो जुआरियों ने उन्हें बैठा दिया। इतने में बाहर भगदड़ मची। लोगों ने खिड़की के बाहर झाँककर देखा कि सिपाही हथियार फेंक-फेंककर भाग रहे हैं, दस-पाँच छटपटा रहे हैं और दो-चार ठंडे पड़े हैं। वहीं ठाकुर सिवनाथसिंह खड़े हैं—खून से लथपथ, क्रोध से होंठ चबाते और मानसिक चंचलता दबा न पाने के कारण तलवार नचाते।

"खिड़की से यह दृश्य देख बहादुरसिंह बहुत लजाए, दरवाज़ा खुलवा दिया, परन्तु सिवनाथसिंह ने कहा कि जिसने दरवाज़ा बन्द कर मेरा अपमान कराया है उसका सिर काट लेने के बाद ही अब मैं घर में प्रवेश करूँगा। ठाकुर की बात सुनकर सब एक-दूसरे का मुँह देखने लगे। अपराधी हाथ जोड़कर सामने आया। उसे देखते ही सिवनाथसिंह के मुँह से निकला–'अरे पंडित, तुम!'

"हाँ, धर्मावतार।" सिर झुकाए हुए जुआरियों की चिलम भरनेवाले ब्राह्मण ने कहा। कुछ सोचकर ठाकुर ने कहा, "अच्छा, सामने से हट जाओ! अब कभी मुँह न दिखाना।"

"पंडित वैसे ही नतमस्तक वहाँ से हट गए। ठाकुर सिवनाथसिंह भी घर में गए। स्नान कर क्रोध की ज्वाला कुछ बुझाई और तब आँगन में आकर बैठ गए। सामने ही बहादुरसिंह भी बैठे थे। न वह इनकी ओर देखते थे और न यह उनकी ओर। इतने में वही ब्राह्मण पुनः दौड़ता हुआ आया और हाँफते हुए बोला, 'सरकार, दो कम्पनी फौज आई है। उसमें फिरंगी भी हैं। मिर्ज़ा पाँचू ने कुरान उठाकर कसम खाई है कि मरेंगे या मारेंगे।'

"सिवनाथसिंह की भृकुटी में बल आ गया। वह उठे, दरवाज़े की ओर चले, फिर कुछ सोचा और पंडित से कहा, 'दरवाज़ा बन्द कर दो।'

"पंडित ने मन-ही-मन मुसकराते हुए द्वार बन्द कर दिया। इतने में फ़ौज आ पड़ी। मकान घेर लिया गया। गोरे गाली देने और गोली बरसाने लगे।

"कुछ देर यह क्रम चला। सहसा बहादुरसिंह तलवार लिए उठे और झपटकर खिड़की से नीचे कूद पड़े। अब सिवनाथसिंह भी बैठे न रह सके, वह भी कूदे। फिर क्या कहना था! दोनों ने तलवार के वह हाथ दिखाए कि शत्रु मुँह के बल आ रहा। उसी समय किसी गोरे की किर्च बहादुरसिंह के कलेजे में पार हो गई। एक दूसरे गोरे की गोली ने भी उसी समय उनकी कपाल-क्रिया कर दी। अब तो सिवनाथसिंह को और रोष हो आया। वह जी तोड़कर लड़ने लगे। इतने में एक तिलंगे की तलवार का ऐसा सच्चा हाथ उनकी गरदन पर पड़ा कि सिर छटककर दूर जा गिरा। एक बार तो सिपाही प्रसन्न हो उठे, परन्तु दूसरे ही क्षण यह देखकर उनके छक्के छूट गए कि कबन्ध वैसे ही तलवार चलाए और उनका नाश किए जा रहा है।"

कहते-कहते ब्राह्मण रुककर और फिर तीव्र स्वर में रूपचन्द की ओर उँगली उठाकर बोला, "जहाँ आप खड़े हैं, वहाँ एक तमोली की दुकान थी। सिवनाथसिंह यहाँ प्रायः पान खाते थे। कबन्ध भी तलवार घुमाते वहाँ पहुँचा जहाँ चौरा है और अभ्यासवश खड़े होकर उसने एक हाथ तमोली की ओर पसारा। 'अरे, बप्पा रे' चिल्लाकर तमोली बेहोश हो गया। कबन्ध भी लड़खड़ाकर गिर पड़ा।"

रूपचन्द का चेहरा फीका पड़ गया। उसे बेहोशी आती जान पड़ी। फेंकू ने कहा, "तब से वहाँ रात-विरात खाने-पीने की चीज़ लेकर आनेवालों के हाथ से ठाकुर साहब छीन लेते हैं।"

रूपचन्द पूरा बेहोश हो गया। फेंकू को डकार आई और अधपकी मलाई की खट्टी-सी हलकी दुर्गन्ध वायु में व्याप्त हो गई। उधर गली के नुक्कड़ पर लावनी वाले गाए जा रहे थे–"सिवनाथ-बहादुरसिंह वीर का खूब बना जोड़ा!"

एही ठैयाँ झुलनी हेरानी हो रामा!

1

महाराष्ट्रीय महिलाओं की तरह धोती लपेट, कच्छ बाँधे और तंग चोली कसे दुलारी दनादन दंड लगाती जा रही थी। उसके शरीर से टपक-टपककर गिरी बूँदों से भूमि पर पसीने का पुतला बन गया था। कसरत समाप्त करके उसने चारखाने के अँगोछे से अपना बदन पोंछा, बँधा हुआ जूड़ा खोलकर सिर पर पसीना सुखाया और तत्पश्चात् आदमक़द आइने के सामने खड़ी होकर पहलवानों की तरह गर्व से अपने भुजदंडों पर मुग्ध दृष्टि फेरते हुए प्याज़ के टुकड़े और हरी मिर्च के साथ उसने कटोरी में भिगोए हुए चने चबाने आरम्भ किए।

उसका चणक-चर्वण-पर्व अभी समाप्त न हो पाया था कि किसी ने बाहर बन्द दरवाज़े की कुंडी खटखटाई। दुलारी ने जल्दी-जल्दी कच्छ खोलकर बाक़ायदे धोती पहनी, केश समेटकर करीने से बाँध लिए और तब दरवाज़े की खिड़की खोल दी।

बग़ल में बंडल-सी कोई चीज़ दबाए दरवाज़े के बाहर टुन्नू खड़ा था। उसकी दृष्टि शरमीली थी और उसके पतले ओंठो पर झेंप-भरी फीकी मुसकराहट थी। विलोल बेहयापन से भरी अपनी आँखें टुन्नू की आँखों से मिलाती हुई दुलारी बोली, "तुम फिर यहाँ, टुन्नू? मैंने तुम्हें यहाँ आने के लिए मना किया था न?"

टुन्नू की मुसकराहट उसके होंठों में ही विलीन हो गई। उसने गिरे मन से उत्तर दिया, "साल-भर का त्योहार था, इसीलिए मैंने सोचा कि...," कहते हुए उसने बग़ल से बंडल निकाला और उसे दुलारी के हाथों में दे दिया। दुलारी बंडल लेकर देखने लगी। उसमें खद्दर की एक साड़ी लपेटी हुई थी। टुन्नू ने कहा, "यह खास गांधी आश्रम की बनी है।"

"लेकिन इसे तुम मेरे पास क्यों लाए हो?" दुलारी ने कड़े स्वर से पूछा। टुन्नू का शीर्ण वदन और भी सूख गया। उसने सूखे गले से कहा, "मैंने बताया न कि होली का त्योहार था...।" टुन्नू की बात काटते हुए दुलारी चिल्लाई, "होली का त्योहार था तो तुम यहाँ क्यों आए? जलने के लिए क्या तुम्हें कहीं और चिता नहीं मिली जो मेरे पास दौड़े चले आए? तुम मेरे मालिक हो या बेटे हो या भाई हो, कौन हो? खैरियत चाहते हो तो अपना यह क़फ़न लेकर यहाँ से सीधे चले जाओ!" और उसने उपेक्षापूर्वक धोती टुन्नू के पैरों के पास फेंक दी। टुन्नू की काजल-लगी बड़ी-बड़ी आँखों में अपमान के कारण आँसू भर आए। उसने सिर झुकाए हुए आर्द्र कंठ से कहा,

"मैं तुमसे कुछ माँगता तो हूँ नहीं। देखो, पत्थर की देवी तक अपने भक्त द्वारा दी हुई भेंट नहीं ठुकराती, तुम तो हाड़-मांस की बनी हो।"

"हाड़-मांस की बनी हूँ तभी तो कुत्तों के मारे नाकोंदम हो रहा है।" दुलारी ने कहा।

टुन्नू ने जवाब नहीं दिया। उसकी आँखों से कज्जल-मलिन आँसुओं की बूँदें नीचे सामने पड़ी धोती पर टप-टप टपक रही थीं। दुलारी कहती गई, "अभी तुम्हारे दूध के दाँत भी नहीं टूटे और मजनूपन सिर पर सवार हो गया! बाप दिन-भर घाट अगोर कौड़ी-कौड़ी जुटाकर गृहस्थी चलाता है और बेटा आशिक़ी के घोड़े पर सवार सरपट दौड़ रहे हैं! तुम्हारे ही भले के लिए कहती हूँ। यह गली तुम-जैसों के लिए नहीं है। और फिर आशिक़ भी होने चले तो मुझ पर, जो शायद तुम्हारी माँ से भी उमर में बरस-भर बड़ी है।"

टुन्नू पाषाण-प्रतिमा बना हुआ दुलारी का भाषण सुनता जा रहा था। उसने इतना ही कहा, "मन पर किसी का बस नहीं; वह रूप या उमर का कायल नहीं होता।" और कोठरी से बाहर निकल वह धीरे-धीरे सीढ़ियाँ उतरने लगा। दुलारी भी खड़ी-खड़ी उसे देखती रही। उसकी भौं अब भी वक्र थी, परन्तु नेत्रों में कौतुक और कठोरता का स्थान करुणा की कोमलता ने ग्रहण कर लिया था। उसने भूमि पर पड़ी धोती उठाई; उस पर काजल से सने आँसुओं के धब्बे पड़ गए थे। उसने एक बार गली में जाते हुए टुन्नू की ओर देखा और फिर उस स्वच्छ धोती पर पड़े धब्बों को बार-बार चूमने लगी।

2

दुलारी के जीवन में टुन्नू का प्रवेश हुए अभी कुल छह मास हुए थे। पिछली भादों में तीज के अवसर पर दुलारी खोजवाँ बाज़ार में गाने गाई थी। दुक्कड़ पर गानेवालियों में दुलारी की महती ख्याति थी। उसे पद्य में ही सवाल-जवाब करने की अद्भुत क्षमता प्राप्त थी। कजली गानेवाले बड़े-बड़े विख्यात् शायरों की उससे कोर दबती थी। इसलिए उसके मुँह पर जाने में सभी घबराते थे। उसी दुलारी को कजली-दंगल में अपनी ओर खड़ा कर खोजवाँवालों ने अपनी जीत सुनिश्चित समझ ली थी, परन्तु जब साधारण गाना हो चुकने पर सवाल-जवाब के लिए दुक्कड़ पर चोट पड़ी और विपक्ष में सोलह-सत्रह वर्ष का एक लड़का गौनहारियों की गोल में सबसे आगे खड़ी दुलारी की ओर हाथ उठाकर ललकार उठा—"रनियाँ लऽ परमेसरी लोट!" (प्रामिसरी नोट) तब उन्हें अपनी विजय पर पूरा विश्वास न रह गया।

बालक टुन्नू बड़े जोश से गा रहा था—

"रनियाँ लऽ परमेसरी लोट!
दरगोड़े से घेवर बुँदिया
दे माथे मोती कऽ बिंदिया
अउर किनारी में सारी के
टाँक सोनहली गोट। रनियाँ...!"

शहनाईवालों ने टुन्नू के गीत को बन्द बाजे में दोहराया। लोग यह देखकर चकित थे कि बात-बात में तीरकमान हो जानेवाली दुलारी आज अपने स्वभाव के प्रतिकूल खड़ी-खड़ी मुसकरा रही है। कंठ-स्वर की मधुरता में टुन्नू दुलारी से होड़ कर रहा था और दुलारी मुग्ध खड़ी सुन रही थी।

टुन्नू के इस सार्वजनिक आविर्भाव का यह तीसरा या चौथा अवसर था। उसके पिता घाट पर बैठकर और कच्चे महाल के दस-पाँच घर यजमानी में सत्यनारायण की कथा से लेकर श्राद्ध और विवाह तक कराकर कठिनाई से गृहस्थी की नौका खे रहे थे। परन्तु पुत्र को आवारों की संगति में शायरी का चस्का लगा। उसने भैरोहेला को अपना उस्ताद बनाया और शीघ्र ही सुन्दर कजली-रचना करने लगा। वह पद्यात्मक प्रश्नोत्तरी में भी कुशल था और अपनी इसी विशेषता के बल पर वह बजरडीहावालों की ओर से बुलाया गया था। उसकी 'शायरी' पर बजरडीहावालों ने 'वाह-वाह' का शोर मचाकर सिर पर आकाश उठा लिया। खोजवाँवालों का रंग उतर गया। टुन्नू ने दुलारी के पके जामुन-जैसे काले रंग की ओर इशारा करके पद्य में कहा—"

'तुम्हें दुनिया नारी क्यों कहती है? तुम तो सचमुच कोकिला हो। रंग तुम्हारा कोकिला-जैसा ही है। कंठ भी उसकी कूक को मात करता है। कोकिला को कौए की मादा पालती है; तुम्हारा भी पोषण दूसरों द्वारा हुआ है। कोयल की आँखें लाल-लाल होती हैं। वह कमी भी पूरी हुआ चाहती है। मेरा गाना सुनकर तुम्हारे नेत्र भी लाल होते जा रहे हैं।'

टुन्नू ने भूल की। दुलारी की आँखें क्रोध से नहीं, गाँजे की आग से लाल हो रही थीं। वह टुन्नू का यह आक्षेप सुनकर जोर से हँस पड़ी। टुन्नू का गीत भी समाप्त हो गया।

पुनः दुक्कड़ पर चोट पड़ी। शहनाई का मधुर स्वर गूँजा। अब दुलारी की बारी आई। उसने अपनी दृष्टि मद-विह्वल बनाते हुए टुन्नू के दुबले-पतले परन्तु गोरे-गोरे चेहरे को भर-आँख देखा और उसके कंठ से छल-छल करता स्वर का सोता फूट निकला—

"कोढ़ियल मुँहवैं लेब वकोट
तोर बाप तऽ घाट अगोरलन
कौड़ी-कौड़ी जोर बटोरलन
तैं सरबउला बोल जिन्नगी में
कब देखले लोट? कोढ़ियल...!"

अब बजरडीहावालों के चेहरे हरे हो चले, वे वाहवाही देते हुए सुनने लगे। दुलारी गा रही थी—

'तुझे लोग आदमी व्यर्थ समझते हैं। तू तो वास्तव में बगुला है। बगुले के पर-जैसा ही तेरे शरीर का रंग है। वैसे तू बगुला भगत भी है। उसी की तरह तुझे भी हंस

की चाल चलने का हौसला हुआ है। परन्तु कभी-न-कभी तेरे गले में मछली का काँटा ज़रूर अटकेगा और उसी दिन तेरी कलई खुल जाएगी।'

इसके जवाब में टुन्नू ने गाया था–

"जेतना मन मानै गरिआवऽ
अइने दिलकऽ तपन बुझावऽ
अपने मनकऽ बिथा सुनाइब
हम डंके के चोट। रनियाँ...!"

इस पर सुन्दर के 'मालिक' फेंकू सरदार लाठी लेकर टुन्नू को मारने दौड़े। दुलारी ने टुन्नू की रक्षा की।

यही दोनों का प्रथम परिचय था। उस दिन लोगों के बहुत कहने पर भी दोनों में से किसी ने भी गाना स्वीकार नहीं किया। मजलिस बदमज़ा हो गई।

3

टुन्नू को विदा करने के बाद जब दुलारी प्रकृतिस्थ हुई तो सहसा उसे ख़याल पड़ा कि आज टुन्नू की वेश-भूषा में भारी अन्तर था। आबरवाँ की जगह खद्दर का कुरता और लखनवी दोपलिया की जगह गांधी टोपी देखकर दुलारी ने टुन्नू से उसका कारण पूछना चाहा था। परन्तु उसका अवसर ही नहीं आया। उसने धीरे-धीरे जाकर अपने कपड़ों का सन्दूक खोला और उसमें बड़े यत्न से टुन्नू द्वारा दी गई साड़ी सब कपड़ों के नीचे दबाकर रख दी।

उसका चित्त आज चंचल हो उठा था। अपने प्रति टुन्नू के हृदय की दुर्बलता का अनुभव उसने पहली ही मुलाक़ात में कर लिया था। परन्तु उसने उसे भावना की एक लहर-मात्र माना था। बीच में भी टुन्नू उसके पास कई बार आया, परन्तु कोई विशेष बातचीत नहीं हुई। कारण, टुन्नू आता, घंटे-आध घंटे दुलारी के सामने बैठा रहता, पूछने पर भी हृदय की कामना प्रकट न करता, केवल अत्यन्त मनोयोग से दुलारी की बातें सुनता और फिर धीरे से छाया की तरह खिसक जाता। यौवन के अस्ताचल पर खड़ी दुलारी टुन्नू के इस उन्माद पर मन-ही-मन हँसती। परन्तु आज उसे कृशकाय और कच्ची उमर के पाँडुमुख बालक टुन्नू पर करुणा हो आई। पतित जीवन की अँधेरी घाटियों में पच्चीस बरस लगातार चक्कर लगा लेने के बाद अब दुलारी को यह समझने में देर न लगी कि उसके शरीर के प्रति टुन्नू के मन में कोई लोभ नहीं है। वह जिस वस्तु पर आसक्त है उसका सम्बन्ध शरीर से नहीं, आत्मा से है। उसने आज यह भी अनुभव किया कि आज तक उसने टुन्नू के प्रति जितनी उपेक्षा दिखाई है वह सब कृत्रिम थी। सच तो यह है कि हृदय के एक निभृत कोने में टुन्नू का आसन दृढ़ता से स्थापित है। फिर भी वह तथ्य स्वीकार करने के लिए प्रस्तुत नहीं थी। वह सत्यता का सामना नहीं करना चाहती थी। वह घबरा उठी; विचार की उलझन से बचने लगी। उसने चूल्हा

जलाया और रसोई की व्यवस्था में जुट पड़ी, त्यों ही धोतियों का एक बंडल लिए फेंकू सरदार ने उसकी कोठरी में प्रवेश किया। दुलारी ने धोतियों का बंडल देख उधर से दृष्टि फेर ली। फेंकू ने बंडल उसके पैरों के पास रख दिया और कहा, "देखो तो, कैसी बढ़िया धोतियाँ हैं!"

बंडल पर ठोकर जमाते हुए दुलारी ने कहा, "तुमने तो होली पर साड़ी देने का वादा किया था।"

"वह वादा तीज पर पूरा कर दूँगा। आजकल रोज़गार बड़ा मन्दा पड़ गया है।" फेंकू ने समझाते हुए कहा।

"जुए के रोज़गार में तो सुना है, हमेशा लालची को ही फ़ायदा रहता है।" दुलारी ने कहा।

"रोज़गार का मार-पेंच तुम क्या समझोगी? पचास रुपया रोज़ कोतवाल साहब को दे देना पड़ता है। वही दस-बीस रुपया रोज़ हलके की पुलिस को चटाने में उड़ जाता है। तीज पर तुम्हें बनारसी साड़ी ज़रूर पहना दूँगा।" दुलारी को आश्वासन देता हुआ फेंकू बोला।

• दुलारी फेंकू को उत्तर देना ही चाहती थी कि जलाने के लिए विदेशी वस्त्रों का संग्रह करता हुआ देश के दीवानों का दल भैरवनाथ की सँकरी गली में घुसा और 'भारतजननि तेरी जय, तेरी जय हो' गीत की ध्वनि से उभय पार्श्व में खड़ी इमारतों की प्रत्येक कोठरी गूँज गई। एक बड़ी-सी चादर फैलाकर चार व्यक्तियों ने उसके चारों कोनों को मज़बूती से पकड़ रखा था। उसी पर खिड़कियों से धोती, साड़ी, कमीज़, कुरता, टोपी आदि की वर्षा हो रही थी।

सहसा दुलारी ने भी अपनी खिड़की खोली और मैनचेस्टर तथा लंकाशायर के मीलों की बनी बारीक सूत की मखमली किनारेवाली नयी कोरी धोतियों का बंडल नीचे फैली चादर पर फेंक दिया। चादर सँभालनेवाले चारों व्यक्तियों की आँखें एकसाथ खिड़की की ओर उठ गईं; कारण, अब तक जितने वस्त्रों का संग्रह हुआ था वे अधिकांश फटे-पुराने थे। परन्तु यह जो नया बंडल गिरा उसकी धोतियों की तह तक न खुली थी। चारों व्यक्तियों के साथ जुलूस में शामिल सभी लोगों की आँखें बंडल फेंकनेवाली की तलाश खिड़की में करने लगीं, त्यों ही खिड़की पुनः धड़ाके से बन्द हो गई। जुलूस आगे बढ़ गया।

जुलूस में सबसे पीछे जानेवाली खुफ़िया पुलिस के रिपोर्टर अली सगीर ने भी यह दृश्य देखा। अपनी फर्राटी मूँछों पर हाथ फेरते हुए सजग नेत्रों से मकान का नम्बर दिमाग़ में नोट कर लिया। इतने में ही ऊपर खिड़की का एक पल्ला फिर खुला और तुरन्त ही पुनः धड़ाके से बन्द भी हो गया। परन्तु इसी बीच अली सगीर ने देख लिया कि किवाड़ दुलारी ने खोला था और एक पुरुष ने झटके से उसका हाथ किवाड़ के पल्ले पर से हटा दिया और दूसरे हाथ से पल्ला बन्द कर दिया। उस पुरुष की आकृति में पुलिस के मुखबिर फेंकू सरदार की उड़ती झलक

देख पुलिस-रिपोर्टर के रोबीले चेहरे पर मुसकान की क्षीण रेखा क्षण-भर के लिए खिंच गई। उसने तनिक हटकर चबूतरे पर बैठे बेनी तमोली के सामने एक दुअन्नी फेंक दी।

4

फेंकू सरदार की चौड़ी और पुष्ट पीठ पर शपाशप झाड़ई झाड़ती तथा उसके पीछे-पीछे धमाधम सीढ़ी उतरती दुलारी चिल्लाई, "निकल-निकल, अब मेरी देहरी डाँका तो दाँत से तेरी नाक काट लूँगी।"

उत्कट क्रोध से दुलारी का आँचल खुल पड़ा था, उसके नथने फूल गए थे, अधर फड़क रहा था, आँखों से ज्वाला-सी निकल रही थी और स्नेहसिक्त जूड़ा बिखरकर उसके निर्वसन वक्ष का लज्जा-निवारण कर रहा था। फेंकू के गली में निकलते ही उसने दरवाज़ा बन्द कर लिया। उधर पुलिस-रिपोर्टर से आँखें चार होते ही झेंपने के बावजूद लाचार-सा होकर फेंकू उसकी ओर बढ़ा और इधर धीरे-धीरे दुलारी आँगन में लौटी। आँगन में खड़ी उसकी संगनियों और पड़ोसिनों ने उसकी ओर कुतूहल-भरी दृष्टि से देखा, परन्तु दुलारी ने उनकी ओर आँख तक न उठाई। सीढ़ी चढ़कर उपेक्षा से झाड़ई अपनी कोठरी के द्वार पर फेंकती हुई वह अपनी कोठरी में जा घुसी। चूल्हे पर बटलोही में दाल चुर रही थी। उसने पैर की एक ठोकर से बटलोही उलट दी। सारी दाल चूल्हे में जा गिरी। आग बुझ गई।

परन्तु दुलारी के दिल की आग अब भी भट्टी की तरह जल रही थी। पड़ोसिनों ने उसकी कोठरी में आकर वह आग बुझाने के लिए मीठे वचनों की जल-धारा गिराना आरम्भ किया। फलस्वरूप वह ठंडी भी होने लगी कि इसी बीच फेंकू की पुरानी रक्षिता बिट्टो के मुँह से निकल पड़ा–"हाँ दुलारी! मरद-मानुस के ऊपर तुमने झाड़ई कैसे उठा लिया? फिर उसके ऊपर जिसने तुम्हें रानी की तरह रख छोड़ा है?" और दुलारी फिर उबल उठी। नियमित व्यायाम से पुष्ट अपनी भुजाओं को अभिमानपूर्वक देखते हुए उसने कहा, "रानी बनाकर रखा है तो कौन-सा जग जीत लिया! मैंने भी क्या अपनी अनमोल इज़्ज़त उसे नहीं सौंप दी? नारी के प्राप्य सहज सम्मान से वंचित होने की क़ीमत क्या इतनी भी नहीं?"

दुलारी को पुनः भड़कते देख कुन्दन ने कहा, "ठीक कहती हो, बहन! पैसे के बल पर तन ख़रीदा जा सकता है, मन नहीं। लेकिन आज बात क्या हुई जो...?"

कुन्दन की बात काटती हुई दुलारी बोली, "जरतुहा है, और क्या? तुम्हीं लोग बताओ, कभी टुन्नू को यहाँ आते देखा है?"

"यह तो आधी गंगा में खड़े होकर कह सकते हैं कि टुन्नू यहाँ कभी नहीं आता," झींगुर की माँ ने कहा। वह यह बात बिलकुल भूल गई थी कि उसने कुल दो घंटा पहले टुन्नू को दुलारी की कोठरी से निकलते देखा था। झींगुर की माँ की बात सुनकर अन्य

स्त्रियाँ ओंठों में मुसकराईं, परन्तु किसी ने प्रतिवाद नहीं किया। दुलारी पुनः शान्त हो चली। इतने में कन्धे पर जाल डाले नौ-वर्षीय बालक झींगुर ने आँगन में प्रवेश किया और आते ही उसने ताज़ा समाचार सुनाया कि टुन्नू महाराज को गोरे सिपाहियों ने मार डाला और लाश भी उठा ले गए।

और कोई दिन होता तो दुलारी इस समाचार पर हँस पड़ती, टुन्नू को दो-चार गालियाँ सुनाती, परन्तु आज यह संवाद सुन वह स्तब्ध हो गई। उसने यह भी न पूछा कि घटना कहाँ और किस तरह हुई। कभी किसी बात पर न पसीजनेवाला उसका हृदय कातर हो उठा और सदैव मरुभूमि की तरह धू-धू जलनेवाली उसकी आँखों में मेघमाला घिर आई।

उसने पड़ोसिनों की निगाह से अपने आँसुओं को छिपाने का कोई प्रयत्न नहीं किया। पड़ोसिनें भी कर्कशा दुलारी के हृदय की यह कोमलता देख दंग रह गईं। प्रायः वे सभी पतिता थीं और सच्चे पतित का पहला लक्षण हृदयहीनता ही होता है। उन्होंने दुलारी के इस आचरण को बार-वनिता-सुलभ अभिनय-मात्र समझा। बिट्टो ने दिल्लगी भी की। उसने कहा, "हम लोगों का जो रोज़गार है उसमें तो रँडापे का दुख सबसे ज़्यादा छिपाया जाता है।"

"मुझे लुका-छिपी फूटी आँख नहीं सुहाती। मैंने तो आज तक जो कुछ भी किया, सब डंके की चोट," दुलारी ने कहा। वह उठी और सबके सामने सन्दूक खोल उसमें से टुन्नू की दी हुई आँसुओं के काले धब्बों से भरी खद्दर की धोती निकाल उसने पहन ली। उसने झींगुर को बुलाकर पूछा, "टुन्नू कहाँ मारा गया?" झींगुर ने बताया, "टाउन हॉल!" और जब वह टाउन हॉल जाने के लिए घर से बाहर निकली तो दरवाज़े पर ही थाने के मुंशी के साथ फेंकू सरदार ने आकर कहा कि दुलारी को थाने जाना होगा, आज अमन सभा द्वारा आयोजित समारोह में उसे गाना पड़ेगा।

5

रिपोर्ट की कॉपी मेज़ पर पटकते हुए प्रधान संवाददाता ने अपने सहकारी को डाँटा, "शर्माजी, आप तो अख़बार की रिपोर्टरी छोड़कर चाय की दुकान खोल लेते तो अच्छा होता। संवाद-संग्रह तो आपके बूते की बात नहीं जान पड़ती।" भयभीत शर्माजी ने गड्ढे में कौड़ी खेलती हुई अपनी आँखों से चश्मा उतारकर उसे कुरते से पोंछते हुए पूछा, "क्यों, क्या हुआ?"

प्रधान संवाददाता ने खीझकर कहा, "यह जो आप पन्ने-पर-पन्ना अलिफ़लैला की कहानी से रंग लाए हैं, वह कहाँ छपेगा और कौन छापेगा, इस पर भी आपने कुछ विचार किया है? आपने जो लिखा है उसका आपके सिवा कोई और भी गवाह है? आज आपकी रिपोर्ट छाप दूँ तो कल ही अख़बार बन्द हो जाए; सम्पादकजी बड़े घर पहुँचा दिए जाएँ।"

अपने सम्बन्ध में वार्ता होती सुनकर सम्पादकजी भी सजग हुए। उन्होंने पूछा, "क्या बात है?"

"यही शर्माजी की रिपोर्टिंग पर झख रहा हूँ, और क्या?" प्रधान संवाददाता ने कहा।

"पढ़िए।" सम्पादक ने आदेश किया। प्रधान संवाददाता ने रिपोर्ट की कॉपी शर्माजी की ओर बढ़ाते हुए कहा, "लीजिए, आप ही पढ़कर सुनाइए। वह शीर्षक भी पढ़ दीजिएगा जो आपने संवाद पर लगाया है। क्या शीर्षक है?"

"एही ठैयाँ झुलनी हेरानी हो रामा," झेंप-भरी मुद्रा में शर्माजी ने कहा और फिर धीरे-धीरे वह रिपोर्ट पढ़ने लगे–

"कल छह अप्रैल को नेताओं की अपील पर नगर में पूर्ण हड़ताल रही, यहाँ तक कि खोमचेवालों ने भी नगर में फेरी नहीं लगाई। सबेरे से ही जुलूसों का निकलना जारी हो गया, जो जलाने के लिए विदेशी वस्त्रों का संग्रह करता जाता था। ऐसे ही एक जुलूस के साथ नगर का प्रसिद्ध कजली-गायक टुन्नू भी था। उक्त जुलूस जब टाउन हॉल पहुँचकर विघटित हो गया तो पुलिस के जमादार अली सगीर ने टुन्नू को जा पकड़ा और उसे गालियाँ दीं। गाली देने का प्रतिवाद करने पर जमादार ने उसे बूट की ठोकर मारी। चोट पसली में लगी। वह तिलमिलाकर ज़मीन पर गिर गया और उसके मुँह से एक चुल्लू खून निकल पड़ा। पास ही गोरे सैनिकों की गाड़ी खड़ी थी। उन्होंने टुन्नू को उठाकर गाड़ी में लाद लिया। लोगों से कहा गया कि अस्पताल को ले जा रहे हैं। परन्तु हमारे संवाददाता ने गाड़ी का पीछा करके पता लगाया है कि वास्तव में टुन्नू मर गया। रात के आठ बजे टुन्नू का शव वरुणा में प्रवाहित किए जाते भी हमारे संवाददाता ने देखा है।

"इस सिलसिले में यह भी उल्लेख है कि टुन्नू का दुलारी नाम्नी गौनहारिन से भी सम्बन्ध था। कल शाम अमन सभा द्वारा टाउन हॉल में आयोजित समारोह में भी, जिसमें जनता का एक भी प्रतिनिधि उपस्थित नहीं था, दुलारी को नचाया-गवाया गया। उसे भी शायद टुन्नू की मृत्यु का संवाद मिल चुका था। वह बहुत उदास थी और उसने खद्दर की एक साधारण धोती मात्र पहन रखी थी। सुना जाता है कि उसे पुलिस ज़बरदस्ती ले आई थी। वह उस स्थान पर गाना नहीं चाहती थी जहाँ आठ घंटे पहले उसके प्रेमी की हत्या की गई थी। परन्तु विवश होकर गाने के लिए खड़ा होना पड़ा। कुख्यात जमादार अली सगीर ने मौसमी चीज़ गाने की फ़रमाइश की। दुलारी ने फीकी हँसी हँसकर गाना प्रारम्भ किया। उसने कुछ अजीब दर्द-भरे गले से गाया–"एही ठैयाँ झुलनी हेरानी हो रामा, कासों मैं पूछूँ?"

"पास ही में कम्पनी बाग़ के फूलों की खूशबू से वायुमंडल आमोदित हो उठा था। चारों ओर सन्नाटा छाया हुआ था जिसे भेदकर दुलारी की स्वरलहरी गूँज उठी–

'एही ठैयाँ झुलनी हेरानी हो रामा, कासों मैं पूछूँ?'

"बूट की ठोकर खाकर दोपहर को टुन्नू जिस स्थान पर गिरा था उसी स्थल पर दृष्टि जमाए हुए दुलारी ने दोहराया, 'एही ठैयाँ झुलनी हेरानी हो रामा' और फिर चारों

ओर उद्‌भ्रान्त दृष्टि घुमाते हुए उसने गाया—'कासों मैं पूछूँ?' उसके अधर-प्रान्त पर स्मित की एक क्षीण रेखा-सी खिंची। उसने गीत का दूसरा चरण गाया—

'सास से पूछूँ, ननदिया से पूछूँ, देवरा से पूछत लजानी हो रामा?'

" 'देवरा से पूछत' कहते-कहते वह बिजली की तरह एकदम घूमी और जमादार अली सगीर की ओर देख उसने लजाने का अभिनय किया। उसकी आँखों से आँसू की बूँदें छहर उठीं, या यों कहिए कि वे पानी की कुछ बूँदें भी जो वरुणा में टुन्नू की लाश फेंकने से छिटकीं और अब दुलारी की आँखों में प्रकट हुईं। वैसा रूप पहले कभी न दिखाई पड़ा था—आँधी में भी नहीं, समुद्र में भी नहीं, मृत्यु के गम्भीर आविर्भाव में भी नहीं।"

"सत्य है, परन्तु छप नहीं सकता।" सम्पादक ने कहा।

राम-काज छनभंगु सरीरा

1

"श्रीसीताराम का मन्दिर टूटा, महन्त सीताराम ने गोहार लगाई और बाबू सीताराम लुट गए।"

चूने में दही मिलाकर उसे छानने में व्यस्त बेनी तमोली के मस्तिष्क में खंडहर की भिखारिन के उक्त शब्द गूँजते रहे। गत रात पहली ही मुलाक़ात में उस भिखारिन ने बेनी के मन पर गहरा प्रभाव डाला था। उसकी बातों से बड़ी शान्ति मिली थी। वह बार-बार सोचता था कि भिखारिन की यह बात कितनी सच है कि मन की आग तिल-तिल जिगर जलाने से ठंडी होती है।

इधर चूना भी तैयार हो गया। कत्था, चूना और सुपारी के मृत्पात्रों को पान की दौरी में करीने से सजाकर और दौरी कमर पर रखे बेनी घर से बाहर निकला। नित्य की भाँति जब वह दुलारी के घर के सामनेवाले चबूतरे पर आया तो उसने देखा कि उसके स्थान पर आज पुलिस ने कब्ज़ा कर रखा है। उस सँकरी गली में जन-समुद्र उमड़ आया है। जनता के चेहरे पर कौतुहल और आतंक की छाया है और पुलिस-कर्मचारियों के मुखमंडल पर अवसरजनित महत्त्व से मंडित गुरुतापूर्ण गम्भीरता की माया।

बेनी एक ओर दीवार से सटकर खड़ा हो गया और आँखों से ही वे चिद्द टटोलने लगा जिनसे उस घटना पर प्रकाश पड़ सके, जिसके कारण गली में इतनी भीड़ हो गई। बेनी जानता था कि दुलारी की गणना बदनाम औरतों में है। साथ ही वह यह भी मानता था कि नामवर मर्द और बदनाम औरत को देखने का कुतूहल सभी को होता है। अतः दुलारी के घर पुरुषों की भीड़ लग जाना कोई असाधारण बात नहीं। अचरज की बात इतनी ही है कि पुलिस क्यों आई है।

जितने मुँह उतनी बातें। परन्तु सबका निष्कर्ष यही था कि छत की कड़ी में धोती बाँधकर दुलारी ने फाँसी लगा ली। लाश अब भी वैसी ही लटक रही है। घटना आत्महत्या की है, इसमें किसी को सन्देह न था। प्रश्न केवल एक था कि दुलारी ने आत्महत्या की क्यों? इस प्रश्न का उत्तर केवल बेनी के पास था, परन्तु घटना जान लेने के बाद बेनी बग़ल में पान की दौरी दबाए भीड़ में से निकला जा रहा था।

गली के मोड़ पर स्थित नल पर पानी भरने के लिए कुछ औरतें एकत्रित थीं। उन्हीं के बीच खड़ा दस वर्षीय बालक झींगुर नेताओं की तरह भाषण कर रहा था और औरतें बड़ी तन्मयता से उसका वाग्विलास सुन रही थीं। झींगुर को यह महत्त्व प्राप्त होने का कारण केवल यह था कि वह भी उसी कोठरी के नीचेवाली कोठरी में अपनी माँ के साथ किराए पर रहता था जिसमें दुलारी ने आत्महत्या की थी। कन्धों पर विख्यात सिर रखनेवाले के पैरों की धूल भी माथे पर चढ़ाई जाती है। बालक झींगुर बड़े प्रौढ़ भाव से कह रहा था, "हमें सब मालूम हौ कि ई कसबिन काहे जान दे देलस। टुनुआँ के मामले में फेंकू से बिगड़ गइल। बस, अब बुढ़ौती में के पूछी, यही सोच में ऊ मर गइल।"

कच्चे मुँह पक्की बातें सुनने में औरतों को रस मिलता है, पुरुष चिढ़ जाते हैं। वही बात यहाँ पर भी हुई। बालक झींगुर की बात पर जवान औरतें मुँह में आँचल ठूँसकर हँसने लगीं, बूढ़ियों ने गम्भीरता से मुसकराने के प्रयत्न में अपना पोपला मुँह और भी विकृत बनाते हुए केवल इतना ही कहा, "ठीक कहते हो।" परन्तु आसपास खड़े मरदों को झींगुर की छोटे मुँह बात नहीं सुहाई। दो-चार ने ताच्छील्यपूर्ण स्वर में कहा, "भाग, भाग, अपना काम देख!" बेनी ने भी झींगुर की बातें सुनीं और घृणा से मुँह फेर आगे बढ़ गया। उसके पैर राजघाट क़िले के खंडहरों की ओर बढ़े जा रहे थे।

मछोदरी पर राजघाटवाले रास्ते का मोड़ मिला। ठीक मोड़ पर बनी एक दुकान के चबूतरे की ओर बेनी ने देखा और उसका मन विषाद से भर उठा। कुल बारह घंटे पहले रात को आठ बजे क़िले के खंडहर से लौटते समय थककर दुलारी इस चबूतरे पर दस मिनट बैठी थी और अब इतनी दूर चली गई कि ख़्याल भी उसके पास जाते थकता है। विषाद-विशीर्ण रहने पर भी बेनी मानव-मन और तन की सुकुमारता और नश्वरता पर मुसकराया और चबूतरे की ओर से आँखें मोड़ आगे बढ़ा। वह सोचता जा रहा था कि पिछली साँझ कितनी विचित्र थी! वह उस साँझ को गंगा के किनारे-किनारे लहरों से यह पूछने चल पड़ा था कि "बोलो, तुमने मेरी नवोढ़ा पत्नी को कहाँ छिपा लिया है?" उसने आदिकेशव के घाट पर पहुँचकर यह भी विचार किया था कि उसका पता लगाने के लिए मैं स्वयं गंगा में कूद पड़ूँ। वह मढ़ी पर से कूदने के लिए सीढ़ियाँ चढ़ ही रहा था कि उसने देखा कि दुलारी घाट की अन्तिम सीढ़ी पर बैठी अपनी ही धोती से अपने हाथ-पैर बाँध रही है। वह ऊपर रुककर देखने लगा

कि दुलारी अपने हाथ-पैर लपेटने के बाद पानी में लुढ़क गई। बेनी ने भी छलाँग मारी और वह जब उतराया तो उसके हाथ में दुलारी की चोटी थी।

दुलारी को बन्धन-मुक्त कर सीढ़ी पर लिटा देने के बाद बेनी उससे ज़रा हटकर बैठा रहा। तत्काल पानी से निकाल ली जाने के कारण दुलारी भी शीघ्र ही स्वस्थ होकर उठ बैठी और बेनी से उसने तुरन्त प्रश्न किया–

"का हो बरई! तूँ हमें काहे निकसलऽ?"

"त कउनो गुनाह नाहीं कइली दुलारी, डूबै में बड़ा कस्ट होला। हमार मेहरुऔ डूब के गायब हो गयल।" बेनी ने जवाब दिया।

"अच्छा नहीं कइलऽ! करेजे में बड़ी आग हौ, ठंडी हो जात।" दुलारी ने हसरत-भरे स्वर में कहा। बेनी भी जवाब में कुछ कहने जा ही रहा था कि किसी ने ऊपर से कहा, "यह आग पानी से नहीं, तिल-तिल जिगर जलाने से ठंडी होती है।"

दुलारी और बेनी दोनों ने एक साथ आँखें ऊपर उठाईं, देखा कि चार-पाँच सीढ़ी ऊपर बड़े ही मैले-कुचैले परिधान में एक प्रौढ़ा नारी खड़ी है। उसकी वयस तिरेपन-चौवन वर्ष थी; अब भी उसके रूप में तेज था। तन कृश होने पर भी चेहरे पर लकीरें बहुत कम थीं अर्थात् आग शायद जल्दी जली थी, इसलिए धुआँ कम उठा था। दोनों ही उस अपरिचित नारी की ओर एकटक देखते रह गए। उसने पुनः कहा, "अगहन की साँझ है, भीगा रहना ठीक नहीं। मेरे साथ आओ।"

उसके स्वर में आदेश की गूँज थी। बेनी और दुलारी उसकी उपेक्षा न कर सके और उसके पीछे-पीछे चलकर खंडहर के जंगली भाग में एक भुइँधरे के भीतर घुसे। भुइँधरे भीतर से बहुत प्रशस्त था। कोने में एक क़ब्र बनी थी। क़ब्र थी तो कच्ची, पर उस पर चूना पुता हुआ था और फूल बिखरे थे। सिरहाने एक दीया भी टिमटिमा रहा था। बेनी और दुलारी दोनों चित्रवत खड़े रहे। खूँटी पर टँगे झोले में से एक धोती निकालकर दुलारी को देते हुए अपरिचित नारी ने कहा, "देखते क्या हो? यह उस बहादुर का मज़ार है जो मुहब्बत को ख़ुदा समझता था और जिसने ख़ुदा के नाम पर समर में अपनी जान दे दी।"

दुलारी और बेनी दोनों के सिर अपने-आप क़ब्र के सामने झुक गए।

2

रास्ता चलते बेनी की आँखों के भूइँधरे में रातवाला दृश्य घूम गया। उसने सोचा कि खंडहर की भिखारिन कितनी पढ़ी-लिखी है। बात-बात में 'सैर' (शे'र) कहती थी। दुलारी के धोती बदल लेने के बाद उसने दोनों से जो प्रश्न किया था वह भी 'सैर' में ही। उसने पूछा था–

"ज़िन्दगी से इस क़दर बेज़ार क्यों हो?
डूब मरने के लिए तैयार क्यों हो?"

यदि बेनी भी शायर होता या उसकी वाणी भी शिक्षित होती तो उसने निश्चय ही उत्तर दिया होता कि–

"मौत का एक दिन मुअय्यन है,
नींद क्यों रात-भर नहीं आती?"

और यदि दुलारी का भी बौद्धिक स्तर काफ़ी ऊँचा होता और प्रश्न करनेवाली की भाँति वह भी शेरो-शायरी में माहिर होती तो सम्भवतः यही जवाब देती कि–

"बिन तुम्हारे मैं जी गई अब तक,
तुमको क्या, खुद मुझे यक़ीन नहीं!"

परन्तु यह क्षमता न रहने से बेनी ने केवल इतना ही कहा था कि "मेरी फुलवारी गंगा की लहरों ने लूट ली।" और दुलारी केवल साँस भरकर मौन रह गई थी। इस पर भिखारिन ने फिर पूछा था कि "क्या तुम्हें अपने आशिक़ो-माशूक़ खोकर उनकी कोई ऐसी निशानी हाथ न लगी जिसे तुम अपने प्यारों की एवज़ प्यार कर सकते, उसे देखकर मरे के नाम पर जी सकते?" इस पर बेनी ने बताया था कि, "डूबी पत्नी की खोज करते मैं एक गाय पा गया।" और दुलारी ने कहा था कि "मेरा प्रेमी मरने के पहले खद्दर की एक धोती मुझे दे गया।"

यह सुनते ही वह वृद्धा नारी बड़ी कड़वाहट से बोल उठी थी, "तब तुम दोनों ही भारी बुज़दिल हो। ऐसी नायाब चीज़ें पास रहते भी ज़िन्दा नहीं रह सकते?" दुलारी ने दबी ज़बान से उसे जवाब दिया था कि "दुख में ज़िन्दगी बिताना बहुत ही मुश्किल है।" और प्रौढ़ा ने इस जवाब पर बिगड़कर कहा था, "ग़लत, बिल्कुल ग़लत! दुनिया में सबसे सहज काम है सुख में भी दुःख से मर जाना और सबसे मुश्किल काम है दुःख में भी सुख से ज़िन्दगी बिताना।" प्रौढ़ा की बात पर दुलारी को हँसी आ गई थी। उसने कहा था, "ये सब कहने की बातें हैं, दुनिया में कौन ऐसा है जिसने दुःख में भी सुख से ज़िन्दगी बिताई?"

दुलारी की इस बात पर प्रौढ़ा जल उठी थी और उसने जवाब दिया था, "दूर कहाँ देखने जाओगी? मुझे ही देखो! क़िले का इतना बड़ा खंडहर मेरे सिवा और किसका है? जब चाहती हूँ, कहीं भी घूमती हूँ, कोई रोकनेवाला नहीं। जब चाहे सोऊँ, जब चाहे जागूँ, कोई टोकनेवाला नहीं। सुबह मुँह पर नक़ाब डाल और हाथ में कासा लेकर भीख माँगने निकल पड़ती हूँ। जो भी मिल जाता है, खुशी-खुशी खा लेती हूँ। और उसी क़ब्र की बग़ल में बिस्तरा जमाकर अपने यार की याद में मज़े लेती हूँ। और जो मेरा दुःख देखना चाहो तो मेरी रामकहानी सुनो। सुनोगे?"

बेनी और दुलारी दोनों के सिर हिलाकर आग्रह प्रकट करने पर प्रौढ़ा ने यों कहना आरम्भ किया था–

"बयाँ ख़्वाब की तर्ह जो रहा हो
वह क़िस्सा है तब का आतिश जवाँ था।"

"श्री सीताराम का मन्दिर टूटा, महन्त सीताराम ने गुहार मचाई और बाबू सीताराम लुट गए। बनारस में दो दिन के लिए भूकम्प आ गया, कितने ही नौनिहाल मिट्टी में मिल गए। अड़तालीस घंटे ऐसी आग जली कि मेरे सुहाग का चमन जल गया, मेरे अरमानों के फूल राख हो गए। उस बवाल को, उस ज़वाल को, उस तवारीख़ी हादसे को बनारस में राम-हल्ला कहते हैं।"

बेनी और दुलारी 'राम-हल्ला' शब्द से परिचित थे, परन्तु वह घटना पूरी-पूरी नहीं जानते थे जो बनारसियों की पिछली पीढ़ी की स्मृति में एकदम ताज़ा थी। उनकी उत्सुकता बढ़ी और प्रौढ़ा कहती गई–

"मेरे बाप शाह अताउल्ला एक दरगाह में गद्दीनशीन थे। माँ हिन्दुवानी थी जो किसी वजह से अपनी जात से निकाली जाने पर मुसलमान हो गई थीं। बाप ने मेरा नाम रखा था आसमान तारा। माँ पुकारती थीं सितारा, लेकिन मैं होश सँभालने पर खुद अपने को ज़मीन का चाँद समझती थी। चैत के महीने में मैं पैदा हुई थी, चैत के महीने में ही मेरी शादी हुई और उसी चैत के महीने में मैं बेवा हो गई। अम्माजान कहा करती थीं कि इसी चैत के महीने में रामजी पैदा हुए थे।"

समय का आवरण जैसे भेदकर भूतकाल को प्रत्यक्ष-सा देखते हुए भिखारिन कहे गई थी, "हाँ, तो चैत के महीने में ही जबकि मेरी उम्र पूरी पन्द्रह साल थी, मेरी शादी हुई। मेरे शौहर शाह शहाबुद्दीन ऐसे कल्ले-ठल्ले के जवान थे कि जो उन्हें देखता, देखता ही रह जाता। कल मेरी शादी का पहला दिन था। कमरे में अपने सूरज शौहर के पास चाँद-सी दुल्हन बनी बैठी थी। सड़क पर किसी के चिल्लाने की आवाज़ आई। एक कुन्दन-बदन जवान हाथ-भर लम्बी शानदार दाढ़ी बढ़ाए दौड़ता जाता था और कहता था कि बनारस के हिन्दुओ और मुसलमानो सुनो, अस्सी पर पानीकल बिठाने के लिए श्रीसीताराम का प्राचीन मन्दिर तोड़ा जा रहा है। आज मन्दिर टूट रहा है, कल मस्जिद टूटेगी, बचाओ, बचाओ, बचाओ!"

इतना कहने के बाद भिखारिन ने साँस ली थी और फिर कहना आरम्भ किया था--

"उस आदमी की, जिसका नाम मुझे बाद में मालूम हुआ था महन्त सीताराम था, दिलकश आवाज़ सुनकर हम सभी तड़प उठे। अम्माजान दौड़ी हुई आईं, बोलीं, 'बेटा शहाब, देखो तो क्या बात है?' मेरे शौहर, जिन्हें मैंने प्यार से शाह शब कहना शुरू किया था, फ़ौरन ही बाहर चले गए। अम्माजान मुझसे कहने लगीं, 'बेटा सितारा, यह बात बहुत बुरी है। राम भी तो ख़ुदा का ही नाम है। सच पूछो तो इश्क़-मुहब्बत को ही ख़ुदा कहते हैं।' माँ की बात सुनकर मेरे बाप ने भी हँसते हुए उसकी ताईद की और कहा, 'अल्लाह मजनू को लैला नज़र आता है!' मेरे शाह शबाब भी गली से लौट चौखट पर खड़े ये बातें सुन रहे थे। उन्होंने सिर्फ़ इतना ही पूछा, 'अम्माजान, इजाज़त है न?' बाबा और अम्मा ने फ़ौरन कहा, 'हाँ, यह ख़ुदा का काम है,' और दोनों कमरे से बाहर निकल गए। शबाब ने भीतर आकर मुझसे पूछा, 'तुम्हारी भी इजाज़त है न?' एक बार तो मैं उनका सवाल सुनकर सन्न हो गई और फिर हिम्मत बाँधकर इतना कहा,

'मेरा ठिकाना?' शौहर ने अपने गले में पड़ी गुलाब की माला मेरी गरदन में डाल दी और खुद चले गए।''

यह कहते-कहते भिखारिन की आँखों में आँसू भर आए थे। उसने ठंडी साँस ली थी और फिर कहा था--

''फिर क्या था! बनारस के हिन्दुओं और मुसलमानों ने अस्सी घाट पर रखी बड़ी-बड़ी मशीनें उठाकर गेंद की तरह गंगा में फेंक दीं। उसके बाद लूट होने लगी। लोगों ने समझा कि मन्दिर तुड़वाने में भदैनी के रईस बाबू सीताराम का हाथ है। भीड़ तो भेड़ होती ही है; लोग उनके मकान पर टूट पड़े। उस वक़्त मेरे शौहर ने कहा कि ''भाई, लूट में हम शामिल नहीं'' और सभी मुसलमानों को लेकर वह वहाँ से हटने ही वाले थे कि ख़ुदा जाने किसने गोली चला दी। वह गोली मेरे शौहर को लगी। भीड़ भाग निकली, मगर वह किसी तरह गंगा-किनारे पहुँचे और वहीं गिर पड़े। उसी रात मैं उन्हें खोजने निकली--बिना माँ-बाप से पूछे। दरिया किनारे उन्हें बेहोश पड़ा पाया। किसी तरह उन्हें उठाकर एक नाव पर लाद दिया और उन्हें इस भूइँधरे में ले आई। बहुत चाहा कि उन्हें बचा लूँ, लेकिन अफ़सोस उसी रात उन्होंने दम तोड़ दिया। वह रामनौमी की रात थी। सारी रात जागकर मैंने अपने हाथों उनकी क़ब्र बनाई। देखो!''

भिखारिन की बात सुनकर बेनी और दुलारी की निगाह क़ब्र की ओर उठ गई थी, जिस पर भिखारिन ने हँसकर कहा था, ''वह नहीं, यह देखो।'' और अपने गले में लटकते हुए डोर से बँधी एक डिबिया दिखाई। उसे खोला। उसमें फूलों का चूरा पड़ा था। भिखारिन ने उसमें से वह सूत निकाला जिसमें कभी वे फूल गूँथे गए थे। उसे दिखाते हुए उसने दुलारी से कहा था, ''देखो, इस सूत के बल पर मैंने अपनी दुःखी ज़िन्दगी सुख से बिताई और तुम्हारे पास तो समूची धोती है।''

रास्ता चलते हुए बेनी ने मन-ही-मन कहा, ''सचमुच दुलारी ने धोती का उपयोग फाँसी लगाने में खूब किया!''

एहि पार गंगा ओहि पार जमुना

1

गंगा उस भोली छोकरी का नाम था जिसने मोहल्लेवालों की आहों पर मचलना और निगाहों पर चलना स्वीकार नहीं किया था, जिसकी एक अपेक्षित चितवन के भिखारी मोहल्ले के 'बादशाह' राय साहब साधूराम से लेकर मोहल्ले-भर के नौकर सिधुआ कहार तक प्रायः सभी लोग थे। यदि रायसाहब उसे अपने कारख़ाने की मज़दूरिनों का मेट बनाने को तैयार थे तो सिधुआ भी उसे अपने हृदय की रानी बनाकर पूजना चाहता था। बूढ़े और ज़वान, जवानी की ओर पैर बढ़ानेवाले छोकरे और जवानी से विदा लेने को तैयार अधेड़--सभी 'गंगा-लाभ' करना चाहते थे। गंगा की आँखों में विलायती

अंगूरी भी थी और देशी ठर्रा भी। यही कारण था कि प्यालेवाले अपना प्याला और चुक्कड़वाले अपना चुक्कड़ एक-एक बूँद बटोरकर भर लेना चाहते थे।

गंगा जब सबेरे-शाम काली धोती पहन और मिट्टी की कलसी कमर पर रखकर नल की ओर चलती तो शृंगारी कवियों और शाइरों का भाग मानो जाग जाता। उनकी कविताओं की आवृत्ति आरम्भ हो जाती। गंगा बूढ़ों की जवानी पर हँस देती, जवानों के लड़कपन पर झुँझलाती और अपना रास्ता लेती। देखनेवालों के कथनानुसार उसके झुँझलाने में भी एक ख़ास रस था।

गंगा अहीर की लड़की थी। बाप-भाई से विहीन और पतित्यक्ता। घर में वह थी और उसकी माता। गंगा की माँ ने गंगा से सगाई कर लेने को कितनी ही बार कहा, 'किन्तु गंगा का एक क्षुद्र 'ना' उसकी माँ के अनुरोध और क्रोध पर भी 'हाँ' न हो सका। प्रायः 'सगाई प्रकरण' को लेकर माँ-बेटी में झड़प भी हो जाती। उस दिन तो इस अभिनय का आरम्भ सोकर उठते ही हुआ। गंगा आँगन में झाड़ई लगाने चलीं और उसकी माँ दही मथने। दोनों अपने-अपने काम में व्यस्त थीं, एकाएक गंगा की माँ ने पुकारा, "गंगा!" गंगा में उत्तर न दिया। वह अपने मन के घने अन्धकार में प्रकाश का कण खोज रही थी। उसकी माँ ने पुनः पुकारा, "गंगा!" गंगा ने फिर अनसुनी कर दी। उसकी झाड़ई से उड़ती हुई धूल के साथ-साथ प्रकाश-कण भी उड़ा जा रहा था। इस बार गंगा की माँ का धैर्य छूट गया। उसने चिल्लाकर पुकारा, "गंगिया, बहिरी है क्या? सुनती काहे नाहीं?"

मन की व्यथा को दबाती हुई गंगा ने चकित भाव से कहा, "क्या तुमने मुझे पुकारा है, अम्मा?"

"और नहीं तो कौन खसम तेरा यहाँ बैठा हुआ है, तुझे पुकारने वाला?"

गंगा ने करुणा से भरी हुई आँखें अपनी माँ की ओर उठाईं मानो उससे पूछ रही हो, क्या यही कहने के लिए पुकारा था?

गंगा की माँ ने झिड़कते हुए कहा, "टुकुर-टुकुर देखती क्या है? ले यह दूध और दही। दे आ रायसाहब के यहाँ, मेरी तबीयत आज ठीक नहीं।"

"मैं तो वहाँ न जा सकूँगी," क्षण-भर ठहरकर गंगा ने धीरे से उत्तर दिया।

"ठीक है, तू वहाँ कैसे जा सकती है? तू ठहरी रानी-महारानी! इतना छोटा काम भला कैसे करेगी? हाँ, मोहल्ले-भर से नज़ारा मारने को हो तो अभी तैयार!"

"क्या झूठ-मूठ बकती हो? ज़रा भगवान से डरो!"

"भगवान से डराती है, रे हरामज़ादी? दूध देने जाएगी नहीं, काम-काज कुछ करेगी नहीं, फिर मेरे तन में भी तो अब पौरुष नहीं रहा। अब काम करनेवाला और कौन है तेरा यहाँ? कहती हूँ,

सगाई कर ले। लेकिन सगाई का नाम लिया कि तुझे जूड़ी चढ़ी।

अरे, तू कौन ठाकुर-बामन है कि सगाई करने से तेरी जात चली जाएगी!"

"कै बार तो तुमसे कह दिया अम्मा, अपना-अपना मन ही तो है!"

"तो तू ऐसी अपने मन की हो गई है? मैं कहती हूँ, तुझे अपनी सगाई करनी पड़ेगी। और नहीं तो रायसाहब के यहाँ नौकरी ही कर। एक तो वे राजा आदमी और न जाने कितनी बार मुँह खोलकर कह चुके हैं।"

"क्या सगाई-सगाई हल्ला करती हो! मैं न सगाई करूँगी, न रायसाहब के यहाँ नौकरी। हाँ, किसी दूसरी जगह नौकरी लगा दो, कर लूँगी।"

"तेरे लिए नौकरी रखी है न कि और कहीं लगा दूँ। हुंः अहीर की लड़की और सगाई नहीं करेगी!"

"तो तुम भी अहीर की ही लड़की हो, तुम्हीं ने क्यों नहीं...?"

"क्या कहा रे कुतिया कलमुँही!" कहते-कहते गंगा की माँ ने मथानी फेंककर मारी। मथानी गंगा के सिर में लगी। आँख में आँसू और मस्तक पर रक्त-बिन्दु छलछला उठे। गंगा तड़पी और तूफ़ानी विचार की तरह उठकर झपटी, किन्तु दूसरे ही क्षण उन आँखों की तरह बैठ गई जिनकी ज्योति में घना अन्धकार लहराता है।

2

गंगा के घर के सामने बेनी का बरोठा था। सूरज की पहली किरन बेनी के मुँह पर पड़ी और उसने आँखें खोल दीं। उसने हाथों से आँखों को मला, फिर हथेलियों को चूमकर हल्की-सी अँगड़ाई ली और उठ बैठा। उठते ही उसकी निगाह गंगा के आँगन पर पड़ी। उसने गंगा और उसकी माँ की बातें सुनी, गंगा की दीनता और उसकी माँ का क्रोध देखा और अन्त में देखा गंगा के माथे का रक्त और उसकी आँख का आँसू। दया, घृणा, क्रोध और शायद स्नेह की भी एक धारा उसके मानस-उपकूल के मध्य से होकर बह गई। उसने सुना, बुढ़िया चिल्ला-चिल्लाकर कह रही है—"हुंः, समझाते-समझाते ज़बान टूट गई। ऐसी भी कोई जिद है! बच्चा हो तो कोई समझाए भी! अरे मुझे अब क्या करना है; आज मरे कल दूसरा दिन। जो कहती हूँ तेरे भले के लिए। लेकिन कौन सुने, कौन समझे, करम में तो लगी हुई है आग! तेरे ही लिए मैंने रायसाहब से कहा, रो-धोकर हाथ जोड़-जोड़कर विनती की। भगवान भला करे उसका, दूध-पूत से घर भरे, बेचारे ने तुरन्त कहा, गंगा की माँ—घबराती काहे है? जब जी में आए उसे मेरे यहाँ पहुँचा जा। घर में बाल-बच्चे हैं, नौकर-मजदूरिन है, कायदे से रहेगी। उसकी भी ज़िन्दगी कट जाएगी।"

बेनी ने देखा कि गंगा ने कुछ जवाब नहीं दिया। वह थोड़ी देर चुपचाप रही। फिर उठी, मस्तक का घाव पानी से धो डाला और कलसी उठाकर आँखें पोंछती हुई घर से बाहर हो गई। बेनी की आँखें गंगा का अनुसरण कर रही थीं।

गली के चबूतरे पर जंगलेदार कोठरी में पंडितजी गीता-पाठ कर रहे थे—'असंशयं महावाहो मनो दुर्निग्रहंचलम्।' इतने में एक परिचित ध्वनि ने उनके दुर्निग्रह मन को ग्रहण कर लिया। उन्होंने देखा कत्थई साड़ी में गंगा को—उषा की छाया में तिरोहित होती

हुई क्षणदा की छवि को। उनके मुख से निकला था, 'हे कौन्तेय!' और वाक्य की पूर्ति हुई 'कुसुम्भारुणं चारु चैलं वसाना' कहते हुए। गंगा आगे बढ़ गई। गीता-पाठ उस दिन स्थगित रहा।

मुंशीजी–साठ बरस के मुंशीजी–कानों पर एक अदद कलम खोंसे और स्याही के धब्बों से भरा हुआ बस्ता बग़ल में दबाए घर से निकले। चौखट डाँकते ही उनकी निगाहों ने रूप की चट्टान से टकराकर ठोकर खाई। सामने से गंगा आ रही थी। मुंशीजी चमककर ठमक गए। गंगा और समीप आ गई थी। मुंशीजी ने टोका, "कहो गंगा, क्या हाल-चाल है? कुछ और भी सुना? रायसाहब तुम्हारी सगाई की फ़िक्र में है। मगर हम तो तुम्हें अच्छी तरह जानते हैं। इसी से हमने भी साफ़-साफ़ कह दिया, 'रायसाहब! वह मोहल्ले की लड़की है, भली है, शादी नहीं करना चाहती तो आपसे मतलब?' मोहल्ले के आदमी अगर एक-एक टुकड़ा दे देंगे तो बेचारी की ज़िन्दगी कट जाएगी, और भाई मैंने तो तुमसे कह ही रखा है कि मेरे न बाल हैं न बच्चे, आकर दो रोटियाँ तुम्हीं खिला दिया करो। मेरे बाद तो सब तुम्हीं लोगों का है, नहीं तो सरकार ले लेगी। क्यों?"

गंगा ने उत्तर न देकर प्रश्न ही किया, "बाबा! अभी तुमने अपने कफ़न का इन्तज़ाम किया कि नहीं?"

मुंशीजी का चेहरा उतर गया, पर मुसकराकर बोले, "शायर का कलाम है, 'कफ़न बाँधे हुए सिर से...!' "

शायर का कलाम गंगा की समझ में न आया, वह और आगे बढ़ी। बेनी ने आँखों को दूरबीन बनाकर उक्त दृश्य देखा और कानों में मानो बेतार की तार लगाकर उसकी बातें सुनीं। बेनी की आँखें भीग गईं, कर्णमूल लाल हो उठे। इसी समय आँगन से एक गुरु-गम्भीर ध्वनि ऊपर उठी, "माँ!" बेनी की चेतना लौट आई। उसने उत्तर दिया, "जमुना अभी आया," और धड़धड़ाता हुआ नीचे उतर गया।

3

जमुना आदमी नहीं, जानवर थी–चार पैर, दो सींग, एक पूँछवाला पशु, जिसे हिन्दू बड़े प्रेम से गऊमाता पुकारता है। बेनी के परिवार में दो ही प्राणी थे–एक वह स्वयं और दूसरी जमुना। बेनी तमोली था और खाता-पीता खुशहाल। ऊपर रहता था और नीचे दुकान करता था। बेनी जब से पैदा हुआ तब से उसके घर में दो प्राणियों का निवास होता आया था। पहले इस घर में बेनी के माँ-बाप रहते थे। बेनी को जन्म देने के दो घंटे बाद उसकी माँ ने परलोक का पथ पकड़ा। घर में बेनी और उसका बाप रहने लगा। बाप ने माँ का काम भी किया, बेनी को पाला-पोसा, बड़ा किया। बेनी की शादी देहात में ठीक हुई। बाप बड़े धूमधाम से बारात ले गया। शादी हुई, बारात लौट आई, पर रास्ते में बाप को साँप ने काट लिया। ज़हर के नशे में बेनी का बाप घर का रास्ता भूल परलोक के रास्ते पर चल पड़ा। घर में रहने लगे बेनी और उसकी पत्नी।

श्रावण का एक सोमवार था। बेनी और उसकी पत्नी गंगा नहाने गए। बरसाती गंगा का वेग बेनी की पत्नी को बहा ले चला। नावें छटीं। छह-सात घंटे निरन्तर परेशान होने के बाद भी बेनी को अपनी पत्नी का शव तक न मिल सका, मिली एक बहती हुई गाय। बेनी ने पत्नी खोकर गाय पाई। तभी से उस घर में बेनी और उसकी गाय जमुना–दोनों एक साथ रहते थे। बेनी जमुना की सेवा प्राण-पण से करता था। उसे जमुना की सेवा करने में एक आनन्द, एक रस का अनुभव होता था। गर्मियों में रात को दुकान बढ़ाने के बाद बेनी गाय को गली में खोल लाता, स्वयं एक चबूतरे पर बैठ जाता और गाय को पंखा झलते-झलते एक करुण हृदय-विदारक स्वर में गा उठता, "मितवा मड़ैया सूनी कर गैला।" मोहल्लाभर आराम से सोता, पर बेनी का यह गीत गंगा की नींद हराम कर देता। वह प्रयत्न करने पर भी सो न पाती। बेनी के गीत की प्रतिध्वनि गंगा के मुँह से गूँजती, "मितवा मड़ैया सूनी कर गैला।" इस प्रकार आधी रात बीत जाती। बेनी आँगन में गाय को बाँध स्वयं ऊपर सोने चला जाता। सुबह नल पर उसे नहलाकर तब स्वयं स्नान करता।

उस दिन भी जमुना की आवाज़ पर बेनी नीचे उतरा और उसे खोलकर नल पर ले चला। नल पर गंगा खड़ी थी। बेनी ने पूछा–

"कहो गंगा, मजे में हो न?"

"दिन कट रहे हैं और क्या?"

"सो तो हई है!" बेनी जमुना को मल-मलकर नहलाने लगा। गंगा ने कहा–"

"बेनी, तुम जैसी सेवा जानवर की करते हो वैसी तो कोई आदमी की भी काहे को करता होगा?"

"कौन सेवा करता हूँ, गंगा! आदमी को कुछ-न-कुछ करना ही पड़ता है। न करे तो जिए कैसे? सूनापन डस न ले!"

दोनों चुप रहे। गंगा ने अपनी कलसी भरी। जमुना और बेनी ने स्नान किया। गंगा ने अपनी स्निग्ध दृष्टि जमुना पर फेंककर कहा, "बड़ी सुन्दर है तुम्हारी गैया! जभी तो इतना प्यार करते हो!"

"सुन्दर अपनी निगाह, गंगा! जिसको जो भा जाए उसको वही सुन्दर है।"

गंगा ने धीरे से कहा, "ठीक कहते हो।" दोनों का घर आ गया था। गंगा अपने घर चली गई। सन्ध्या हो गई थी। बेनी का दिन आज बड़ी अशान्ति और उलझन में कटा, उसके मन में वह रस्साकशी हो रही थी जिसे वह बहुत दिन से टालता आया था। एक ओर गंगा थी, दूसरी ओर जमुना। बेनी की दुकान आज भी बन्द ही रही। दिन-दिन धूमिल होनेवाली स्मृतियाँ एक के बाद एक आने और जाने लगीं। जन्म से लेकर अब तक का जीवन उसे चलचित्र की तरह दिखाई पड़ा। उसकी आँखों में गंगा थी और उसका हाथ जमुना की पीठ पर था। उसके मुँह से निकला, "गंगा!"

गंगा ने किवाड़ खोलकर बेनी के घर में प्रवेश किया। उसने कहा, "क्या है? तुम कैसे जान गए कि मैं आ रही हूँ? क्यों ग़रीब का कोई धरम नहीं होता?"

"होता है गंगा, पर तन में नहीं मन में। ग़रीब का धरम मन में होता है।"

गंगा की आँखें चमक उठीं, बोली, "तब लोग हमारे शत्रु क्यों बने हैं? हमारा धरम क्यों छीनना चाहते हैं?" बेनी ने अपनी जिज्ञासु दृष्टि गंगा की ओर उठाई। गंगा ने कहा, "आज मैं रायसाहब के यहाँ दूध देने गई थी। गई क्या थी, ज़बरदस्ती भेज दी गई थी। वह मुझसे कहने लगे, 'गंगा, अगर तुम दया न करोगी तो मैं साधू हो जाऊँगा, मेरा इतना बड़ा कारोबार नष्ट हो जाएगा, मेरे बाल-बच्चे भूखे मर जाएँगे और इनका सारा पाप तुम्हें पड़ेगा।' घर पर अम्मा भी कहती है, 'अगर तू रायसाहब के यहाँ नौकरी न करेगी तो मैं जान दे दूँगी।' उस मूरख को क्या पता कि रायसाहब कैसा आदमी है! अब तुम्हीं बताओ कि मैं क्या करूँ?"

"कुछ नहीं गंगा, न तो रायसाहब साधू होंगे और न तुम्हारी अम्मा मरेगी।"

"नहीं बेनी, आज रायसाहब कसम खाकर कह रहे थे।"

"झूठ है; वह कभी साधू नहीं हो सकते।"

"और अगर हो गए तो?"

"कुछ नहीं होगा! ऐसे लोग साधू-वैरागी नहीं होते।"

"तो कैसे होते हैं?"

"कैसे होते हैं! तो लो, आज से यह घर-बार, रुपया-पैसा, बरतन-भाँडा–सब-कुछ तुम्हारा और मैं जमुना को लेकर चला। जिसे साधू होना होता है गंगा, वह तो हो ही जाता है। उसे कहने की क्या ज़रूरत!"

तन पर एक अँगोछा और हाथ में जमुना की पगहिया लिए हुए बेनी अपने मार्मिक स्वर में आलाप लेता हुआ घर के बाहर हो गया। गंगा ने आश्चर्यचकित होकर सुना–

"एहि पार गंगा ओहि पार जमुना, बिचवा मड़ैया छवाए जैहो।"

गंगा के मुख से भी गीत की प्रथम पंक्ति निकल पड़ी, "कैसे दिन कटिहें, जतन बताए जैहो!"

चैत की निन्दिया जिया अलसाने

1

अधकटे मृगछौने की तरह बिछौने पर सारी रात तड़पते रहने के बाद अठहत्तर वर्षीय वृद्ध पंडित पद्मानन्द पांडेय ने भोर की दक्षिणी वायु में अपनी चिन्ता विभोर कर देने के लिए छत पर निकलकर टहलना आरम्भ किया। उन्होंने देखा कि मधुमास में भी पावस की घटाएँ घिरी हुई हैं और दूर गंगा की लहरों पर बुढ़वा का मेला नृत्य कर रहा है। उन्होंने अपनी धुँधली आँखों से मेला देखने का प्रयत्न किया, परन्तु दृष्टि की दुर्बलता के कारण वह केवल छिटपुट आलोक ही देख सके।

इतना अवश्य हुआ कि किसी बजड़े से उठी भैरवी की सरस तान वायु का वितान विदीर्ण करती हुई उसके कानों से आ टकराई, "जोबनवाँ चार दिना दीनो साथ!" पद्मानन्द ने जैसे गायिका के कथन का समर्थन करते हुए गम्भीरता से अपना सिर हिलाया, कहा, "सचमुच 'जोबनवाँ चार दिना दीनो साथ'," और उनकी झुकी हुई कमर कुछ और झुक गई।

नीचे की मंजिल में किराए पर कोठरी लेकर रहनेवाली गंगा आँगन बुहारने के लिए निकल पड़ी थी। धीरे-धीरे अन्धकार दूर होकर आकाश में ललाई छा गई। पद्मानन्द भी आँगन में आने के लिए सीढ़ियाँ उतरे। आँगन में बँधीं उनकी पगध्वनि से परिचित दोनों गायों ने अपने कान खड़े किए। उनके मुँह से रम्भाने की दुर्बल ध्वनि निकली। पद्मानन्द भी आँगन में आकर खड़े हो गए और हथिनी जैसी डीलडौलवाली अस्थिसार अपनी नन्दिनी और कामधेनु की ओर कुछ देर एकटक निहारते रहे। फिर लम्बी साँस भरकर बग़ल की एक लम्बी-चौड़ी कोठरी–भूसेवाली कोठरी में घुसे और चारों ओर दृष्टि दौड़ाई। एक कोने में भूसे की प्रायः आध सेर मिट्टी-मिली तलछट पड़ी थी। उन्होंने उसे हिलोरकर प्रायः चार मूठी भूसा उठाया और नन्दिनी तथा कामधेनु की नाँदों में डेढ़-डेढ़ सेर पानी मिलाकर घोल दिया। दोनों ही गाएँ एक बार तो बड़े चाव से नाँद पर टूट पड़ीं, परन्तु दूसरे ही क्षण अपना मुँह हटा पद्मानन्द की ओर देखने लगीं। पद्मानन्द की आँखें भर आईं, मानो वे कह रही थीं, 'मैं खुद कई दिन का भूखा हूँ, गऊ माता! क्या करूँ?'

उधर उनकी भड़ैत गंगा आँगन के एक कोने से अपनी कोठरी के सामने झाड़ई लगाती और साथ ही कनखियों से पद्मानन्द की गतिविधि भी देखती जाती थी। उसने उनकी आँखों में वह आँसू भी देख लिया जिसे उन्होंने अपने शतछिन्न अँगोछे से तत्काल पोंछ लिया था। वह ससंकोच उनके पास आई और बोली, "बाबा, इस महीने का भाड़ा तो चढ़ ही गया है। कई दिन से सोच रही हूँ कि दे दूँ, पर हाथ में पैसा था नहीं। अब आ गया है। कहिए तो दे दूँ?" पद्मानन्द चुप रहे। गंगा तुरन्त अपनी कोठरी में गई और पाँच रुपये का एक नोट लाकर पद्मानन्द को देते हुए बोली, "बाबा, यह पूरा नोट ही रख लीजिए, ढाई रुपया इस महीने का और ढाई रुपया पेशगी।"

पद्मानन्द नोट लेकर बोले, "पाँच रुपये और न होंगे? मुझे दस रुपये की बहुत ज़रूरत थी।" गंगा ने दबी ज़बान से कहा, "हैं तो नहीं, लेकिन, अच्छा ज़रा ठहरिए।" गंगा ने वहीं से आवाज़ दी, "गंगो, तुम्हारी माँ क्या नहाकर लौट आई?" गंगा की आवाज़ पर पाँच-छह वर्ष की एक लड़की सामने की कोठरी से निकली। उसने कहा, "हाँ जीजी, अम्मा नहाकर आ गई हैं, बैठी जप कर रही हैं। क्या है?"

उसकी बात का जवाब न देकर गंगा उसकी माँ के पास गई और अपने हाथ का चाँदी का कड़ा देते हुए उसने कहा, "इस पर पाँच रुपये तुम मुझे उधार दे दो, गंगा की माँ! टकासी सूद दूँगी और आज के महिनवें दिन छुड़ा लूँगी।"

प्रति रुपये दो पैसे सूद की बात सुनकर गंगो की माँ आनाकानी न कर सकी। यदि गंगा ने सूद की बात न कही होती और यों ही रुपया उधार माँगा होता तो निश्चय

ही गंगो की माँ अपना सीधा उत्तर देती, "मेरा रुपया तो राय साहब की कोठी में जमा है, वह बेफ़जूल उड़ाने के लिए नहीं देते। कहते हैं कि तेरे बाद तेरी गंगो के काम आएगा।" परन्तु प्रति मास दस पैसे की अनायास आमदनी वह न छोड़ सकी। उसने गंगा के कड़े रख उसे पाँच रुपये दे दिए। गंगा ने भी वह रुपया लाकर पद्मानन्द को दे दिया। रुपया पाते ही बूढ़े का चेहरा खिल उठा। वह तुरन्त ही घर से निकल पड़ा।

2

पैर में पर लगाए काशी की टेढ़ी-मेढ़ी गलियों में बूढ़ा उड़ा जा रहा था। उसे आतुरतापूर्वक घर से निकलते देख गंगा ने समझा था कि वह अपने लिए गल्ला और अपनी गायों के लिए चारा लाने जा रहा है। परन्तु यदि वह देखती तो सचमुच आश्चर्य से भर जाती कि मध्यकालीन संस्कृति में पला बूढ़ा न तो विश्वेश्वरगंज की ओर जा रहा है, और न खोजबाँ के बाज़ार की ओर, जो नगर में गल्ले की मुख्य मंडियाँ हैं, अपितु उसका लक्ष्य एक अंधी गली में स्थित एक खंडहरनुमा मकान है। बूढ़े ने वहाँ पहुँचकर कुंडी खटकाई। तत्काल ही खिचड़ी केश और दो-चार टूटे दाँतोंवाली एक स्थूलांगी महिला ने द्वार खोल दिया और पूछा, "क्या रुपये लाए हो?" वृद्ध ने वृद्धा की फैली हथेली पर पाँच-पाँच रुपये के दो नोट रखते हुए उत्तर दिया, "हाँ, ले आया हूँ। लेकिन तुमने तो मुझसे माँगा था नहीं।"

"फिर भी मैं जानती थी कि तुम रुपये ज़रूर लाओगे।" वृद्धा ने स्नेह-विगलित स्वर में उत्तर दिया।

दोनों ही जीवन के अस्ताचल पर खड़े थे। दोनों ही जानते थे कि मृत्यु-रूपी महानिशा की गोधूलि-वेला उनके सामने है। फिर भी दोनों की बातों में तरुण स्नेह की रंगीनी उषा की अरुण आशा के समान उनके मन की शून्यता को जैसे अनुरंजित कर रही थी। वृद्ध ने हँसकर पूछा, "इतना तो बता ही दो कि तुमने यह कैसे जान लिया कि तुम्हारे बलराम और बखेड़ई द्वारा इसी द्वार पर बार-बार अपमानित होने के बावजूद तुम्हारे बिना माँगे ही मैं रुपया ले आऊँगा?"

वृद्धा खिलखिलाकर हँसी, बिहारी की 'दैन कहै नटि जाइ' वाली तरुणी नायिका की अदा से, और फिर कुछ संयत होकर बोली, "ख़ैर, तुम जान भी कैसे सकते हो? मर्द हो न! मर्द की दृष्टि होती है, केवल समूची दुनिया का रूप देखने के लिए, लेकिन औरत के पास होती है अन्तर्दृष्टि। वह बाहर ही नहीं, भीतर भी झाँक लेती है, समझे!"

"न समझे होंगे तो अब मैं समझे लेता हूँ," कहते हुए एक हाथ में जूता उठाए बखेड़ई राम बाहर निकले। उन्हें अपनी जननी सोनामती से पैदाइशी घृणा थी। उनके पिता बुद्धिदत्त पाण्डे जन्म से बुद्धू थे। उनकी आँखों में धूल झोंकते बखेड़ई राम को तनिक भी कठिनाई नहीं पड़ती थी। परन्तु उनकी माता उन्हीं के शब्दों में पूरी 'कज्जाक' थी और इसलिए उनकी स्वतन्त्रता में बाधक। परन्तु सौभाग्य से लड़कपन

से ही बखेड़ई राम को अपनी माता के सम्बन्ध में एक ऐसी सूचना मिल गई कि वह उस दिन से शेर हो गए।

अब से प्रायः पचास वर्ष पूर्व उनकी माता ने पन्द्रह वर्षीया वधू के वेश में अपने पति के चचेरे छोटे भाई पद्मानन्द के घर अर्थात् अपनी ससुराल में प्रवेश किया था। उस समय उस परिवार में एक साथ कई घटनाएँ घटीं। सर्वप्रथम पद्मानन्द की पत्नी सहसा मर गई। प्रवाद फैला कि उसने आत्महत्या की है। ललित कलाओं पर प्राण देने के लिए प्रसिद्ध पद्मानन्द तब तक अपनी अधिकांश सम्पत्ति स्वाहा कर चुके थे। परन्तु फिर भी इतनी सम्पत्ति बच गई थी कि तत्काल ही उनका दूसरा विवाह ठीक हो गया और उन्होंने सबको आश्चर्य में डालते हुए विवाह करना अस्वीकार कर दिया। उसके थोड़े ही दिन बाद पद्मानन्द पर पूर्ण रूप से आश्रित बुद्धिदत्त ने उनके घर में रहना स्वीकार नहीं किया और किराए पर मकान लेकर आलम चले गए। वहाँ भी पद्मानन्द पहुँचते थे और अपनी भावज सोनामती से पूर्ववत् सम्मान पाते थे। ऐसी बातों पर संसार जो कुछ सोचता आया है वही सोचता रहा और बखेड़ई राम को वह अस्त्रा मिला जिससे वह अपनी माँ का कलेजा निरन्तर छेदने लगे। बुद्धिदत्त बीमार पड़े थे। पैसा था नहीं कि चिकित्सा कराएँ, परन्तु उद्दंड बखेड़ई राम ने पद्मानन्द का त्याग नहीं समझा और उन पर जूता चला दिया। बूढ़े पद्मानन्द रो पड़े, सोनामती सिहर उठी, बोली, "अरे मुर्ख! जनक पर जूता?"

"बुद्धिदत्त पंडित नहीं हैं, क्लीव हैं।" वृद्धा गरज उठी। बखेड़ई राम घबरा उठे और इस स्थिति से लाभ उठाकर बूढ़े पद्मानन्द वहाँ से खिसक गए।

3

पागलों की तरह बड़बड़ाते हुए पद्मानन्द दिनभर इधर-उधर घूमते रहे और जब साँझ हुई तो हरिश्चन्द्र घाट पर जा पहुँचे और बाढ़ के कारण तट पर जमी हुई बलुई मिट्टी के टीलों को काट-काटकर निर्मित सीढ़ियों पर एकत्र बच्चों का खेल देखने लगे।

सबसे ऊपर सीढ़ी पर खड़ी एक लड़की ने पूछा, "मछली-मछली, कित्ता पानी?" सबसे नीची सीढ़ी पर खड़े बालक-बालिकाओं के समूह ने क़वायद की मुद्रा में एक साथ अपने दोनों हाथ अपनी पसलियों से लगाते हुए एक स्वर से उत्तर दिया–

"सोनचिरैया! इत्ता पानी!" और सबसे ऊँची सीढ़ी पर खड़ी लड़की दूसरी सीढ़ी पर उतर आई। उसने पुनः प्रश्न किया, "मछली-मछली, कित्ता पानी?" इसी प्रकार सोनचिरैया का अभिनय करनेवाली लड़की छन्द के बन्धन में कसी हुई भावपूर्ण कविता के समान प्रत्येक सीढ़ी पर खड़ी होकर अपना प्रश्न दुहराती हुई एक-एक चरण नीचे उतरती जाती थी और उधर नीचे फ़र्श पर खड़े होकर मछली का अभिनय करनेवाले लड़के-लड़की अपनी पसली, पेट, कमर, जाँघ, घुटना आदि पर क्रमशः हाथ रखते हुए उसके प्रश्न का बँधा जवाब दिए जा रहे थे।

उनका शोर-गुल पद्मानन्द को अच्छा न लगा। उन्होंने उनकी ओर से मुँह फेरकर अपनी धुँधली आँखों से गंगाजी में एक-एक गज़ लम्बी लहरों को उठते और उन पर बड़े बजड़ों को डगमग होते देखा। शरीर की झूलती हुई खाल पर उन्होंने प्रबल वेगमयी वायु के झकोरों का अनुभव किया और उन्हें अपनी तरुणाई की वह घटना याद हो आई जबकि अपने पिता की मृत्यु का शोक सालभर भी न मनाकर उन्होंने इसी चैत के महीने में बुढ़वा-मंगल के इसी अवसर पर नावपटैया की थी और काशी-नरेश तथा विजयानगरम नरेश के कच्छे के बाद उन्हीं के कच्छे ने मेले में सर्वाधिक धूम मचाई थी। इतने में ही हवा का एक करारा झोंका आया, पहले की अपेक्षा लहर कुछ और ऊँची हुई और तट पर बैठे पद्मानन्द नहा-से गए। वह लहर जैसे गंगा की लहर नहीं, स्मृतिसागर की तरंग थी। छप्पन वर्ष पूर्ववाले उस बूढ़वा-मंगल का विवरण, जो उस समय भारतेन्दु हरिश्चन्द्र के मासिक-पत्र 'कवि-वचन-सुधा' में प्रकाशित हुआ था, उनके मुँह से बड़बड़ाहट के रूप में प्रकट हुआ। तीन बरस तक लगातार प्रतिदिन दो-तीन बार उक्त विवरण की उद्धरणी करने के कारण वह उन्हें सदा के लिए रट-सा गया था। वह कह चले–

"गत बुढ़वा-मंगल में एक बात ऐसी अपूर्व हुई थी जो स्मरण रहे। वह यह है कि शुक्र के दिन वायु इस वेग से बही थी कि उसने सब मेला इधर-उधर कर दिया और रामनगर के नीचे नावों का पहुँचना असम्भव हो गया। श्री महाराज विजयानगरम के कच्छे इसी पार रह गए। परन्तु श्री महाराज काशीराज ने जब देखा कि कच्छे आगे नहीं हटते, तब अपने हाथियों को बुलवा भेजा। आज्ञा होते ही बड़े-बड़े मतंग नंग-धड़ंग झूमते हुए एकसंग गंगाजी में हल गए। कोई तो अपने दाँतों से दबाता था और कोई सिर से ठोकन देता था और कोई पुट्ठे का बल लगाता था और कोई अपनी दाढ़ों से कच्छों की कोर पकड़कर खींचता था। निदान यह कौतुक और शोभा देखने ही योग्य थी, लिखी नहीं जा सकती।"

पंडित पद्मानन्द अपने मन की तरंगों में ऊभ-चूभ होने लगे। उनकी दरिद्रता ने उन्हें महीनों से आंशिक अनशन करा रखा था, उनकी अनैतिक जवानी ने उनकी दुर्बल बुढ़ौती के लिए एक भीषण समस्या पोस रखी थी और उनका चिरतरुण मन आज भी पुरानी रंगरेलियों के लिए उन्मन हो रहा था। पेट में प्रज्ज्वलित भूख की आग के कारण उनकी आँखों के आगे नाचनेवाली चिनगारियों की संख्या बढ़ चली थी। उन्होंने क्षुधा की ज्वाला बुझाने के लिए गंगाजल का आश्रय लिया। कठिनाई से दो-तीन चुल्लू पानी वह पी सके, परन्तु ज़्यादा पानी भी नहीं पिया जा सका। उनका पेट मरोड़ उठा, वह अकुलाकर वहीं लोट गए।

लड़के-लड़कियों का खेल चल रहा था। अन्तिम सीढ़ी पर आकर लड़की ने पूछा–

"मछली-मछली, कित्ता पानी?" सधा हुआ उत्तर मिला, "सोनचिरैया, इत्ता पानी।" और लड़की धम्म से नीचे फ़र्श पर कूदी। मछलियों की भूमिका में खड़े बालक-बालिकाओं ने सोनचिरैया को छिपा लिया। सोनचिरैया ने पहले फड़फड़ाने का अभिनय किया और तत्पश्चात् उसने हाथ ढीले कर दिए।

पत्थर की सीढ़ी पर पद्मानन्द ठंडे पड़े थे। उन्हें खोजती हुई उन्मादिनी के वेश में सोनामती भी वहीं आ गई। कुछ निठल्ले दर्शक भी एकत्र हो गए। एक ने पूछा, "यह मर गया है क्या, उठता क्यों नहीं?"

सोनामती उसे उत्तर देने ही जा रही थी कि दूर किसी बजड़े पर इस दुर्घटना से अनभिज्ञ गायिका ने तान लड़ाई—"चैत की निन्दिया जिया अलसाने हो रामा!"

इस हाथ दे उस हाथ ले

1

रायसाहब साधूराम के आलीशान मकान के नीचे की दुकान में किराएदार मिट्ठू कोयलेवाले ने दुकान खोली और ऊपर खिड़की की ओर मुँह उठा ऊँचे स्वर में गा उठा—

"इलाही ख़्वाब में शब को
न जाने कौन आता है;
जलाने, चुटकियाँ लेने,
रुलाने कौन आता है?"

पूस का सबेरा था और सात बजे का समय। रातभर गहरी वर्षा होकर सुबह पानी थम-सा गया था। हवा में सर्दी भी बढ़ गई थी। जाड़े के डर से फटा-पुराना कम्बल ओढ़े रायसाहब के मकान में निचले खंड की एक कोठरी में सम्पादक शर्मा जी सिकुड़े पड़े थे। मिट्ठू के दर्द-भरे गले की आवाज़ उनके कानों में आई। मिट्ठू ने ग़ज़ल का दूसरा शे'र कहा—

"अगर तक़दीर हो सीधी
तो तुम हो जाओगे सीधे;
रहो ख़ामोश, देखो तो
मनाने कौन आता है?"

शर्माजी मिट्ठू की ग़ज़ल का एक-एक शब्द जैसे अनुभव कर रहे थे। ऐसा जान पड़ता था जैसे मिट्ठू नहीं, मिट्ठू की आत्मा गा रही हो। उन्होंने सोचा कि मिट्ठू की उम्र अभी कुल सोलह-सत्रह साल की होगी। यदि वह कोयला बेचना छोड़कर किसी गुनी से गान-विद्या का अभ्यास करे तो कौन कह सकता है कि एक दिन वह कुशल कलाकार न हो जाएगा! इसके हृदय में संगीत-कला का बीज वर्तमान है; यदि अनुकूल परिस्थिति मिले तभी वह प्रस्फुटित और पल्लवित हो सकता है, अन्यथा कोयले का व्यवसाय तो उसे जला ही डालेगा।

बाहर मिट्ठू गा रहा था, भीतर शर्माजी उसके भविष्य के सम्बन्ध में विविध कल्पनाएँ कर रहे थे। इतने में ऊपर खिड़की खुली और मधुर स्वर में किसी ने कहा—

"मिट्ठू, गंगो आ रही है। इसे सेर-भर कोयला दे दो।"

मिट्ठू ने गाना बन्द करके जवाब दिया—"बहुत अच्छा, बहूजी! कितना कोयला? सेर-भर न?"

"हाँ!" जवाब मिला और खिड़की बन्द हो गई। तत्पश्चात् तराजू-बटखरे की आवाज़ गंगो के पैर की चूड़ियों की झनकार और 'इलाही ख्श्वाब में शब को न जाने' की ध्वनि सुनाई पड़ी।

2

रायसाहब साधूराम हर तरह से असाधारण व्यक्ति हैं। साधारण व्यक्ति खाने-भर को भी कठिनाई से कमा पाते हैं। रायसाहब की कमाई इतनी है कि खुद भी खाएँ, दूसरों को भी खिलाएँ और बैंक में भी मोटी रक़म जमा कर लें। साधारण व्यक्ति के लिए एक भार्या का भरण-पोषण भी भले ही समस्या बन जाए, परन्तु रायसाहब दो विवाहिता पत्नियों को सचमुच रानी बनाकर रखते हैं और मोहल्ले-भर की बहू-बेटियों को ही नहीं, अपितु अपने कारखाने की मज़दूरनियों तक को वह पद अस्थायी रूप से देने को तैयार रहते हैं।

रायसाहब की दोनों ही पत्नियाँ सुन्दर हैं। एक श्यामा है, दूसरी गौरी; एक चंचला है, दूसरी परम गम्भीर। श्यामा अत्यन्त गम्भीर और निर्भीक है अर्थात् गृहप्रबन्धिका अपनी विधवा ननद चमेली से वह बिल्कुल नहीं डरती। उसकी निर्भीकता उस सीमा तक पहुँच चुकी है जिसे बेहयाई कहते हैं। गौरी अत्यन्त लजीली है; उसे बोदी भी कह सकते हैं। श्यामा का नाम है प्रेमवती, गौरी का नाम है सुधा।

प्रेमवती का स्वभाव सर्वथा रायसाहब के स्वभाव के अनुकूल है। जब रायसाहब अपने कारख़ाने और विभिन्न दुकानों का निरीक्षण करने निकलते हैं तो प्रेमवती भी पास-पड़ोस में फेरी लगाने निकल पड़ती है। रायसाहब सोलह आने उसी के वशीभूत है। प्रेमवती ने शहर में कई रिश्तेदारियाँ भी खोज निकाली हैं। ब्रह्मनाल में ताऊजी रहते हैं, तो अस्सी पर फूफाजी, जिनके यहाँ जाकर वह दो-दो, चा़र-चार दिन मेहमान रहती है।

बर्तन साफ़ करने से लेकर रसोई पकाने तक का काम सुधा के ज़िम्मे है। यह दूसरी बात है कि रायसाहब ने अपने कारख़ाने के सूरत नामक एक मज़दूर की बालिका पत्नी गंगो को बर्तन माँजने के काम में सुधा की सहायिका नियुक्त कर दिया है। सुधा अपनी सौत प्रेमवती से उतना ही डरती है जितना बाघिन से बकरी। पति के समीप उसका मूल्य क्रीतदासी से भी घटकर है। छोकरी दासी गंगो के मुँह से सुनकर शर्माजी सुधा के बारे में इतनी ही जानकारी प्राप्त कर सके थे।

दूसरे दिन रविवार था। बादल भी खुल गए थे और लोगों को हफ़्ते-भर बाद सूर्य का दर्शन मिला। शर्माजी को दफ़्तर जाना नहीं था। जब दोपहर को रायसाहब अपनी दुकान पर चले तो उन्होंने भी धूप खाने के लिए उनसे छत पर जाने की अनुमति माँगी। रायसाहब को ऐसे काम बहुत प्रिय थे, जिनसे गाँठ का पैसा ख़र्च किए बिना ही अहसान जताने का अवसर मिलता हो। उन्होंने अनुमति दे दी। शर्माजी छत पर जाकर धूप खाते हुए एक ऐतिहासिक उपन्यास पढ़ने लगे। उपन्यास में अलाउद्दीन खिलजी के नामर्द सेनापति मलिक काफ़ूर की मर्दानगी का विशद वर्णन था। शर्माजी की आदत

किसी भी पुस्तक को मन में नहीं, ज़ोर से पढ़ने की है। उन्होंने पढ़ा कि रानी कमला काफ़ूर से कह रही है–

"तुम नामर्द हो, तुम नारी की मर्यादा क्या जानो? नामर्द अपनी भार्या तक को दूसरे के हाथ सौंप देता है, मैं तो फिर भी परनारी हूँ?"

इतने में आवाज़ आई–"ठीक है, बहुत ठीक!" शर्माजी ने चौंककर सिर उठाया, देखा कि छत पर प्रेमवती खड़ी है और कह रही है–"ठीक है, बहुत ठीक।" इस नारी की वाचालता पर उन्हें क्रोध आया और अग्निमय नेत्रों से उसे देखते रह गए। इस पर वह मुसकराकर बोली–"बाबू! क्या देखते हो? यह कौन-सी किताब है?"

शर्माजी को उसकी निर्लज्जता पर लज्जा आई। उसने पुनः कहा–"कौन-सी किताब है बाबू, बताते क्यों नहीं?"

"एक उपन्यास है।" उन्होंने उत्तर दिया?

"उपन्यास तो अच्छा जान पड़ता है। एक दिन के लिए मुझे भी देना, दोगे न?"

"आज ही तो लाया हूँ।" बात टालने के लिए उन्होंने कहा।

"तो मैं अभी थोड़ी ही माँग रही हूँ? जब ख़त्म कर लेना तब देना। कब तक ख़त्म कर सकोगे?"

"अभी तो पढ़ना प्रारम्भ किया है।" उन्होंने कहा।

"घंटे-भर से तो पढ़ रहे हो, कुल दो पन्ना पढ़ पाए? बहुत धीमा पढ़ते हो।" कहकर उसने अविश्वास से हँस दिया। शर्माजी झेंपे, परन्तु तुरन्त ही सँभलकर बोले–

"बस किताब-भर हाथ में थी। ख़्याल दूसरी ओर था।"

"ऐसी अच्छी किताब पढ़ने में भी? बाबू! बुरा न मानना। तुम्हारी हिन्दी में कुछ नहीं है। वही सीता, वही सावित्री! वही आदर्श का पचड़ा!"

"आपको आदर्श अच्छा नहीं लगता क्या?"

"अच्छा लगने की बात नहीं है। बात यह है कि आदर्श मर गया है, जिस तरह बँदरिया अपने मरे हुए बच्चे को भी, जब तक वह सड़ न जाए, लिए-लिए फिरती है वैसे ही तुम हिन्दीवाले आदर्श का मुरदा लिए डोल रहे हो? अच्छा, आज यहीं तक।"

वह नीचे चली गई। शर्माजी उसकी विकृत प्रतिभा पर आश्चर्य करते रह गए।

3

उसी दिन शाम को प्रेमवती शर्माजी की कोठरी में आई। शर्माजी दूसरे दिन निकलनेवाले अख़बार के लिए अग्रलेख लिख रहे थे। शीर्षक रखा था–आदर्श और यथार्थ। आते ही प्रेमवती ने कहा, "बाबू! साड़ीवाला आया है। उसकी एक साड़ी मैंने पसन्द की है। रायसाहब घर पर हैं नहीं। आप पच्चीस रुपये मुझे दे दो। उनके आते ही लौटा दूँगी।"

उसकी माँग सुनकर शर्माजी बड़े असमंजस में पड़े। कुल अस्सी रुपये मासिक वेतन पानेवाला पच्चीस रुपये कर्ज़ कैसे दे दे? वह इनकार करने जा ही रहे थे कि उसने

कहा, "अगर रुपये न हो तो रहने दीजिए, फिर कभी देखा जाएगा। दुःख इतना ही है कि साड़ी बहुत अच्छी है और कम दाम में मिल रही है।"

उसके चेहरे पर वेदना की रेखाएँ स्पष्ट उमड़ आईं। शर्माजी ने अभिभूत होकर कह दिया, "नहीं, नहीं, मैं रुपये देता हूँ," और पेट काटकर संचित सौ रुपये के अपने 'स्थायी' कोष से पच्चीस रुपये निकालकर उन्होंने उसके हाथ में रख दिए। उसने मुसकराकर 'धन्यवाद' कहा, और पलक मारते ही तूफ़ान की तरह वह बाहर चली गई।

इस प्रकार एक महीने के भीतर उसने शर्माजी से प्रायः पचासी रुपये ऐंठ लिए। फलतः उन्हें उसके चरित्र पर जो सन्देह हुआ था वह दिनों-दिन बढ़ता ही गया। वह मन-ही-मन परदे में कैष्द उसकी सकुचीली सौत सुधा के चरित्रा और स्वभाव से इसके चरित्रा और स्वभाव की तुलना करते और यह सोचकर दुःखी होते कि प्रेमवती किस प्रकार मौज़ उड़ा रही है और बेचारी सुधा कितने कष्ट में है।

छुट्टी के दिन वह अपनी कोठरी में बैठे इन्हीं बातों पर विचार कर रहे थे कि प्रेमवती पुनः उनके पास आई। उनके पास उसका आगमन केवल रुपया ही लेने के लिए होता था, अतः आज भी उसके आने का उद्देश्य वह समझ गए और उसके कुछ कहने से पहले ही ज़बरदस्ती हँसते हुए बोल उठे, "बड़ा अच्छा किया जो मेरे रुपये ले आईं। इधर कई दिनों से मुझे रुपये की बड़ी आवश्यकता भी थी।"

"मैं रुपये देने नहीं, और भी रुपये लेने आई हूँ।" उसने अत्यन्त निर्लज्जतापूर्वक हँसते हुए कहा।

"रायसाहब आपको ज़ेब-ख़र्च कम देते हैं क्या?" उसने गम्भीर होकर पूछा।

"मैं आपको किस राजा साहब से कम समझती हूँ?" उसके मुख पर वैसी ही निर्लज्ज मुसकान थी।

"इसका मतलब?" शर्माजी ने कड़ाई से पूछा।

"तुम इतने मूर्ख हो!" उसने कहा और दरवाज़े का रास्ता लिया।

शर्माजी ने झपटकर उसकी राह रोक ली। वह कतराकर बग़ल से चली। उन्होंने डाँटकर उससे रुकने के लिए कहा। वह हाँफती हुई कुर्सी पर बैठ गई और बोली, "ओफ्फ्!"

"ओफ्फ्-सोफ्फ् कुछ नहीं। बताइए, आप मेरा रुपया देंगी कि मैं रायसाहब से कहूँ?" शर्माजी का कंठ-स्वर अनावश्यक रूप से कठोर हो गया था। परन्तु उसने इसकी तनिक परवाह न की। वैसे ही बोली, "रायसाहब से क्या पाओगे? वह अलाउद्दीन हैं, तुम मलिक काफूर!"

क्षण-भर वह मौन रही, परन्तु शर्माजी के बोलने से पहले ही कुर्सी से उठते हुए बोली, "अच्छा जाती हूँ। लेते बने तो रायसाहब से रुपये ले लेना।" वह चलने लगी।

शर्माजी के मुँह से निकला—"यह त्रिया-चरित्र?" उसने सिर घुमाकर हँसते हुए जवाब दिया, "नारी त्रिया-चरित्र न करेगी तो क्या पुरुष-चरित्रा करेगी?" और दूसरे ही क्षण वह उनके कमरे के बाहर चली गई।

4

दूसरे दिन चार घटनाएँ एक साथ हुईं। रायसाहब ने पिछली रात घर लौटने पर शर्माजी को सबेरा होते ही मकान ख़ाली करने का नादिरशाही अथवा खिलजवी आदेश प्रदान किया। उक्त आदेशानुसार दूसरे दिन बड़े ही तड़के उठकर शर्माजी अपना अल्प असबाब समेटकर उसकी गठरी बाँध रहे थे कि ऊपर गृहप्रबन्धिका चमेली देवी का हाहाकार क्रन्दन सुन पड़ा। वे रो-रोकर चिल्ला रही थीं–"सात पुश्त की नाक कट गई!" और रायसाहब उन्हें चुप रहने के लिए डाँट रहे थे। सुधा की दासी गंगो दौड़ी हुई शर्माजी की कोठरी में आई। उन्होंने उससे पूछा, "क्या हुआ है रे?" उसने बताया कि छोटी रानीजी का घर में कहीं पता नहीं है। सुधा के कष्टों का स्मरण कर शर्माजी को दुःख हुआ। उस घर में गंगो ने उनकी बड़ी सेवा की थी और शर्माजी उस घर से सदा के लिए जा रहे थे। इसलिए उन्होंने उसे एक रुपया पुरस्कार देते हुए उससे सस्नेह पूछा–"तुम्हारी मालकिन तो कहीं चली गई, गंगो! अब तुम इस घर में किसके पास रहोगी?"

गंगो ने बड़े ही भोले रूप से कहा, "अब मैं अपने 'उनके' साथ रहूँगी।"

शर्माजी की गठरी बँध चुकी थी। उसे एक कोने में रख वह स्नान के लिए नल की ओर चले। देखा, रायसाहब आज बड़े सबेरे ही बाहर चले जा रहे हैं। स्नान में उन्हें कुछ विलम्ब हुआ। छह महीने इसी नल के नीचे नियमित स्नान के बाद आज यह सोचकर उनका चित्त भावुक हो रहा था कि कल से नहाने के लिए कोई दूसरा घाट मिलेगा। इसी समय आँगन में ज़ोर से शोर हुआ। शर्माजी शीघ्रतापूर्वक बाहर निकल आए और उन्होंने देखा कि बीच आँगन में प्रेमवती रायसाहब के एक ममेरे भाई को कोई भद्दा मज़ाक करने का पुरस्कार चप्पलों से दे रही है। हँसी दबाए हुए शर्माजी अपनी कोठरी में घुस गए। आँगन में ही प्रेमवती ने पूछा, "अभी गए नहीं?" उन्होंने उसकी बात का उत्तर दिए बिना ही कपड़े पहने, गठरी उठाई और गली का रास्ता लिया। बाहर निकलते ही देखा कि मिट्ठू की दुकान के तख्ते के नीचे एक छोटा-सा लिफ़ाफ़ा पड़ा है। अविवेकपूर्ण ढंग से कौतूहलवश उन्होंने उठा लिया और त्यों ही देखा कि मिट्ठू गली की मोड़ घूमकर दुकान पर आ रहा है। शर्माजी ने पैर बढ़ाया। मिट्ठू दुकान पर पहुँचकर ताला खोलने और ऊपर खिड़की की ओर मुँह उठाकर गाने लगा–

"गरचे बेज़ार तो है, पर
उसे कुछ प्यार भी है।
साथ इनकार के परदे में
कुछ इक़रार भी है।
दिल भला ऐसे को
ऐ 'दर्द' न क्यूँ कर देखे!
एक तो यार है औ उस पै
तरहदार भी है।"

उधर शर्माजी और भी आगे बढ़कर लिफ़ाफ़ा खोल पत्र पढ़ते हुए चले। पत्र में लिखा था–

"जनाब आली,

"जा रही हूँ। आपकी तीनों किताबें साथ लिए जा रही हूँ, इसलिए कि ज़िन्दगी का पहला पाप और आख़िरी भी, हमेशा याद रहे। जैसा कि मेरा ख़्याल है, अगर यह पाप ज़िन्दगी का पहला और आख़िरी पाप हुआ तो यह इकलौता पाप कहा जाएगा। बेटा चाहे कपूत हो या सपूत, प्यारा होता है। पर अगर कहीं वह इकलौता हुआ तो फिर क्या कहना? यह मेरा इकलौता पाप है, इसलिए मुझे बहुत प्यारा है।

"मैंने पाप किया था आपको दिल देकर। जवानी, वासना और अभाव की विवशता ने मेरे दिल में बदले की आग सुलगा दी। बदले की आग जो न करा दे। इसी ने सोने की लंका जला दी थी। मैं समझती थी, मेरा शौहर मेरी सौत को प्यार करता है। बस, बदले की आग भड़क उठी। उसे बुझाने के लिए पानी की ज़रूरत थी–चाहे वह समुद्र का खारा पानी होता, चाहे वह गंगा का पवित्र पानी होता, चाहे वह नाली का गँदला पानी होता। इसी समय तुम मिल गए–नाली के गँदले पानी की तरह। मुझे प्यास बुझानी थी, स्वाद थोड़े ही लेना था! मैंने गन्दे पानी से ओंठ लगा दिया। अब प्यास बुझ जाने पर मतली आती है। इधर असलियत भी खुल गई। मेरा शौहर दुनिया की किसी भी औरत को कभी प्यार नहीं कर सकता। वह तो खुद को–अपनी खुदी को–प्यार करता है, बस।"

पत्र पढ़कर जैसे शर्माजी के गाल पर तमाचा पड़ा। उसकी पीड़ा से चौंकते हुए उन्होंने सिर उठाया तो क्या देखा कि गली के मोड़ पर बेनी तमोली की दुकान पर बैठी गंगा तमोलिन से रायसाहब घुल-घुलकर बात कर रहे हैं। उन्होंने देखा कि रायसाहब की बात सुनकर गंगा घर के भीतर चली गई और रायसाहब उसे सुनाते हुए कहकर कि "अब भी मेरे कारख़ाने में तुम मज़दूरनियों की 'मेठ' बन सकती हो," अपनी दुकान की ओर बढ़े।

दीया क्या जले जब जिया जल रहा

1

गंगो नित्य की अपेक्षा आज कुछ जल्दी ही उठ गई थी। उठने के बाद से ही वह अनमनी थी। वह समझ नहीं पा रही थी, पर उसे सब-कुछ अधूरा-अधूरा दिखाई पड़ रहा था। चारों ओर अतृप्ति उसाँस-सी भरती जान पड़ती थी और अभाव मचल-मचल कर चिकोटी काटता-सा मालूम पड़ता था। उठते ही उसने अपनी पालतू बिल्ली को एक चैला खींचकर मारा; कारण, वह नित्य उसके निकलने के बाद कोठरी से बाहर निकला करती थी, पर आज वह उसके पहले ही बाहर निकल आई। उस दिन घर में

उसने बुहारी नहीं लगाई, बल्कि झाड़ई उठाकर उसने सारा घर पीट डाला। उसका सारा आक्रोश अपने पति सूरत पर था जिसे वह अपने सारे अभावों का मूल कारण समझती थी। वह चाहती थी कि सूरत उससे कुछ कहे। उसे अपना अभाव, अभियोग उपस्थित करने का मौक़ा मिले। सूरत भी सबेरे से ही निगाह दबाए सब-कुछ भाँप रहा था। देख रहा था कि दिशाएँ निस्तब्ध हैं और गंगो का मुख बादलों की तरह भारी है। वह डर रहा था कि अभी-अभी वह कहीं बरस न पड़े। उसने चुपचाप नित्य-क्रिया समाप्त की, बाल सँवारे, गुड़ का एक टुकड़ा मुँह में डाला, पानी पिया और फिर एक अधजली बीड़ी सुलगाकर वह दबे पाँव बाहर निकल जाने का प्रयत्न करने लगा। क़रीब-क़रीब वह सफल हो चुका था, अर्थात् एक पैर चौखट के उस पार कर चुका था, जूता भी पहन चुका था, दूसरा पैर भी उठ गया था, सहसा वज्रपात हुआ। उठा हुआ पैर जहाँ का तहाँ आ रहा। पैर रखने से बने हुए पहले निशान पर इस बार पैर वापस होकर इस प्रकार चारों ख़ाने ठीक बैठा जैसे समान कोण और भुजावाले त्रिभुज एक-दूसरे पर सरोतर बैठ जाते हैं। सिर सहसा घूम गया, आँखें सभय हो गईं, मुँह खुल गया, जैसे कह रहा हो–'भाई, तू भी तो खुल! यह बन्द-बन्द सा तो खल रहा है।' कानों में कम्पन हुआ। कम्पन से ध्वनि हुई।

"हाँ तो दिवारी कल है कि परसों?"

"कब है, हमें नहीं मालूम, मिल से छुट्टी होती तो मालूम होता।"

"तुम्हारे ऐसा निकम्मा आदमी तो त्रिलोक में न होगा। कब परब है, कब त्योहार है, इसका भी तुम्हें पता नहीं।"

"पता लगे तो कैसे? सबेरा हुआ, दौड़ते मिल पहुँचा। दिन भर कोयला झोंककर दिया-जले हाथ और मुँह में कारिख पोते घर लौटता हूँ। दिन भर का थका-माँदा, लेटते ही नींद आ जाती है। हमको तो यह भी नहीं मालूम होता कि आज दिन कौन-सा है।"

"घर की परवाह हो तो मालूम हो।"

"आखिर तुम्हें दिवाली याद कैसे आई।"

"साल भर का त्योहार है, और क्या?"

"अच्छा तो पता लगाकर बताऊँगा।"

"तुम क्या पता लगाओगे, मैं खुद पता लगा लूँगी। राम, राम! दुनिया में ऐसे भी आदमी हैं।"

सूरत मूरत बना हुआ सारी फटकार हज़म कर रहा था। गंगो शेरनी की तरह बकारती हुई घर से बाहर निकली।

सूरत अधजली बीड़ी से अधजला हृदय सुलगाता हुआ घर से बाहर निकल आया।

"रामू की माँ! रामू की माँ!" की आवाज़ से मोहल्ला गूँज उठा। गंगो अपनी पड़ोसिन रामू की माँ को बुला रही थी। रामू की माँ भी अपने दरवाज़े पर आई। गंगो ने पूछा, "क्यों बहन, दिवारी तो कल ही है न?"

"हमको क्या मालूम बहन, कि दिवारी कब है और भैया दूज कब?"

"ऐसा क्यों कहती हो? साल भर का त्योहार है।"

"मेरे यहाँ तो इस साल कोई त्योहार न मनाया जाएगा।"

"क्यों?"

"तुम्हें नहीं मालूम? आसाम में भूकम्प में हमारे जेठ मर गए। उसी गम में इस साल हम त्योहार नहीं मनाएँगे।"

गंगो निराश होकर उधर से लौटी। दूसरी ओर जाकर उसने अपनी दूसरी पड़ोसिन को पुकारा–"ललता, अरे ओ ललता!"

"क्या है, गंगो!" ललिता ने आकर पूछा।

"यही पूछना है कि दिवारी इस साल परसों पड़ेगी कि नरसों?"

"दिवारी न परसों है, न नरसों, कल ही है।"

"कल ही है!" गंगो के मुख पर आश्चर्य के सभी लक्षण स्पष्ट हो उठे। उसने पूछा, "दिवारी के लिए तुमने क्या तैयारी की है?"

"हम ग़रीबों के यहाँ त्योहार की तैयारी कैसी? यहाँ तो बारह महीने वही रूखी रोटी और वही सूखा साग। त्योहार तो है अमीरों का, चमेली बुआ का, जो ललहोछठ तक धूमधाम से मनाती है।"

"ठीक ही है, भगवान ने चार पैसे दिए हैं, वह क्यों न धूमधाम करें!"

गंगो की आँखों में प्रकाश आ गया, जैसे घने अन्धकार में उसने आलोक-रेखा देख ली हो। उसने चमेली बुआ के घर की राह ली।

चमेली बुआ नौकर को बाज़ार भेजने के लिए वस्तुओं की लम्बी सूची बना रही थी। उन्होंने गंगो को देखकर भी न देखा, तथापि वह उन्हीं के पास जा बैठी।

गंगो अन्तःसत्वा थी। इधर उसकी तबीयत उर्द से बड़े पर आ गई थी। पर वह अपनी यह इच्छा किससे और कैसे प्रकट करे! लोकदृष्टि के समक्ष अपने मन का आवरण उठाने में वह लजाती थी, कारण आवरण उठाने में लज्जा लगती ही है–चाहे वह दैहिक हो या मानसिक। यही कारण था कि अपने पति सूरत से भी खुलकर अपने मन की बात नहीं कह सकती थी। वह चाहती थी कि कोई स्वयं उसकी इच्छा भाँप जाए और उसे पूरी कर दे।

चमेली बुआ का काम समाप्त होने पर गंगो ने कहा, "क्यों बुआ! कुछ मेरे लायक काम है?"

"काम तो कुछ वैसा नहीं है, पर त्योहार का दिन है, इसलिए काम की क्या कमी है? हो सके तो ज़रा तड़के चली आना, पीठी-वीठी पीसनी है।"

गंगो दिनभर चमेली बुआ के यहाँ जी-तोड़ परिश्रम करती रही। रात के आठ बजे घर लौटी। सूरत मिल से लौट आया था। गंगो के आते ही उसने कहा, "दिवारी कल ही है।"

"तुमसे पहले ही मुझे मालूम हो गया है। बकवाद मत करो। हमें तड़के ही उठना है।"

2

अर्धनिशा की नीरवता को चीरता हुआ समीपवर्ती पुलिस-थाने का घंटा बजने लगा–एक! दो! तीन! चार! पाँच! छह! गंगो तड़पकर उठ बैठी। उसने सूरत का कन्धा झकझोरकर उसे उठा दिया और झल्लाती हुई बोली, ''मैंने तुमको सहेज दिया था कि हमें जल्दी उठा देना, चार ही बजे जाना है। यह लो छह बज गया।'' सूरत ने लेटे-लेटे ही जवाब दिया, ''तुम तो बड़ी पागल हो। न सोती हो, न सोने देती हो। अभी तो कुल बारह बजे हैं, बारह!''

थाने का घंटा अभी बजता ही जा रहा था। गंगो को अपनी भूल मालूम हुई और वह लज्जित हो गई। पुनः लेट तो गई, पर आँख फिर न लग सकी। उसने जागते हुए सुना घंटे-भर बाद दो, घंटे-भर के व्यवधान के बाद तीन बजा। गंगो के लिए पल भर भारी होने लगा। बड़ी देर हो गई। चार का घंटा नहीं बजा। गंगो ने समझा कि शायद तन्द्रा के कारण चार बजना वह नहीं सुन पाई। वह उठ पड़ी और सूरत को घर से होशियार रहने का आदेश देती हुई बाहर निकल पड़ी।

3

कुल्ला-दातुन तक किए बिना चमेली बुआ के यहाँ दस बजे तक अथक परिश्रम करके गंगो घर लौटी। सूरत बाज़ार गया था। उसने जल्दी-जल्दी स्नान आदि समाप्त किया और इस प्रतीक्षा में कि अब चमेली बुआ के यहाँ से उसे कोई भोजन के लिए बुलाने आएगा, वह दरवाज़े पर जा बैठी। ग्यारह बजा, बारह बजा। अब तक कोई नहीं आया। गंगो ने देखा कि रामू की माँ रामू को गोद में लिए और रामू रन्नो को उँगली पकड़ाए चमेली बुआ की ओर जा रही है। गंगो ने पूछा, ''कहाँ जा रही हो, बहन?''

''चमेली बुआ के यहाँ से बुलावा आया है, वहीं जा रही हूँ।''

''कब बुलावा आया?''

''कल ही शाम को।''

गंगो को धक्का लगा; रामू की माँ आगे बढ़ गई। थोड़ी ही देर बाद दो-चार दूसरी पड़ोसिनों के साथ ललिता भी चमेली बुआ के घर की ओर जाती दिखाई पड़ी। गंगो ने जानकर भी प्रश्न किया, ''कहाँ जा रही हो?''

''चमेली बुआ के यहाँ से भोजन का बुलावा आया है न, वहीं।'' अच्छा, यह बात है! मैंने भी सोचा कि कहाँ जा रही हो?''

''न्यौता नहीं मिला तुमको क्या?'' ललिता ने पूछा।

''न्यौता मिले भी तो मैं नहीं माननेवाली। मैं क्या किसी के टुकड़े की मोहताज हूँ या तुम लोगों की तरह पेट धोया है! तुम अमीर हो, अपने घर की हो।''

''अरे तो लड़ती क्यों हो?''

''मैं लड़ती हूँ कि तू? डाइन कहीं की!''

ललिता और उसकी साथिनें समझ न पाईं कि गंगो सहसा इतनी नाराज़ क्यों हो गई। वे अपने रास्ते बढ़ गईं। हताश होकर अपने ग़रीबों के भंडार-घर में जाकर यह जानती हुई भी कि उसकी अभिलषित वस्तु उसे नहीं मिलेगी, गंगो ने हाँड़ियाँ टटोलनी शुरू कीं, पर किसी भी हँड़िया में उसे उर्द की दाल का एक दाना भी न मिला। वह अभाव के उस समुद्र-सी फैल गई जिसमें केवल चट्टानों से टकराकर बिखरने के ही लिए निराशा की लहरें उठा करती हैं। इसी समय कन्ट्रोल की दुकान पर से विमर्दित सूरत राशन लिए हुए घर आया। उसे देखते ही गंगो उसकी ओर लपकी। राशन की गठरी उसके हाथ से छीनकर ज़मीन पर पटकती और आँचल पसारकर रोती हुई उसने पूछा, "बोलो! मैंने तुमसे कब कहा था कि मैं उर्द का बड़ा खाऊँगी?"

इसी समय मकान-मालिक के पुत्र लल्लन ने कटोरे-भर उर्द की दाल उसके फैले हुए आँचल में उलट दी।

सूरत भौंचक हो रहा। सारा दृश्य उसके लिए पहेली था।

नारी, तुम केवल श्रद्धा हो!

1

माँ-बाप पुकारते थे लल्लन।

कॉलेज के रजिस्टर में नाम था रघुवीरशरण और सहपाठियों में उसकी प्रसिद्धि थी 'विमेनहेटर' (नारी-विद्वेषी) के नाम से। क्या कॉलेज, क्या शहर, क्या खेल का मैदान, क्या चौक का बाज़ार—सभी जगह उसे जाननेवाले निकल आते जो उसके नाम और उस नामकरण के कारण दोनों से परिचित रहते।

उसके शरीर का वर्ण असाधारण काला था। उसकी आँखों की बनावट कुछ ऐसी थी कि यदि वह देखता बाएँ तो दाहिने खड़े लोगों को यह भ्रम होता कि वह हमारी ही ओर देख रहा है।

वह खद्दर की धोती, बंडी और चादर पहनता-ओढ़ता था। पैरों में रहती थी काठ की चटपटिया। टोपी की उसे आवश्यकता ही न थी, कारण सिर पर लम्बे सघन केश-जाल थे—रूखे और बिखरे, उसके हृदय की अस्त-व्यस्तता और रुक्षता के परिचायक।

कक्षा में वह सबसे पीछे बैठता था, परन्तु जब परीक्षाफल प्रकट होता था तो उसका नाम सबसे आगे मिलता। सबसे पीछे उसके बैठने का मौलिक परन्तु कटु कारण था कि कक्षा में सबसे आगे छात्राएँ बैठती थीं। यदि सामने से कोई छात्रा दिखाई देती तो वह मुँह फेर लेता, परन्तु यदि वही छात्रा कुएँ में गिर जाती तो बचाने के लिए वह सबसे पहले कुएँ में कूद पड़ता।

किसी ने उसे एक कलैंडर भेंट किया। उस पर राधा-कृष्ण का एक नयनाभिराम चित्र था। दूसरे ही दिन उसके कमरे में लोगों ने देखा कि कलैंडर टँगा है, उस पर

कृष्ण की आकृति ज्यों-की-त्यों चमक रही है, परन्तु राधा का स्थान दीवार की नीलिमा ने ले रखा है।

उसके अंग्रेजी पाठ्यक्रम में एक ऐसी पुस्तक भी थी जिसके आरम्भ में लेखिका का मनोहर चित्र था। उसने अपने कुछ सहपाठियों के साथ जाकर उक्त पुस्तक खरीदी। दूसरे दिन उन सहपाठियों ने देखा कि 'विमेनहेटर' की उक्त पुस्तक पर बढ़िया मोटा, चिकना काग़ज़ चढ़ा है, परन्तु लेखिका का चित्र बड़ी सफ़ाई से साफ़ कर दिया गया है।

स्त्रियों से भद्दा मज़ाक कर उनकी चप्पल तक खानेवाले उसके पिता देवीचरण ने जब अपनी रक्षिता को घर में ही ला बिठाया तो उसने पितृभक्ति को ठोकर मार दी और पिता के सामने ही उनकी रक्षिता को केश-कर्षण द्वारा बाहर निकाल दिया, परन्तु उसी दिन शाम को उसके पिता के मोटर-चालक झींगुर ने उससे यह कहा कि एक बड़े घराने की पढ़ी-लिखी कुलवधू पति की बदचलनी से व्यथित होकर गृहत्याग करने को तैयार है और यदि उसने उससे विवाह न किया तो वह गुंडों के पंजे में पड़ जाएगी तो 'विमेनहेटर' ने तुरन्त उसे सुरक्षा का आश्वासन दिया।

ऐसा था विरोधी गुणों का सम्मिश्रण वह 'विमेनहेटर'!

2

उस दिन 'ए' होस्टल में इस संवाद से बड़ी सनसनी फैल गई कि उसी होस्टल का निवासी एक छात्र कॉलेज से निकाल दिया गया। जगह-जगह लड़कों का झुंड इसी घटना की चर्चा कर रहे थे। एक छात्र अस्वस्थतावश कॉलेज न जा सका था। उसके कमरे में एक दल ने पहुँचकर ख़बर सुनाई—"बेचारा जनार्दन 'रस्टिकेट' हो गया।"

"क्यों, क्यों, उसने क्या किया था?" प्रश्न हुआ। उत्तर मिला—"कुछ नहीं, यों ही बेकार।" पुनः प्रश्न हुआ—"फिर भी कुछ बात तो होगी ही। अकारण तो कोई निकाला नहीं जाता।"

"सुन्दरियों की सनीचरी दृष्टि पड़ जाना ही क्या पर्याप्त कारण नहीं?" एक छात्र ने कहा। "सुन्दरियों की या सुन्दरियों पर?" दूसरे छात्र ने टीका की। "एक ही बात है। खरबूजा छुरी पर गिरे या छुरी खरबूजे पर, परिणाम एक ही होगा। कटेगा खरबूजा ही।" तीसरे छात्र ने दार्शनिक भाव से उत्तर दिया।

"ठीक कहते हो," चौथे छात्र ने समर्थन के स्वर में कहा, "हमारी नज़र सुन्दरियों पर पड़े या सुन्दरियों की नज़र हम पर, हर हालत में बर्बाद हमीं होंगे।"

"आप क्यों बर्बाद होने लगे, जनाब?" छात्रों की वार्ता के बीच 'विमेनहेटर' का जलद-गम्भीर स्वर सुनाई पड़ा। वह धीरे-धीरे आकर कमरे में एक कुर्सी पर बैठ गया। क्रोधवश वह काँप रहा था। मंडली में सन्नाटा छा गया जिसे तोड़ते हुए फिर गरजा—"इतना बड़ा अन्याय देखकर भी आप लोग उनके प्रतिकार का कोई उपाय नहीं कर

रहे हैं! इसका परिणाम क्या होगा, जानते हैं? आज जनार्दन निकाला गया, कल मैं निकाला जाऊँगा, परसों अन्य निकाले जाएँगे।''

''जो जैसा करेगा वैसा भरेगा–हम हों, आप हों या अन्य कोई,'' एक छात्र ने कहा।

''जनार्दन ने क्या किया था जिसका उसे यह फल मिला?'' 'विमेनहेटर' ने गुस्से से पूछा।

''कुछ तो किया ही होगा, तब ऐसा हुआ। अगर जनार्दन ने कुछ न किया होता तो लड़की शिकायत ही क्यों करती और अधिकारी उस पर ध्यान ही क्यों देते?'' पहले छात्र ने ढिठाई से बात आगे बढ़ाई।

'विमेनहेटर' आपे से बाहर हो गया। उसने टेबल पर जोर से मुक्का मारते हुए कहा, ''क्या अधिकारी मनुष्य नहीं है? क्या सुन्दरता का उन पर प्रभाव नहीं पड़ता। क्या लड़कियाँ झूठ नहीं बोल सकतीं?''

''लड़की क्यों झूठ बोलेगी?''

''जी हाँ, लड़कियाँ तो अब हरिश्चन्द्र हो गई हैं!''

''चाहे आप लड़कियों को झूठी कहें या अधिकारियों को पक्षपाती बताएँ महाशय, लेकिन सच पूछिए तो पक्षपाती आप हैं। वह ज़माना गया कि औरतें पुरुषों द्वारा सताई जाती रहें, उनकी बेइज़्ज़ती होती रहे और शर्म उनकी ज़बान न खुलने दे। यह समानता का युग है। यदि आप परीक्षा में शीर्ष स्थान प्राप्त करते हैं तो कुसुम भी द्वितीय स्थान प्राप्त करने में पीछे नहीं रहती। जिस कक्षा में आप पढ़ते हैं, उसी में लड़कियाँ भी। जो प्रोफ़ेसर आपको पढ़ाते हैं, वही उन्हें भी, अब सबके साथ समान व्यवहार होगा।''

''बाबा मेरे! यही तो मैं भी कह रहा हूँ।'' चिढ़ते हुए 'विमेनहेटर ने जवाब दिया, ''समानता का व्यवहार करते हो तो निष्पक्ष भाव से करो। दोषी लड़के को निकालते हो तो दोषी लड़की को भी निकालो।''

''अब आए आप रास्ते पर।'' पहले छात्र ने कहा।

''यह तो मानेंगे ही कि छेड़छाड़ पहले लड़के ही शुरू करते हैं?''

''जी हाँ, पर इसके लिए उन्हें बाध्य करती हैं लड़कियाँ ही। किसी लड़के की इतनी हिम्मत नहीं कि बिना इशारा पाए किसी लड़की की ओर आँख भी उठा सके।''

''यह तो आप धाँधली पर उतर रहे हैं।''

''हरगिज़ नहीं। आज की ही घटना मेरे कथन का प्रमाण है। मैंने आदि से अन्त तक आज का तमाशा देखा है।''

''कहिये!''

''सुनिये। कुमारी कुसुम अन्य दो लड़कियों के साथ होस्टल से आ रही थी। जनार्दन भी उधर ही टहल रहा था, कुसुम ने उसकी ओर देखकर लड़कियों से कुछ कहा और तीनों ही हँस पड़ीं। जनार्दन ने भी तबियतदारी दिखाई और मुसकरा दिया। कुसुम ने उसकी मुसकुराहट के जवाब में अपनी चप्पल की ओर इशारा कर दिया। बदले में जनार्दन ने अपने बटन होल का फूल निकालकर उस पर फेंक दिया। बस, अब कुसुम

की बेइज़्ज़ती हो गई। उसने फूल उठा लिया और प्रिंसिपल के पास जाकर रिपोर्ट की। प्रिंसिपल ने उसकी शिकायत सुन दोनों लड़कियों की गवाही ली और जनार्दन को वर्ष भर के लिए कॉलेज से निकाल दिया। अब बताइए गोपी बाबू, इसमें किसका दोष था?''

''सरासर कसूर जनार्दन का है। कुसुम ने उसे चप्पल मारी तो थी नहीं, केवल दिखला दी थी तब उसने फूल क्यों फेका?'' गोपी ने पूछा।

मुँह चिढ़ाता हुआ 'विमेनहेटर' बोला, ''तो जनार्दन ने भी तो केवल फूल ही फेंका था, कोई वज्र नहीं गिराया। गोपी बाबू, जब लड़कियाँ चमक-दमक, बनावट-सजावट, चलन और सभ्यता में यूरोप को आदर्श मानती है तो गौरव का इतना भारतीय भाव क्यों? आधा तीतर और आधा बटेर, यह तो अच्छा नहीं।''

अभी 'विमेनहेटर' की बात समाप्त भी न हो पाई थी कि उसके एक मित्र शर्मा ने कमरे में प्रवेश किया और कहा, ''यार, तुम यहाँ बैठे बहस कर रहे हो, वहाँ जनार्दन जा रहा है। उसका सामान इक्के पर रखा जा चुका।''

सभी लड़के जनार्दन से मिलने दौड़ पड़े। जनार्दन सीढ़ी उतर रहा था। रेंलिग पर से गोपी ने झुककर पूछा, ''कहो जनार्दन, क्या हाल है?''

जवाब में जनार्दन एक शे'र पढ़ता हुआ नीचे उतर गया–

''जान तो कुछ गुज़र गई उस पर
मुँह छिपा के जो कोसता जाए।
लाश उट्ठेगी जबकि नाज़ के साथ
फेरकर मुँह वह मुसकरा जाए।''

सदा की भाँति 'विमेनहेटर' कक्षा में सबसे पीछे बैठा था। हिन्दी के अध्यापक 'कामायनी' पढ़ा रहे थे। उनके मुँह से निकला, ''नारी तुम केवल श्रद्धा हो' और तुरन्त ही 'विमेनहेटर' ने अपने मित्र शर्मा का हाथ दबाकर बाहर निकल चलने का इशारा किया। दोनों बाहर निकल आए और कक्षा के पीछे उद्यान में चले गए। वहाँ जाते ही शर्मा ने पूछा, ''यार, तुम्हें औरतों से इतनी ज़्यादा चिढ़ क्यों है?''

उत्तर में 'विमेनहेटर' मुसकरा दिया। शर्मा ने फिर कहा, ''भाई, तुम्हारी मुसकराहट तो तुमसे भी अधिक रहस्यमयी है। फिर भी आज तुम्हें अपने इस स्वभाव का कारण मुझको बताना ही होगा।''

''वह बड़ी लम्बी कथा है, शर्मा जी!''

''संक्षेप में कहो।''

''बिना सुने तुम न मानोगे?''

''नहीं।''

''अच्छा तो फिर सुनो,'' 'विमेनहेटर' कहने लगा, ''मैं, गोपी, जनार्दन और कुसुम चारों ही एक मुहल्ले के अर्थात् चौखम्भा के रहनेवाले हैं। चौखम्भा बहुत बड़ा मोहल्ला है। इसलिए एक ही मोहल्ले में रहते हुए भी हम लोगों के घर एक-दूसरे के बहुत पास नहीं हैं। केवल मेरा और कुसुम का मकान एक-दूसरे से सटा हुआ है। मेरी

और कुसुम की प्रारम्भिक शिक्षा एक साथ ही आरम्भ हुई। मैं स्कूल में भर्ती हुआ, वह कन्या-पाठशाला में। समय बीतता गया और हमारी मित्रता गाढ़ी होती गई। उस साल हम दोनों एक साथ हाई स्कूल परीक्षा में बैठे थे। परीक्षा के बाद गर्मी की छुट्टियाँ थीं। एक दिन शाम को टहलकर जब मैं घर वापस आया तो मेरी छोटी बहन दौड़ी हुई मेरे पास आई और बोली–

"भैया! मिठाई खाने को दो तो एक बात बताऊँ!"

"ना, न मैं मिठाई खिलाऊँगा और न तेरी बात सुनूँगा।"

"अच्छा मिठाई मत दो, बात तो सुन लो।"

"ना! मैं तेरी बात भी न सुनूँगा।"

"अपनी बहन को यही जवाब देकर मैं अपने कमरे में घुस गया। बाहर से ही बहन ने कहा, 'कुसुम के साथ आपका ब्याह होगा। कुसुम की माँ आई थीं।"

"जिस बात की आशा न थी, जिसके बारे में कभी कुछ सोचा तक न था वही बात सुनकर भी मुझे आश्चर्य न हुआ। मुझे ऐसा जान पड़ा जैसे मैं बहुत दिनों से कुसुम का पति हूँ और उस पर मेरा चिर अधिकार है। मैं यह भूल गया कि मैं कुरूप हूँ, मेरा रंग काला है, मेरी आँखें नीरस हैं और मेरी समूची बनावट वीभत्स है। मैं सुन्दरी कुसुम के योग्य नहीं।

"रात बीत गई, प्रभात हुआ। मैं अपनी छत पर से डाँककर कुसुम की छत पर पहुँचा। कुसुम भी अभी-अभी सोकर उठी थी। प्राची का अरुण सौन्दर्य उसके कोमल कपोलों पर अनुराग बनकर नृत्य कर रहा था। अलसाई आँखों में जैसे शत-शत बसन्त की मधुमाया लहरा रही थी। मैंने उससे कहा, 'कुसुम मेरे साथ तुम्हारा विवाह होनेवाला है। तुम्हें स्वीकार है न?' कुसुम ने मार्मिक दृष्टि से देखते हुए उत्तर दिया, 'नहीं।'

'मैं तुम्हें प्यार करता हूँ।'

'मैं तुम्हारे प्यार को घृणा करती हूँ।'

'क्यों?'

'क्योंकि तुम असुन्दर हो।'

"यह सुनकर मैं ठहर न सका। घूमा, घूमकर सीधा भागता हुआ अपने कमरे में शीशे के सामने आकर खड़ा हो गया। मैंने देखा जैसे विश्व का समस्त असौन्दर्य मेरे शरीर में समाया हुआ है। जिस प्रकार सारस की ग्रीवा, बारहसिंहों की टाँगों, गधे की मूर्खता और अन्य पशुओं की विभिन्न कुरूपताओं की समष्टि ऊँट है, वैसे ही मनुष्यों में मैं हूँ। सच कहता हूँ भाई, मेरी कुरूपता ने जैसी पीड़ा मुझे दी वैसी किसी ने किसी को भी न दी होगी। उसी दिन से यह समझकर कि सौन्दर्य की अधिकारिणी स्त्रियाँ हैं, उनसे मुझे घोर घृणा हो गई। इसके बाद कुसुम के यहाँ मेरा जाना छूटा और गोपी का बढ़ा। गत वर्ष मैंने सुना कि कुसुम की शादी जनार्दन से होनेवाली है, किन्तु उस पर गोपी का असाधारण अधिकार है। उसी के कहने से उस दिन कुसुम ने जनार्दन को कॉलेज से निकलवा दिया, इसलिए कि वह कुसुम के माँ-बाप की दृष्टि में गिर जाए।"

रघुवीर की बातें अभी समाप्त भी न हो पाई थीं कि किसी की पगध्वनि सुन पड़ी। दोनों ने घूमकर देखा कि कुसुम आ रही है। कुसुम ने वहाँ आकर अपना हाथ रघुवीर के कन्धे पर रख दिया। शर्मा धीरे से टल गया।

कुसुम का हाथ कन्धे पर पड़ते ही रघुवीर चौंका जैसे बिजली का करेंट छू गया हो। वह भागना चाहता था कि कुसुम ने उसके कुरते का छोर पकड़ लिया।

"तुमसे मैं बात नहीं करना चाहता, मुझे छोड़ दो।" रघुवीर ने गरजकर कहा।

"तुम पुरुष हो, बली हो, छुड़ा लो।"

"तो तू नहीं मानेगी, बेहया!" 'विमेनहेटर' ने करारा धक्का दिया। कुसुम गिरते-गिरते बची। उसे धक्का देकर ज्यों ही वह घूमा कि प्राक्टर मिस्टर सिन्हा खड़े दिखाई पड़े। उन्होंने पूछा, "क्या बात है?" रघुवीर चुप हो गया। प्राक्टर ने कुसुम से कहा, "चलो, रिपोर्ट करो। इसने क्या किया है?"

"कुछ नहीं।" कुसुम ने कहा।

"इसने तुम्हें धक्का देकर गिराया है।" प्राक्टर बोले।

"कहाँ, वह तो मेरी धोती मेरे पैरों में फँस गई थी।"

सिन्हा मुसकराते हुए चले गए। 'विमेनहेटर' सिर नीचा किए खड़ा रहा, बोला, "कुसुम! तुम रिपोर्ट करो।"

"नहीं!"

"क्यों?"

"वैसे ही।"

"मैं तुमसे घृणा करता हूँ।"

"मैं तुम्हारी घृणा को प्यार करती हूँ।"

घंटा बजा। लड़के कक्षा से गुनगुनाते हुए निकल पड़े—"नारी, तुम केवल श्रद्धा हो!"

मृषा न होइ देव-रिसि बानी

नगवा घाट पर बैठे सुक्खू ने स्वच्छ जल से धोकर सिल-लोढ़ा खड़ा कर दिया और उस पर नारियल की खोपड़ी से दूधिया भाँग गिराता हुआ वह चिल्लाया—"लेना हो बाबा भोलेनाथ!" पानी में छटक पड़ी साबुन की बट्टी खोजने के लिए उसके साथी झींगुर ने उस समय गोता लगा रखा था। वह भी पानी के भीतर से विजयामंत्र पढ़ता हुआ बाहर निकला और मंत्र के शेष भाग की पूर्ति करता हुआ-सा चिल्लाया—"जो विजया की निन्दा करे उसे खाय कालिका माई!" और फिर सुक्खू की ओर घूमकर उसने पूछा, "का भाई सुक्खू, माल तैयार हो गयल?"

"मसाला तऽ कब्बै से तैयार हौ। देखीं, तोहैं साफा पानी से कब छुट्टी मिलऽला?"

"हम्में त तनिक देर लगी, भाई!"

"अच्छा, तऽ तोहार हिस्सा रखके हम आपन पी जात हई।"

झींगुर ने सिर हिलाकर स्वीकृति दी और सुक्खू ने नारियल में भाँग भरकर पीने की तैयारी की। वह नारियल में मुँह लगाने ही जा रहा था कि पीछे से आवाज़ आई, "क्या बच्चा, अकेले-ही-अकेले?"

सुक्खू ने घूमकर देखा कि एक बाबाजी की भव्यमूर्ति पीछे खड़ी बत्तीसी चमकाते हुए उसकी ओर याचना की मुद्रा से देख रही थी। बाबाजी के शरीर पर चौंगानुमा अलफी झूल रही थी। उनके एक हाथ में लकड़ी का कमंडल और दूसरे में सिन्दूर-चर्चित लोहे का त्रिशूल था। सिर पर लम्बे मटीले केश और नाभि तक झूलती दाढ़ी भी। उनकी इस अद्‌भुत मूर्ति का प्रभाव सुक्खू पर पड़ा और उसने कहा, "सब आपै लोगन कऽत माया हौ, गुरुजी! आपकऽ अस्थान कहाँ हौ, महाराज?"

"साधू तो रमते राम हैं, बेटा! उनका बँधके स्थान कहाँ! बाबा कबीरदास ने कहा है—

"साधू बहता नीर भल,
जो नहिं सिन्धु समाय।
अचल होय पायर बने
या गड़ही ह्वै जाए।"

साधू का कथन अभी समाप्त नहीं हो पाया था कि झींगुर ने पत्थर पर धोती पछारते हुए कहा, "का भाई, ई काबुली कौआ कहाँ से आयल?"

साधू ने 'काटखाऊँ' मुद्रा से झींगुर की ओर देखा, पर चुप रहा। उत्तर दिया सुक्खू ने—"तू कइसन बतियावत होअऽ, भाई झींगुर! महात्मा हौवन देखलन चल अइलन।"

साधू ने भी झींगुर की पूरी उपेक्षा कर सुक्खू से कहा, "बच्चा! देरी क्यों करता है? दे न!"

"लऽ बाबाजी! कमंडल में लेबऽ का?"

"हाँ, हाँ, दे-दे इसी में।"

बाबाजी ने कमंडल आगे बढ़ाया। सुक्खू ने थोड़ी-सी भाँग उसमें डाल दी। बाबाजी ने एक साँस में उसे सोखकर अलफी की ज़ेब से पीतलमढ़ी लम्बी-सी एक चिलम और गाँजे की पोटली निकाली और उसमें से थोड़ा गाँजा निकाल हथेली पर मलने लगे। उधर झींगुर धोती सूखने के लिए फैलाकर वहाँ आया। उसने देखा कि भाँग बहुत थोड़ी बची है। उसने क्रोध से मुँह विकृत करते हुए कहा, "का सुक्खू, तोहऊँ मायाजाल में फँस गइलऽ!"

सुक्खू ने उत्तर दिया, "अरे भाई साधुन-महातमन के देके तबै परसाद लेवै के चाही।"

"अच्छा ढेर ग्यान जिन छाँटऽ। अइसन तोता-रटन्त साधू हम बहुत देखले हई, साधू कऽ सकल अइसनै होला?"

बाबाजी गाँजा मलकर सुलफ़ा सुलगा चुके थे। जल्दी-जल्दी दो-चार दम लगाकर उन्होंने लाल-लाल आँखों से झींगुर को घूरा। झींगुर ने उनकी आँखों से आँखें मिलाते हुए कहा, "बनर-घुड़की जिन देखावऽ बाबाजी, नाहीं त अच्छा न होई।"

"तेरा नास हो जाएगा।" बाबाजी शाप देने की मुद्रा में गुर्राए।

"ज़बान सँभाल के बोलऽ।" झींगुर ने गरम होकर कहा।

"साधू का अपमान करता है? तेरा ना-ना-ना-ना-नास हो जाएगा।" बाबाजी ने हकलाते हुए कहा।

"फिर अपनै बुँकले जालऽ! बड़का बाबा कनके आल हौ। जानत नहीं कि 'कासी के कंकर सिवसंकर समान' हैं। अइसे सराप से हम नाहीं डेराइत।"

"तू क्या चीज़ है बे छोकड़े! सराप से तो बड़े-बड़े काँप जाते हैं। सुना नहीं है कि गीताजी में क्या लिखा है–'मृषा न होइ देव-रिसि बानी'।"

"बहुत देखले हई हो।"

"कुछ नहीं देखा है। देखना है तो देख सामने रामनगर की ओर। देख, कैसा होता है साधू का सराप!"

साधू की अँगुली के साथ ही झींगुर की दृष्टि गंगा-पार सामने की ओर घूम गई। समूचा क़िला दीपावली मनाता हुआ आलोक-स्नान कर रहा था। कार्तिक कृष्ण अष्टमी की सन्ध्या थी। पश्चिम में अग्निगोल तिरोहित हो चुका था, परन्तु पूर्व में अभी स्वर्णगोलक की रेखा भी प्रकट न हो पाई थी। गोधूलि समाप्त होते-होते अन्धकार छा गया। उस काली पृष्ठभूमि में प्रकाशोज्ज्वल क़िला उस चित्र के समान दिखाई पड़ रहा था जिसमें कृष्ण केशों की व्यापक सघनता में चित्रकार ने किसी सुन्दरी के चन्द्रमुख का आलेखन किया हो। झींगुर की बहस की प्रवृत्ति शान्त हो चुकी थी। वह मंत्रमुग्ध क़िले की ओर देखता रहा। बाबाजी के होंठों पर भी मुसकान की क्षीण रेखा खिंच गई जिससे उनका रूप कुछ और आदर्शनीय हो उठा।

परन्तु बाबाजी की इस मुसकान पर सुक्खू की श्रद्धा और भी बढ़ गई। उसने परम विनीत स्वर से पूछा, "साधू के सराप और क़िला से का मतलब, महाराज?"

"मतलब बहुत है, बच्चा? तेरे में सरधा है, मैं तुझे सारा मतलब बताए देता हूँ। राजा चेतसिंह का नाम सुना है, बच्चा?"

"हाँ बाबाजी, महाराज बरवंडसिंह कऽ लड़िका नऽ? खूब जानीला, ई का अगवैं ओनकर क़िला हौ।"

"तू तो बहुत ज्ञानी है, बेटा! हाँ, तो चेतसिंह की बात है। वह जब काशी-नरेश रहे तो काशी में उस बखत एक बहुत बड़े सिद्ध का निवास रहा, बेटा!"

"के गुरुजी!" सुक्खू ने हाथ जोड़कर पूछा।

"बाबा कीनाराम।"

"बाबा कीनाराम?" सुक्खू ने विस्मय-मिश्रित हर्ष से कहा, "बाबा कीनाराम के हम खूब जानीला, गुरुजी! ओनकर बनावल भजन हमार माई आज तक गावला। हाँ तऽ महाराज का भयल?"

"तो बेटा, उसी क़िले के नीचे राजा चेतसिंह एक दिन टहल रहे थे। उधर से रमते जोगी बाबा कीनाराम आ निकले। राजा ने उनको देख तेरे इसी साथी की तरह अभिमान

में भरकर उन्हें नमस्कार तक न किया। बाबाजी भी रुक गए। सन्तों को अभिमान कहाँ, बेटा! जैसे मैंने अपने से आकर तुझसे याचना की वैसे ही उन्होंने राजा से कहा, 'राजा! भूख लगी है।' राजा ने घृणा-भरी मुसकान से उनकी ओर देखा और कहा, 'ठहरो, खाना मँगाता हूँ।' राजा ने अपने एक कर्मचारी की ओर इशारा किया। वह कर्मचारी का कायस्थ, बहुत चतुर। समझा न बेटा?''

बेटा सुक्खू बाबा की बात बड़े भक्तिभाव से सुन रहा था। उसने मूल-मूल समझा था। शास्त्र की उलझन उसकी समझ में न आई थी। पर उसने सिर झुकाकर कहा, ''हाँ महाराज, समुझ गइली।''

''कुछ नहीं समझा बेटा, समझने की बात तो अब आगे आएगी, समझ।'' कर्मचारी ने हाथ जोड़कर राजा से कहा, ''सरकार, बाबा से वैर न करो।'' पर सरकार ने उसकी बात नहीं मानी। कहा, ''हम भी छत्री, बाबा भी छत्री। लेकिन हम राजा, वह भिखारी। उसने हमें सलाम क्यों नहीं किया?''

''राम राम, राजा कऽई बुद्धी!'' सुक्खू ने विनीत निवेदन किया।

''हाँ बेटा! यही बात है। सूरदास ने भी कहा है–'समय चूकि पुनि का पछिताने।' सो कर्मचारी ने फिर कहा, 'अच्छा, तो फिर हमें बाबाजी के लिए भोजन लाने का हुक्म हो।' राजा ने कहा–''हाँ जाओ, ले आओ। देखो, क़िले के उधर दोपहर कहीं से एक लाश आकर किनारे लग गई है। बहुत दुर्गन्ध है उसमें। उसे डोमड़ों से उठवा मँगाओ।''

''अरे!'' विस्मय से सुक्खू का मुँह खुल गया और मिनट-भर खुला ही रहा।

बाबाजी पूर्ववत् मुसकराए और कहने लगे, ''तो उस कर्मचारी ने कहा, 'सरकार सूली दे दें, पर ऐसा काम मुझसे न होगा।' बाबा कीनाराम खड़े सब सुन रहे थे। उन्होंने कहा, 'सदानन्द, यह जैसा कहता है, करो। अपने वंश में सदा आनन्द नाम रखना, आनन्द रहेगा।' सदानन्द ने भी तुरन्त वह मुरदा उठवा मँगाया। राजा ने बाबाजी से कहा, 'भोग लगाइए।' सारे पार्षद और कर्मचारी मुँह फेरकर खड़े हो गए। राजा ने डाँटा। तब सब सामने देखने लगे। बाबा ने अपना दुपट्टा उतारकर मुरदे पर डाल दिया। पाँच मिनट बाद सदानन्द से कहा, 'दुपट्टा उठाओ।' सदानन्द काँपते पैरों से आगे बढ़े। उन्होंने काँपते हाथों से आँख मूँदकर कपड़ा उठा लिया। जयकारा सुनकर जब उन्होंने आँखें खोलीं तो क्या देखा, बोल!'' बाबाजी ने डपटकर सुक्खू से पूछा।

सुक्खू सकपका गया। उसने सोचा कि क्या कहें! फिर ख़्याल आया कि राजा की करनी पर बाबा को क्रोध आया ही होगा। सो, उसने धीरे से कहा, ''मुरदवा अजगर बन गइल होई!''

''थोड़ा-सा चूक गया, बेटा!'' बाबाजी ने स्नेहसिक्त अट्टहास करते हुए कहा, ''अजगर नहीं बना, बेटा! पकवान बन गया, पकवान! लड्डू, पेड़ा, बरफी, जलेबी, इमरती, मोहनभोग।'' कहते-कहते बाबाजी हाँफ गए। परन्तु बात जारी रखी। उन्होंने कहा, ''बाबा का चमत्कार देख राजा की आँखें खुल गईं। वह घबराकर पैर पर गिर पड़ा।'' परन्तु बाबा ने कहा, 'नहीं, अब तुम राजा नहीं रह सकते। और जानते हो,

तुम्हें गद्दी से कौन उतारेगा? यही सदानन्द।' राजा थरथरा गया, बेटा! बड़ी विनती की। तब बाबा पसीज गए। उन्होंने कहा, 'तुम्हें तो गद्दी से उतना ही पड़ेगा। हाँ, तेरी विनती पर मैं प्रसन्न होकर कहता हूँ कि तेरे बाद तेरा यह राज खंडित रूप में तेरे प्रतापी पिता के वंशधरों को मिलेगा। छह पीढ़ी तक राज्य करने के बाद तब तेरे राज्य का विलय होगा।''

श्रद्धाविभोर सुक्खू अभी विलय का अर्थ भी नहीं समझ पाया था और न यह पूछ पाया था कि इससे क़िले की सजावट का क्या सम्बन्ध, कि झींगुर ने हँसकर कहा, ''नसा जोर कइले हो का, बाबाजी?'' और बाबाजी ने उसकी ओर फिर घूरकर देखा। झींगुर हँसता ही रहा।

जिस समय बाबाजी ने झींगुर का ध्यान क़िले की सजावट की ओर आकृष्ट किया तो कुछ देर तक झींगुर क़िले की ओर देखता और विचार करता रहा कि आज क़िले में यह सजावट कैसी है? बाबाजी के अट्टहास से उसका ध्यान भंग हुआ और उसके बाद उसने बाबाजी के मुँह से जो कुछ सुना वह उसके मन में जमा नहीं। उसने कौतुक अनुभव किया और हँसने लगा।

''लेकिन महाराज,'' सुक्खू ने पूछा, ''विलय माने का?''

इतने में कहीं से सीटी की ध्वनि आई। बाबाजी चौंक गए। उन्होंने उठते-उठते कहा, ''इसका माने यही कि आज चेतसिंह का राज्य समाप्त हो रहा है। दिल्ली की सरकार यह राज्य लखनऊ की सरकार को दे रही है। समझा बेटा?'' और बाबाजी क़दम बढ़ाकर चले। मोड़ घूमते ही उन्हें पुलिस के कुछ कर्मचारी और एक बड़े अफ़सर दिखाई पड़े। बाबाजी ने इधर-उधर देखकर फ़ौजी ढंग से अफ़सर को सलाम किया। अफ़सर ने कहा, ''कहो बाबाजी, तुम अपनी ड्यूटी तो बड़ी चौकसी से बजाते हो?''

''वह तो मैंने कह ही दिया है, हुजूर! मृषा न होइ देव-रिसि बानी। हुजूर से क्या छिपा है?'' बाबाजी ने कहा।

''इसीलिए तो कहता हूँ,'' अफ़सर ने कहा, ''मुझसे सचमुच कुछ नहीं छिपा है। तो वहाँ गाँजा-भाँग पीकर जो कुछ बक रहे थे वह सरासर बेहूदी बात थी। क़ायदे के खिलाफ़ काम की सज़ा जानते हो?''

''जब हुजूर कहते हैं तो ठीक ही होगा। मृषा न होइ देव-रिसि बानी, सीताराम, सीताराम!'' बाबाजी ने ज़ोर से कहा और उसी समय दो-तीन आदमी मोड़ घूमकर आते दिखाई पड़े। अफ़सर भी खुर्राट जमादार की चतुराई पर मुसकराता हुआ आगे बढ़ गया।

उधर झींगुर ने बाबा की बात सुनते ही सुक्खू से सहसा पूछा, ''का हो, आज 15 तारीख त नाहीं न हौ?''

''का जानी भाई! पनरह तारीक के का हौ?''

''तू सुक्खू नाही बुद्धू हौआ, ''झींगुर ने मुसकराकर कहा। सुक्खू भी बिना कुछ समझे ही हँसने लगा।

क़िले की ओर बड़ी तीव्र उल्लास-ध्वनि हुई। झींगुर भी उसी ओर ताकने लगा। वह एक कमरे की ओर, जिसे महाराज के कमरे के नाम से जानता था, एकटक निहारता खड़ा रहा। सहसा उसने देखा कि कमरे की खिड़की में कोई आकर खड़ा हो गया है। झींगुर ने निगाह जमाकर देखा और तब अपने साथी से बोला–

"अरे, सामने महाराज हौअन, हरहर महादेव कहेके चाही।" लेकिन झींगुर ने कुछ सोचकर कहा, "जब राजै नहीं रह गयल तब...?"

"तब तोहार कपार!" झींगुर ने सुक्खू से कहा, "राज नहीं रह गयल तब ऊ राजौ नाहीं रह गइलन का? मन्दिर टूट गयल तऽ का भगवानौ गायब हो गइलने? तूं चुप रहऽ!" और स्वयं वह खिड़की की ओर मुँह उठाकर ज़ोर से चिल्लाया–"हर-हर महादेव!"

सारी रंग डारी लाल-लाल

1

गुलाबबाड़ी की गुलाबी महफ़िल में गुलाबी परिच्छेद और गुलाब के ही गहने पहनकर गुलशन, गुलबदन और गुलबहार ने अपने कोकिल-कंठ से बसन्तराग में गलेबाज़ी का वह गुल खिलाया कि श्रोताओं की मंडली बुलबुल बन बैठी।

ऊपर गुलाबी चँदवे से लटकते गुलाबी शीशे के झाड़-फ़ानूस से गुलाबी प्रकाश झलक रहा था और नीचे फ़र्श गुलाब की पंखरियों से ढँक-सा गया था। उस पर बैठे श्रोताओं की आँखें नैश-जागरण और नशा-सेवन से लाल हो रही थी। उस पर गुलाबी वातावरण में 'सारी रंग डारी लाल-लाल' की टीप ने उनका रंग और भी गाढ़ा कर दिया। प्रभाती बयार में सूरखमुखी के गुच्छों की तरह उनके सिर हिलने लगे और मस्ती का समाँ ऐसा बँधा कि हिमालय के मुकुट की शोभा बढ़ानेवाले भारी-भरकम देवदारु के वृक्षों की भाँति वे बार-बार झूमने लगे। वे भौंरों की तरह गुनगुनाते रह गए–'सारी रंग डारी लाल-लाल।'

जाड़े के उतरते दिन थे, फिर भी सेठ देवीचरण ने साधारणतया चैत्रा मास में होनेवाली गुलाबबाड़ी की महफ़िल बेमौसम ही जमा रखी थी। काले बाज़ार की बरकत से मुँह की लाली बची रह जाने का यह स्वाभाविक परिणाम था। उनका दीवाला पिटने ही वाला था कि समय ने पलटा खाया और उनकी साख की जड़ ने सीधे शेषनाग के मस्तक पर जाकर आसन जमा लिया। इसी खुशी में चैती गुलाब फूलने की प्रतीक्षा न कर उन्होंने गुलाब के साधारण फूलों से ही गुलाबबाड़ी का आयोजन कर डाला, और इसके लिए उन्हें बहाना मिल गया अपने इकलौते बेटे लल्लन की वर्षगाँठ का। व्यापार के जंगली शिकारी ने एक ही ढेले से दो शिकार कर लिए।

2

जिस जवान बेटे की वर्षगाँठ के व्याज से बूढ़ा बाप महफ़िल सजाने का लड़कपन कर नगर के बाहर महुआहीड के बगीचे के बारहदरी में विलास का रास रचा रहा था वही बेटा उसी बगीचे के एक कोने में उपेक्षित खड़ी झोपड़ी की एक कुत्सित अन्धकारमयी कोठरी में अपने साईस सुलोचन के शिशु-पुत्र की परिचर्या के व्याज से बैठ अपने साथियों अर्थात् अपनी पार्टी के लाल सदस्यों के साथ उसी शाम हुई एक घटना की प्रतिक्रिया के सम्बन्ध में गूढ़ विचार कर रहा था।

घटना बहुत साधारण थी, परन्तु अपने अनोखेपन के कारण वह परम असाधारण बन बैठी थी। बात यह थी कि एक ऊँचे सरकारी अधिकारी की कम्युनिस्ट पुत्री को उसके कॉलेज के होस्टल में गिरफ़्तार करने जाकर कोतवाल को बड़ी झक उठानी पड़ी थी। और जब कोतवाल ने उसे गिरफ़्तार करने में किसी प्रकार सफलता पाई तो उक्त तरुणी ने उनके श्रम के पुरस्कारस्वरूप उन पर अपनी चप्पल फेंक दी। चप्पल कोतवाल को लगी या नहीं, यह किसी ने न देखा, लेकिन शहर में शोर मच गया कि एक तरुणी ने कोतवाल को चप्पलों से मारा। यह समाचार प्रकाश में आते ही शहर-भर के कम्युनिस्ट सहसा अन्धकार में चले गए।

वे अँधेरे में छिपकर और छिटपुट गुट बनाकर मंत्रणा करने लगे। लल्लन का कॉमरेड दल विचार कर रहा था कि कुल रात-भर की बात है, सबेरे घटना की प्रतिक्रिया स्पष्ट हो उठेगी, तब भावी कार्यक्रम बना लेना सरल होगा। लल्लन देख रहा था कि कम्युनिस्ट क्रीड़े में दीक्षित उसके वे छात्र साथी इस साधारण-सी घटना से ही भयभीत हो उठे हैं। वह उन्हें उत्साहित करने के लिए बोला, "साथियो, घबराना नहीं, मैं साल-दो-साल तक ज़रूरत पड़ने पर तुम्हें छिपाए रख सकता हूँ।"

उसकी बात काटकर एक लाल तरुण ने कहा, "साथी, तुम समझते हो कि हम डर रहे हैं? हरगिज़ नहीं, भय तो अज्ञान का परिणाम होता है।"

दूसरा बोला, "फ्रायड ने इसे सेक्स काम्प्लेक्स (यौन दुर्बलता) बताया है। हम लोग कमजोरी के शिकार कभी नहीं हो सकते।"

तीसरे लाल जवान ने कहा, "समाज में आज भी यह भीषण विषमता व्याप्त है, उसके मूल में भी यही भय की वृत्ति काम कर रही है।"

लल्लन ने समझ लिया कि उसके साथी आश्वस्त हैं और इसलिए वे अब बहस में रस ले रहे हैं। उसने बग़लवाली कोठरी की ओर देखा और धीरे से उठकर वह उसमें घुसा।

यह कोठरी ऐसी थी जिसमें एक छोटे दरवाज़े को छोड़कर वायु के प्रवेश के लिए दूसरा रन्ध्र तक न था। दिन में भी उसमें प्रकाश ले जाने की आवश्यकता पड़ती थी। लल्लन ने सिर झुकाकर कोठरी में प्रवेश किया। उसने घुसते ही देखा कि उसके पिता के मोटरचालक झींगुर की पत्नी सुधा सास के बच्चे को गोद में लिए कोने में जलते मन्द दीपक के प्रकाश में उसका मुँह बड़े ध्यान से देख रही है। उस धूमिल प्रकाश

में सुधा के सुरुचि से सँवारे केशपाश के बीच ललाट से लेकर आधे सिर तक लिपटी सिन्दूर की मोटी रेखा चमक रही है। उसके कानों की लौ से लटकते लाल काँच-जड़े टप दीपक के लौ की तरह रह-रहकर हिल उठते हैं। उसके शुभ्र परिधान ने कोठरी के कुत्सित वातावरण को भी जैसे ढँक रखा है।

लल्लन पैर दबाए खड़ा मिनट-भर सुधा को देखता रह गया। सुधा अब युवती नहीं रह गई थी, अर्थात् सैंतीस वर्षों तक निरन्तर दुनियाँ देख लेने के बाद नारी में युवती का अल्हड़पन नहीं रह जाता, समझदारी आ जाती है और समझदारी की प्रशंसा उसके प्रौढ़त्व पर निर्भर है। सुधा समझदार थी और वह स्नान से भीगी पतली साड़ी की तरह धीरे-धीरे कठिनाई से अपना यौवन-चीर उतारती जा रही थी, फिर भी वह किसी-किसी अंग में लिपटा ही रहता था।

वह सुन्दरी तो थी ही, शिक्षिता भी थी। आश्चर्य की बात तो यह थी कि उसने झींगुर जैसे परम असांस्कृतिक नामवाले एक अपढ़ और श्रमिक श्रेणी के व्यक्ति को पति रूप से कैसे वरण कर लिया! सील भरी उस गन्दी कोठरी में शुचिता की मूर्ति उस नारी को देखकर लल्लन के मुँह से लम्बी साँस निकल पड़ी।

उस शून्य और शान्त कोठरी में निःश्वास की ध्वनि धनुष-टंकार हो गई। सुधा ने चौंककर सिर उठाया। लल्लन को सामने खड़ा देख उसने कहा, "दवा तो कुछ भी असर नहीं कर रही है।"

लल्लन उसकी बात अनसुनी करता हुआ उसे एकटक देखता रहा। सुधा ने स्मितिपूर्वक पूछा, "क्या सोचते हो, लल्लन बाबू?"

"यही सोचता हूँ सुधा देवी, कि राजा से विवाह होने के बावजूद एक कंगाल के साथ दीनता और अभाव का यह कराहमय जीवन तुमने क्यों स्वीकार कर लिया? इतने ऊपर रहकर भी इतने नीचे क्यों उतर पड़ीं?"

"बहुत ऊपर जाने के लिए कभी-कभी बहुत नीचे आना पड़ता है लल्लन बाबू!"

"फिर भी?"

"लल्लन बाबू! आपने जो प्रश्न किया है उसका उत्तर कब किसने दिया है? कहना ही पड़े तो यही कह सकती हूँ कि राजा के समीप मेरा कोई मूल्य न था। उसके यहाँ मैं काँच की माला थी–कोने में पड़ी, उपेक्षित। परन्तु जब भिखारी के हाथ लगी तो उसने मणिमाला की भाँति मुझे सिर पर स्थान दिया, अपने गले का हार बना लिया। बताइए, मैंने उन्नति की या अवनति?"

सुधा की गोद में पड़े बच्चे ने हिचकी ली, सुधा ने घबराकर कहा, "ग़रीब के बच्चे की जान बचाइए, लल्लन बाबू!"

बच्चे की हालत ख़राब होती जा रही थी। लल्लन ने भी परिस्थिति की गुरुता महसूस की। उसने सुधा से पूछा, "क्या झींगुर को डॉक्टर बुलाने नहीं भेजा?"

"भेज तो दिया है शाम ही से। इधर आधी रात बीत रही है। न जाने, क्यों नहीं लौटे?" सुधा ने जवाब दिया।

लल्लन ने कुछ सोचते हुए कहा, "वैसे तो झींगुर अपढ़ होते हुए भी समझदार है। ग़रीब भी है, फिर भी न जाने कैसे उसके संस्कार बुर्जुआ हो गए हैं, ग़रीबों से तुम्हारी-जैसी सहानुभूति और शोषण के प्रति तुम्हारे जैसा आक्रोश उसे कहाँ?"

सुधा को लल्लन की बात में चापलूसी की गन्ध लगी। उसने लल्लन की ओर मार्मिक दृष्टि से देखते हुए कहा, "बुर्जुआ संस्कार और प्रोलेटेरियट संस्कार में मुझे तो कुछ विशेष अन्तर नहीं दिखाई देता, लल्लन बाबू! एक में हृदय का योग आवश्यकता से अधिक है तो दूसरे में बुद्धि का। पहला स्वार्थ की अधिकता से चिपचिपा हो गया है तो दूसरा प्रतिहिंसा से रूखा। यही कारण है कि आप प्रोलेटेरियट संस्कार रखते हुए भी इस पीड़ित शिशु की उपेक्षा कर बहस में अधिक दिलचस्पी ले रहे हैं।"

लल्लन के मुँह पर जैसे तमाचा पड़ा। उसने तत्काल कहा, "मैं ही डॉक्टर को बुलाने जाता हूँ।"

3

सेठ देवीचरण की बारहदरी में सर्दी भले गुलाबी हो गई हो, परन्तु सड़क पर चलनेवालों के लिए वह अब भी बहुत कड़ी थी। उस पर जिस समय लल्लन डॉक्टर बुलाने के लिए सड़क पर निकला उसी समय न जाने कहाँ से बादल का एक टुकड़ा भी आकाश में भटकता हुआ आ निकला। वह जैसे शून्य में अकेले भटकते-भटकते दुःखी होकर रो पड़ा और टपाटप बूँदें गिरने लगीं। अँधेरे में लल्लन ठोकर खाता हुआ बढ़ा जा रहा था। वह कटु स्वर में बड़बड़ा उठा–"पिताजी को मेरी वर्षगाँठ मनाने की जितनी चिन्ता है उतनी जाड़े की वर्षा में मेरे भीगने की नहीं।"

बेमौसम की इस वर्षा को लल्लन ने विष-दृष्टि से देखा। उसे अपने ऊपर यह आकाश का अत्याचार प्रतीत हुआ। उसने सोचा कि आकाश भी बहुत ऊँचा है न, इसके भी संस्कार बुर्जुआ ही दिखाई पड़ता है। और रसिकता पर वह मन-ही-मन हँस पड़ा। उसे ख़्याल आया कि यही रात आज मेरे पिता की बारहदरी में मधु की वर्षा कर रही है। वहाँ उच्छृंखल उल्लास की बाढ़ आ गई है। उस बाढ़ पर मदिरा की मादकता का फेन उतराया बहता जा रहा है। सौरभ की तरंगें उठ रही हैं और प्रगल्भ रस की धारा में उठती हुई भ्रूविलास की भँवर में भोग-लोलुप मन ऊभ-चुभ कर रहे हैं।

गली में उभरे पत्थर के एक टुकड़े से उसे ठोकर लगी। वह गिरते-गिरते बचा। उसे अपने पिता पर उत्तरोत्तर घृणा होती जा रही थी। अपने सारे कष्टों का दायित्व बाप के सिर रखते हुए वह सोच रहा था कि "बेचारे साईस का बच्चा बीमार है। उसकी स्त्री भी पितृ-गृह गई हुई है। बालक को कोई देखने-सुननेवाला नहीं और मेरे पिता हैं कि उसे ऐसी रात में भी छुट्टी नहीं देते। अपने विलास के सहयोगियों को लाने-ले जाने के लिए गाड़ी में जोत रखा है।"

उसे एक ठोकर और लगी और उसकी विचारधारा को भी। उसे झींगुर पर गुस्सा आया–"ऐसी रात में कम्बख़्त काहे का डॉक्टर खोजने निकला होगा?" और झींगुर का ख़्याल आते ही उसे सुधा का ध्यान आ गया। उस रात की बात याद आई जब झींगुर सुधा को दरवाज़े पर खड़ी कर उसके पिता के पास न आकर उसी के पास आया था और सारी कथा सुनाकर उससे आश्रय की भिक्षा माँगी थी। उन दिनों लल्लन 'विमेनहेटर' के नाम से प्रसिद्ध था, परन्तु सुधा का मुख देखते ही उसका नारी-द्वेष न जाने कहाँ उड़ गया था! उसने तत्काल दोनों को आश्रय दे दिया...। उस घटना के तेइस वर्ष बाद आज वह पुनः सोचने लगा कि 'आख़िर सुधा ने झींगुर में देखा क्या?'

और डॉक्टर का मकान आ गया।

4

रात के चौथे पहर जब शीत की अधिकता बढ़ी तो सुधा की गोद में पड़े रुग्ण बालक को हिचकी आई और उसने दम तोड़ दिया। सुधा की आँखों में आँसू की दो बूँदें मृत शिशु के पीले चेहरे पर चू पड़ीं। उसने आँचल के छोर से तुरन्त अपनी आँखें पोंछ डाली और मृत शिशु को अपनी गोद से उतार भूमि पर पड़ी कन्था पर डाल दिया। कोठरी में हवा का तीखा झोंका आया और निष्प्रभ दीप एक बार फड़फड़ाकर बुझ गया। अन्धकार में एक नन्हे-से जीवन के अन्त के सामने सुधा अपने अन्धकारमय जीवन पर विद्युतदृष्टि डालने लगी।

वह सोचने लगी कि दुनिया समझती है कि मैं झींगुर के प्रेम में पड़कर गृह-त्यागिनी हो गई। उसे यह कौन बताए कि मेरे गृह-त्याग का कारण प्रेम नहीं था, उत्कट घृणा थी! और फिर भ्रमान्वित होने में अनजान दुनिया का क्या दोष? मैं भी तो, इसी भ्रम में कि मेरे पति मेरी सौत को प्यार करते हैं, एक कोयलेवाले की ओर आकृष्ट हो परिवार के मुँह पर कालिख लगाने के लिए तैयार हो गई थी और पति के प्रति घृणा ने मुझे एक मोटर-चालक की अंकशायिनी बना दिया।

सुधा अपने जीवन का अतीत चलचित्र की भाँति देखने लगी। उसने देखा कि वह अपने पति रायसाहब साधूराम के कमरे में सफ़ाई कर रही है। शाम के सात बजे थे। उस समय नगर में बिजली नहीं लगी थी, बिजलीघर बन रहा था। रायसाहब की शैय्या के सिरहाने खिड़की के ठीक सामने मोमी शमादान जल रहा था। उसी समय उसकी सौत ने पति के तरुण मोटर-चालक झींगुर को कोई चीज़ ले आने के लिए उसी कमरे में भेजा। झींगुर वहाँ आकर माँगी हुई वस्तु खोजने लगा। आज ही की तरह उस दिन भी हवा का करारा झोंका आया। उस झोंके से कमरे का दरवाज़ा बन्द हो गया, शमादान भी बुझ गया। उसने जब रोशनी लाने के लिए बाहर निकलने का प्रयत्न किया तो टेबल से टकराकर वह पति की शय्या पर गिर पड़ी। क्षणभर

का भी विलम्ब न हुआ था कि दरवाज़ा खुला और रायसाहब ने कमरे में प्रवेश किया और यह पूछते हुए कि कौन है, उन्होंने टार्च का बटन दबा दिया। कमरे में उज्ज्वल प्रकाश फैल गया। रायसाहब ने देखा कि सुधा शय्या पर से उठ रही है और पायताने घबराई मुद्रा में उनका मोटर-चालक झींगुर खड़ा है। यह दृश्य देख रायसाहब निर्विकार भाव से हँसे और कमरे का दरवाज़ा पूर्ववत् बन्द करते हुए बाहर निकल गए।

सुधा सोचने लगी कि यदि अपने मन के भ्रमवश रायसाहब ने उसे दो तमाचे लगा दिए होते या दस-पाँच ऊँची-नीची ही सुना दी होतीं तो शायद वह कुल-त्यागिनी न बनती, परन्तु रायसाहब के इस उपेक्षापूर्ण आचरण ने भली-भाँति प्रकट कर दिया कि उसके पत्नीत्व का मूल्य उसके पति की दृष्टि में कौड़ी-भर भी नहीं है। वह न उनके प्यार की वस्तु है और न उनके गौरव की। उसके किसी भी आचरण से उनका कुछ बनता-बिगड़ता नहीं। वह उनकी उपेक्षिता दासी मात्र है। उसने उसी रात बारह बजे झींगुर के साथ गृह त्यागकर पति के उपेक्षा-रोग की चिकित्सा करना निश्चित किया और परिणामस्वरूप स्वयं ही जीवन भर के लिए कलंक-व्याधि से ग्रस्त हो गई।

सुधा का मानव-मन्थन चल ही रहा था कि लल्लन ने कोठरी के द्वार से ही कहा, "सुधा देवी, हमारा डॉक्टर तो स्वयं बीमार पड़ गया है। अब सबेरा हो ही रहा है। दूसरा डॉक्टर बुलवाऊँगा।"

"अब डॉक्टर की ज़रूरत न पड़ेगी, लल्लन बाबू! कफ़न का बन्दोबस्त कीजिए। हाँ, यह बतलाइए कि कहीं उनका भी कुछ पता चला?" सुधा ने झींगुर के सम्बन्ध में चिन्तापूर्ण जिज्ञासा की।

"हाँ सुधा! अभी ऊपर से देखे चला आ रहा हूँ। पाजी महफ़िल में बैठा वेश्याओं से आँखें लड़ा रहा है। आख़िर तुमने उसे समझ क्या रखा था, सुधा?"

जागरण, अनाहार और श्रम से अवसन्न सुधा का मस्तिष्क लल्लन के स्वर में निहित व्यंग्य की झनकार से झनझना उठा। अपने स्पर्श से लोहे को भी पारस कर देने के उसके अभिमान को धक्का लगा। उसने जवाब दिया, "मैंने उसे अपनी सिद्धि का साधन समझा था, लल्लन बाबू! लेकिन उसने मेरी नाक काट ली।"

लल्लन खोखले गले से हँसा। सुधा क्षोभ से तिममिला उठी। उसने ताक पर रखा हँसिया टटोलकर उठा लिया और कोठरी के बाहर निकल वह बारहदरी की ओर झपटी। लल्लन ने पूछा, "उधर कहाँ जा रही हो, सुधा?"

"जा रही हूँ झींगुर ड्राइवर की नाक काटने," सुधा ने कहा। लल्लन भौंचक वहीं खड़ा रह गया।

जूतों के पास चौथी श्रेणी के दर्शकों में बैठा हुआ झींगुर भी गाना सुनकर मस्त हो गया था। जिधर वह बैठा था उसी ओर नाचते हुए मुँह कर गुलशन ने बड़ी ही मीठी टीप लड़ाई–"सारी रंग डारी लाल-लाल!"

झींगुर ने अपनी रागरंजित आँखें गुलशन की नशीली आँखों से मिला दीं और मुग्ध मुद्रा में ललकारा–"ज़रा भाव बता के बाई जी! कैसे रंग डारी लाल-लाल?"

गुलशन हाथों की पिचकारी बनाकर भाव बताने जा ही रही थी कि रणचंडी की हुँकार-जैसी सुधा की मेघचन्द्र ध्वनि ने समूची महफ़िल को चौंका दिया। वह चिल्लाकर कह रही थी–"ठहर जा, अभी बताती हूँ कैसे रंग डारी लाल-लाल!" और उछलकर उसने हँसिया से झींगुर की नाक पर वार किया। वार ओछा पड़ा, फिर भी नाक का कुछ हिस्सा कट ही गया। रक्त की धारा बह चली। झींगुर ने दुपट्टे से अपनी नाक दबा ली। सुधा ने अट्टहास किया। उसके अट्टहास से सेठ देवीचरण चैतन्य हुए। उन्होंने चिल्लाकर कहा, "निकालो इस हरामज़ादी वेश्या को बाहर, सिर पर सेर-भर सिन्दूर पोतकर सती बनने चली है!"

सुधा के सिर से उत्तेजना में आँचल हट गया था और माँग में सिन्दूर की मोटी रेखा चमक रही थी। उसने हँसिया वहीं फेंक दी और उछलकर सेठ के पास पहुँचकर उनकी बग़ल में रखा गुलाबपाश उठा उसने अपने सिर पर उँडेल लिया और हाथ से मल-मलकर सिन्दूर धोने लगी। सेठजी पर छींटा पड़ा तो वह उछले और सुधा की चोटी पकड़कर हिलाते हुए चिल्लाए–"निकल डायन! अभी निकल! ले जा अपने खसम को भी। उसकी इस महफ़िल में क्या ज़रूरत?"

सुधा ने सेठजी के सिर पर गुलाबपाश से तड़ातड़ सुरक्षित प्रहार करते हुए कहा, "छोड़-छोड़ चांडाल! महफ़िल का मज़ा अकेले तेरे ही लिए है? जीवनभर अन्याय-अत्याचार सहकर भी जिन्होंने कभी मुँह नहीं खोला, प्रेम करने की भूख में जिनका सारा जीवन कलंकित हो गया, क्या उनके लिए इस महफ़िल का मज़ा नहीं है? जो किसान हैं, मज़दूर हैं, कुली हैं, क्या उनके लिए यह महफ़िल नहीं? जिनके घर में सदा अभाव रहता है, जिन्हें पर्याप्त भोजन और काफ़ी वस्त्र तक नहीं प्राप्त होता, जो नक़ली इज़्ज़त के बोझ से दबे हुए खुलकर साँस तक नहीं ले पाते, जिन्हें तेरे जैसे सेठ मध्यवर्गीय कहते हैं, क्या उनके लिए इस महफ़िल का आनन्द नहीं? बोल बेईमान! बोल! इस गुलाबबाड़ी के गुलाबों का रूप-रस-गन्ध तेरे ही लिए है और उनके काँटे हमारे ही लिए? मैं तेरी इस महफ़िल में आग लगा दूँगी।"

प्रहार से घबराकर सेठजी ने सुधा के केश छोड़ दिए थे। उसने लपककर दीवारगीर उतार ली और उसका शीशा ज़मीन पर पटककर चूर-चूर करती हुई उसमें की मोमबत्ती दीवार पर टँगे रेशमी परदों में लगा दी।

झींगुर 'हा-हा' करता हुआ दौड़ा, परन्तु परदों में आग लग चुकी थी। झींगुर उत्तेजनावश पागल-सा हो गया। उसने तबलची की कमर में खोंसा हुआ हथौड़ा उठाकर सीधे सुधा के सिर पर जमा दिया। नारियल फूटने जैसी आवाज़ हुई और सुधा ज़मीन पर गिर पड़ी। झींगुर भी हथौड़ा फेंक कटे वृक्ष की तरह सुधा के निश्चेष्ट शरीर पर गिर पड़ा। हथौड़ा धमाके की ध्वनि के साथ हँसिया की बग़ल में जा गिरा।

बारहदरी जल रही थी। समूची महफ़िल भागकर आँगन में निकल आई। लोगों ने सुधा और झींगुर को भी खींचकर बाहर निकाल लिया। पुलिस और दमकलवाले भी पहुँच गए। सुधा तो न उठ सकी, परन्तु झींगुर उठकर बैठ गया। उसने देखा कि अरुणोदय की लालिमा, सिन्दूर की लालिमा, गुलाब के फूलों की लालिमा, आग की लालिमा, रक्त की लालिमा और पुलिस की लाल पगड़ी की लालिमा ने एक होकर उसकी लाल-लाल आँखों के सामने लाल सागर लहरा दिया है। लल्लन ने पूछा, "झींगुर, तुमने यह क्या किया?"

झींगुर ने रोते हुए ज़मीन पर पड़ी सुधा की ओर उँगली उठा दी और भर्राए हुए गले से उत्तर दिया, "सरकार! सारी रंग डारी लाल-लाल।"

सु-चि-ता-च

मेरा निवेदन है

कि आदमी बहुत पुराना है और दुनियाँ उससे भी अधिक पुरानी। फलतः मौलिकता किसी वस्तु में नहीं, उस वस्तु को उपस्थित करने के ढंग में ही प्रदर्शित की जा सकती है। प्रस्तुत रचना के आलोचक कृपया इस तथ्य की उपेक्षा न करें।

कि मेरी पिछली कृति बहती गंगा के सम्बन्ध में आलोचकों में बड़ा मतभेद दिखाई पड़ा। किसी ने उसे उपन्यास कहा, किसी ने कहानी-संग्रह। मैंने न बहती गंगा के सम्बन्ध में अपना अभिमत प्रकट किया था, न 'सुचिताच' के सम्बन्ध में करता हूँ। यह क्या है, इस पर निर्णयात्मक वक्तव्य देने का अधिकार मेरे पाठकों और मेरे आलोचकों को है। मैं तो केवल इतना ही कह सकता हूँ कि– मैं चित्र का कायल हूँ, चौखटे का नहीं।

कि कल्पना का पक्षी कितनी ही ऊँचाई तक क्यों न उड़ जाए, उसे उड़ान भरने के लिए वास्तविकता की ठोस भूमि पर पैर टिकाना ही पड़ेगा। जहाँ चरण पड़ेंगे, वहाँ उसके चिह्न भी रह जाएँगे। 'सुचिताच' में भी कहीं-कहीं ऐसे चरण-चिह्न दिखाई पड़ जा सकते हैं। अतः यह कहने तक कोई आपत्ति नहीं कि ये चिह्न तो मेरे चरण-चिह्नों से मिलते-जुलते हैं, परन्तु इससे आगे बढ़ना रास्ता भूलकर बहक जाना मात्र होगा।

कि इस रचना में तीन अध्याय ऐसे मिलेंगे जिनका मूल रचना से कोई सम्बन्ध दिखाई न देगा, परन्तु रचना के मूल भाव से उनका घनिष्ठ सम्बन्ध है। वास्तविकता की रक्षा तो उनसे हुई ही है।

कि यथार्थता का रंग चढ़ाने के लिए मैंने कहीं-कहीं वास्तविक व्यक्तियों के नामों का उपयोग कर लिया है। यदि उन्हें यह मेरी अनधिकार चेष्टा, मेरी धृष्टता जान पड़े तो वे उसे उदारतापूर्वक क्षमा कर दें। बस–

–'रुद्र' काशिकेय

शरद् पूर्णिमा, 2014
वाराणसी

सुचिताच

1. *सुमित्रा* सोचती थी कि नित्य नयी गाड़ी और साड़ी प्राप्त करने के साधन का नाम प्रेम है।
2. *चित्रा* की दृष्टि में प्रेम का अर्थ मनोरंजन मात्र था।
3. *तारा* की धारणा थी कि प्रेम मन के एक विकार का नाम है।
4. *चन्द्रा* ने अपनी सहज बुद्धि से यही जाना कि प्रेम का अर्थ प्राण त्याग तक है।
5. *गुलबदन* ने सिद्ध ही कर दिया कि आजीवन विरह-साधना का नाम प्रेम है।
6. *जोहरा* ने जाहिर किया कि किसी भी स्थिति में प्रेमास्पद को न भूलना ही प्रेम है।
7. *मुन्ने की बहू* के आचरण ने प्रमाणित कर दिया कि प्रेम शुद्ध उन्माद है।
8. *सुधीरा* का ख्याल था कि सन्तानोत्पत्ति किये जाना ही प्रेम है।
9. *मनियाँ धोबिन* यह मानती थी कि प्रिय द्वारा निरन्तर प्रहार ही उसके प्रेम का लक्षण है।
10. *सावित्री की माँ* ने उसके मन में बैठा दिया था कि विवाह ही प्रेम है।
11. *नन्दिता* का अनुभव था कि घृणा ही प्रेम है।
12. *रानी तारावली* ने दिखा दिया कि प्रिय की हत्या कर देना भी उसके प्रति प्रेम का ही परिचायक है।
13. *लाल बाई* धर्म परिवर्तन में प्रेम की पराकाष्ठा देखती थी।
14. *बुधिया* के शव ने प्रकट किया कि मर कर भी प्रिय के चरणों में पड़े रहना ही प्रेम है।
15. *प्रोफेसर पूर्णचन्द्र* का सिद्धान्त था कि मरण-काल में राम की जगह रामा का स्मरण करना प्रेम की पराकाष्ठा है।
16. *सेठ कान्तिलाल* मानते थे कि प्रेम 'कमर्शल बिजिनेस' है।
17. *मिस्टर जोनाथन* समझते थे कि प्रेम 'फ्रिवोलिटी' है।
18. *सेठ हृदयराम* को विश्वास था कि प्रेम हृदय की वस्तु है।
19. *लाला रूपचन्द* समझते थे कि प्रेम खरीदा जा सकता है।
20. *सुमन्त* ने अन्त में मान लिया कि प्रेम जीवन की अनिवार्य आवश्यकता है।

जीवन-संगिनी को

सुमित्रा

शमा-परवाना

ऊपर छत से–

फानूस में लटकती हुई शमा ने मचल कर परवानों से कहा–"दूर ही रहना। जली बैठी हूँ तुम्हें भी जला दूँगी।"

परवानों का समूह मस्ती से आगे बढ़ा। उसने भी ललकारा–क्या जलने का मज़ा अकेले ही लोगी? हमारे कलेजे में भी एक नन्ही-सी चिनगारी है। हम भी पीछे न रहेंगे।

शमा एक बार जोर से लहकी। बहके हुए परवानों का समूह समीप आ चुका था। सभी के पंख जल गये। सभी झुलस कर भूमि पर आ रहे।

नीचे भूमि पर–

ईरान के कवि-मन-मोहक नगर शीराज़ की एक सुप्रसिद्ध सराय के महलों जैसे सजे एक कक्ष में भी एक परवाना नारी के रूप में विशाल दर्पण के सामने अपने शृंगार-प्रसाधन में व्यस्त था। नारी अपने जीवन के साठ वसन्त बिता चुकी थी। उसके शरीर पर रेशमी ओढ़नी शव के ऊपर पड़े हुए क़फ़न की तरह झूल रही थी। उसके श्वेत केश मस्तक पर हिम किरीट के समान प्रकाश में चमक रहे थे और रजत-रज्जु-सी दो वेणियाँ कन्धों पर आगे झूल रही थीं। केश सन हो जाने पर भी स्नेह से सींचे जा रहे थे। आँखों की ज्योति जवाब-सी दे चुकी थी फिर भी उनमें सुरमा भरा जा रहा था। झुर्रीदार कपोलों पर कानों से लटकते हुए मोतियों के दो गुलाबी फूल झूल रहे थे।

सारा प्रसाधन समाप्त कर वृद्धा ने दर्पण की ओर अपनी टिमटिमाती हुई दृष्टि से देखा। दर्पण एक श्वेत वस्त्र-खंड से समूचा ढका हुआ था। फिर भी वृद्धा उस ओर इस तरह देख रही थी जैसे उसमें उसकी प्रतिच्छाया स्पष्ट दिखाई पड़ रही हो। मुस्कराने के प्रयत्न में अपने दन्तविहीन मुखमंडल को और भी विकट बनाती हुई वह अपनी दुग्ध-धवल शय्या पर जा गिरी।

शीराज़ के सर्वोत्तम सराय की स्वामिनी, अतुल सम्मतिशालिनी वृद्धा गुलबदनखानम प्रसाधन कार्य में किसी का विश्वास न करती थी। परन्तु आज का प्रसाधन उस श्रमसाध्य सिद्ध हुआ। उसने सूखे कंठ से अपनी दासी को पुकारा–"शबनम!"

षोड्श वर्षीया सुन्दरी शबनम स्वामिनी के सामने सादर स-भय समुपस्थित हुई। गुलबदन ने पूछा, ''हिन्दोस्तान की ओर से कोई काफ़िला तो नहीं आया है।''

''उधर से तो आज किसी भी काफ़िले के आने की ख़बर नहीं।''

''अच्छा शीघ्र खिड़कियाँ खोल दे। जान पड़ता है चमन में इस साल की बहार भी आ गई। फूलों की भीनी भीनी खुशबू खिड़की बन्द रहने पर भी यहाँ आ रही है। लेकिन शबनम, मेरा बुलबुल तो अभी तक वापस नहीं आया।''–वृद्धा ने ठंडी साँस लेते हुए कहा।

शरारती शबनम ओठों में मुस्कराई। गुलबदन खानम के पागलपन से वह सर्वथा परिचित थी। उसने खिड़कियाँ खोल दीं। गुलबदन ने बाहर देखने का अभिनय करते हुए कहा–''देख, मैं कहती थी न कि बहार आ गई। सारा गुलशन दुल्हन बना हुआ है।''

''जी हाँ, इस साल तो बड़े-बड़े गुलाब खिले हैं। चाँदनी दूध की तरह बह रही है। अफ़सोस इस वक्त कोई बुलबुल नहीं।'' शबनम ने पतझड़ के मारे सूखे उद्यान पर एक निगाह डालकर कहा।

''अच्छा, दिलरुबा उठा ले और सुना दे हाफ़िज की कोई रुबाई-बुलबुल की दिलकश आवाज़ में। जब से मेरा बुलबुल उड़कर गया तब से मेरे चमन में कोई बुलबुल बोला ही नहीं।''

बात कुछ ऐसे करुण ढंग से कही गई कि हँसोड़ शबनम की आँखों में भी करुणा लहर गई। उसने दिलरुबा उठाया। वाद्य से कसक भरी मीड़ निकली और शबनम के दर्द भरे गले से एक टीस। वह हाफ़िज की इस आशय की रुबाई गाने लगी–

तेरी छबि के चिन्तन में प्रिय!
तजी दृष्टि ने पलकावलियाँ।
पग न छोड़ वह मग हटते
हैं जिधर भवन की तेरे गलियाँ।
दुनियावालों की आँखों ने
निद्रा नामक सुख है पाया
नींद नहीं मेरी आँखों में
हाय! नयन की दग्ध पुतलियाँ।।

गीत के प्रत्येक अक्षर शबनम के रोम-रोम को अनुभूति प्रदान कर रहे थे। फलतः उसकी आँखों से मोती झड़ रहे थे। वृद्धा गुलबदन अपना कलेजा थामकर करवट हो रही। वह सोते-सोते जाग रही थी और जागते जागते स्वप्न देख रही थी। वह स्वप्न देख रही थी कि–

झाड़ लटक रहा है। उसमें सैकड़ों शमाएँ परियों की तरह नाच रही हैं। मखमली कालीन पर तकियों के सहारे अधलेटे तरुण जौहरी गुलरुख ने अपनी मद-विलसित आँखें साकी गुलबदन की ओर उठायीं। गुलबदन के एक हाथ में कलश और दूसरे में चषक था–मधु से लबालब। गुलरुख को एक टक निहारते

देख गुलबदन के नीलोत्पल नेत्र सहज ही नीचे झुक गये और चषक में अपनी छाया देखने लगे। गुलरुख के ताम्र-लोहित लोचन भी साकी की आँखों का अनुसरण करते हुए प्याली की ओर झुके। प्याली में चार मछलियाँ तैर गईं–दो नीली नीली, दो लाल लाल।

"साकी, मैं तुमसे निकाह करूँगा। अपनी ज़िन्दगी के घड़े को तुम्हारे रूप की मदिरा से भर दूँगा। बोलो मुझे कबूल करोगी।"

साकी के अरुणाभ कपोल और भी लाल हो उठे। सारा सौन्दर्य जैसे सिमटकर कपोल-पाली में भर गया। वह चुप रही। वह सराय के स्वामी इब्न हाशिम की लाड़ली बेटी थी। उसके दुनिया देखे हुए बाप ने न जाने क्यों बाँदियों को न भेजकर उसे ही इस तरुण जौहरी की सेवा में साकी के पद पर नियुक्त कर दिया था। गुलरुख के इस प्रस्ताव से गुलबदन को अपने पिता के उद्देश्य का पता चल गया। पल भर में यह सारा विचार उसके मस्तिष्क में घूम गया। गुलरुख बड़े ध्यान से उसके बदन पर उतार-चढ़ाव को देख रहा था! उसने फिर कहा–"मुझे कोरा जौहरी न समझो गुल, जौहरी बनकर तो मैं सिर्फ़ सफ़र कर रहा हूँ।"

"तुम कौन हो।" भयभीत होकर गुलबदन ने पूछा।

"कम से कम चोर तो नहीं हूँ।" गुलरुख ने कहा।

गुलबदन का आतंक मिट गया। इन शब्दों में उसे परिहास की गन्ध आई। उसने कहा–

"सूरत से तो चोर ही जान पड़ते हो। अच्छा बता दो तुम कौन हो?"

"तुम्हारा गुलाम।"

गुलबदन लजा गई। गुलरुख उसे एकटक देख रहा था। उसने फिर कहा–"घाटे में नहीं रहोगी गुल। एक तख़्त और ताज में तुम्हारा हिस्सा होगा। मैं जौहरी नहीं शाहजादा हूँ।"

"तुम बादशाह हो। मेरी जान के बादशाह हो, मेरी दीन-दुनियाँ के बादशाह हो मेरे दिल के बादशाह हो यह कहो तो मान लूँ।" गुलबदन ने अविश्वास की मुस्कराहट से लजाते कहा।

गुलरुख बोला, "नहीं गुल, सच कहता हूँ। बोलो निकाह मंजूर है?"

"कह तो दिया।"

"तो देर क्यों?"

गुलरुख और गुलबदन निकल पड़े। मधु-शर्बरी का आँचल अपनी सहस्त्रों किरणों से खींच-मींच कर वासन्ती विधु आकाश से मदिर आलोक उलीच रहा था। दोनों ओर क्यारियों में बड़े-बड़े गुलाब मधु समीर की मृदु मन्द थपकियाँ खा-खा कर धीरे-धीरे सिर हिला रहे थे। आँखों से परे बहुत दूर पर एक बुलबुल चीख-चीख कर विकल वेदना बहा रहा था। सामने मसजिद की शुभ्र-धवल मीनारें दिखाई पड़ीं। दोनों भीतर गये।

मसजिद में कल कोलाहल हो रहा था। गुलबदन का पिता अपने कुटुम्बियों के साथ वहाँ उपस्थित था। सफ़ेद लम्बी दाढ़ी वाले एक मुल्ला भी गम्भीरतापूर्वक बैठे तसबीह हिला रहे थे। बीच-बीच में वह मनका घुमाना रोक कर अपनी दाढ़ी पर हाथ फेर लेते थे। गुलरुख और गुलबदन को एक साथ-एक को हर्षोत्फुल्ल और दूसरी को लज्जारुण आते देख समवेत मंडली ने अपनी उपस्थिति सार्थक समझी। विधिवत् विवाह हुआ। उसी प्रभात को गुलरुख अपने काफ़िले के साथ भारत की ओर रवाना हुआ। जाते समय उसने वादा किया–

'शीघ्र ही लौटूँगा गुल और फिर तुम्हें मलका बनाकर ले चलूँगा।' इमाम जामिन को सौंपने की बात कहते-कहते गुलबदन का गला भर आया। वह फफक-फफक कर रो उठी।

उसके बिसूरने की आवाज़ बाहर शबनम के कानों तक पहुँची। स्वामिनी को सोते देख शबनम दिलरुबा रखकर बाहर निकल गई थी। अब स्वामिनी के रोने की ध्वनि सुनकर वह दौड़ी आई। उसने देखा कि गुलबदन नींद में ही रो रही है। शबनम की भी आँखें भर आईं। वह जानती थी कि उसकी स्वामिनी के स्वामी विवाह के दूसरे ही दिन अपनी पत्नी को अतुल द्रव्य देकर जो भारत की ओर रवाना हुए तो अब तक लौटकर न आये। इधर उसकी स्वामिनी चालीस बरसों से अपने पति की प्रतीक्षा में चौबीस घंटे शमा की तरह जलती हुई काफ़िले गिनती रही है।

शबनम को यह विदित था कि गुलबदन को स्वामी के लौटने तक अपना यौवन और सौन्दर्य स्थिर रखने की धुन सवार हो गई थी। वह चौबीस घंटे दर्पण के सामने खड़ी रहने लग गई थी। उसकी यह धुन जब पागलपन की सीमा तक पहुँच गई तब उसके शुभचिन्तकों ने उसके और दर्पण के बीच जंगले खड़े कर दिये। साथ ही दर्पण पर अत्यन्त स्वच्छ शुभ्र वस्त्रखंड भी लटका दिया। पगली उस वस्त्रखंड में ही अपनी प्रतिच्छाया की कल्पना करने लग गई।

यह सब जानते बूझते रहने के कारण शबनम को अपनी स्वामिनी से सच्ची सहानुभूति हो आई थी। उसने धीरे से उसे जगाकर उसका हाल पूछा। उसने बताया–

"कलेजा उड़ा जा रहा है। देख कोई काफ़िला तो नहीं आया?"

"कोई काफ़िला नहीं आया है।"–हलके औद्धत्य का स्वर अनजाने ही उसकी बोली में गूँज गया।

"अब मैं न बचूँगी! कब तक राह देखूँ?–सहसा सारी आशा छोड़ते हुए गुलबदन बोली।

"इतना घबराती क्यों है?"–गुलबदन की मायूसी से घबराकर शबनम ने कहा।

"खिड़की बन्द कर दे। आज इतने दिनों बाद बुलबुल भी चीखने लगा है।" –गुलबदन ने गहरी विरक्ति के स्वर में कहा। शबनम को बुलबुल की चीख तनिक भी सुनाई न पड़ी। फिर भी उसने खिड़कियाँ बन्द कर दीं। सहसा बाहर कोलाहल सुनाई पड़ा। ऊँटों के बलबलाने की आवाज़ और नगाड़ों की धमक भी सुन पड़ी। सराय का बड़ा फाटक खुलने की भी आहट लगी।

"शायद कोई काफ़िला आ गया।"—गुलबदन ने पुनः आशान्वित होकर कहा। शबनम जवाब भी न दे पाई थी कि द्वार पर किसी ने पुकारा—

"गुल, क्या मैं भीतर आ सकता हूँ।"

गुलबदन का मानस अनन्त स्मृतियों की अखंड लहरों से आन्दोलित हो रहा था। यह स्वर कान में पड़ते ही वह चौंक पड़ी और उठ बैठी। पुनः आवाज़ आई—

"गुल, मैं आ रहा हूँ।"

और साथ ही पैंसठ वर्ष का एक अत्यन्त कृशकाय मनुष्य दोहरी कमर लिये, लाठी टेकता सामने आ खड़ा हुआ। उसे देखते ही गुलबदन खड़ी हो गई। आँखें मिचमिचाकर बुड्ढे को क्षण भर ध्यान से देखा और फिर तड़पकर पूछा—

"तुम कौन हो?"

"मुझे नहीं पहचाना गुल? मैं हूँ तुम्हारा गुलरुख।"—बूढ़े ने लाठी के सहारे तनिक तन जाने और गुलबदन से आँखें मिलाने का प्रयत्न करते हुए कहा।

"आवाज़ से कुछ शक हुआ था, लेकिन तुम झूठे हो। गुलरुख? मेरा बादशाह, क्या कभी तुम्हारे जैसा था? वह तो गभरू जवान है। यूसुफ-सा खूबसूरत! उसकी आँखें—"

उसकी बात काटकर बूढ़े ने कहना आरम्भ किया—"गुल, यहाँ से जाने पर मैं हिन्दोस्तान के सरहदी कबीलियों के पंजे में पड़ गया था। सारी ज़िन्दगी उनके यहाँ गुलाम बनकर क़ैद रहा। मौका पाया तो एक काफ़िले के साथ भागा चला आ रहा हूँ। क़ैद की मुसीबतों ने मेरी यह हालत कर दी है। लेकिन गुल, तुम भी तो बदल गई हो।"

"कौन कहता है मैं बदल गई हूँ? ज़रा आइना तो देखो।" कंठ स्वर में नया बल घोलती हुई गुलबदन बोली।

"आइने पर तो तुमने परदा डाल रखा है। अच्छा, देखो।"

बूढ़ा गुलरुख जंगला खोलकर भीतर गया। उसने एक झटके से दर्पण पर टँगा हुआ परदा नोच लिया। उसके पीछे-पीछे गुलबदन भी दर्पण के समीप गई। मिनट भर आँखें फाड़-फाड़ कर उसमें देखती रही और फिर एक चीख मारकर भूमि पर लोट गई।

बाहर उद्यान में चालीस वर्ष बाद एक बुलबुल कहीं से उड़कर पुनः आ गया था। समूचे चमन में सिर्फ़ एक ही गुलाब खिला हुआ था। वह उस पर बैठ गया। उभरा हुआ काँटा उसके सीने में धँसा। उसके कंठ से हृदयविदारक चीख फूटी और उद्यान में गूँजकर अन्तरिक्ष में विलीन हो गई। लाल गुलाब बुलबुल के हृदय रक्त से और भी लाल हो उठा।

गुलरुख ने वह चीख सुनी। उसने भी अनुभव किया कि मैं भी तो एक बुलबुल ही हूँ—बूढ़ा बुलबुल। बुलबुल ही की तरह उसने भी चीख मारी और गिरी हुई गुलबदन पर खुद भी गिर पड़ा।

हृदयराम और रूपचन्द

रेलिंग के उस पार लान में–

कहानी समाप्त हो गई। काग़ज़ लपेटकर ज़ेब में रखते हुए सुमन्त मुस्कराया, सुमित्रा विह्वल प्रशंसा के भाव से उसकी ओर निहार रही थी। उसकी मूकता जैसे चिल्लाकर पूछ रही थी–यह कहानी तुमने लिखी है।

रेलिंग के इस पार सड़क पर–

टीन की बनी हुई अपनी अपनी दुकानों पर अगल-बगल बैठे सेठ हृदयराम और लाला रूपचन्द ने फाटका खेल डाला। दोनों के मुँह पर विजय का विश्वास था, दोनों की आँखों में पराजय का त्रास था।

सुमित्रा की विह्वलता का कारण यह अनुभूति कि यदि परवाना जलता है तो शमा भी उससे पहले ही जल उठती है। कवि का कथन कितना सच है–

ज़रा देख परवाने करवट बदलकर,
सती हो गई शमअ महफ़िल में जलकर।

सेठ हृदयराम और लाला रूपचन्द के फाटके का विषय यह कि सुनहला रूप बलवान है अथवा रूपहला रुपया। वे प्रायः साल भर से देखते आ रहे थे कि यह सर्वांग सुन्दर तरुण प्रतिदिन नियमपूर्वक राजा साहब की कोठी में आता है। राजासाहब की पुत्री से खूब पटती है। तरुण का रंग कच्चे सोने-सा है और हृदय तो जैसे हीरा है हीरा। पटरी पर पड़े मरीज भिखारियों को अपने कन्धे पर उठाकर अस्पताल पहुँचाते उसे उन दोनों ने कई बार देखा है। अब गत सप्ताह से वे बराबर देख रहे हैं कि नित्य ही जब सुमन्त अपने थके हुए चरणदास की जोड़ी पर लड़खड़ाता हुआ चला जाता है त्यों ही दस बीस मिनट बाद कोठी के पोर्टिको में एक निहायत नफीस मोटर कार आकर खड़ी हो जाती है। शोफर की बगल में बैठा हुआ वर्दीधारी सिपाही उतरकर दरवाज़ा खोलता है और कार में से एक महार्घ वसन समन्वित विशाल थुलथुल काया बाहर निकल पड़ती है। उसके स्वागतार्थ बरामदे की सीढ़ी उतरकर केवल सुमित्रा ही नहीं, सुमित्रा के पिता राजाबहादुर रतनाकर सेन और उसकी माता रानी रत्नमयी दासी भी पल-पल बलैयाँ लेते हुए नीचे उतर आते थे। और तब उनके ड्राइंग रूप से हारमोनियम पर सुमित्रा की कंठ लहरी लहरा उठती थी...

परदेसी बँधू घूम भाँगायो चूमि आँखि।
जदिगो निशीथ जेगे घूमाइया थाकि–
आमि, घूम माँगायो चूमि आँखि।।
–(पलक चूमकर मुझे जगाना परदेसी प्रिय।
अर्द्ध रात्रि तक जाग जाग यदि मैं सो जाऊँ
पलक चूमकर मुझे जगाना परदेसी प्रिय।)

हृदयराम और रूपचन्द यह भी देख़ते थे कि जब सुमन्त कोठी से निकलकर जाता था तो दरबान हँसने लगते थे। जब यह मोटर आती थी तब वे बाअदब बाकायदा खड़े हो जाते थे।

सेठ हृदयराम और लाला रूपचन्द दोनों ही पुराने लोग। ज़माना देखा हुआ। अतः जानते थे कि राजाबहादुर दशमौलि रावणेश्वरप्रसाद नारायण सिंह और विश्वविद्यालय का अज्ञात कुल-शील छात्र सुमन्त दोनों ही एक ही देवी के प्रसाद की आशा में नित्य इस मन्दिर की प्रदक्षिणा करते और उसकी चौखट पर माथा टेकते हैं।

सुमन्त बरसों से आता है। अतः सेठ हृदयराम समझते हैं कि ज्यों-ज्यों भीजै कामरी त्यों-त्यों भारी होय। प्रीति जितनी ही पुरानी होकर पकती है उतनी ही देर में वह थकती है। अतः बाजी सुमन्त ही मारेगा। कारण, एक तो तरुण और फिर अरुण। चेहरे पर भोलेपन का वह भाव कि देखनेवालों की आँखों में वरुण लहरा उठे। उन्होंने विश्वास का रंग उभार कर कहा–"लालाजी, अपने को तो रामजी की इच्छा से विस्वास है कि बिजै हिरदय की ही होगी।

लाला रूपचन्द बिहारी राजा का जो स्वागत सम्भार और स्वयं उसके वैभव का जो प्रसार देखते हैं तो मान लेते हैं कि ऐसा कौन है जो धन के घाट पर उतर कर पानी-पानी न हो जाए। उन्होंने वैभव को कभी किसी भी भाव से पराभव प्राप्त करते न देखा था। अतः ठसक का ढंग दबाकर जवाब दिया–सेठ जी, पैसे की आँच पत्थर को भी पिघला देती है। हाड़-माँस के पुतले आदमी की तो बात ही क्या। आज तक रुपया कहीं नहीं हारा। देख लीजियेगा यहाँ भी न हारेगा।

इस हार जीत का निर्णय करने के लिए आपस में हार जीत की बाजी लग गई। यदि सुमन्त की विजय हो तो सेठ हृदयराम की तिजोरी में तत्काल दो सौ रुपयों की वृद्धि हो जाए और यदि राजा दशमौलिरावणेश्वरप्रसाद नारायणसिंह की गैंडे जैसी गरारेदार गर्दन में सुमित्रा वरमाल डाल दे तो लाला रूपचन्द की चाँदी की चौकी ज़रा और भारी होकर कुछ और चमक उठे।

रेलिंग के इस पार कोठी की लान में कुरसी पर आसीन सुमित्रा ने सामने बैठे सुमन्त से पूछ ही दिया–सचमुच यह कहानी तुमने लिखी है।

सुमन्त ने भोलेपन के साथ मुसकराते हुए उत्तर दिया–इसमें इतने आश्चर्य की क्या बात है। मनुष्य ही कहानी लिखता है और मैं भी मनुष्य ही हूँ।

–ओ, मैं यह नहीं पूछती। मैं यह जानना चाहती हूँ कि तुम्हें यह लिखने की अनुभूति कहाँ से प्राप्त हुई कि परवाने के जलने से पहले ही शमा जल उठती है।

–जी, मुझे इस भाव की अनुभूति इस अनुभव के महत्त्व से प्राप्त हुई कि परवाना शमा को जलती देख नहीं सकता, अतः खुद जल जाता है।

–आपने यह कहानी मुझे क्यों सुनाई है? सुमित्रा ने सिर झुकाये हुए पूछा।

–तुम्हें अपनी रचनाएँ सुनाता आ रहा हूँ।

सुमित्रा पुनः चुप हो गई। उसने फिर सिर झुका लिया। सहसा उसने झटके के साथ सिर ऊपर उठाया और खटके के साथ प्रश्न किया—"आज ही न तुम वह पियाजी साड़ी लाने वाले थे। उसकी जगह यह कहानी लाये हो क्यों?"

सुमन्त चुप रहा।

—सुनार के जवाब की जगह आज भी यह कहानी ही है। शमा की एकनिष्ठा का वृत्तान्त सुनाकर यदि मुझे भुलवाना चाहते हो तो यह तुम्हारी भूल है।

सुमन्त के अधरोष्ठ काँपे और उस पर प्रवाहित होने वाली सहज स्मिति की क्षीण धारा उसी प्रकार सहसा विलुप्त हो गई जैसे भूमि काँप कर एक बार फट जाए और पयस्विनी का पतला प्रवाह उसमें सदा के लिए विलीन हो जाए।

उसने बड़े ध्यान से सुमित्रा के बर्फ जैसे सफ़ेद चिकने और ठंडे बदन पर अनेक भावों को स्केटिंग करते देखा। कोई भाव मचल-मचल कर आगे बढ़ा जा रहा था, कोई फिसल पड़ता था और कोई लुढ़कनियाँ खा रहा था। वह बुदबुदाया-शमअ हर रंग में जलती है सहर होने तक।

दुकान पर बैठे-बैठे सेठ हृदयराम मनचन्दानी का मन अज्ञात आशंका से भर उठा। सिन्ध का झगड़ा पाक हो जाने पर आसमान की हवा खाते-खाते सेठ मनचन्दानी जब खाक में मिल गये तो भारत आये। अन्य सहायताओं के साथ सरकार ने भी ऋण दिया। सेठ सहृदय थे। अतः दूसरों में भी आसानी से सहृदयता का संचार कर देते थे। फलतः व्यापार चमका। सारा ऋण चुक गया। केवल दो सौ बाकी हैं। वे भी तैयार ही हैं। जब माँग होगी हाजिर कर दिये जाएँगे। मगर कहाँ फाटके में ये रुपये निकल गये तो। क्षण भर के लिए सेठ हृदयराम की मुख-कान्ति फीकी पड़ गई। हृदय ने सँभाला। अधरोष्ठ पर मधुर मलिन मुसकान की रेखा खिंच गई।

सुमन्त के चेहरे पर हवाई उड़ते देख सुमित्रा अर्थपूर्ण ढंग से मुस्करायी।

लाला रूपचन्द का अन्तस् अकारण ही पुलकित हो उठा। ऐसे ही पुलक का अनुभव उन्हें उस दिन भी हुआ था जिस दिन रक्त सरिता में तैरकर, मुरदों की सीढ़ियों पर चढ़ उतर कर, गोलियों की बौछारों में भींगने से बाल-बाल बचकर और तलवारों भालों और खंजरों की बिजलियाँ चमकती रहने पर भी निराशा के अन्धकार में छिपे-छिपे उन्होंने भारत की सीमा में पैर रखा था। हृदयराम के मुख पर मलिन मुसकान देखकर वे भी अर्थपूर्ण ढंग से मुस्कराये।

अपनी मुस्कराहट से सुमन्त का चेहरा उसी प्रकार मलिन होते देख जैसे बिजली की मार से तरुण तरु जलकर काला पड़ जाता है, सुमित्रा ने उस पर सान्त्वना के छींटे देने का प्रयत्न किया। नाजुक कलाई की चूड़ियों में जड़ी छोटी-सी खुशनुमा घड़ी पर निगाह डालते हुए उसने कहा—"खैर कोई बात नहीं। आज सुनार नहीं मिला, नहीं सही। शायद तुम्हारी तबीयत भी ठीक नहीं है। मेरी तो नहीं ही है।"

"ऐं आपकी तबीयत ठीक नहीं है? आपने मुझे पहले ही क्यों न कहा! क्या शिकायत है?" सुमन्त ने पूछा।

—शिकायत यही है कि कोई शिकायत नहीं। भूख लगती है, खा लेती हूँ। नींद लगती है, सो रहती हूँ। परन्तु एक बेचैनी-सी दिल में बराबर बनी रहती है। जान पड़ता है जैसे मुझे किसी चीज़ की आवश्यकता है परन्तु यह समझ में नहीं आता कि किस चीज़ की। जान पड़ता है जैसे मेरा कुछ खो गया है। क्या खो गया है, यह नहीं मालूम।

सुमित्रा ने उस लापरवाही के साथ उत्तर दिया जो तरुणी सौन्दर्य की सहज संगिनी होती है। जिस वक्त सुमित्रा बेकार बहानेबाजी में लगी हुई थी, उस समय सुमन्त का मन गुनगुना रहा था...

हम तेरे इश्क से तो वाकिफ़ नहीं हैं लेकिन
सीने में जैसे दिल को कोई मला करे है।

त्यों ही सुमित्रा ने बहानेबाजी की दीवार पर झूठ का पलस्तर चढ़ाया। बोली—देखते हो कैसी जबरदस्त आँधी आ रही है। तुम्हें दूर जाना है, ठंडे-ठंडे निकल जाओ।

सुमन्त ने आकाश की ओर आँखें उठाईं। शायद उसकी आँखों में ही गर्द पड़ गई थी इसीलिए उसे आकाश बिलकुल साफ़ दिखाई पड़ा। हवा के झोंके कुछ तेज ज़रूर थे मगर वे भी सुहावने प्रतीत होते थे। अतः उत्साह-हीन भाव से अपना झोला उठाते हुए उसने धीरे से कहा—"सुमी, आज तो चित्रलेखा देखने का प्रोग्राम था न। इसीलिए मैं पुरातत्व प्रचारिणी समिति के विशेष अधिवेशन में नहीं गया। वहाँ आज डॉक्टर आल्टेकर का बड़ा ही महत्त्वपूर्ण भाषण होने वाला था। देश में हुई नयी खोदाइयों पर वे विस्तार से प्रकाश डालनेवाले थे।

सुमन्त के शब्दों से मायूसी टपकी पड़ती थी। पार्श्ववर्ती उद्यान में आयोजित कवि-सम्मेलन में योग देने के लिए जाने वाली एक कवि-मंडली में न जाने क्या बात हुई कि एक कवि जी ठठाकर हँस पड़े और उन्होंने इस प्रकार तान लड़ाई जैसे वे सड़क पर न होकर अपने गुसलख़ाने में हों। सुमन्त उनकी तान सुनकर चौंका जैसे उसके मन के छिपे हुए भाव को कवि ने बलपूर्वक प्रकट कर दिया हो। वह भौचक्का हो रहा। कविजी की तान हवा में लहरा रही थी।

न ख़ुदा ही मिला न विसाले सनम
न इधर के रहे न उधर के हुए।

जैसे प्रयत्नपूर्वक छिपाये हुए फोड़े पर कोई बालक अनजान में घूँसा मार दे और जिसे फोड़ा हुआ है वह गहरी पीड़ा अनुभव करने के बावजूद केवल अपनी आकृति विकृत कर चुप रह जाए, कुछ-कुछ वैसी ही दशा सुमन्त की हुई। कविजी का तराना उसे अपनी आहत स्थिति पर नमक मिर्च का लेप जान पड़ा। वह सचमुच सोच रहा था कि यदि पहले से मालूम होता कि सुमित्रा ऐन मौके पर कन्नी काट जाएगी, तो वह अपने को उक्त विद्वान का भाषण सुनने से कदापि वंचित न रखता। इसी सिनेमा के लिए पैसा बचाने में वह सुनार को आखिरी किस्त न दे पाया था और इसीलिए आज वह सुनार के पास न जाकर सीधे यहाँ चला आया था। वह परेशान हो उठा।

उसकी परेशानी पर सुमित्रा यों खिलखिलाकर हँस पड़ी जैसे भूमि के सिर पर बहती आँधी के ऊपर आकाश चाँदनी की बौछार कर दे।

ऊपर बरामदे में तन्वी सुमित्रा की स्थूलांगिनी जननी रानी रत्नमयी दासी अपनी पुत्री की खिलखिलाहट सुनकर बुनाई और जेवरों की जँचाई में व्यस्त रहने के बावजूद चौंक पड़ी। बल्लालसेनी व्यवस्था के अन्तर्गत जिन ब्राह्मणों और कायस्थों को कुलीनत्व प्राप्त हुआ था उन्हीं में एक के वंशधर राजा रत्नाकर सेन थे। अब उनके पास धनिकता तो न रह गई थी पर उसकी धमक अब भी बाकी थी। गरमी समाप्त हो गई थी। केवल उमस की गमक शेष थी। यह दीपक की वह लौ थी जिसमें ज्वलनशक्ति की हीड़ जल उठती है। फलतः रानी रत्नमयी अब प्रतिमास नये आभूषण नहीं बनवातीं। सुनार उनके पुराने आभूषणों को नया रूप दिया करता है। सुनार को सामने बैठाकर रानी जी जिस समय नेकलेस को चेन और चेन को इयररिंग का रूप दिलवा रही थीं कि पुत्री की खिलखिलाहट ने उन्हें चौंका दिया।

उसी समय उनके पति राजा रत्नाकर सेन भी अपने सामने से अख़बार हटाकर इधर-उधर देखने लगे। यह आविष्कार कर लेने पर कि यह कल-कल नादिनी हास्य-सरिता उनकी पुत्री के ही कंठ-कुंड से फूटी है, उन्होंने एक अँगड़ाई ली और पत्नी की ओर देखकर कहा—''राजा रावणेश्वर के भी आने का समय हो चला। वे सुमन्त को यहाँ देखेंगे तो न जाने क्या सोचेंगे।''

रानी रत्नमयी ने सूत की पिण्डी और शलाकाएँ सम्हालकर मेज़ पर रख दी और सहज गज-गति से झूमती हुई चलकर अपनी पुत्री के पास पहुँचीं।

सुमन्त के चेहरे पर अब भी हवाइयाँ उड़ रही थीं, सुमित्रा के कंठ से अब भी खिलखिलाहट की फुलझड़ी छूट रही थी।

पहले सुमन्त ने रानी को देखा। उसने संयत होकर उन्हें प्रणाम किया। सुमित्रा ने भी अपनी माता को देखा परन्तु उसने संयत होने की कोई आवश्यकता न समझी।

रानी रत्नमयी ने बड़े ही वात्सल्यपूर्ण स्वर में सुमन्त से पूछा—''कहो बेटा मज़े में हो न। मेरी किताब अब कितनी बाकी है।''

गत वर्ष रानी रत्नमयी और राजा रत्नाकरसेन यूरोप की यात्रा पर गये थे। लन्दन, पेरिस, मैड्रिड आदि यूरोपीय राजधानियों का चक्रमण करने के बाद वे अन्त में रोम गये और वहाँ से मध्यपूर्व होते हुए स्वदेश लौट आये। अपनी इसी यात्रा पर रानी जी पुस्तक लिख या लिखवा रही थीं। उनके मौखिक नोट्स के आधार पर सुमन्त उनकी पुस्तक लिख रहा था। उसी ने पुस्तक का नामकरण भी किया था 'रमना से रोम तक।' यह नाम रानी रत्नमयी को बहुत पसन्द भी आया। कारण, उनके इस उद्यान-आवास का नाम ही था रमना।

सुमन्त ने सविनय उत्तर दिया—''हाँ माता जी, अब दो ही अध्याय शेष रह गये हैं—'काहरा का कहर' और 'मातृ-भूमि का पुनर्दर्शन!' ''

रानी जी ने अनुकम्पापूर्ण हँसी हँसकर कहा—''हाँ देखो, रोम के संग्रहालय के प्रसंग में यह लिखना कदापि न भूलना कि मैं वहाँ नग्न पाषाण-प्रतिमाओं को देखकर

इतनी लज्जित हुई कि आधी गैलरी से ही लौट आई। यद्यपि यूरोपीय रमणियाँ ऐसी मूर्तियों को बड़ी बारीकी से देख और उनकी बनावट पर बहस कर रही थीं। बस इतना लिख देने से यूरोपीय और भारतीय नारी-चरित्र का भेद स्पष्ट हो जाएगा।''

''सो तो है ही, सो तो है ही।''–सुमन्त ने जल्दी-जल्दी कहा।

रानी रत्नमयी ने फटकार की कटुता को स्नेह की चाशनी में पागकर कहा–''परन्तु जब तुम इस प्रकार समय नष्ट करोगे तब तो मेरी किताब पूरी हो चुकी। मौसम कैसा सुहावना है। इस समय तुम्हें घर बैठकर मेरी किताब पूरी कर देनी चाहिए।''

सुमन्त जवाब में कुछ भी न कह पाया था कि रानी ने अपनी पुत्री से कहा–''बेबी, तेरे पापा तुझे बुला रहे हैं।''

बीस साल की बी.ए. पास बेबी ने माता का अभिप्राय पूरी तौर पर समझ लिया। वह हरिणी की भाँति कुलाँचें भरती हुई वहाँ से चली गई। रानी साहिबा ने सुमन्त पर पुनः कृपा की। कहा–''समय नष्ट न करो बेटा। घर जाकर कम से कम एक अध्याय तो आज लिख ही डालो।''

प्राचीन भारतीय इतिहास और संस्कृति में एम.ए. की डिग्री प्राप्त सुमन्त को भी रानीजी का अभिप्राय समझते विलम्ब न लगा। उसने खेदपूर्ण ढंग से हँसते हुए कहा–''आप न घबराइये मैं आज ही दोनों अध्याय अर्थात् अन्तिम अध्याय भी समाप्त कर दूँगा। नमस्ते।''

अन्तिम अध्याय पर अनावश्यक जोर देते हुए उसने पुनः झटके से अपना झोला उठाया और चल पड़ा। रानी ने कहा–''जीते रहो। तो मैं आशा करूँ कि मेरी पुस्तक मुझे कल मिल जाएगी।''

सुमन्त ने बिना सिर घुमाये ही उत्तर दिया–''अवश्य, अवश्य।''

फाटक पर बैठा दर्बान उसे देख शरारत से मुस्कराया और अपनी टाँगें ज़रा और फैलाकर बैठ रहा। सुमन्त ने उसकी ओर भी न देखा और फाटक के बाहर निकल आया। त्यों ही भोंपा बजाती हुई राजा दशमौलिरावणेश्वरप्रसाद नारायण सिंह की कार फाटक के भीतर घुसी। सुमन्त ठिठक कर वहीं खड़ा हो गया।

पाँच मिनट बीता, दस मिनट बीता। बीस मिनट बीता। सुमन्त को समय का होश न रहा। होश तब आया जब वही कार पुनः बाहर निकली और वह उससे दबते-दबते बचा। उसने राजा दशमौलि की बगल में सुमित्रा को देखा। वह मोटर की गति से उड़ी हुई धूल से भर गया, एक अज्ञात पीड़ा से जैसे मर गया।

लाला रूपचन्द ने सेठ हृदयराम पर विजय के गर्व से भरी हुई दृष्टि डाली और कहा–''कहो सेठ जी।'' सेठजी ने चुपचाप सन्दूक से सौ-सौ रुपये के दो नोट निकाले। दृढ़ हाथों से लाला रूपचन्द को थमाते हुए बोले–''लक्ष्मी हज़ारगश्ता होती है।''

सुमन्त चला जा रहा था। कवि-सम्मेलन आरम्भ हो चुका था। कवि शम्भूनाथ सिंह गा रहे थे–''समय की शिला पर मधुर चित्र कितने, किसी ने बनाये किसी ने मिटाये।''

कली और काँटा

उस गन्दी गली से उस सील और अंधकार भरी दुकान में बैठा कलाकार कलाधर सूनी और सपाट चित्रपटी पर अपनी रंगीली तूलिका से एक नयी सृष्टि की रचना कर उसमें प्रेम से प्राण संचार कर रहा था। जिस मनोयोग से वह यह कार्य कर रहा था यदि उसी मनोयोग से विधाता भी अपनी सृष्टि की रचना करता होता तो वह इतनी अस्पष्ट, विषमतापूर्ण और गन्दी न होती।

अपने काम में कलाधर की तल्लीनता इतने से ही प्रमाणित थी कि प्रायः दस मिनट से गली में खड़े-खड़े सुमन्त सप्रशंस दृष्टि से उसकी चित्र-रचना देख रहा था परन्तु कलाधर को इसकी ख़बर न थी। प्रायः पाँच मिनट से ज़िलाधीश का अर्दली उसे पुकार रहा था परन्तु उसे इसकी भी ख़बर न थी।

पंडित और मूर्ख का साधारण लक्षण यह है कि जो जितनी जल्दी धीरज छोड़ दे वह उतना ही बड़ा मूर्ख और जो जितनी देर तक धैर्य धारण किये रहे वह उतना ही बड़ा पंडित। सुमन्त पंडित था। उसका धैर्य दस मिनट में भी न छूटा! अर्दली मूर्ख था। वह पूरे पाँच मिनट भी धैर्य न रख सका और उसने कलाधर के सामने जाकर कर्कश वन-वाणी में कहा–''आप तो जैसे खुद बेकार हैं वैसे ही सबको बेकार समझते हैं। जानते नहीं कि साहब बहादुर सरकारी आदमी हैं। उन्हें बावन काम रहते हैं।

कलाकार कलाधर ने निर्लिप्त भाव से अरदली की बकवास सुन ली परन्तु सुमन्त चिटक उठा। यदि अरदली के स्थान पर कोई अन्य व्यक्ति होता तो वह उससे उलझे बिना न रहता परन्तु अनुभव ने उसे सिखा दिया था कि जिनकी कमर में सरकारी चपरास होती है उनके पास जाना ज़रा त्रासकारक होता है। अतः मन ही मन पेंच ताब खाता हुआ सुमन्त वहाँ से दस क़दम की दूरी पर स्थित अपने घर की ओर चल पड़ा। घर के दरवाज़े में घुसते ही वह भुनभुनाया-कूड़ा-कूड़ा-कूड़ा। अर्थात् उक्त अरदली जैसे जीव समाज में कूड़े की तरह हैं जिन्हें साफ़ कर देना ज़रूरी है। अतः जैसे बड़े आदमियों की छाया भी न छू पाने वाले लोग क्षुब्ध होकर प्रतीकात्मक रूप में उनका पुतला जलाया करते हैं, उसी प्रकार अरदली का कुछ भी बिगाड़ न पाने की स्थिति से क्षुब्ध सुमन्त ने अपनी कोठरी का कूड़ा साफ़ करना शुरू किया।

शरीर पर गंजी और कमर में जाँधिया पहने सुमन्त सफ़ाई के काम में जी जान से जुटा हुआ था। उसकी आदत थी कि जब भी कोई सामाजिक कूड़ा उसके मन में अत्यधिक ग्लानि उत्पन्न करता और वह उस कूड़े को दूर करने में जब अपने को असमर्थ पाता तो सीधे अपने कमरे की सफ़ाई करना आरम्भ कर देता। अन्यथा उसकी पलंग पर अख़बारों की चादर बिछी रहती, तकिये की जगह किताबें रहतीं। उसके छोटे से कमरे का कोई भी अंश ऐसा न था जो सादे, चित्रित अथवा मुद्रित काग़ज़ से न ढँका हो। उसकी माता ने एक बार उसका कमरा उसकी सास को दिखाते हुए कहा भी था–देखती हो न बहन, यह बाबा खराबदास की कुटिया है।

परन्तु इस समय तो बाबा खराबदास सर्वथा सफ़ाई दास बन रहे थे। सफ़ाई दास बनने के प्रयत्न में मकड़ी के जालों से भरा हुआ उसका सिर ऐसा जान पड़ता था जैसे मैले जालीदार रूमाल से ढँका हो नंगे हाथों पैरों और चेहरे पर गर्द जमी हुई है और ये चीज़ें ऐसी हैं कि उसे बरबस खराबदास बनाये दे रही हैं।

मेज़ की सफ़ाई के सिलसिले में उसने एक दराज खींचकर बाहर निकाल ली। वह सफ़ाई के किसी पिछले दौरे की स्थिति में सर्वथा साफ़ की जा चुकी थी। अतः उस पर धूल की एक अत्यन्त सूक्ष्म परत जमी हुई थी। उसे कपड़े से पोंछकर यथास्थान रखने के पहले जब उसने उस खाने की भीतरी सफ़ाई आरम्भ की तो उसके पीछे चपका हुआ एक लिफ़ाफ़ा नीचे गिर पड़ा। उसने लिफ़ाफ़ा खोला तो उसमें से एक तस्वीर निकली तस्वीर का रंग उड़ गया था परन्तु रूप बाकी था। सुमन्त सब कुछ भूंल एकटक उसकी ओर निहारता रह गया।

दरवाज़े पर मोटर का भोंपू बजा परन्तु सुमन्त तस्वीर देखता रहा। किसी ने दो-तीन बार उसका नाम लेकर पुकारा परन्तु सुमन्त तस्वीर देखता रहा। खास लन्दन का सैवाइल रो कटका सूट धारण किये एक सुदर्शन युवक जूता मचमचाता हुआ उसके घर में घुसा और उसके कमरे में आकर ठीक उसकी पीठ के पीछे आ खड़ा हुआ परन्तु सुमन्त तस्वीर ही देखता रह गया।

सुमन्त की पीठ के पीछे खड़े-खड़े सेठ कान्तिलाल शाह ने एक बार चित्र को देखा। फिर चित्र देखने वाले के देखने के तन्मय ढंग को देखा और पुनः स्वयं भी वह तन्मयता से चित्र देखने लगा।

मिनट भर भी न बीता होगा कि वह जैसे चिल्ला पड़ा–"पहचान लिया, पहचान लिया। यह तो मिसेज सुमित्रा सहस्रमुंडे का पुराना फोटो है।"

"इन्हें आप कैसे जानते हैं मिस्टर शाह?"–चौंकते हुए सुमन्त ने सेठ कान्तिलाल से पूछा और कहा कि इनका नाम सुमित्रा सहस्रमुंडे नहीं, मिसेज सुमित्रा सिंह है।

"मैं ग़लती नहीं कर रहा हूँ सुमन्त जी! विवाह के बाद जैसे स्त्री पिता का गोत्र त्याग कर पति का गोत्र स्वीकार करती है, उसी प्रकार पति-परिवर्तन करने पर भी पूर्व पति का गोत्र छोड़ कर उसे नये पति का गोत्र स्वीकार करना पड़ता है। और जानता हूँ इन्हें इस प्रकार कि क्लब में नित्य इनके साथ टेनिस खेलता हूँ और इनके पति ज़िलाधीश मिस्टर सहस्रमुंडे मेरे घनिष्ठ मित्र हैं।"–सेठ कान्तिलाल ने उत्तर दिया।

"अच्छा यह बात है। परन्तु मैं तो उन्हें देखने के बाद ही कुछ निश्चित रूप से कह सकूँगा।"

"देख तो उन्हें तुम आज ही लोगे। मिस्टर और मिसेज सहस्रमुंडे कला के महान उपासक हैं। विएना, रोम, लन्दन, पेरिस आदि के कला संग्रहालयों का दर्शन कर आये हैं। इसलिए कला के भारी मर्मज्ञ हो गये हैं। वेतन का बहुत बड़ा अंश यही शौक पूरा करने में निकल जाता है। बीच-बीच में उन्हें रुपये की आवश्यकता पड़ती है और वह

'आई ओ यू' का पुरजा देकर मुझसे रुपये लिया करते हैं। इधर उन्हें फिर रुपयों की ज़रूरत पड़ी है। पिछला ऋण भी बढ़ गया है। अतः सब पुरजे बदल कर एक हैण्ड नोट लिखवाना है। तुम मेरे प्राइवेट सेक्रेटरी हो। यह मेरा व्यापारिक काम है, इसलिए मेरे साथ चलो। इस समय तुम यह नहीं कह सकते कि मैंने आपके मनोविनोद और अफ़सरों की खुशामद के काम में योग न देने का बचन ले लिया है।''—कान्तिलाल ने सुमन्त को बोलने का अवसर न देते हुए कहा।

''स्नान कर लूँ''—सुमन्त ने पूछा।

''हाँ-हाँ, परन्तु इतना बताते जाओ कि यह फोटो तुम्हें कहाँ मिला।''

सुमन्त ने स्नान के लिए जाते-जाते बताया कि कलकत्ता विश्वविद्यालय में पढ़ते समय मेरी इनसे मित्रता थी। तभी का चित्र है और जाते-जाते यह भी सुना कि सेठ कान्तिलाल कह रहे हैं—तब तो भारी काम निकलेगा।

नल के नीचे नहाते-नहाते सुमन्त ने सोचा कि जैसे पत्थर से टकराने पर सुन्दर से सुन्दर और कीमती से कीमती शीशे का खिलौना चकनाचूर हो जाता है उसी प्रकार जीवन की कठोरताओं से टक्कर खाकर सुन्दर से सुन्दर आदर्श नष्ट हो जाता है, ऊँचे से ऊँचे विचार धूल में बिखर जाते हैं। छात्र-जीवन में उसके कितने सुन्दर भाव थे कितने अच्छे आदर्शवादी विचार थे जिन्हें तिलांजलि देकर उसे अन्त में एक पूँजीपति का प्राइवेट सेक्रेटरी बनना पड़ा है। वन की आग में हरियाली राख हो जाती है, तन की आग हरे भरे विचार क्षेत्र को भस्म कर देती है। वही पूँजीपति आज उससे किसी नारी द्वारा कोई काम निकालने के लिए उसे विवश करना चाहता है। परन्तु एक बार नीचे उतर जाने पर ऊपर चढ़ना जितना ही कठिन होता है, और भी नीचे उतरते जाना उतना ही सरल।

''अजी सुमन्त जल्दी करो। कब तक नहाते रहोगे?'' सेवक की प्रतीक्षा में रत स्वामी ने कुछ कर्कशता के साथ आवाज़ दी।

तौलिए से बदन पोंछता हुआ सुमन्त तत्काल आया। उसके एक कान पर साबुन का झाग अब भी लगा हुआ था।

जिस समय शाह कान्तिलाल अपने प्राइवेट सेक्रेटरी को लेकर ज़िलाधीश श्री सहस्त्रमुंडे के बँगले की ओर चले उस समय मिस्टर और मिसेज सहस्त्रमुंडे अपने बँगले के ड्राइंग रूम में चित्रकार कलाधर की कलाकृति को बड़ी बारीकी के साथ देखते हुए उसकी आलोचना कर रहे थे। मेम साहिबा कह रही थीं—''उहुँक, चित्र अच्छा होने से क्या होता है, आइडिया तो वही दकियानूसी है। हमने आपको प्रेम पर एक चित्र बनाने के लिए कहा था। उसके लिए आपने वही सिम्बल (प्रतीक) अपनाया जो बाबा आदम के ज़माने से चला आ रहा है।''

मेमसाहब के सामने छोटी-सी मेज़ पर चित्र रखा हुआ था। चित्रकार ने उस चित्र में किसी उपवन का एक अंश चित्रित किया। चित्र में एक ही पौधा था। उस पौधे में एक ही कली लगी थी। उस कली पर एक भौंरा मंडरा रहा था।

मिस्टर सहस्रमुंडे ने उड़ती-सी निगाह उस चित्र पर डाली। उन्हें चित्र कुछ बहुत बुरा नहीं लगा। उनकी जिह्वा कालिदास के 'अनाघ्रातं पुष्पं' कविता का पाठ भी करना चाहती थी, परन्तु उस जिह्वा से जो शब्द निकले वे मेम साहिबा का समर्थन कर रहे थे। साहब ने कहा–''ठीक कहती हो डियरी, बिलकुल ठीक। सिम्बल (प्रतीक) तो सचमुच हैकनीड (दकियानूसी) है।''

साथ ही उनका मन भी कहता जाता था कि क्या बकते हो? कली पर अली का मंडराते रहना क्या प्रेम का प्रतीक नहीं? फिर रेखाओं की सफ़ाई और रंगों का निखार तो सचमुच प्रशंसनीय है।

बेचारा चित्रकार सिर नीचा किये हुए अपनी कृति की कटु आलोचना सुन रहा था कि मेमसाहिबा ने झुनझुनाकर कहा–''परसों ही आर्ट एक्जिविशन (कला-प्रदर्शनी) है। मैंने उसके संचालकों को वचन दिया है कि मैं भी एक चित्र लेकर प्रतियोगिता में योग दूँगी। अब मैं वहाँ क्या भेजूँ, खाक?''

मिस्टर सहस्रमुंडे ने सिगार मुँह में दबा कर ज़रा धमकी के स्वर में कहा–''सुनो मिस्टर कलाकार, यह तो तुम जानते ही हो कि मैं ज़िला मजिस्ट्रेट हूँ और शैतान जान भले ही न मारे मगर परेशान तो खूब कर सकता है।''

धमकी कहीं इतनी वजनी न हो जाए कि उसके वजन से बेचारा चित्रकार साँस ही न ले सके, इसलिए उँगलियों में सिगार दबाकर साहब ज़रा मुस्कराये और बोले–''आज दिन भर और रात भर का समय आपको और देता हूँ। कल सुबह आप नया चित्र बनाकर लाइये। वह चित्र ऐसा होना ही चाहिए कि सुमित्रा को फस्ट नहीं तो सेकेंड प्राइज ज़रूर मिले।''

पोर्टिको में सेठ कान्तिलाल शाह की मोटर का हार्न बजा। अर्दली ने दौड़कर मोटर का दरवाज़ा खोला, सेठजी को अत्यन्त विनीत भाव से सलाम किया और फिर उनका कार्ड लेकर और उसे बाकायदे ट्रे में रखकर साहब के सामने पेश कर दिया। साहब ने आँख के इशारे से चित्रकार को जाने की अनुमति दी और अरदली को इशारा किया कि वह सेठजी को सलाम बोले। सुमित्रा ने सिर उठाकर उनकी ओर इस भाव से देखा मानो पूछ रही हो कि मैं यहाँ बैठी रहूँ या चली जाऊँ। साहब ने इशारे से ही जाने की अनुमति दी और फिर मौखिक रूप से उस संकेत में इतना जोड़ दिया कि आज इनसे कुछ ज़रूरी बात करनी है।

सुमित्रा ड्राइंग रूम से निकलकर बाग़ की ओर चली। इधर सेठ कान्तिलाल ने सुमन्त से कहा–''तुम तब तक बाग़ में टहलो। सम्भवतः वह तुम्हें देख ले। मौका मिले तो काम साध लेना। वैसे मैं ही उसे शीशे में उतार चुका हूँ। थोड़ी-सी झिझक है। देखो तुम्हारे प्रयत्न से शायद वह भी दूर हो जाए। है बड़ी ही अट्रैक्टिव (आकर्षक) और डेन्टी (शानदार)।

सेठजी साहब के ड्राइंग रूम में घुसे। सुमन्त बाग़ की ओर यह सोचते चला कि इस नारी से कभी मैंने भी प्रेम किया था। अपनी शीलवती देहाती पत्नी को छोड़ इसे ही अपनी जीवनसंगिनी बनाना चाहा था। परन्तु इसके गाड़ी और साड़ी के लोभ ने

ऐसा न होने दिया। और आज मैं इसे पतन की राह पर ले जाने के लिए तैयार हूँ। लेकिन ऊपर चढ़ने की अपेक्षा नीचे उतरते जाना सुगम है।

दूर पर टहलती हुई सुमित्रा ने उसे देखा, पहचाना और चौंक उठी। सुमन्त ने भी उसे देखा। चार आँखें हुईं। दोनों एक दूसरे की ओर बढ़े। सुमित्रा ने देखा कि सुमन्त गत तीन वर्षों में कुछ कृश हो गया है। सुमन्त ने देखा कि गत तीन बरसों में सुमित्रा कुछ स्थूल हो गई है। हरिणी जैसे हथिनी बनने की तैयारी कर रही हो।

सुमित्रा ने अकृत्रिम आश्चर्य से पूछा–"तुम यहाँ कैसे?"

सुमन्त ने कृत्रिम आश्चर्य से पूछा–"तुम यहाँ कैसे?"

सुमन्त का हाथ पकड़ उसे लोहे की बेंच की ओर ले जाती हुई सुमित्रा ने कहा–"बैठो, बताती हूँ।"

जब मन भारी हो जाता है तो पैरों का वजन जैसे अपने आप बढ़ जाता है। कलाकार कलाधर के पैर जल्दी न उठ रहे थे। वह जैसे उन्हें घसीटता हुआ चला। परन्तु उसकी आँखें किसी नये प्रतीक की तलाश में इधर-उधर घूमती हुई बेंच पर बैठी सुमित्रा और सुमन्त पर पड़ी। सहसा उसकी आँखों को नया प्रकाश मिला, हृदय में नयी स्फूर्ति आई, पैरों में नयी गति आ गई। उसे नया प्रतीक मिल गया था।

सुमित्रा सुमन्त से कह रही थी–"सच कहती हूँ सुमन्त! तुम्हारे प्रेम को ठुकराकर माता-पिता के कहने से मैं राजा रावणेश्वर के संग चली गई, लेकिन बड़ा धोखा हुआ। उसके घर जाते ही मेरी आँख खुल गई। मेरा भ्रम मिट गया। उसकी सारी ज़मींदारी कर्ज से लदी हुई थी। उसी वक्त ज़मींदारी उन्मूलन बिल पास हुआ। राजा रावणेश्वर के खरपतुआ राज पर कब्जा और उसका प्रबन्ध करने के लिए मिस्टर सहस्रमुंडे आई.सी.एस. भेजे गये। खैरियत यह हुई कि उस समय भी राजा रावणेश्वर से मेरी शादी न हुई थी सिर्फ़ कोर्टशिप चल रही थी। मैंने इस स्थिति का फ़ायदा उठाया और मिस्टर सहस्रमुंडे से सिविल मैरेज एक्ट के अन्तर्गत विवाह कर लिया। अब तो तुम समझ न गये कि मैं यहाँ कैसे आई।

सुमन्त ने सिर हिलाकर हुँकारी भरी। सुमित्रा ने पूछा–"अच्छा अब तुम बताओ कि यहाँ तुम कैसे आये।"

"पेट सर्वोपरि है सुमित्रा! उसे ही भरने के लिए यहाँ आ गया हूँ। प्रसिद्ध उद्योगपति सेठ कान्तिलाल शाह मेरे अन्नदाता हैं।"

'अन्नदाता' शब्द का उच्चारण करते हुए सुमन्त ने ऐसा मुँह बनाया मानो उसके मुँह में सड़े गले बदस्वाद अन्न का कन पड़ गया हो।

सुमित्रा ने श्रद्धा के स्वर में कहा–"कौन सेठ कान्ति लाल? सर शान्ति लाल के लड़के।"

"हाँ भाई, वही।"

पर सुमित्रा तुम यह तो बताओ कि मिस्टर सहस्रमुंडे से विवाह कर तुम सुखी तो हो।

"नहीं सुमन्त, सच पूछो तो सहस्त्रमुंडे मुझे प्यार तो बहुत करता है। बँगले में अकेले पड़े-पड़े मेरी तबियत ऊब तो नहीं रही है, यह देखने के लिए दिन में कई बार कचहरी से उठकर आता है। परन्तु बेचारे की आमदनी बँधी हुई है। बस पहली तारीख की आशा और तुम जानते हो कि सूखा साखा प्रेम मुझे अच्छा नहीं लगता।"—सुमित्रा ने कहा।

सुमन्त खिलखिला कर हँस पड़ा। बोला—"सुमित्रा तुमने ग़लती पर ग़लती की। तुम्हें तो सेठ कानितलाल जैसे किसी उद्योगपति को अपना पति बनाना चाहिए था जिसकी आमदनी अथाह होती। फिर तुम्हें नित नयी गाड़ी और साड़ी की कमी न रहती।"

सुमित्रा ने सुमन्त का व्यंग्य न पहचाना। कुछ मायूसी भरे स्वर में बोली—"हाँ ग़लती तो हो ही गई। मगर अब क्या किया जा सकता है।"

"ग़लती सुधारी जा सकती है।"—सुमन्त ने दृढ़ता से उत्तर दिया।

"देखो अब तुम सचमुच भूल कर रहे हो। रावणेश्वर से मेरा विवाह नहीं हुआ था, सहस्त्रमुंडे से मेरा विवाह हुआ है। यह न भूलो।"

"मैं कुछ भी नहीं भूल रहा हूँ। तुम्हीं भूल गई हो कि तलाक बिल भी पास हो चुका है।"

सुमित्रा ने नये उत्साह से कहा—"हाँ यह तो है।"

"अच्छा तो सुनो ग़लती सुधारने का उपाय बताता हूँ। मैंने तुम्हें प्यार की आँख से देखा है। अतः मेरा कर्तव्य है कि तुम्हें सुखी देखूँ। तुम जिस वस्तु में सुख मानती हो वही तुम्हें प्राप्त करा देने में मुझे कुछ सन्तोष होगा।"

सुमन्त ने अपने स्वामी की ओर से कोर्टशिप आरम्भ की। सुमित्रा तल्लीनता से उसका उपदेश सुनने लगी। दोनों का ध्यान तब टूटा जब सेठ की आवाज़ सुनाई पड़ी—"इसका इन्टरेस्ट आपको न देना होगा मिस्टर सहस्त्रमुंडे।"

दोनों ने चौंक कर देखा। सहस्त्रमुंडे कह रहे थे—"थैंक्स, थैंक्स।"

उस रात सुमित्रा की तबीयत कुछ ऐसी खराब हुई कि वह अपने पति के साथ क्लब भी न जा सकी। बिस्तर पर पड़ी छटपटाती रही। क्लब से लौटकर मिस्टर सहस्त्रमुंडे जब उससे 'गुड नाइट' कहने गये तो उस समय भी वह बेचैन करवट बदल रही थी। मिस्टर सहस्त्रमुंडे ने सहानुभूति के स्वर में कहा—"क्या सिर में अब भी वैसा ही दर्द है? एसपिरिन ने कुछ भी फ़ायदा नहीं किया?"

सुमित्रा ने कोई उत्तर न दिया। सहस्त्रमुंडे गुड-नाइट कहकर अपने शयनागार में लौट आये। सुमित्रा की बेचैनी से बेचैन बिस्तर पर जा पड़े। खुद भी रात भर करवटें बदलते रहे।

सबेरा होते ही सहस्त्रमुंडे पत्नी के शयनागार में घुसे। परन्तु सुमित्रा नदारद। सोचा बाग़ में टहलने गई होगी। चाय पर आ जाएगी।

मुँह-हाथ धोकर सहस्त्रमुंडे चाय पर पत्नी की प्रतीक्षा करने लगे। देर होती देख अर्दली को भेजा कि सुमित्रा को बुला लाओ। थोड़ी देर बाद लौटकर अर्दली ने दो

सूचनाएँ दीं। एक तो यह कि बँगले के अहाते भर में कहीं मेमसाहब का पता नहीं है और दूसरी यह कि चित्रकार कलाधर हाजिर है।

साहब परेशान तो हुए पर यह सोचकर चाय पीने लगे कि अपनी किसी सखी के यहाँ गई होगी। आयेगी तो डाटूँगा। पत्नी से भी ज़्यादा प्रेम करना कम ही अच्छा होता है।

चपरासी सबेरे की डाक सामने रखकर चला गया। कलाधर ने कमरे में प्रवेश कर सलाम किया। साहब डाक देखने लगे। उन्होंने सर्वप्रथम वह लिफ़ाफ़ा उठाया जिस पर न टिकट था और न डाक की मुहर। उसे खोलते हुए चित्रकार से उन्होंने मुस्कराकर पूछा–कहिए आज क्या बना लाए हैं और स्वयं साहब पत्र पढ़ने लगे।

चित्रकार ने अत्यन्त विनीत भाव से उनके सामने मेज़ पर चित्र रख दिया। चित्र में पतझड़ का चित्र अंकित था। उपवन के कोने में एक पत्र-पुष्प विहीन गुलाब का काँटेदार तरु खड़ा था। उसमें कली का कहीं पता न था। काँटों में फँसा हुआ एक भौंरा मरा पड़ा था।

पत्र पढ़ते ही साहब के चेहरे पर स्याही दौड़ गई। पत्र में लिखा था–मैं सेठ कान्तिलाल के यहाँ जा रही हूँ। तुम डाइवोर्स (तलाक) की तैयारी करो।

बड़ी कठिनाई से पत्र की ओर से आँखें हटाकर सहस्त्रमुंडे ने चित्र पर दृष्टि डाली और तुरत ही वह गरज उठे-यह क्या खुराफात बनाकर लाये हो।

कलाधर ने उसी विनीत भाव से कहा–"हुजूर, कली गन्ध बनकर उड़ गई। भौंरा काँटों में बिंधा रह गया। यही तो प्रेम है।"

कहने की आवश्यकता नहीं कि चित्र-प्रदर्शनी में प्रथम पुरस्कार मिस्टर ए.बी. सहस्त्रमुंडे के 'प्रेम' शीर्षक चित्र को प्राप्त हुआ।

पाँचवाँ-मुरगा

पीरू बहेलिए ने मुरगियों के टापे का दरवाज़ा खोला और उसकी गन्दी अँगनैया में सैकड़ों मुरगी-मुरगे अपने पंख फड़फड़ाते हुए इधर उधर घूमने लगे। एक खूबसूरत मुरगी गरदन मटकाती हुई कूड़े की ढेरी में दाना बीनने लगी।

मुरगी की हाव-भाव भरी मुद्रा ने एक कमजोर-से मुरगे की दृष्टि आकर्षित की। वह गर्दन उठाकर पंख फुलाकर मुरगी की ओर देखते हुए इंच-इंच भर आगे और दो-दो इंच पीछे खसकने लगा।

एक अपेक्षाकृत बलवान मुरगा उस मुरगी की ओर बढ़ रहा था। बढ़ क्या रहा था, उसके पास तक-इतने पास तक पहुँच गया था कि मुरगी भी कुनमुना उठी। परन्तु अपने से भी तगड़े एक तीसरे मुरगे को उसी ओर आते देख मुर्ग नम्बर दो ने सामने पड़ा हुआ अन्न का एक कन मुँह में डालते हुए रास्ता छोड़ दिया।

मैदान साफ़ पाकर तीसरे मुर्गे ने बे-लगाम बाँग दी–'कुकड़ूँ कूँ' और मन्द मन्थर गति से सिर हिलाता हुआ प्रसन्नतापूर्वक वह मुरगी के पास पहुँचा। मुरगी ने कुड़क कर उसकी अगवानी की। कुछ देर दोनों चुहल करते रहे कि एक बड़ा ही हृष्ट-पुष्ट चौथा मुरगा आया। मुरगी ने देखा कि नवांगतुक मुरगे के पंख में रोएँ भी अधिक हैं और चोटी भी ज़रा ज़्यादा लाल और ऊँची है। उसने तत्काल तीसरे मुरगे की ओर से मुँह फेर लिया।–और मिनट भर बाद मुरगी चौथे मुरगे के साथ थी। इस तरह साथ थी जैसे जनम-जनम का साथ हो।

पीरू बहेलिया यह दृश्य देखकर अश्लील आनन्द का उपभोग कर रहा था। उसकी बगल में खड़ा सुमन्त सोच रहा था कि अभी पाँचवाँ मुरगा भी आ सकता है।

उसी समय कुत्सित आनन्द प्रकट हुए पीरू ने कहा–"अभी पाँचवाँ मुरगा भी आ सकता है हुजूर।

साम्यवादी सुमन्त को पीरू के सम्बन्ध में साम्यवादी सिद्धान्त का पालन करने में कुछ संकोच हुआ। उससे ज़रा दूर खसकते हुए उसने कहा–"मैंने जो कहा है उसका ख्याल रखना पीरू और ठीक वक्त पर कोठी के बावर्चीख़ाने में पहुँचा देना।"

पीरू ने वैसे ही असंस्कृत भाव से हँसते हुए उत्तर दिया–"खातिरजमा रखिए हुजूर, मुर्ग मुसल्लम के लिए पाँच मुरगे और साढ़े तीन दर्जन ताजा चूजे। यही न? शाम ठीक चार बजे कोठी पर पहुँचा दूँ। यही न?"

'हाँ, यही। जान रखो अमेरिकन मेहमान हैं। ज़रा बदस्वाद हुआ, ज़रा चूक हुई तो–'

'हुज़ूर की बात! यही करते करते पीरू बुड्ढा हो गया-' पीरू ने कहा और सहसा बड़े ही उल्लास से वह चिल्ला उठा–'वह देखिये हुजूर! पाँचवाँ मुरगा भी आ पहुँचा' और वह खिलखिलाकर हँस पड़ा।

उसकी हँसी पर सुमन्त कुछ लजा-सा गया। पीरू की हँसी निर्लज्ज भी थी और अश्लील भी। अपनी लज्जा छिपाने के लिये चटपट लौटते हुए मुँह फेर कर सुमन्त बोला–"अब चलता हूँ।"

सुमन्त की झेप से द्विगुण प्रसन्न होते हुए पीरू ने कहा–"अच्छा हजूर, सलाम।" और वह अट्टहास कर उठा।

सुमन्त नख-सिख से लाल हो गया। कितना अश्लील है यह अट्टहास।

पूँजीपति स्वामी का साम्यवादी सेक्रेटरी सुमन्त सोचता जा रहा था कि इस अवसर से मेरे स्वामी कितना भारी लाभ उठाएँगे। उनके मार्किन मेहमान मिस्टर जोनाथन जूलियस-जोन्स अमेरिका के नम्बर एक श्रीमानों में भी एक हैं। सेठ कान्तिलाल के बाप सर शान्तिलाल से उनकी भेंट कभी यूरोप-भ्रमण के अवसर पर हुई थी और तभी से वे दोनों घनिष्ठ मित्र बने। उनकी कृपा से फर्म शान्ति लाल कान्तिलाल दिन दूनी रात चौगुनी उन्नति करता गया। वही मिस्टर जोनाथन जूलियस जोन्स अपनी तेरहवीं विश्व-परिक्रमा के सिलसिले में भारत आकर गत चार दिनों से सेठ कान्तिलाल की कोठी में सशरीर विराजमान हैं और सेठ कान्तिलाल हैं कि इसी चिन्ता में घुले जा रहे हैं कि

कौन-सा उपाय करूँ जिससे खुश होकर मिस्टर जूलियस जोन्स भारत से अमेरिका के लिए बन्दर-निर्यात का एकाधिकार मुझे ही दिला दें। कहीं हमारे ही फर्म को इस मामले में सोल एजेंट बना दें तो मज़ा आ जाए। उन्हीं मिस्टर जोनाथन जूलियस-जोन्स की खातिरदारी के सिलसिले में उसे सबेरे-सबेरे पीरू बहेलिए के यहाँ जाना पड़ा-मुर्ग मुसल्लम और आमलेट के लिए मुरगे, चूजे और अंडों का ऑर्डर देने।

मुरगों का खयाल आते ही उसे पीरू की हँसी सुन पड़ी और उसकी आकृति आँखों के सामने आ खड़ी हुई। सुमन्त तीसरी बार लजाया। सचमुच पीरू की हँसी और उसकी मुद्रा ऐसी ही अश्लील थी।

प्रभु-भक्त कम्युनिस्ट सेवक ने अपना ध्यान मुरगों की ओर से बलपूर्वक हटाकर अपने स्वामी की ओर लगाया और स्वामी की ओर ध्यान देने का परिणाम यह हुआ कि स्वामिनी सुमित्रा देवी का ध्यान उसे बरबस आ गया। उसी में लोक-परलोक सरबस समा गया।

उसने प्रत्यक्ष देखा कि युवक सेठ कान्तिलाल ने अपनी सुन्दरी भार्या को-जो सचमुच उनकी सबसे बड़ी पूँजी है–व्यापार में लगा दिया है। मिस्टर जोनाथन जूलियस-जोन्स की सुख-सुविधा पर ध्यान रखने का कार्य उसे सौंप दिया है और वह भी तन-मन-धन से अपना कर्तव्य पालन कर रही है। यह सभी लोग देख रहे हैं-सेठ कान्तिलाल और कुछ भी न देखते हुए इतना अवश्य देख रहे हैं।

लोगों को आश्चर्य था यह जानकर कि मिस्टर जोनाथन जूलियस-जोन्स सत्तर साल के बूढ़े हैं और यह देखकर कि रसिकता और दम-खम में वे जवानों को मात कर रहे हैं। वे चकित होकर परस्पर पूछते-भाई, इस उमर में नयी जवानी! यह कैसे?

जानकार बनने का दावा करने वाले जवाब देते–"मंकी-कल्प करा लिया है।"

पुनः सवाल होता–"मंकी-कल्प क्या?"

उत्तर मिलता–"जैसे प्राचीन भारत में ययाति जैसे विषय विलासी लोग काया-कल्प कराते थे वैसे ही आजकल अमेरिकन बूढ़े 'मंकी-कल्प' कराते हैं। इसीलिए तो हज़ारों बन्दर हर साल अमेरिका भेजे जाते हैं।"

और इसी 'मंकी'-कल्पित अमेरिकन वृद्ध के साथ आजकल सुमित्रा चौबीसों घंटे लगी हुई उसका मनोरंजन कर रही है।

पैर आगे बढ़ते हैं तो आँखें नयी-नयी जगहें देखती हैं; विचार आगे बढ़ता है तो नयी-नयी भावनाओं का दर्शन करता है। सुमन्त का विचार आगे बढ़ा और पिछली रात की घटना उसे रास्ते में मिल गई। उस रात चाय के प्याले पर तूफान आ गया था। मिस्टर जोनाथन जूलियस-जोन्स की तबीयत कुछ नासाज थी, फलतः उन्होंने अपने कमरे में ही चाय पी ली थी। इधर चाय-पान करते-करते सौन्दर्य की उपयोगिता के प्रश्न पर सुमन्त और सुमित्रा में गरमागरम बहस हो गई। सुमन्त ने कहा था कि सौन्दर्य स्वयं ही अपनी उपयोगिता है। उसे किसी अन्य उपयोगिता की आवश्यकता नहीं, आकांक्षा नहीं। रूप ऐसी ही वस्तु है। वह मित्र को शत्रु और शत्रु को मित्र बना लेने की क्षमता रखता है।

सुमित्रा का कथन था कि सौन्दर्य का मूल्य जीवन का सुख है। यदि वही उससे प्राप्त न हुआ तो सारा सौन्दर्य व्यर्थ है। सौन्दर्य का महत्त्व जानती थी क्लियोपेट्रा जिसकी एक मुट्ठी में सीजर और दूसरी में ऐन्टनी की चोटी थी। सौन्दर्य का मूल्य पहचानती थी नूरजहाँ जिसने भारत-सम्राट जहाँगीर को अपना-अपने सौंदर्य का गुलाम बना रखा था। कहना तो न चाहिए मगर रूप का वास्तविक मूल्य जानती हैं वे स्त्रियाँ जिन्हें समाज रूपाजीवा कहता है।

और यही सोचते-सोचते सुमन्त के मानस-चक्षु के समक्ष पीरू की उस मुरगी का चित्र प्रतिभासित हो उठा जो उस मुरगे की ओर आकृष्ट हो रही थी जिसके पंख में सर्वाधिक रोएँ थे, जिसकी गर्दन सबसे मोटी थी, जिसकी बाँग के सामने मसजिद के मुअज्जन की बाँग भी हलकी पड़ जाती थी। ओह पीरू का पाँचवाँ मुरगा।

मिस्टर जोनाथन जूलियस-जोन्स के सम्मान में आज रात सेठ कान्तिलाल शानदार दावत दे रहे थे। इसी दावत की सफलता पर उनकी व्यापारिक सफलता निर्भर करती थी। यदि कहीं उनकी गोटी चित्त पड़ गई तो तीन लाख डालर निखरचे मुनाफ़ा था। अतः सेठ जी के सेक्रेटरी के लिए मुसीबत स्वाभाविक थी। यदि दावत में तनिक भी त्रुटि हुई तो उसी की गरदन नापी जाएगी। उसकी व्यस्तता उस समय चरम सीमा पर पहुँच गई जब मिसेज कान्तिलाल अर्थात् सुमित्रा देवी ने उसे ज़रूरी काम से बुला भेजा।

स्वामिनी की आज्ञा पाकर जब वह उनके कमरे में पहुँचा तो यह देखकर चकित रह गया कि देवी जी रंग-बिरंगी साड़ियों के समुद्र में तैर रही है। एक ओर कतान की साड़ियों का ढेर लगा है तो दूसरी ओर जंगलेदार बनारसी साड़ियों का स्तूप खड़ा है। ज़री की मद्रासी साड़ियाँ भी कम नहीं हैं। और ब्लाउज? विभिन्न रंग और विभिन्न काट के ब्लाउजों की प्रदर्शिनी-सी लगी है। सुमित्रा कभी यह साड़ी उठाती है फिर रख देती है। कभी उस ब्लाउज का परीक्षण करती है और फिर उसे भी उपेक्षा से फेंक देती है। बेचारी के सामने सबसे बड़ी समस्या यही है कि शाम दावत के अवसर पर वह कौन-सी साड़ी और कौन-सा ब्लाउज पहने। समस्या का कोई कूल किनारा न कर पाने पर सुमित्रा ने अपने बाल-सखा, मित्र, प्रेमी और सेवक सुमन्त को सलाह के लिए बुला भेजा।

"कहिये क्या हुक्म है?"—सुमन्त ने कृत्रिम सम्मान दिखाते हुए सुमित्रा से पूछा! साड़ियों की लहरों में से अपना सिर उठाते हुए सुमित्रा ने सुमन्त को देखा। उसकी सम्मानसूचक वाणी की कृत्रिमता को पहचाना। कुछ कौतुक भी अनुभव किया और तब मुस्कराती हुई उससे बोली—"तुम्हें यह सलाह देने के लिए बुलाया है कि आज दावत में कौन-सी साड़ी और ब्लाउज पहनूँ। रंग भी मैच करे और रूप पर भी निखार आये।"

जैसे पुस्तक में भूमिका होती है उसी प्रकार उत्तर देने के पहले सुमन्त ने जैसे भूमिका बाँधी और कहा—

'उसे क्या काम जेवर का जिसे खूबी ख़ुदा ने दी
लगा करता है कितना खुशनुमा यह चाँद बेग़हने।।'

"चापलूसी करने के लिए नहीं, सलाह देने के लिए तुम्हें बुलाया है।" सुमित्रा ने कृत्रिम विरक्ति प्रकट करते हुए कहा।

सुमन्त ने उत्तर दिया—"मैंने भी तो आपको सलाह ही दी है। यदि मेरी बात समझ में न आई हो तो और भी स्पष्ट शब्दों में कहूँ—

'है जवानी खुद जवानी का सिंगार
सादगी गहना है इस सिन के लिए।'"

"दावत में कुल दो घंटे बाकी रह गये हैं और तुम्हें शायरी सूझ रही है। जल्दी बताओ मैं क्या पहनूँ।" सुमित्रा ने आतुरता से पूछा।

सुमन्त को मज़ाक सूझा। उसने कहा—"अगर सच पूछती हैं तो इनमें से एक भी साड़ी या ब्लाउज इस काम का नहीं है कि आप पहनें। इस नयी ठाट की दावत में आपका भी ठाट कुछ नया ही होना चाहिए। मेरी राय है कि आप आज कोई नयी साड़ी पहनिये।

नयी साड़ी की सलाह सुमित्रा को बेहद पसन्द आई। वह बोली—"यह तो तुमने जैसे मेरे मन की बात कही है। बस अब सीधे बाज़ार चले जाओ और खुद पसन्द कर एक साड़ी लेते आओ जो इस ब्लाउज से मैच करें।"

सुमन्त पसोपेश में पड़ा। उधर दावत का वक्त करीब है, इधर देवी जी उसे बाज़ार भेज रही हैं। उसने जैसे अपनी जान बचाने के लिए कहा—"साड़ी पहनना है आपको और पसन्द करूँ मैं। यह तो ठीक नहीं। मोटर पर बैठकर आप ही चली जाइये। दस मिनट में वापस आ जाएँगी। और साड़ी भी अपनी पसन्द की खरीद सकेंगी।"

"बातें मत बनाओ। बाज़ार तुम्हीं को जाना होगा। रही मेरे पसन्द करने की बात सो यह समझ लो कि भोजन अपनी रूचि का अच्छा होता है और शृंगार दूसरों की रुचि का।"

सुमन्त को बाज़ार जाना ही पड़ा। नयी साड़ी और नयी गाड़ी का लोभ सुमित्रा के जीवन की प्रेरक शक्ति है। इसकी चरम परिणति कहाँ होगी।

बादामी रंग के काग़ज़ में लपेटी हुई साड़ी का बंडल हाथ में लिये हुए सुमन्त जिस समय कोठी पर लौटा उस समय कोठी में उसकी खोज जोरों से हो रही थी। सेठ कान्तिलाल उसकी अनुपस्थिति पर बार-बार झल्ला रहे थे। ऐसे महत्त्वपूर्ण मौके पर प्राइवेट सेक्रेटरी का गायब हो जाना अक्षम्य अपराध था। फलतः उसे देखते ही बफर उठे। बोले देखता हूँ तुम मेरी नाक कटवाकर ही मानोगे सुमन्त!

सुमन्त के मन में आया कि कह दे कि आपकी नाक काटेंगे आपके घरवाले और घरवाली, मुझ ग़रीब में यह शक्ति कहाँ कि आपकी नाक काट सकूँ। परन्तु उसी दिन घर से आई हुई चीठी अब भी उसके पाकेट में अंगारे की तरह जलती हुई पड़ी थी। वह चिट्ठी जिसमें उसकी देहाती अनपढ़ पत्नी ने लिखा था कि अम्माजी गंगा-स्नान कर लौटते समय एक मोटर गाड़ी से धक्का खाकर चोट खा गई हैं। उनकी दवा के लिए पैसा नहीं है। अपना अन्तिम जेवर बेचकर उनकी चिकित्सा कर रही हूँ परन्तु मेरे

शरीर पर जो एकमात्र धोती रह गई है वह मरम्मत करते-करते इतनी बेमरम्मत हो उठी है कि उसे पहनकर अब बाहर नहीं निकला जा सकता। कुछ रुपये तत्काल भेजो।

चन्द्रा की उक्त चिट्ठी ने उसे गुस्ताख बनते-बनते बचा लिया। वह विनीत स्वर में कुछ ठकुर सुहाती कहने जा ही रहा था कि सुमित्रा आ गई और उसने आते ही पूछा– "कहिये साड़ी ले आये।"

साड़ी का बंडल उसे थमाते हुए सुमन्त ने कहा–"जी अभी लिये चला आ रहा हूँ। इसीलिए मालिक की फटकार भी सुन रहा हूँ।"

सेठ कान्तिलाल चौंके। 'साड़ी?' उन्होंने पूछा–"कैसी साड़ी? इतनी साड़ियाँ रहते नयी साड़ी की क्या ज़रूरत पड़ी। सुमित्रा, तुम बहुत फ़िजूलखर्च हो। मैं तो मर-मर कर पैसा पैदा करता हूँ और तुम उसे इस तरह फ़िजूल उड़ाती हो।"

अपने दूसरे अथवा तीसरे पति के साथ दो साल रह लेने पर सुमित्रा उनकी प्रकृति से बखूबी वाकिफ़ थी। जानती थी कि सेठ कान्तिलाल के पैसा तो ज़रूर है मगर वह दिल नहीं है जो उस पैसे का समुचित उपयोग कर सके। सेठ कान्तिलाल पहले भी उसे उसकी फ़िजूलखर्ची पर डाँट-फटकार चुके थे। परन्तु वह एकान्त की बात थी और आज? आज तो इतने नौकरों-चाकरों के सामने उन्होंने उसकी इज़्ज़त उतार ली। फलतः वह ताव खा गई और ताव खाना था कि शिष्टता का सारा भाव उसके मन से तिरोहित हो गया। ढेले का जवाब पत्थर से देती हुई बोली–"तुम कोरे बनिये हो। खाली पैसा जोड़-जोड़कर रखना जानते हो। जीवन में उसका क्या उपयोग यह तो तुम्हें मालूम नहीं। दो साल हुए शादी के वक्त जो कार दे दी वही अब तक चली जा रही है। परसाल से कह रही हूँ कि गाड़ी खराब होते-होते अब छकड़ा जैसी रह गई है, उसे बदल दो। मगर वही आजकल कर रहे हो। आखिर किस बाप के बेटे हो। उसी के न जिसकी कंजूसी की वजह से शहर में कोई सुबह के वक्त जिसका नाम नहीं लेता।"

सुमित्रा ने यदि इससे भी कड़ी बात सेठजी से एकान्त में कही होती तो वे मुदित होकर हँसते, उसे और भी चिढ़ाकर मज़ा लेते परन्तु नौकरों के सामने पत्नी की यह फटकार वे भी न सह सके और क्रोध में आकर चिल्ला उठे–"कंगालों की लड़कियों के योग्य ही बात तुमने कही है। यह पैसा जोड़ने का ही परिणाम है कि बनिये का बेटा राजाओं का राजा बना हुआ है और पैसा उड़ाने का परिणाम है कि तुम्हारे बाप राजा बहादुर होकर भी भिखमंगे से बदतर हैं।"

सुमन्त का मन पीरू बहेलिए के आँगन में पहुँच गया। उसने जैसे देखा कि चौथा मुरगा मुरगी की चोटी पकड़कर उसे झकझोर रहा है। उसने इधर-उधर निगाह दौड़ायी कि पाँचवाँ मुरगा कहाँ है जो आकर मुरगी की रक्षा करे।

बात आगे बढ़ती कि मिस्टर जोनाथन जूलियस-जोन्स की सेवा में नियुक्त अर्दली ने आकर सलाम किया और कहा कि साहब ने मेम साहब को सलाम कहा है। सेठ कान्तिलाल दाँत चबा कर रह गये। सुमित्रा शान से अर्दली के साथ मिस्टर जोनाथन

जूलियस जोन्स के कमरे की ओर चली। सुमन्त अपने ओठों में ही मुस्कराया--"वाह रे पीरू के पाँचवें मुरगे!"

दुर्योधन को शाप था कि जिस समय उसके हृदय में हर्ष और विषाद की भावनाएँ एक साथ समान रूप से उदित होंगी उसी समय उसकी मृत्यु होगी। यदि सेठ कान्तिलाल को भी ऐसा ही शाप प्राप्त रहता तो आज की दावत उनके साथ पूरी अदावत करती और उनके प्राण-पखेरू उनके तन पिंजर से निश्चय ही उड़ जाते। कारण, इस समय सेठजी के मन में जितना ही हर्ष था उतना ही विषाद। दावत अत्यन्त शानदार रही, यह आनन्द का विषय था। पीरू के पाँचवें मुरगे ने मुर्ग मुसल्लम बनकर दावत का रंग बदरंग कर दिया यही सेठजी के विषाद का कारण था।

संयोग की बात की पाँचवाँ मुरगा मिस्टर जोनाथन जूलियस जोन्स की मेज़ पर ही रखा गया। उन्होंने उसे चाकू से काटकर पहला ही कौर काँटे के सहारे मुँह में डाला था कि खटाके की आवाज़ के साथ उनका चेहरा विकृत हो गया। खैरियत इतनी ही थी कि साहब के दांत नक़ली थे। असली होते तो दो एक टूटकर नीचे गिर पड़ते और साहब को भी बड़ी पीड़ा होती। नक़ली होने के कारण वे अपने स्थान से तनिक खसककर ही रह गये। साहब ने कौर थूक दिया। मुरगे के मांस में मटर बराबर पत्थर का एक चमकीला टुकड़ा था।

दावत समाप्त हुई तो हर्ष-विषाद का एक दूसरा प्रकरण सेठ जी के सामने आया। साहब ने उनकी अभिलाषा पूर्ण कर दी थी। जिस समय उन्होंने सेठ को बन्दर-निर्यात के एकाधिकार का लाइसेन्स दिया उस समय सेठ जी के आनन्द का पार न रहा। परन्तु ज्यों ही साहब ने अपना दूसरा प्रस्ताव उपस्थित किया त्यों ही सेठ जी के पैर के नीचे से धरती खिसकती मालूम हुई। साहब ने सेठ जी से अनुमति माँगी थी कि वे मिसेज सुमित्रा लाल को अमेरिका भ्रमण कर आने की इजाजत दे दें। उन्होंने यह आश्वासन भी दिया कि सुमित्रा देवी को किसी तरह की तकलीफ़ या असुविधा न होने पायेगी और माल का पहला कनसाइनमेन्ट पहुँचते ही वे स्वदेश वापस भेज दी जाएँगी। उन्होंने विषपूर्ण नेत्रों से मिस्टर जोनाथन जूलियस जोन्स की बगल में सुमित्रा को देखा। वह मुस्करा रही थी। विमान एयरो ड्रोम पर साहब की प्रतीक्षा कर रहा था। अतः साहब को जल्दी थी। सेठ जी को भी जल्दी से अनुमति प्रदान कर देनी पड़ी।

सेठ जी के साथ सुमन्त जब विमान पर मिस्टर जोनाथन जूलियस-जोन्स और सुमित्रा को बिदाकर कोठी लौटा उस समय रात के दो बज गये थे। सेठ भी हर्ष-विषाद के झूले में झूल रहे थे और सुमन्त भी। सुमित्रा के अमेरिका चले जाने से सुमन्त दुःखी था। वह बन्धन हमेशा के लिए कट गया यह सोचकर सुखी था। उसने अनुभव किया कि सेठ कान्तिलाल के यहाँ अब उसके बने रहने की कोई आवश्यकता नहीं। पेट पालने भर पैसा वह कहीं भी पैदा कर लेगा। यहाँ रहने पर तो स्मृतियाँ ही उसे डसती रहेंगी। उसके प्रथम प्रेम की पात्री सुमित्रा आखिर अमेरिका चली गई–हमेशा के लिए। सुमन्त की आत्मा कह रही थी कि सुमित्रा अब अमेरिका से लौटने वाली नहीं। उसने

विदा होते-होते सुमन्त से कहा था–"क्यों जी सुमन्त, एक ग़रीब विद्यार्थी की अपेक्षा एक राजा बहादुर अच्छा है। एक बिगड़े ज़मींदार राजाबहादुर की अपेक्षा एक सिविलियन अफ़सर ज़्यादा अच्छा होता है उस सिविलियन से एक भारतीय सेठ अधिक अच्छा है और भारतीय सेठ से अमेरिकन उद्योगपति लाख दरजे बेहतर है। है न?"

और सुमन्त की आँखों के सामने सुमित्रा सम्बन्धी जीवन के सभी चित्र एक बार घूम गये। कलकत्ता विश्वविद्यालय के दिन। तरुण अरुणोदय। जब पूरी आशा थी कि ग़रीब होने पर भी अपनी प्रतिभा के बल पर वह सुमित्रा से विवाह कर सकेगा। सहसा राजा बहादुर दशमौलिरावणेश्वर प्रसाद नारायण सिंह का आगमन और धन के बल पर सुमित्रा-हरण। फिर मिस्टर सहस्रमुंडे आई.सी.एस. की पत्नी-रूप में सुमित्रा का दर्शन। वहाँ से उसे सेठ कान्तिलाल के यहाँ इसलिए बहका लाना कि इसी प्रकार उसे निरन्तर देखने का सुख लाभ किया जा सकेगा। और आज रात वह आशा-तन्तु भी सदा के लिए टूट गया। सुमन्त त्याग पत्र लिखने लगा। परन्तु लिख गया एक कहानी।

पूर्व दिशा में प्रकाश की पहली किरणें फैल चुकी थी जब सुमन्त ने अपनी कहानी समाप्त की। उसे लेकर वह बाग़ में सेठ जी के पास पहुँचा। सेठ जी नित्य सुबह बाग़ में टहला करते थे। आज भी टहल रहे थे। सुमन्त को देखते ही बोले–बस अब बिलम्ब न करो और बन्दर पकड़वाना शुरू कर दो। लाखों का वारा-न्यारा करते देर न लगेगी।

इसी समय पीरू बहेलिया ने आकर सलाम किया। कल शाम वह जिस समय मुरगे और चूजे ले कर आया था उस समय न मालिक से भेंट हुई न सेक्रेटरी से और पीरू का विश्वास आज नक़द कल उधार के सिद्धान्त में था। फलतः वह दाम लेने के लिए सुबह ही ड्योढ़ी पर हाजिर हो गया, इतने में मुनीम जी भी मालिक के सामने आये और उनके हाथ में एक पुड़िया देते हुए बोले–"सरकार यह पत्थर का टुकड़ा तो हीरा है। जौहरी उसकी कीमत करीब पाँच हज़ार रुपये लगा रहे हैं।"

सेठ ने आश्चर्य से पूछा–"हीरे का टुकड़ा मुरगे के पेट में कैसे आया?"

"कहीं से चुग लिया होगा सरकार।"–मुनीम ने विनय से कहा।

पीरू पछताकर रह गया। कहीं इस मुरगे को मैंने ही हलाल किया होता तो हीरे का यह टुकड़ा मेरे हाथ लगता। मगर ईमानदारी बड़ी चीज़ है। अतः उसने हीरे के टुकड़े की कीमत न माँग कर केवल मुरगे की कीमत माँगी। सेठ जी बिगड़ उठे–मुरगे की कीमत माँगने आये हो। तुम्हारे मुरगे की वजह से रात मेरी बड़ी बेइज़्ज़ती हुई। मेहमानों के सामने मुझे झेपना पड़ा। अगर मेहमान का दाँत टूट जाता तब।

और सेठ सुमन्त की ओर घूमे। बोले–"तो समझ गये न? मिस्टर जूलियस जोन्स ने मेरे लिए लाखों का डौल लगा दिया है। अब तुम काम में जुट जाओ।"

सुमन्त ने सिर खुजलाते हुए कुंठित किन्तु दृढ़ स्वर में कहा–"नहीं सेठ जी, अब आप मुझे छुट्टी दे दीजिये, यह मेरा इस्तीफा है।"

उसने सेठ के हाथ में अपनी कहानी दे दी।

उसी समय पीरू ने कहा–"हुजूर, मेरे पाँचवें मुरगे की वजह से हुजूर की बेइज़्ज़ती भले हुई हो मगर वह पैसा भी काफी दे गया हुजूर को।"

पीरू वही हँसी हँसने लगा जिसमें सुमन्त को अश्लीलता की गन्ध आती थी। सेठ ने मुनीम को इशारा किया कि इन दोनों का हिसाब साफ़ कर दो।

लौटते हुए पीरू ने सुमन्त से कहा–"देखा हुजूर, पाँचवें मुरगे ने सरकार की इज़्ज़त तो ज़रूर ले ली। मगर बदले में पैसा काफी दे गया।"

सुमन्त ने मुस्करा कर पीरू की ओर देखा। पीरू ने पुनः अट्टहास किया।

अट्टहास की ध्वनि सेठ कान्तिलाल के कानों में भी पड़ी। परन्तु उन्होंने उस पर ध्यान न दिया और सुमन्त की कहानी पढ़ने के लिए काग़ज़ खोला। सुमन्त की कहानी का शीर्षक था 'सत्य और स्वप्न'।

पीरू रास्ते में रह-रह कर कह उठता था–"वाह रे पाँचवें मुरगे।"

सुमन्त रह-रह कर सोचता था–"आह! पीरू का पाँचवाँ मुरगा।"

सत्य और स्वप्न

प्रहरी ने छह बार घंटे पर चोट की। सुदूर शैल-शिखर पर अस्तप्राय सूर्य की किरणें अभी नाच रही थीं। वितस्ता की चंचल लहरों से उनकी आँख-मिचौनी चल रही थी और खग-कुल व्याकुल रव करता हुआ निज नीडोन्मुख था। बस अभी-अभी काले अम्बर से प्रतीची का रक्तगोलक ढक जाने वाला था। प्रहरी ने छह बजाकर दिनान्त की सूचना दी और फिर अपने स्थान से सामने की शैल माला की ओर एक टक देखने लगा। साथ ही कुछ गुनगुनाने भी–

'किसी समय कहीं कोई कानन था। झरने उसे धोते और चन्द्रमा उस पर अपनी किरनों का पानी चढ़ाता। उसी कानन के एक कोने में एक तरु था और उस तरु में एक कली। उस कली को मलयानिल ने अनुप्राणित किया और उषा ने अनुरंजित। भ्रमर उसके पास आया और गुनगुनाया–वाह, क्या रूप है! कली फूल उठी। भ्रमर ने पुनः कहा–"मेरा प्रेम स्वीकार करो। कली खिलखिलायी–प्रेम कोई खिलौना है क्या? निर्मल मालाकार ने उसे तोड़ लिया। गूँथी हुई माला में उसे स्थान दिया। कली का निसर्ग सौन्दर्य नष्ट हो गया। आह! वह हार पड़ा किसी विलासी के गले में। भौंरा उसी कली को खोजता हुआ यहाँ आया है। हे बंधनग्रस्त कलिके! तुम्हारा बिछुड़ा प्रेमी तुम्हें खोजता यहाँ आया है।

प्रहरी का गाना समाप्त हो गया। किंकिनी और नूपुर की झंकार सुनकर वह उठा और टहलने लगा। काश्मीर की कोमल कामिनियों से घिरी काश्मीर की रानी सामने आई। अद्भुत सौन्दर्य समारोह था। प्रहरी क्षण-भर के लिए चकित हो गया। फिर

सँभलकर उसने अभिवादन किया। रानी भी प्रहरी को देखकर कुछ चौंक-सी गई, फिर सँभली और दासियों के साथ उद्यान का रास्ता लिया।

प्रहरी फिर गाने लगा।

सत्य और स्वप्न में वही अन्तर है जो वर्तमान और भूत में। वर्तमान सत्य है और भूत स्वप्न। यही वर्तमान निर्धन भिक्षुक हो तो भूत धन-कुबेर भी हो सकता है। वर्तमान सेवक हो तो आश्चर्य नहीं कि भूत स्वामी रहा हो। सुख की सत्यता का जब हम अनुभव करते हैं तब दुख सपना हो जाता है और दुख की रात में तो सुख सपना है ही। प्रहरी भी दुख की अंधियारी में सुख का सपना देखने लगा।

वाराणसी में गंगा का तट है और गंगा-तट पर नगर-सेठ का प्रासाद तुल्य भवन। भवन में उद्यान है। उद्यान में गंगा का पानी नहर द्वारा आता है। ग्रीष्म की कड़ी धूप में नहर के किनारे कुंज में बारह वर्ष का एक बालक और दस वर्ष की एक बालिका खेल रहे हैं। बालक है नगरसेठ का एकलौता पुत्र केशव और बालिका कमला है दासी पुत्री।

सेठ का पुत्र भी सेठ है और दासी की पुत्री भी दासी।

प्रभु! कमला ने पुकारा।

क्या है दासी–प्रभु ने पूछा।

दोनों ने उक्त सम्बोधन अपने-अपने जनक-जननी से सीखे थे।

–स्वामी, देखो कैसे हैं ये लाल-लाल बंधूक कुसुम। थोड़े से चुन तो दो। मैं माला गूथूँगी।

–माला? माला क्या होगी दासी।

–'देवता की पूजा करूँगी, देवता को चढ़ाऊँगी स्वामी।'

स्वामी को दासी की आज्ञा शिरोधार्य करनी पड़ी। वह फूल चुनने लगा, वह माला गूँथने लगी। बीच-बीच में दासी स्वामी की ओर देख लेती थी। सुई की तीखी नोंक धँसने से उसकी चम्पा कली सी उँगलियों पर रक्त-बिन्दु छा जाते और रक्त की लालिमा बंधूक की लाली में मिल जाती।

माला तैयार हो गई।

'दासी-चलती हो देव मंदिर।'

–क्यों?

–देवता को माला चढ़ाने, उपासना करने।

–मेरे देवता तो तुम्हीं हो स्वामी।

दासी ने स्वामी के गले में कष्ट से गूँथी हुई माला डाल दी। श्रम-सार्थक हो गया। रसाल पर बैठी कोकिल कूक उठी। दोपहर की उष्ण वायु ने मन्द मलयानिल बनकर कुंज में प्रवेश किया।

प्रहरी ने ठंडी साँस भरी। स्वप्न चलने लगा।

ग्रीष्म के बाद पावस और पावस के पश्चात् शरद। शरद् ऋतु का प्रारम्भ था। नरेश विजय के लिए निकले, व्यवसायी व्यवसाय के लिए और वाराणसी के सर्वश्रेष्ठ

श्रेष्ठी इन्द्रदत्त निकले तीर्थ यात्रा के लिए। उनका पुत्र उनके साथ था और पुत्र के अनुरोध से उसकी दासी भी।

आगे-आगे अस्त्र-शस्त्रों से सुसज्जित अश्वारोहियों की पंक्ति थी। पीछे-पीछे बैलगाड़ियों पर सेठ, सेठ का पुत्र और सब सामान था। यात्री-दल हँसता-खेलता सजग चला जा रहा था। संध्या हो गई। इन्द्रदत्त की आज्ञा से लोगों ने डेरे डाल दिये।

रात्रि दो पहर बीत गई। यात्रा से क्लांत यात्री-दल बेसुध सो गया।

"स्वामी-स्वामी" कमला ने केशव को जगाया।

"क्या है?"—केशव ने जागकर पूछा।

"वह देखो कैसा प्रकाश है।"

केशव ने देखा कि थोड़ी दूर पर जैसे सैकड़ों मशालें जल रही हों! उसने न जाने क्या सोचकर उत्तर दिया—"वह सब कुछ नहीं है। तुम चुपचाप सो रहो।"

केशव ने स्वयं भय से अपनी आँखें मूँद लीं।

आध घंटा भी न बीता होगा कि सीमा प्रान्तीय विदेशी दस्युओं का एक दल यात्रियों पर टूट पड़ा। कुछ रक्षक तो कट गये। शेष घोड़ों की नंगी पीठ पर बैठ हवा हो गये। इन्द्रदत्त की पाई-पाई लूट ली गई और अन्त में स्वयं उन्हें अपने प्राणों से हाथ धोना पड़ा। दस्युओं के हाथ लगी विशाल संपत्ति और एक बालक तथा एक बालिका।

प्रहरी के बदन पर विभीषिका एक बार पुनः स्पष्ट हो उठी। वह काँप-सा गया। स्वप्न आगे बढ़ा।

काबुल के बाज़ार में जन-राशि उमड़ पड़ी थी। नर-नारी गाय बकरियों की तरह बेचे जा रहे थे। बिकने वाले तो पशु थे ही परन्तु मनुष्य होकर मनुष्य को बेचने वाले क्या थे? पत्थर!

इन्हीं पशुओं में था एक निरीह बालक और एक कोमल कलेवरा बालिका। बालक बिका पाँच दीनारों पर और बालिका का मूल्य लगा पचीस दीनार। बालक को खरीदा एक सैनिक ने और बालिका बिकी शाहजादा काश्मीर के हाथों।

सैनिक के साथियों ने कहा—"यार, तुम तो ठग गये। यह लड़का तो महज बोदा है।"

शाहजादे से कहा गया—"यह सौदा नफ़े का रहा। हुजूर ने तोहफ़ा पाया।"

इसके बाद सैनिक ने बालक को सैनिक बनाने का अथक परिश्रम किया परन्तु वणिक् पुत्र सैनिक न बना। बना क्या? खोजा।

जोहरा बेगम को आज की संध्या नीरस जान पड़ती थी और सैर फीका लगता था। बेगम आज अन्यमनस्क थीं। दासियों ने अनेक प्रयत्न किये पर बेगम के मनोभावों में कोई परिवर्तन न होता था। इतने में प्रहरी के गाने की ध्वनि बेगम के कानों में पड़ी। बेगम ने वह गाना बड़ी तन्मयता से सुना। गाना समाप्त हो गया पर बेगम की तल्लीनता न टूटी। अंधियारी क्रमशः घनी हो रही थी। एक दासी ने सविनय कहा—"अँधेरा हो गया हुजूर।"

"अँधेरा हो गया। अच्छा, तो चलो।"

बेगम महल की ओर लौटीं। उन्हें आते देख प्रहरी पूर्ववत् सजग हो गया परन्तु बेगम उस पर दृष्टिपात किये बिना ही आगे बढ़ गईं। उन्होंने अपने एकान्त कक्ष में जाकर अपनी सभी दासियों को हटा दिया। रोक लिया लैला को। लैला अपनी स्वामिनी की विश्वासपात्र दासी ही नहीं वरन् सुचतुरा दुःख-सुख में कल्याणकारिणी मंत्रदात्री सखी भी थी।

–लैला, यह नया खोजा कब आया है।

–इसे तो पन्द्रह बीस दिनों से देख रही हूँ हुजूर!

–मैंने तो इसे पहले नहीं देखा।

–जी हाँ, इसका पहरा दिन का रहता था।

–लैला, यह खोजा गाता बहुत अच्छा है।

–उसका गाना सुनना चाहती हैं आप? मैं उसे बुलाऊँ।

–बुलाओगी तो लेकिन उसके पहरे का क्या होगा।

–किसी बाँदी को बैठा दूँगी।

–तो ज़रा ठहर कर बुलाना।

इसी बीच एक दासी ने आकर शाह के आगमन की सूचना दी। बेगम ने नम्रतापूर्वक शाह की अभ्यर्थना की। दरबार खास जाने में विलम्ब होता देख कुछ देर बाद शाह बेगम से बिदा हुए।

रात्रि का पहला पहर बीता। प्रहरी ने वैसे ही घंटा बजाकर समय की सूचना दी और टहलने लगा। तुषार मंडित गिरि शिखर को छूती हुई बर्फ़ीली वायु सन्नाटे से बह रही थी। प्रहरी उतना गर्म कम्बल ओढ़े रहने पर भी काँप-काँप जाता था। इतने में छम छम की ध्वनि उसके कानों में पड़ी। प्रहरी देखने लगा कि इस बीहड़ बेला में कौन कोमलांगी सुरक्षित अन्तःपुर को छोड़कर बाहर जा रही है। क्षण भर में दो प्रमदा मूर्तियाँ बाहर आईं। उनमें से एक प्रहरी से बोली–"जहीर, तुम्हें बेगम साहिबा याद कर रही हैं। आओ मेरे साथ।"

प्रहरी एक बार पहरा छोड़कर जाने में हिचका। इसी बीच बाँदी ने फिर कहा–"तुम्हारे पहरे पर यह रहेगी।"

प्रहरी ने क्षण-भर विचार किया और फिर बाँदी के साथ अन्तःपुर के गुप्त द्वार में घुसकर लुप्त होकर होकर सीधे बेगम के शयनागार में निकला। बेगम दर्पण के सामने खड़ी थी। प्रहरी भी सिर झुकाकर चुपचाप खड़ा हो गया। कुछ देर ठहर कर वैसे ही सिर झुकाये हुए बोला–"क्या हुक्म है।"

बाँदी चली गई थी। बेगम ने उत्तर नहीं दिया। पूर्व स्मृतियाँ आँसू की बूँदें बनकर उनकी आँखों से टप-टप चू रही थीं। उन्होंने आँसू पोंछते हुए कहा–"स्वामी, मुझे क्षमा करो।"

स्वामिनी का सेवक से यह कहना शोभा नहीं देता–प्रहरी ने बिना सिर उठाये ही कहा।

—मेरा कुछ दोष नहीं है, सच कहती हूँ।

—जानता हूँ, दोष दुर्भाग्य का है और किसी का नहीं।

—तब भी क्षमा न करोगे।

मैं हूँ खोजा-क्लीव, निकृष्ट नर, निर्जीव और अधम प्राणी। मुझे 'क्षमा' शब्द के उच्चारण का अधिकार नहीं है और कमले तुम बेगम हो, शाह की पत्नी, मेरी स्वामिनी! तुम्हीं मुझे क्षमा कर दो।

—मैं वेश्या हो गई हूँ। तन दूसरे का, मन दूसरे का, यही तो पुर प्रमदाओं का लक्षण है। जो वैभव से क्रय की जाती है वही वेश्या है। मेरा शरीर भी धन से खरीदा गया है।

मैं खोजा हूँ क्रीतदास हूँ—प्रहरी ने पुनः कहा।

—मैं उस क्रीतदास की क्रीतदासी हूँ।

—तब तुम्हीं पहले मुझे क्षमा करो। मेरी कायरता ने ही यह स्थिति उत्पन्न की।

—क्षमा तो है ही परन्तु वह कायरता नहीं, बचपन का स्वाभाविक भय था। स्वामी, एक बार पुनः अपने मुँह से वही मधुर सम्बोधन करो, मुझे पुकारो दासी।

—दासी, मैंने भी तुम्हें क्षमा किया।

रात बीतने लगी। बिछुड़े हुए दो प्राणी जब मिलते हैं तब उनकी बातें जैसे समाप्त ही नहीं होना चाहतीं। सबेरा होने में अब विलम्ब न था। प्रहरी पुनः अपने स्थान पर लौटा। बाँदी को छुट्टी मिली। पात्र पुनः जल में डूबने जा रहा था। पहरा बदलने के लिए दूसरा प्रहरी आया। पात्र जल में डूब गया। प्रहरी ने घंटा बजाकर छह बजने की सूचना दी और कुछ गुनगुनाते हुए वह अपने डेरे की ओर लौट पड़ा। वायु में उसके शब्द गूँज रहे थे—ख़्वाब था जो कुछ कि देखा जो सुना अफ़साना था।

चित्रा

दिल-ए-नादां तुझे हुआ क्या है

'आखिर इस दर्द की दवा क्या है' शीर्षक के साथ उस दिन के दैनिक समाचार-पत्र जब अपने सायंकालिक संस्करण के रूप में प्रकट हुए तो उस छोटे से परन्तु महत्त्वपूर्ण नगर में इस छोर से उस ओर तक सनसनी-सी फैल गई। बड़े नगर में बड़ा आदमी बनना ज़रा कठिन होता है, मगर छोटे नगरों में छोटे से छोटा आदमी किसी भी बड़े से बड़े आदमी से कम हैसियत नहीं रखता; क्योंकि यदि बड़े आदमी की परिभाषा यह हो कि जिसे चार आदमी जानें तो वैसे नगरों में सभी सभी को जानते हैं। जानते ही नहीं मानते भी हैं। अतः छोटे नगरों में सब बड़े ही होते हैं, छोटा कोई नहीं होता। ऐसी दशा में सुमन्त की आत्महत्या की चेष्टा यदि 'नाटो' और 'सीटो' गुटों की गुप्त बैठक जैसी महत्त्वपूर्ण मान ली गई तो अचरज की कोई बात नहीं। यह भी अचरज की बात नहीं कि तत्सम्बन्धी समाचार डबल कॉलम शीर्षक लगा कर प्रकाशित हुआ और समूचा दो कॉलम स्थान छेंक बैठा। पत्र के नगर संवाददाता ने लिखा था–

आज अपराह्न कोतवाली की पुलिस ने नगर के प्रसिद्ध कवि और कहानीकार सुमन्तजी को आत्महत्या की चेष्टा के अपराध में गिरफ़्तार किया। पुलिस ने अपनी डायरी में क्या लिखा है, यह अभी मालूम नहीं हो सका है परन्तु सुमन्त जी के पड़ोसियों से पूछ-ताँछ करने पर जो पता चला उससे इस घटना पर काफी प्रकाश पड़ता है। कहा जाता है कि आज सबेरे तक सुमन्तजी प्रतिदिन की तरह अपनी मस्त-मौला मुद्रा में ही थे और उन्हें देखकर कोई सन्देह तक नहीं कर सकता था कि उनके मन में इतनी बड़ी दुरभिसन्धि छिपी हुई है। प्रतिदिन की भाँति दोपहर भोजन करने के बाद अपने कमरे में विश्राम करने गये परन्तु प्रतिदिन के विपरीत उन्होंने अपना कमरा भीतर से बन्द कर लिया। दिन के प्रायः दो बजे मनियाँ धोबिन उनके यहाँ कपड़े लेने आई। सुमन्तजी की पत्नी चन्द्रादेवी ने अपने पति के ऊपरी मंज़िल वाले कमरे के दरवाज़े पर जाकर जब भीतर प्रवेश करना चाहा तो उन्हें यह देखकर आश्चर्य हुआ कि कमरा भीतर से बन्द है। पुकारते-पुकारते थक कर जब उन्होंने दरवाज़े की दरार से देखा तो अपने पति को चारों खाने ज़मीन पर चित पड़ा देख उनके मुँह से चीख निकल गई। उस आवाज़ से आकृष्ट होकर उनकी वृद्धा सास भी आ गईं और बहू से स्थिति की

सूचना पाकर उन्होंने क्रन्दन करना आरम्भ किया। उनके क्रन्दन से मोहल्ले के लोग आकृष्ट हुए और देखते-देखते उनके यहाँ जन समूह उमड़ पड़ा। दरवाज़ा खोलने की जब सभी चेष्टाएँ विफल हो गईं तो उसे चीरने का प्रयत्न किया जाने लगा। इसी बीच किसी ने इसकी सूचना कोतवाली पुलिस को दे दी और दरवाज़ा चीरा जाए इसके पहले ही वहाँ पुलिस पहुँच गई। पुलिस की उपस्थिति में दरवाज़ा चीरा गया। पुलिस ने कमरे में जाकर देखा कि सुमन्त जी ज़मीन पर चित पड़े हैं। उनके मुँह से फेचकुर निकल रहा है। ओठ काले पड़ गये हैं। घरघराकर साँस तेजी के साथ चल रही है। यह दशा देख पुलिस ने उसी अवस्था में सुमन्तजी को अस्पताल भेज दिया और स्वयं वहाँ मामले की जाँच करने के लिए रुक गई। कमरे की तलाशी लेने पर पुलिस को एक डोरी छत की कड़ी से बँधी हुई मिली और उसका एक टूटा हुआ टुकड़ा सुमन्तजी की तकिया के नीचे मिला। पड़ोसियों ने पुलिस के सामने जो बयान दिये उनमें भी विरोध है। सुमन्तजी की माता और पत्नी ने तो घटना के कारण की जानकारी से बिलकुल इनकार किया। पड़ोसियों में से कुछ ने यह कहा कि इनकी आर्थिक स्थिति बड़ी ही डाँवाडोल है। हो सकता है कि आत्महत्या की चेष्टा का यही कारण हो। गृहस्वामी ने भी, जिसके मकान में सुमन्तजी किरायेदार हैं, इसी बात की पुष्टि की। उसने कहा कि आज चार महीने से बेकार पड़े रहने के कारण सुमन्त जी मकान का किराया भी नहीं चुका पाये हैं। उसने यह भी स्वीकार किया कि इधर उसने अपने प्राप्य का तकाज़ा कड़ाई से करना आरम्भ किया था और आज सुबह इसी प्रश्न को लेकर उसमें और सुमन्त में कुछ कहा सुनी भी हो गई थी। हो सकता है कि उसी ग्लानि में उन्होंने ऐसा किया हो। जैसा कि लोगों के बयान से विदित हुआ है, यदि अर्थाभाव ही आत्महत्या की चेष्टा का कारण हो तो इस पर सिवा यह कहने के और कहा ही क्या जा सकता है कि 'आखिर इस दर्द की दवा क्या है?'

उक्त समाचार का पाठ महलों में भी हुआ और झोपड़ियों में भी। नदी किनारे भी, तमोली की दुकान पर भी। गली के नुक्कड़ पर भी, चौराहे पर भी। महलों में कहा गया--गदाई है। जीवन-युद्ध का भगोड़ा।

झोपड़ियों में रहने वालों ने वह समाचार पढ़ा तो वे एक दूसरे की ओर देख और एक लम्बी साँस भर कर अपना-अपना सिर नीचा करके बैठ गये। नदी किनारे वालों ने एक स्वर से घोषणा कर दी कि प्राण भगवान की दी हुई चीज़ है। उसे भगवान ही जब चाहे तब ले सकता है। उसी प्राण को असमय ही गँवाने की चेष्टा पाप है--महापाप! ननकू तमोली की कान पर बड़कू साव ने आठ बीड़ा मगही पान एक साथ अपने मुँह में डालकर और उसे अपनी जीभ की सहायता से बराबर-बराबर दोनों गालों की ओर विभाजित करते हुए ब्रह्मज्ञानी के स्वर में कहा--"आया है सो जाएगा राजा रंक फ़कीर।'

पुलिस ने अपनी डायरी में लिखा कि सुमन्त काफी पढ़ा-लिखा आदमी है। उसने एम.ए. पास किया है लेकिन सुभाव से ही आवारा होने की वजह से उसने कहीं भी

अब तक जमकर नौकरी नहीं की। इसी वजह से उसकी माली हालत बहुत पतली है। पैसा ऐसी चीज़ है कि जब वह पास नहीं रहता तो अगर आदमी कलेजे का मजबूत हुआ तो दूसरों की हत्या करता और अगर कमजोर दिल का हुआ तो आत्महत्या करता है। सुमन्त इसी दूसरी श्रेणी का आदमी जान पड़ता है। उसके कमरे में छत की कड़ी से लटकती हुई एक डोर भी पाई गई जिसका एक टुकड़ा सुमन्त के तकिये के नीचे से बरामद हुआ है। इससे साफ़ जाहिर है कि मुलजिम पहले तो फाँसी लगाकर खुदकुशी करना चाहता है मगर दिल कमजोर होने की वजह से ऐसा करने की हिम्मत न कर सका। मालूम होता है कि इसके बाद अफीम या इसी किस्म की कोई चीज़ खाकर उसने अपनी जान दे देना चाहा है। पहले फाँसी लगाने के लिए डोरी मुहैया करना और बाद में कोई ज़हरीली चीज़ तलाश कर खा लेना भी यही बताता है कि जुर्म किसी प्रकार के तैश में नहीं हुआ है बल्कि अभियुक्त ने खूब सोच-विचार कर आत्महत्या करने की चेष्टा की है। उसने कौन-सा ज़हर खाया है, इसका पता तो डॉक्टर की रिपोर्ट मिलने के बाद ही चल सकता है मगर इसमें कुछ भी सन्देह नहीं कि यह आत्महत्या के प्रयत्न का बहुत साफ़ मामला है।

घाट पर सुमन्त की आत्महत्या करने की चेष्टा का समाचार सुनकर अन्तू धोबी गदहे की पीठ पर लादी लाद और उस लादी को अपनी गादी बना कर और उस पर सवार होकर जब अपने घर वापस आया तो उसकी पत्नी मनियाँ ने उसे कुछ और ही समाचार सुनाया।

अन्तू सुमन्त को जानता था। जानता ही नहीं था, मानता भी था, क्योंकि सुमन्त का अभिमान-रहित स्वभाव उसे पसन्द था और उसका प्रेमिल आचरण उसे वशीभूत किये हुए था। उसने जबसे सुमन्त के बारे में सुना था तभी से वह दुखी था। अतः घर आकर उसने प्रतिदिन की तरह मनियाँ को गाली देते हुए उससे हुक्का नहीं माँगा। हुक्का लाने में मिनट भर की जगह घंटे भर की देर हो जाने पर उसका झोंटा पकड़ कर जोरदार झटका नहीं दिया। सबसे बड़ी बात यह हुई कि कोई न कोई बहाना बनाकर उसने उस दिन मनियाँ को पीटा नहीं।

मनियाँ को आज अपने प्यारे पति के हाथों पिटने की पूरी-पूरी आशा थी, क्योंकि जबसे वह सुमन्त के घर से लौट कर आई थी तभी से गुम सुम बैठी थी। वह सुमन्त के घर में पुलिस को आते और सुमन्त को अस्पताल ले जाते अपनी आँखों देख आई थी। उसका विश्वास था कि वही मर्द आत्महत्या करता है जिसकी निगाह अपनी पत्नी से हट कर किसी दूसरी नारी के रूप से सट जाती है और वही औरत आत्महत्या करती है जिसे अपने पति का प्यार प्राप्त नहीं रहता।

प्यार की परिभाषा और उसके लक्षण के सम्बन्ध में भी मनियाँ के निजी मौलिक विचार थे। उसके अनुभव ने उसे बताया था कि आदमी उसी पर निर्मम प्रहार करता है जिसे वह वस्तुतः प्यार करता है। इसी सिद्धान्त के आधार पर वह यह माने बैठी थी कि उसका अन्तू उसे जितना प्यार करता है उतना प्यार कोई भी अपनी पत्नी को

नहीं करता, नहीं कर सकता। उसने अपने कान से सुना था कि सुमन्त बाबू ने चन्द्रा पर हाथ छोड़ दिया था और उसी समय वह यह जान कर पुलकित हो उठी थी कि जैसे उसका अन्तू उसे प्यार करता है हू-ब-हू वैसे ही सुमन्त बाबू भी चन्द्रा बीबी जी को प्यार करते हैं, और जो अपनी स्त्री को प्यार करता है वह दूसरी पत्नी को प्यार की निगाह से देख ही नहीं सकता। मनियाँ यही सोच कर परेशान थी कि तब सुमन्त बाबू ने जान देने की चेष्टा क्यों की। और जब अन्तू ने आकर न उसे झटकारा न फटकारा बल्कि गुमसुम ही बना रहा तो उसकी परेशानी और भी बढ़ गई। उसका मन आशंका से भर उठा कि कहीं मुझ पर अन्तू का प्यार कम तो नहीं हो गया। अन्तू के घर बैठे मनियाँ को तीन वर्ष हो गये परन्तु ऐसा तो कभी न हुआ कि अन्तू शाम को घाट से आये और मनियाँ की खड़े घाट पिटाई न करे।

उधर घाट पर ही सुमन्त सम्बन्धी समाचार पा जाने के कारण प्रतिदिन की तरह घर लौटते समय अन्तू हौली की हवा खाने नहीं जा सका था और अपने दैनिक चिखने और कुल्हड़ से वंचित रह जाने के कारण और भी मन मलीन तनछीन हो रहा था। जब मनियाँ ने उसे बताया कि आज सुमन्त बाबू ने चन्द्रा बीबी पर हाथ चला दिया था और जब मैं कपड़ा लेने गई तो उस समय वह रो रही थी और जब सुमन्त बाबू के कमरे में वे कपड़ा लेने गईं तब उनके ज़हर खाने की बात मालूम हुई तो अन्तू चौंका और बोला–तो यह बात है। लेकिन यह तू झूठ कहती है कि सुमन्त बाबू ने बीबीजी पर हाथ चलाया। अगर वह हाथ चलाते तो खुद ज़हर क्यों खाते। असली बात यह है कि बीबीजी ने ही बाबू पर हाथ छोड़ दिया होगा और इसलिए बाबू ने ज़हर खा लिया।

"लेकिन तुम तो मुझे रोज ही मारते हो मैं तो ज़हर नहीं खाती।"–मनियाँ ने कहा।

"इसीलिए तो कहता हूँ रे, कि बाबू ने नहीं, बीबी जी ने ही मारपीट की होगी। औरत का हाथ चलाना मरद क्या कभी सह सकता है।"–अपनी विज्ञता प्रदर्शित करते हुए अन्तू ने जवाब दिया।

चिहुँकते हुए मनियाँ ने उससे पूछा–"तो अगर कभी मैं तुम्हारे ऊपर हाथ छोड़ दूँ तो क्या तुम भी ज़हर खा कर मर जाओगे।"

–"हम काहे को मरें रे। हम भी क्या बाबू भैया लोग हैं। तू मुझ पर हाथ चलाये तो पहले तो तेरा हाथ ही तोड़ दूँ। उसके बाद तेरी कुट्टी-कुट्टी करके एक गठरी में बाँध दूँ और अपने गदहे पर लाद कर नदी किनारे ले जाकर मछलियों को खिला दूँ।"–अन्तू ने अपने परुष कंठ से अपना पौरुष प्रकट किया। मनियाँ ने मन ही मन प्रतिज्ञा कि वह स्वयं चाहे अन्तू के हाथों पिटते पिटते मर ही क्यों न जाए मगर अन्तू पर हाथ चलाना क्या, वह कभी उसे चिकोटी तक काटने का दुस्साहस न करेगी।

घर के एक कोने में बैठी हुई चन्द्रा अपनी किस्मत को रो रही थी। वह अपढ़ तरुणी अपने सुशिक्षित स्वामी को देवता ही समझती थी और उसके प्रति वैसी ही भक्ति भी रखती थी। परन्तु सुमन्त को यह कभी न मालूम हो सका कि चन्द्रा के मन में उसके

प्रति कितना गम्भीर अनुराग है। वह उस पथिक की तरह हाँफते हुए बहुत दूर दिखाई देने वाली नदी की क्षीण धारा की ओर दौड़ा जा रहा था जिसके पैरों के नीचे और भूमि के भीतर हाथ भर गहराई में ही अन्तःसलिला की धारा प्रवाहित हो रही हो। अर्थाभाव से अत्यन्त पीड़ित होने पर भी वह अपने पति को पैसे के लिए भरसक परेशान न करती। प्रति क्षण बाट जोहती रहती कि सुमन्त के मुँह से कोई आदेश निकले और वह तत्काल उसका पालन करे। इन्हीं कारणों से सुमन्त उसे अपनी प्रेमिका न मानकर दासी मात्र जानता था।

चन्द्रा को रह रह कर पछतावा हो रहा था कि मैंने आज उनसे यह जानने का दुराग्रह क्यों किया कि चिट्ठी कहाँ से आई है। वह सोच रही थी कि न मैं यह दुराग्रह करती न वे क्रोध में आ कर मुझे ढकेलते। गिरते-गिरते सँभलने में न मैं अलगनी की रस्सी पकड़ती और न वह टूटती। यदि टूटी हुई रस्सी न मिलती तो पुलिस यह सन्देह न कर सकती कि उन्होंने फाँसी लगाकर आत्महत्या करने का विचार किया था। लेकिन उन्होंने ज़हर खाया तो क्यों? क्या कारण है कि मैं उन्हें इतना प्यार करती हूँ, फिर भी वे मेरे प्रेम का कोई मूल्य नहीं समझते।

चन्द्रा के मन में उक्त विचार चल रहे थे और उसी समय जैसे उसके विचारों की डौंडी पीटता हुआ एक युवक मैटिनी शो में 'मिर्ज़ा ग़ालिब' फिल्म देखकर उसकी खिड़की के नीचे से गुज़रते हुए गरज उठा–

'हम हैं मुश्ताक और वो बेजार,
या इलाही! ये माजरा क्या है?'

ठीक उसी समय होश में आया हुआ सुमन्त पुलिस के समक्ष बयान दे रहा था कि अर्थाभाव और बेकारी के कारण इधर कई दिनों से मुझे रात-रात भर नींद नहीं आती। फलतः मैं अपने एक चिकित्सक मित्र के यहाँ से नींद की गोलियाँ ले आया। घर लौटते ही मुझे बम्बई से एक पत्र मिला जिसमें एक समाचार-पत्र के कार्यालय में मेरी नियुक्ति की सूचना थी। मैं बहुत ग़रीब आदमी हूँ। पत्र पाते ही मुझे चिन्ता हुई कि मैं बम्बई तक जाऊँ भी तो कैसे क्योंकि रेलगाड़ी का भाड़ा चुकाने भर भी पैसा मेरे पास नहीं है। उधर मेरी पत्नी मेरे पास पत्र आया हुआ देख आशान्वित हो उठी कि कहीं पुनः मेरा काम लग गया। वह बार-बार मुझसे पूछने लगी कि पत्र कहाँ से आया है। मैं जानता था कि बम्बई न जा सकूँगा, अतः बेचारी को नियुक्ति की बात बता कर व्यर्थ ही चिन्तित क्यों करूँ। इसीलिए मैंने उसके हठ पर कुछ रोष में आकर उसे एक धक्का दिया। यदि वह अलगनी की डोरी न थाम लेती तो गिर जाती और बहुत चोट खाती। उसके झटके से डोरी टूट गई और वह चुपचाप रोती हुई वहाँ से चली गई। मुझे अपने व्यवहार पर बड़ा दुःख हुआ। मैं पागल-सा हो उठा। अनाहार अनिद्रा और चिन्ता से परेशान होकर मैंने नींद लाने वाली चार गोलियाँ एक साथ खा लीं कि कजबत बेहोश पड़ा रहूँगा तब तक चिन्ता से तो छुटकारा मिल जाएगा। मैंने ज़हर नहीं खाया है।

बयान लिखते-लिखते सब इन्सपेक्टर नूरुलहुदा ने सिविल सर्जन की ओर देखा और सर्जन ने इशारे से ही सुमन्त के अन्तिम वाक्य का समर्थन किया। सुमन्त कहता गया—मैं बहुत दिनों से चाहता था कि जो चिन्ता भीतर ही भीतर मुझे खाये डाल रही है उसका परिचय दुनिया को भी मिले। वह जान जाए कि वह समाज कितने दिनों ठहरा रहेगा जिसमें मेरे जैसे सक्षम व्यक्ति को भी जीविका के लाले पड़े रहते हैं। आज मौका मिला है तो कह रहा हूँ।

दारोग़ा ने चलती हुई कलम रोककर मुस्कराते हुए पूछा—तो कहिये आपके बयान के आखीर में लिख दूँ—

'मैं भी मुँह में ज़बान रखता हूँ,
काश पूछो कि मुद्दआ क्या है।'

"लिखिये, लिखिये, ज़रूर लिखिये। जब जस्टिस महमूद अपने अंग्रेजी में लिखे हुए फैसले में अमीर मीनाई का शे'र उद्धृत कर सकते हैं तो आप भी मेरे हिन्दी बयान में मिर्ज़ा ग़ालिब का शे'र लिख सकते हैं।"—सुमन्त ने आवेश के साथ कहा।

दारोग़ा ने कुरसी से उठते-उठते पूछा—हाईकोर्ट के फैसले में कौन-सा शे'र लिखा गया था भाई!

करवट बदलते हुए करार भरे स्वर में सुमन्त ने कहा—

'करीब है यार रोज़े मशहर,
छिपेगा कुश्तों का खून क्योंकर,
जो चुप रहेगी जुबाने खंजर,
लहू पुकारेगा आस्तीं का।।

न किसी की आँख का नूर हूँ

सावित्री की माँ का नाम सावित्री की माँ के अतिरिक्त कुछ और भी है, यह कोई नहीं जानता, स्वयं मकान मालिक तक नहीं। ईसा की बीसवीं शताब्दी में इतना बड़ा चमत्कार कैसे सम्भव हुआ, यह भी कोई नहीं जानता, क्योंकि सरखत में भी उसका यही नाम दर्ज है और वर्तमान मकान-मालिक के पिता ने सरखत में उसका असल नाम न लिख कर सावित्री की माँ क्यों लिखा, यह भी कोई नहीं जानता। मकान की कोठरियों में किराये पर रहने वाले अन्य किरायेदार जितना मकान मालिक से नहीं डरते उतना सावित्री की माँ से डरते हैं। क्यों डरते हैं, यह भी कोई नहीं जानता। मकान-मालिक भी नहीं जानते कि वे सावित्री की माँ से क्यों भयभीत रहते हैं। परन्तु सावित्री की माँ है कि वह उक्त सभी प्रश्नों का सही उत्तर जानती है। अन्तिम दो प्रश्नों का उत्तर तो उसकी जीभ पर रहता है। वह खूब जानती है कि जब उसकी ज़बान की कैंची चलती है तो बड़े-बड़ों की बखिया उधड़ जाती है। अतः वह जानती है कि कोई

भी हथियार हो यदि उसका सतत उपयोग होता रहे तो वह आबदार बना रहता है, अन्यथा जंग लग जाता है। फलतः वह चरखे के साथ ज़बान चलाना भी जारी रखती है। मगर आज उसे सर्वथा मौन देखकर सारा घर थर-थर कर रहा है, जैसे रेलगाड़ी की घरघराहट तो बाद सुनाई पड़ती है परन्तु रेल की पटरी में थरथराहट पहले ही शुरू हो जाती है। अतः सब का मन इस आशंका से भर रहा था कि यह कोई भीषण तूफान आने की पूर्व सूचना है।

घर में छाये हुए इस अभूतपूर्व सन्नाटे में सावित्री की माँ इस बात पर गौर कर रही थी कि इस मकान में रहने वालों में आज तक अर्थात् जब से सावित्री की माँ इस घर में आई है तब से किस की हांडी में क्या पका है इसकी ख़बर उसे अनायास लगती रही है परन्तु सुमन्त के पास जो यह पछत्तर रुपयों का मनीआर्डर आया तो कहाँ से, किसने भेजा और क्यों भेजा? रात भर ठीक उसके सिर पर सुमन्त के रहने वाले हिस्से में जो खटर-पटर होती रही है तो क्यों?

शहर के अंदेशे में काजी जी के दुबले होने वाली कहावत चरितार्थ करती हुई बेचारी सावित्री की माँ जब समस्या का कोई कूल-किनारा न कर पाई तब उसके लिए यह आवश्यक हो गया वह अपना मौन भंग करे और किसी वीतराग संन्यासी की भाँति मानापमान की चिन्ता छोड़ एक मंज़िल ऊपर सुमन्त की माँ या पत्नी के पास जाए और उससे टोह लेकर अपनी जिज्ञासा की पूर्ति करे। परन्तु–

परन्तु सावित्री की माँ को सहसा स्मरण पड़ा कि विषपान की तथोक्त घटना वाले दिन से ही उससे सुमन्त की माँ और पत्नी ने बोलचाल छोड़ दी है, क्योंकि उसी ने उस दिन मनियाँ धोबिन से कहा था कि चन्द्रा को सुमन्त ने मारा है, मगर किसी से कहना मत। मेरी लड़की सावित्री ने अपनी आँखों देखा है। पटक-पटक कर मार रहा था। कहने को तो इत्ता पढ़ा-लिखा आदमी, लेकिन करनी ऐसी खराब। राम-राम, भला अपनी बहू को कोई इस तरह मारे है! मेरी सावित्री के बाप ने एक बार मुझे हलकी-सी चपत लगा दी तो मैंने उस दिन से आज तक उस भलेमानस का मुँह नहीं देखा।

सावित्री ने जो अपनी माँ का यह आविष्कार सुना तो वह चुपके-चुपके महेश की मौसी, सुरेश की चाची और नरेश की नानी के कानों में यह शुभ समाचार दे आई। बात एक ज़बान से दो कानों में जहाँ गई वहाँ उसे दो से चार-चार से आठ और आठ से सोलह कानों में गूँजते देर नहीं लगती। इस पद्धति का तर्क-सम्मत परिणाम यही हुआ कि दो घंटे के भीतर ही सुमन्त की माँ ने यह सुन लिया और घटना की नायिका चन्द्रा ने भी। फल यह हुआ कि जब सुमन्त अस्पताल से घर वापस आया तो अपनी माँ के आदेश से सभी पड़ोसियों के पास जा-जाकर उनकी सहानुभूति के लिए कृतज्ञता प्रकट कर आया। परन्तु सावित्री की माँ और स्वयं सावित्री को सामने देखकर भी उनसे कुछ न बोला। उसके इस आचरण पर सावित्री मुँह फेर कर मुस्कराई थी और उसकी माँ ने नाक सिकोड़कर मुँह बना लिया था।

सावित्री की माँ ने ऊपर चढ़ने के लिए पहली सीढ़ी पर पैर रखा और सुमन्त की उस दिन की मुख-मुद्रा का ध्यान आते ही सीढ़ी पर रखा हुआ पैर उतार लिया और सावित्री को पुकारती हुई अपने कमरे में आ गई।

उस समय सावित्री एक अत्यन्त महत्त्वपूर्ण काम में लगी हुई थी। दो राष्ट्रों के पारस्परिक युद्ध-काल में जो काम करने पर लोग गोली से उड़ा दिये जाते हैं और शान्ति काल में भी लम्बी सज़ा पाते हैं वही काम सावित्री अत्यन्त निर्भय होकर कर रही थी। अपनी और सुमन्त की छत को जोड़ने वाली सिल्ली पर बन्दर के बच्चे की चपकी हुई वह सुमन्त के कमरे की काठ से बनी दीवार की दरार में आँख लगाये तन्मयता के साथ भीतर देख और सुन रही थी। उसने घर में ऐसी एक भी कोठरी न छोड़ी थी जिसके भीतर सबसे छिपकर देखने का कोई न कोई स्थान उसने न तजबीज लिया हो। वह देख रही थी कि चन्द्रा पति के फटे-पुराने कपड़ों और बिस्तर आदि का बंडल बना रही है। उसकी आँखों से रह-रहकर आँसू की बूँदें टपक पड़ती हैं जिन्हें वह जल्दी से अपनी आँचल से पोंछ लेती है जिससे उसकी सास या पति को न मालूम हो सके।

सावित्री ने यह भी देखा कि सुमन्त बहुत उदास-सा तीन पैर के पलंग पर, जिसमें एक पैर की पूर्ति ईंटों से की गई है और जिस पर से बिस्तर उतर कर बंडल में बँध चुका है, बैठा है और ज़मीन पर बैठी हुई उसकी माँ कह रही है कि बेटा परदेस मरदों के ही लिए होता है। फिर यह कोई पहली बार तो तुम परदेस जा नहीं रहे हो। जनम से बाहर ही बाहर रहे हो। फिर क्या चिन्ता। ये जो पछत्तर रुपये आये हैं, इनमें से पन्द्रह रुपये तो तुम एक महीने के खर्च के लिए घर रख जाओ। आठ रुपये मकान-मालिक को देकर पिछले चार महीनों का किराया चुकता कर दो। बाकी कित्ते बचे? पन्द्रह और चार उन्नीस। उन्नीस को बीस समझ लो। पछत्तर रुपये में तीन बीसी, एक दस और एक पाँच रुपया होता है न? सो, एक बीसी निकल गई। दो बीसी और-और पन्द्रह रुपये बच गये। पन्द्रह में भी एक कम कर दो तो दो बीसी माने चालीस और चौदह रुपये तुम्हारे पास बचे। परदेस का वास्ता है इसलिए इत्ते रुपये तुम्हीं ले जाओ।

सुमन्त गुमसुम माता की बातें सुनता रहा। उसने कोई उत्तर न दिया। उसकी माँ ने ही उससे फिर कहा—"बहू ने तुम्हें जो जन्तर दिया, उसे जतन से रखना। हमेशा अपने दाहिने हाथ पर बाँधे रहना। क्यों बहू, जन्तर दे दिया न।"

बहू ने धीरे से जवाब दिया—"अभी नहीं। बहुत खोजने पर भी नहीं मिला।"

बुढ़िया ने झल्ला कर कहा—"अभी से तुम लोगों की यह दशा है। मेरे बाद तुम लोग क्या करोगे, यह भगवान ही जाने। मैंने तो कह दिया था न कि मेरी पिटारी में जन्तर ऊपर ही रखा हुआ है। वह भी तुम्हें न मिला। अब मैं ही जाती हूँ।"

बुढ़िया कमरे से बाहर निकली। ठीक उसी समय सावित्री की माँ ने आवाज़ दी—"साबी, साबी, अरी सबिया! कहाँ मर गई।"

सबिया को सचमुच इस समय मरण कष्ट हुआ। यही तो मौका था जब कि असल बात उसे मालूम होती। कमरे में सुमन्त और चन्द्रा ही रह गये थे। इस समय माँ की

पुकार सावित्री को तनिक न सुहायी। बेचारी वहाँ बोल भी नहीं सकती थी और न बोलने पर यह भी जानती थी कि माँ उसे खोजती हुई यहाँ तक तुरत आ जाएगी। अतः उसे यही मान लेना उचित प्रतीत हुआ कि जल्दी से जल्दी जितनी बातें इस समय सुन लीं उतनी ही काफी हैं।

सावित्री अपनी छत पर आने के लिए घूमी ही थी कि उसके कानों से आवाज़ आई–"चन्द्रा! अब तो प्रसन्न हो न कि मैं बेकार नहीं रहा।"

और सावित्री ने अपनी आँख पुनः दरार से भिड़ा दी। उसने देखा कि चन्द्रा ने मुँह फेर कर अपनी आँखें पुनः पोंछ दी हैं और पति के सामने अपना मुस्कराता हुआ चेहरा फेर कर वह कह रही है।

–अगर उसी दिन बता देते कि चिट्ठी में क्या लिखा है तो इतना हल्ला क्यों मचता।

–तुम्हारे ही कहने पर तो मैंने चित्रा देवी को लिख दिया कि मैं इतना दरिद्र हूँ कि जब तक आप मेरी तनख्वाह में से पेशगी पछत्तर रुपये न भेज देंगी तब तक मैं बम्बई न आ पाऊँगा।

–तो इसमें लज्जा की क्या बात है। अगर मालिक को अपने नौकर की हैसियत मालूम रहे तो यह अच्छा ही है। अरे, बंडल में तौलिया रखना तो भूल ही गई। अच्छा अभी लेती आती हूँ।

चन्द्रा जल्दी से कमरे के बाहर निकली और जिन आँसुओं की धारा को उसने बलपूर्वक अभी तक बड़ी कठिनाई के साथ रोक रखा था वह भी उसके धैर्य का बाँध तोड़ कर उसकी आँखों से निकल पड़ी। चन्द्रा छत पर खड़ी रोने लगी। इस तथ्य से अनभिज्ञ सुमन्त के मन का भाव उसकी वाणी में मूर्त हो उठा। वह स्वगत भाषण के तौर पर बोल उठा–"सभी धन के साथी हैं, तन और मन का साथी कोई नहीं।"

सावित्री के कौतूहल को तृप्ति प्राप्त हो गई। अब वह खुशी-खुशी माँ के पास जाने को तैयार थी त्यों ही उसने सुना कि नरेश उसकी माँ से कह रहा है–"चाची, सावित्री तो मेरी नानी के पास बैठी चिमटी से उसकी आँखों की बरौनी निकाल रही है। जल्दी हो तो अभी बुला लाऊँ।"

"नहीं रे कोई जल्दी नहीं है।"–सावित्री की माँ ने कहा। नरेश सावित्री की माँ से यह आश्वासन पाकर इधर-उधर देखता हुआ छत पर आया। उसी समय नीचे से सुरेश की चाची की चीत्कार सुनाई पड़ी। चौबीस घंटों में कभी न कभी किसी की चीख का सुनाई पड़ जाना इस घर का दैनिक नियम था। अतः उस पर न नरेश ने ध्यान दिया और न सावित्री ने। दोनों ने इतना अवश्य सुना कि सावित्री की माँ कह रही है–"क्या हुआ रे? अभी उस दिन तो बुढ़िया मरी है, आज कोई फिर मर गया क्या?"

पन्द्रह दिन पूर्व सुरेश के बाप और चाचा की वृद्धा मामी का देहान्त हआ है। बिधवा होने पर वृद्धा मामी अपने भानजों के आश्रय में आ गई थी। भानजों ने भी सपत्नीक उसकी सेवा करने में होड़ लगा दी, क्योंकि यह प्रसिद्ध था कि मामी के पास सोलह तोले सोने का हार है। मामी भी जब तक जीवित रहीं एक छोटी सन्दूकची को

इस प्रकार बगल में दबाये फिरती रही जैसे बिल्ली अपने बच्चे को दबाये फिरती रहती है। सभी जानते थे कि उस सन्दूकची में सोने का महार्घ हार है। बुढ़िया भी समय-समय पर कह दिया करती थी कि मेरे दो भानजे हैं और दो भनेज बहू। जो अन्त समय मेरे काम आयेगा उसी को यह सन्दूक दे जाऊँगी। अगर दोनों ने मेरी सेवा की तो दोनों को दे दूँगी कि बाट लें।

आज उसके दोनों भानजों और भनेज बहुओं की उपस्थिति में वह सन्दूकची खोली गई तो उसमें गणेशजी की एक टूटी औंधी मूर्ति के सिवा और कुछ न मिला। यही देख कर सुरेश की चाची चीत्कार कर उठी थी, उसकी माँ ने सिर पीट लिया था और उसके बाप और चाचा एक दूसरे की ओर झेंप भरी मुद्रा में खड़े देख रहे थे। पड़ोसियों का समूह अपने-अपने घरों से निकल कर सुरेश की दालान में एकत्र हो गया था और सभी अपने-अपने ढंग से सुरेश की माँ और चाची को उसी प्रकार सान्त्वना दे रहे थे जैसे पन्द्रह दिन पहले मामी की मृत्यु पर पागल हो जाने का अभिनय करने वाले सुरेश के बाप और चाचा को उन लोगों ने समझाया था। परन्तु सुरेश की चाची का चीत्कार और पड़ोसियों की सहानुभूति भरी वाणी सभी को दबाकर सावित्री की माँ की आवाज़ सुनाई पड़ रही थी-तुम लोग भाई चाहे जो कहो, बुढ़िया का इसमें कोई कसूर नहीं है। उसका मालिक वकील था न। यह सारी कारस्तानी उसी की है। वही बुढ़िया को सिखा गया होगा कि मेरे बाद अगर तकलीफ़ हो तो हार का बहाना बनाकर भानजों के सिर जा पड़ना। फिर वह बेचारी करती भी तो क्या। मालिक के मरते ही भतीजों ने बेचारी को निकाल दिया और तुम लोग तो जानते ही हो कि सीधी अंगुली घी कभी नहीं निकलता है। अगर बुढ़िया खुख्ख आती तो भानजे बात न पूछते और भनेज बहू झाड़ू मारकर उसका भूत भगा देती। सो बेचारी ने यही बहाना बनाया कि मेरे पास सोने का हार है। बस जब तक जीती रही सब सुसरखा करते रहे। बेचारी ठंडे-ठंडे चली गई। अच्छा हुआ।

सावित्री की माँ का भाषण अपने पूरे बेग से चल रहा था मगर इतने बड़े घर में कुल पाँच प्राणी ऐसे थे जिनकी उसमें कतई दिलचस्पी न थी। वे पाँचों थे—सुमन्त, सुमन्त की माँ, चन्द्रा, सावित्री और नरेश। सुमन्त परिवार को तो सावित्री की माँ की बातों में कभी दिलचस्पी थी ही नहीं। उधर इस समय नरेश की दिलचस्पी सावित्री में और सावित्री की दिलचस्पी नरेश में थी। उसने छत पर आते ही दोनों छतों की दीवार के बीच खड़ी सावित्री को देख लिया था और स्वयं भी वहाँ पहुँच गया था।

सावित्री ने नरेश को देखते ही कहा था—"तू यहाँ क्यों आ गया?"

नरेश ने भी सवाल किया—"मैं तुझसे पूछता हूँ कि तू यहाँ क्यों आई और इस दीवार से लगकर क्या देख रही थी?"

"तुझसे मतलब मैं क्या देख रही थी।"—शोख सावित्री ने कहा—"भला कोई इससे पूछे तो कि दीवार में क्या दिखाई पड़ेगा। इसका सिर।"

नरेश ने हँस कर कहा—"देख साबी, मुझसे तो उड़ मत। जानती है इस काठ की दीवार में दरार किसने बनाई है जिसमें तूने आँखें लगा रखी थीं। इसी नरेशचन्द्र शर्मा ने।"

"तू तो बड़ा वो है रे। मैं तुझसे अब कभी न बोलूँगी।"–सत्रह वर्षीया सावित्री ने अठारह साल के तरुण नरेश के गले में बाँहें डाल कर झूलते हुए कहा।

सिनेमा के खल-नायकों वाली मुद्रा से मटकते हुए नरेश ने कहा–"तू तो मुझसे प्रेम करती है न। तब कैसे न बोलेगी।

सावित्री ने जवाब दिया–"मैंने तुझसे कब कहा कि मैं तुझसे प्रेम करती हूँ। प्रेम तो उसी से होता है जिससे ब्याह हो जाए।"

"उलटी बात कहती है सावित्री", नरेश ने कहा–"ब्याह उसी से हो जाता है जिससे प्रेम हो जाए।"

–तो क्या तू मुझसे ब्याह करेगा कि मैं तुझसे प्रेम करूँ?

–तेरी माँ क्या मुझसे तेरा ब्याह करने के लिये राज़ी होगी। कभी नहीं। जात-पाँत का झगड़ा जो ठहरा।

–इसीलिए तो मैं तुझसे प्रेम नहीं करती। माँ ने मुझे बता दिया है कि प्रेम उसी से हो सकता है जिससे ब्याह हो और जो परेम-फरेम की बातें हैं सब फजूल हैं।

उसी समय सुमन्त ने एक हाथ से बिस्तर का बंडल और दूसरे हाथ में छोटा-सा टीन का एक बक्स उठाया। उसने एक बार अपनी माँ की ओर देखा और दूसरी बार अपनी पत्नी की ओर। माँ ने सिर नीचा कर लिया, पत्नी ने मुँह फेर लिया। सुमन्त लम्बी साँस लेकर बोलता जा रहा है–माँ, प्रणाम।

वह धीरे-धीरे सीढ़ी उतरने लगा।

सहसा दालान में सामने पड़ी हुई अपनी मामी की सन्दूकची को सुरेश के चाचा ने कसकर ठोकर लगायी। सन्दूकची छिटक कर दूर जा गिरी। गणेश जी की टूटी मूर्ति दीवार से टकरा कर टुकड़े-टुकड़े हो गई। सन्दूकची उलटने से उसमें से काग़ज़ का एक टुकड़ा ज़मीन पर गिरा। सुरेश के बाप ने उसे उठाकर पढ़ा–'न किसी की आँख का नूर हूँ, न किसी के दिल का करार हूँ।'

सावित्री की माँ खिलखिलाकर हँस पड़ी। बोली–"मैं तो पहले ही कहती थी कि यह कारस्तानी बुढ़िया के मालिक की है। वह वकील था न। यह सैर वही लिख गया है।

छत पर सावित्री की आँखों में आँखें डालते हुए जैसे निराश नायक का अभिनय कर रहा हो वैसे नरेश गुनगुनाया 'न किसी की आँख का नूर हूँ न किसी के दिल का करार हूँ।'

सीढ़ी उतरते-उतरते सुमन्त ने एक बार पुनः अपनी माँ की ओर देखा।

सुरेश का पिता अपनी मामी का पुरजा पढ़ रहा था–'न किसी की आँख का नूर हूँ।'

सुमन्त ने अपनी पत्नी की ओर देखा।

छत पर नरेश सावित्री से मुस्कराते हुए कह रहा था–न किसी के दिल का करार हूँ, और सुमन्त का रोम-रोम जैसे क्रन्दन कर उठा, 'न किसी की आँख का नूर हूँ, न किसी के दिल का करार हूँ।'

नाज़वाले नियाज़ क्या जानें

जिस समय सुधीरा ने चित्रा के सामने छोटी-सी तिपाई रखकर उस पर चाय का सामान सजा दिया और स्वयं वहाँ से हट जाने की मुद्रा में दरवाज़े की ओर चली तो चित्रा ने उसे पुकार कर पूछा–"मैं समझती हूँ सुधीरा, कि शायद तुम्हें फिर महीने भर की छुट्टी जल्दी ही लेनी पड़ेगी।"

मालकिन की पहली ही आवाज़ पर सुधीरा जाते-जाते घूम पड़ी थी। प्रसव-काल समीप आ जाने के कारण उसका उदर-प्रदेश भद्दा और स्फीत दिखाई दे रहा था।

चाय के प्याले में चीनी और दूध चम्मच से घोलती हुई सुधीरा के पेट पर नज़र जमाये मुस्कराते हुए चित्रा सुधीरा के उत्तर की प्रतीक्षा करने लगी।

स्वामिनी के प्रश्न पर सुधीरा के वर्ण की श्यामता ज़रा गहरी हो गई। उसने उत्तर न दिया और चुपचाप खड़ी रही। चित्रा ने ही पुनः कहा–"लेकिन एक बात बताये देती हूँ। इतनी जल्दी-जल्दी तुम्हें बच्चे होंगे तो मैं बार-बार यानी साल में दो बार महीने महीने भर छुट्टी न दे सकूँगी। देश भर में फैमिली प्लानिंग का आन्दोलन चल रहा है और तुम्हारे जैसे लोग दो बच्चे प्रति वर्ष पैदा कर सरकार की सारी योजनाओं पर पानी फेर रहे हैं। और, फिर इस तरह तू कितने दिन जिएगी। तेरा पति तेरा दुश्मन है क्या?"

सुधीरा मालकिन की बातें सुन-सुन कर खौलते तेल में पड़े हुए पापड़ की तरह लज्जा से चुर्रमुर्र होकर लाल हुई जा रही थी, मगर चित्रा का अन्तिम वाक्य सुन कर वह उसी पापड़ की तरह जल भी उठी जो ठीक वक्त पर कढ़ाई से निकाला नहीं जाता। उसने दबी ज़बान से कहा–

"वह दुश्मन काहे होने लगे। बात यह है बाई साब कि वह मुझसे बहुत प्रेम करते हैं।"

"प्रेम करते हैं?" चित्रा ने जैसे अपने कानों पर विश्वास न करते हुए पूछा।

"जी हाँ। नहीं तो इतने बच्चे कैसे पैदा होते। जो अपनी पत्नी से प्रेम नहीं करते वे बाहर-बाहर घूमते हैं। इसीलिए निस्सन्तान रहते हैं।"

सोफा पर बैठी हुई चित्रा मारे हँसी के दोहरी हो उठी। जब हँसी कुछ थमी तो बोली–"यह तो तूने बड़े तमाशे की बात सुनाई सुधीरा। दुनियाँ जानती है कि प्रेम मन-बहलाव की चीज़ है और तू कहती है कि उससे बच्चे पैदा होते हैं।

चित्रा फिर हँसने लगी। सुधीरा ने उसी संयत भाव से कहा–"मन बहलाने के लिए तो सिनेमा, नाटक, सर्कस, रेस, नाचना-गाना वगैरह होता है बाई साब!"

–अच्छा-अच्छा अपना ज्ञान रहने दे। और यह सब सामान उठा ले जा।

सुधीरा 'ट्रे' लेकर बाहर चली गई। सोफा पर अधलेटी चित्रा मन बहलाव करने के लिए आज कौन-सा प्रेम का शिकार उपयुक्त होगा इस पर विचार करने लगी।

सामने दीवार पर टँगी घड़ी ने टनटना कर सात बजाया।

ठीक सायं सात बजे कार्यालय आकर सुमन्त अपनी मेज़ पर जिस समय गुट्टक के नीचे दबी हुई प्रधान सम्पादक के आदेशों की तालिका पाई तभी उसे मालूम हो गया कि आज की पूरी रात आँखों में ही कटेगी।

चित्रा प्रकाशन की पाँच मंजिल ऊँची इमारत की सर्वोच्च मंज़िल पर दैनिक समाचार-पत्र 'चित्ररथ' के कार्यालय में सहायक सम्पादक के पद पर नियुक्त सुमन्त की आज रात की पारी थी।

प्रधान सम्पादक का पहला आदेश था–बम्बई, पूना और अहमदाबाद की तेरह मिलों और तीन सिनेमा कम्पनियों के मालिक सेठ रणछोड़ दास ठाकर मृत्यु -शय्या पर पड़े हैं। कल्पनातीत धनी न होकर यदि वे धनहीन होते, तो उनके सम्बन्ध में 'कल मरे आज दूसरा दिन' की कहावत सार्थक हो गई होती परन्तु उनकी उखड़ती साँस चन्द्रोदय और मकरध्वज के रस से जमाये रहने की कोशिशें जारी हैं। साँस की टूटती हुई डोरी गत बारह घंटों से ऑक्सीजन की गाँठ देकर जोड़े रखने का भगीरथ प्रयत्न चल रहा है। इन सभी प्रयत्नों का यह स्वाभाविक परिणाम हुआ है कि जिन सेठ रणछोड़दास को कल ही मर जाना चाहिए था, वे आज भी अभी धरा-धाम पर ही उपस्थित हैं। प्रधान सम्पादक ने लिखा है कि सेठ रणछोड़दास की जान को रस्सी बनाकर यमराज और मर्त्य लोक स्थित उनके 'सहोदरों' में जो रस्साकशी गत बारह घंटों से जारी है उसका निर्णय अब किसी क्षण हो जा सकता है, इसीलिए सहायक सम्पादक को चाहिए कि वह सेठ जी की संक्षिप्त जीवनी पहले से ही लिख रखे जिसमें सेठ जी के परलोक-प्रयाण का संवाद पाते ही वह प्रकाशित किया जा सके।

आदेश नम्बर दो यह कि सेठ जी की रुग्णावस्था का चित्र प्रधान सम्पादक ने मँगवा लिया है और 'चित्ररथ' कार्यालय के चित्रकार से उनके चित्र पर माला, फूल, चन्दन, रोली आदि की रचना द्वारा उनके जीवितावस्था के चित्र को मरणावस्था का चित्र बनवा लिया है। उसका ब्लाक बन कर रात नौ बजे तक आ जाएगा। सहायक-सम्पादक को चाहिए कि सेठ जी सम्बन्धी समाचार में यदि उपयुक्त अवसर आये, तो वही चित्र छापा जाए।

तीसरा और अन्तिम आदेश यह था कि सेठ जी की मृत्यु पर प्रकाशित किये जाने वाले अग्रलेख अर्थात् सम्पादकीय लेख के लिए प्रधान सम्पादक ने 'नोट्स' लिख कर अपनी मेज़ की दराज में रख दिया है। सहायक-सम्पादक को उन्हीं नोट्स के आधार पर सम्पादकीय लेख तैयार करना चाहिए।

सुमन्त इतने आदेशों का बोझ एक साथ न सम्हाल सका और धम-से अपनी कुरसी पर बैठ रहा। जैसे एक लाठी खाने के बाद आदमी अपना सिर नीचा कर ले और फिर सिर उठाते-उठाते दूसरी लाठी भी उसके सिर पर आ गिरे, ठीक उसी तरह सम्पादकीय आदेशों की चोट से प्रपीड़ित सुमन्त जिस समय व्यवस्थित चित्त हो ही रहा था कि दरबान फेंकू पांडे ने आकर उसे एक पुरजा दिया। पुरजा पढ़ते ही सुमन्त का धीरे-धीरे उठता हुआ सिर एक बार पुनः झुक गया। पुरजा प्रधान सम्पादक जी ने अपने घर से भेजा था। वे अपनी आदेश-तालिका में यह लिखना भूल गये थे कि सेठ जी

की शव-यात्रा में (ईश्वर ऐसा मनहूस अवसर न लाये) सुमन्त को शामिल होकर उसकी आँखों देखी रिपोर्ट प्रस्तुत करनी पड़ेगी।

सुमन्त ने मन ही मन कहा–"आज की रात तो नष्ट हुई ही, कल का दिन भी नष्ट होगा। और उसका मन बिलबिला उठा। जैसे नदी के तल में किसी प्रकार की हलचल होने पर पानी की सतह पर भी भँवर उठने लगती है उसी प्रकार मानस में हलचल होने पर सुमन्त के मस्तक की रेखाएँ भँवरों के समान ही टेढ़ी-मेढ़ी होने लगीं। जैसे भँवरों को देखकर चतुर माँझी तल में क्या हो रहा है इसका पता पा जाता है, वैसे ही जीवन-समुद्र में अनेक तूफान झेल लेने के अनुभवों से चतुर फेंकू पांडे ने भी सुमन्त के मन में छिपी हुई हलचल की थाह पा ली।

कहा जाता है कि श्रम और पैसा चाहे जहाँ लगाया जाए कभी सर्वथा बेकार नहीं जाता। उसी प्रकार यह भी कहा जा सकता है कि दुर्व्यवहार या सद्व्यवहार चाहे जिसके साथ किया जाए वह सर्वथा बेकार नहीं जाता और इसका प्रमाण सुमन्त को हाथोंहाथ मिला। फेंकू पांडे ने तीस बरसों से लगातार बम्बई देखी है। और बम्बई वालों के मुँह से अपने लिए केवल एक सम्बोधन सुना है–'भैया!' उसने यह भी बराबर अनुभव किया है कि जिस 'भैया' शब्द का अपने लिए प्रयोग सुनकर वह गाँव में मस्त हो जाता था, वही शब्द अपने लिए यहाँ प्रयुक्त होते देख उसके क्षोभ की सीमा नहीं रहती। अतः सुमन्त ने बम्बई आकर और 'चित्ररथ'–कार्यालय में सहायक सम्पादक की जगह पाकर भी जब फेंकू को 'भैया' न कह कर 'पाण्डेजी' कहा तो फेंकू का रोम-रोम उस पर प्रसन्न हो गया। वह बराबर अवसर ढूँढ़ने लगा कि सुमन्त को इस सद्व्यवहार का बदला कैसे चुकाया जाए। अतः आज सुमन्त को परेशान देख और उसके मन में छिपे भाव का अनुमान लगाकर उसने कहा–"बाबू, आप अपना काम कीजिये। बड़े साहब तो पुराने कत्तई हैं। दफ़्तर भर को परेशान किये रहते हैं लेकिन बाबू, फेंकू पांडे को भी ऐसा वैसा न समझना। मैंने अपनी सोरह बरस की उमर में अपने गाँव के पटवारी मुन्सी लुटावन लाल और ज़मींदार खुबचन्द की नस नस पहचान ली थी। सो एक दिन खूबचंद की खूब मरम्मत की और पटवारी को भी पटरा बनाकर बम्बई भाग आया। तब से यहीं हूँ। सेठ के मरने की ख़बर आप मुझे दे देना। मैं ही चला जाऊँगा और सारा हाल आप से आकर कह दूँगा। आप यहाँ बैठे-बैठे रिपोर्ट लिख लेना।

फेंकू की सहानुभूतिमयी वाणी से विचलित सुमन्त ने कहा–"नहीं पाण्डे जी, तुम बुड्ढे आदमी कहाँ तकलीफ़ करोगे। और अगर किस्मत में परेशानी न लिखी होती तो मैं दर-दर की खाक छानता हुआ यहाँ क्यों आता।"

इतना कहकर कुरसी पर बैठे-बैठे ही सुमन्त ने बगल की आलमारी खोली और उसमें 'ईयर बुक' टटोलने लगा। फेंकू ने पुनः कहा–"एक बात और है। न आप जाइए, न मैं जाऊँ। अख़बार की फाइल में किसी दूसरे सेठ के मरने की ख़बर खोजिये। उसका जो हाल छपा हो वही छाप दीजिए। खाली उस सेठ की जगह इस सेठ का नाम दे दीजिएगा। बस अच्छी खासी रिपोर्ट तैयार हो जाएगी।

सुमन्त को फेंकू की बात पर अनायास हँसी आ गई। उसें काजीजी के घर के चूहों के भी सयाने होने की कहावत याद आई। उसे तीन ही महीने में मालूम हो गया था कि अख़बारों के दफ़्तरों में भी बड़े-बड़े पोल होते हैं। उसने आते ही अर्थात् नियुक्ति के बाद पहले ही दिन दफ़्तर में प्रवेश करते ही देखा कि प्रधान सम्पादक जी ने बम्बई सरकार का बजट प्रकाशित होने पर और उसकी आलोचना करने में अपने को असमर्थ पाकर एक दूसरे दैनिक पत्र में प्रकाशित सम्पादकीय लेख को पूरा-पूरा छाप दिया था। केवल आरम्भ और अन्त में आपने दो वाक्य लिख दिये थे। आरम्भ में लिखा था कि बजट की हमारे अमुक सहयोगी ने यह आलोचना की है और अन्त में लिख दिया था कि उक्त आलोचना से हम पूर्णतः सहमत नहीं हैं। वे ही सम्पादक जी एक बार नगर रिपोर्टरों पर भी बिगड़ गये थे कि तुम लोग सनसनीदार ख़बर क्यों नहीं लाते। संवाददाताओं ने विनीत निवेदन किया कि अगर कोई सनसनीदार घटना हो तब तो उसका समाचार लाएँ। इस पर सम्पादक जी ने डाँटते हुए कहा था कि घटनाएँ घटायी जाती हैं, अपने से नहीं घटतीं। न हो, तुम्हीं लोग किसी बैंक के सामने परस्पर एक दूसरे को छुरा दिखाकर रुपयों की नक़ली थैलियाँ छीन लो और छाप दो समाचार–दिनदहाड़े बैंक के दरवाज़े पर डाका। पीछे पता चला कि सम्पादक जी जब बिगड़ते हैं तो ऐसे ही ऊलजलूल बकते हैं।

सुमन्त 'हू इज हू' में सेठ रणछोड़दास सम्बन्धी विवरण का अध्ययन कर उनकी जीवनी लिखना समाप्त कर ही चुका था कि फ़ोन पर सेठ जी के अक्षय स्वर्गवास का समाचार आ गया। सेठ जी का जीवित अवस्था में ही लिया गया मरणावस्था वाले चित्र का ब्लाक आ ही चुका था। अतः प्रधान सम्पादक के नोट्स के आधार पर सुमन्त सेठ जी की मृत्यु पर अग्रलेख लिखने लगा।

फेंकू पांडे ने कहा–"बाबू, कुछ बड़े आदमियों से फ़ोन मिलाकर उनसे सेठ की मृत्यु पर वक्तव्य लीजिए।"

सुमन्त ने चौंककर कहा–"सम्पादकजी ने यह तो नहीं लिखा है।"

फेंकू ने सम्पादकजी के स्वभाव के विषय में गहरी जानकारी प्रकट करते हुए कहा–"उसने इसलिए नहीं लिखा है कि आप चूक जाएँ और उसे आपको डाटने और मालकिन से आपका शिकायत करने का मौका मिल जाए।

लेकिन आधी रात को इस काम के लिए फ़ोन करने पर कहीं लोग नाराज़ न हो जाएँ। बड़े आदमी जो ठहरे–सुमन्त ने द्विविधा अनुभव करते हुए कहा।

फेंकू ने उत्तर दिया–"बाबू, ढेर-सा पढ़-लिख लेने से क्या होता है, हो तो बच्चे ही न। तीन महीने बम्बई आये हो गये और आपको अभी यही नहीं मालूम कि आधी रात को यहाँ साँझ होती है। और बड़े आदमी इन्हीं बातों से खुश रहते हैं जिनसे उन्हें अपना बड़प्पन मालूम होता रहे। मैं चाय लाता हूँ, तब तक आप बाजूवाले मकान में फ़ोन करो। एडवोकेट जनरल को यह ख़बर सुनाओ और उनका वक्तव्य लिखो।"

फेंकू चाय लाने चला और सुमन्त ने एडवोकेट जनरल को टेलीफ़ोन पर सेठ रणछोड़दास के स्वर्गवास का समाचार सुनाया। उनींदे एडवोकेट जनरल क्लब से लौट

कर अभी-अभी सोये थे। पहली नींद थी। मीठी और गहरी। उसी नींद में व्याघात उन्हें न सुहाया। उन्होंने फ़ोन उठाया और झल्लाते हुए बोले–"कौन है? इस बेवक्त–"

सुमन्त ने उनकी बात काटकर जल्दी से कहा–"सेठ रणछोड़दास मर गये।"

एडवोकेट जनरल ने मिनट भर कोई जवाब न दिया। सुमन्त को सन्देह हो चला कि शायद फ़ोन रख दिया गया। मगर त्यों ही भर्राये हुए गले से आवाज़ आई–सेठ साहब बहुत ईमानदार आदमी थे। परसाल जब उन पर इनकमटैक्स का तीन लाख रुपया दबा रखने का जो मुकदमा चला था उसमें मैं सरकारी वकील था। फिर भी मैंने जजों के सामने यही बात कही थी और अन्त में यही प्रमाणित भी हुआ था। ऐसे आदमी दुनिया में कम होते हैं। मुझे बड़ा अफ़सोस हुआ।

वाक्य समाप्त होते ही 'धन्न' आवाज़ आई और सुमन्त समझ गया कि एडवोकेट साहब ने फ़ोन रख दिया है। उसने दूसरा नम्बर मिलाया। ये सज्जन फाटके के बादशाह थे। उन्होंने यह दुखद समाचार सुनकर कहा–"अजी, मेरी तो बोली बन्द हो गई यह ख़बर सुनकर। क्या कहूँ, गला भरा आ रहा है।"

फ़ोन पर जैसे सिसकने की आवाज़ आई और फिर वही 'धन्न'। सुमन्त समझ गया कि सेठ जी इससे अधिक कुछ न कहेंगे।

तीसरी जगह फ़ोन मिला कर यह दुखद समाचार सुनाते ही झटके से जवाब मिला–"बड़ा दुख हुआ साहब! अभी कुछ कह नहीं पा रहा हूँ, फ़ोन लिये रहिये–अभी कहता हूँ।"

दो मिनट प्रतीक्षा करने के बाद सुमन्त ने कहा–"कहिये।" झल्लाकर जवाब मिला–"ठहरिये। डायरी नहीं मिल रही है।"

बेचारे ने डायरी में लिख रखा था कि ऐसे अवसरों पर क्या कहना चाहिए। वही डायरी जब सहसा मिल गई तो उल्लसित होकर बोल उठे–"मिल गई, मिल गई। लिखिए परमात्मा दिवंगत आत्मा को शान्ति का आवरण प्रदान करे। सेठजी युग-पुरुष थे। ऐसे पुरुष एक युग में एक बार दिखाई देते हैं।"

इसी समय पाण्डे चाय लेकर आया। सुमन्त उसकी सहृदय सेवा पर मुग्ध हो गया। गद्गद स्वर में बोला–"देखता हूँ पांडे दादा, इस परदेश में तुम न मिलते तो बड़ी मुश्किल होती।"

पाण्डे दादा परम सन्तुष्ट भाव से सम्पादक बाबू वाला सम्बोधन तत्काल त्यागते हुए बोले–"भैया! मेरे रहते किसी तरह की चिन्ता न करना। फेंकू पांडे ने ज़मींदार और पटवारी की तरह बम्बई की भी नस पहचान ली है।"

अपने प्रति 'भैया' सम्बोधन पर सुमन्त मुस्कराया। उसने फेंकू के प्रति इसी शब्द का प्रयोग बचाकर उसकी प्रियता प्राप्त की थी। सहसा स्वर नीचा करते हुए मुद्रणयंत्र की भीषण यंत्रणापूर्ण क्रन्दन ध्वनि में भी अतिरिक्त अहतियात से काम लेते हुए कहा–"भैया, मालकिन के सामने बहुत ज़रूरी होने पर ही जाना।" सुमन्त हँस पड़ा। सहसा टेलीफ़ोन घनघनाया मुँह से चाय का प्याला और कानों से टेलीफ़ोन का चोंगा लगाये हुए सुमन्त ने सुना कि चित्रा-प्रकाशन की स्वामिनी चित्रा देवी पूछ रही हैं–"सेठ रणछोड़दास की कुछ ख़बर मिली।"

मुँह का प्याला टेबुल पर रखते हुए सुमन्त ने कहा–''जी हाँ, उनका देहान्त हो गया।''

जैसे कोई सिर का बोझ उतर जाने पर सन्तोष की साँस लें उसी प्रकार साँस लेकर चित्रा ने कहा–''शुभ समाचार है। इतने दिन बाद बेचारी नन्दिता का बन्धन कटा। मगर मेरे वक्तव्य में तुम्हें यह नहीं लिखना है सुमन्त।''

''जी हाँ, जानता हूँ।''

''तो मेरे वक्तव्य में क्या लिखोगे?''

''यही लिखूँगा कि चित्रादेवी का सेठ रणछोड़दास जी की विधवा नन्दिता देवी से गहरा सखित्व है। अपनी सखी पर इस अनभ्र वज्रपात का समाचार सुनते ही कटे हुए वृक्ष की तरह वे भूमि पर गिरीं और बेहोश हो गईं। यह समाचार प्रकाशित होने तक उन्हें होश नहीं आया है। अतः उनका वक्तव्य प्रकाशित करने में हम सखेद असमर्थ हैं।''

फ़ोन पर खिलखिलाहट की आवाज़ आई और बाद में सुन पड़ा–''तुम तो बड़े होशियार सम्पादक हो मगर सेठ के मरने की ख़बर पाकर मुझे डर लग रहा है। तुम फौरन यहाँ आओ।''

परन्तु सम्पादकजी ने मुझे सेठ जी की शव-यात्रा में शामिल होने के लिए कहा है।

शव-यात्रा सुबह होगी। यहीं से चले जाना। अभी यहाँ आओ।

सुमन्त ने खिड़की से बाहर आसमान में छाये हुए बादलों को देखा। हवा के झोंके में ठंडक की लहर का अनुभव किया और फिर जैसे कराह रहा हो, उत्तर दिया–''अच्छा आ रहा हूँ।''

सड़कों पर ट्राम का चलना कभी बन्द हो चुका था। आसपास कोई विक्टोरिया भी नहीं दिखाई पड़ी। फलतः उतनी रात को सुमन्त पैदल ही चित्रा प्रकाशन की स्वामिनी चित्रा देवी के बँगले की ओर चला। कार्यालय से बँगला पूरे दो कोस पर था।

सिर पर बादल गड़गड़ा रहे थे।

ठंडी हवा के झकोरे शरीर में सिरहन पैदा कर रहे थे और कहीं दूर ग्रामोफ़ोन पर गायी जाने वाली ग़ज़ल का यह टुकड़ा सुमन्त को बरबस सुन पड़ा–

साज ये कीना साज क्या जानें?
नाज़ वाले नियाज़ क्या जानें?

सुमन्त ने भी कहा–''नाज़वाले नियाज़ क्या जानें?''

बैठ जाता हूँ जहाँ छाँव घनी होती है

संगमरमर की सफ़ेदी में अगर गुलाब की लाली घोलकर कोई रंग तैयार किया जा सके तो वही रंग चित्रा का था। आक्सफोर्ड की शिक्षा के संग यदि शान्ति निकेतन की कला का उमंगपूर्ण ढंग मिलाया जा सके तो वही ढंग चित्रा का था। ऐसा रंग-ढंग यदि किसी निर्जीव चित्र में भी हो तो आदमी उसे देख कर दंग रह जाए। फिर सजीव चित्रा में

यह रंग-ढंग देखकर जिस जानदार यौवन के मन में तरंग न उठे उसके सम्बन्ध में मान लेना होगा कि उसकी बुद्धि में भंग पड़ी हुई है।

परन्तु सुमन्त की बुद्धि में भंग नहीं पड़ी थी बल्कि उसके मन की मदिरा ही बड़ी कड़ी थी। उसकी रंगीनी में उसे अपने किसी काम की संगीनी समझ में न आई। जल की, शीतल जल की खोज में इधर-उधर दौड़ कर उसका हाँफ उठने वाला मन चित्रा की रंगीली रूप-सरिता में मुँह लगाकर जब बेतहाशा पानी पीने लगा तो उसका वही परिणाम हुआ जो वैसे आदमी का होता है जिसे धूप में घंटों दौड़ने के बाद दम लेने का अवसर दिये बिना ही आकंठ पानी पिला दिया जाए। ऐसे आदमी का पेट फूल उठता है, साँस रुकने लगती है। ठीक यही दशा इस समय सुमन्त की थी।

पैदल चलने का विशेष अभ्यास न होने के कारण चलते-चलते साँस के वेग से उसका पेट फूल उठा। इस भय को उसकी थकावट ने दबा दिया कि यदि देर होगी तो पानी बरसने लगेगा। अतः वह एक विशाल मूर्ति की छाया में बैठा रहा। अन्धकार में यह पहचान न पाया कि वह पाषाण प्रतिमा किसी जन-नेता की, जन-सेवक की, या किसी जन-नाथ की है।

यदि छत बहुत ऊँची हो तो सारी धूप घर में भर जाती है और छाया की माया परम ब्रह्म के पास गमन कर जाती है। जन-नाथों से मिलने वाली छाया ऐसी ही होती है। जन-सेवक नाटी छत के समान होते हैं। स्वयं भले ही जलते-बलते रहें, अपनी छाया में पड़े हुए जन को भरसक लू की लपटों से बचाते हैं। सारा बौछार अपने सिर लेकर उसकी रक्षा करते हैं। जन-नेता वैसे ही होते हैं जैसे जन-नाथ। नेता और नाथ की एक राशि है और सेवक की दूसरी।

जन-सेवक की पाषाण-प्रतिमा की छाया में बैठा हुआ एक सेवक सुमन्त रह-रहकर सोच रहा था चित्रा देवी के प्रथम दर्शन की बात। अपनी पत्नी के कहने पर अपनी सारी गैरत का रस गार कर घोट जाने के बाद जिस समय उसने चित्रा को उसके द्वारा प्रेषित नियुक्ति-पत्र के उत्तर में लिख भेजा था कि मेरे पास बम्बई आने तक का पैसा भी नहीं है तो उसने उसकी आधी तनख़्वाह तत्काल पेशगी भेज दी थी। उसके इस काम में सुमन्त को सहृदयता की गन्ध लगी थी।

यहाँ आने पर उसे अपने अनुभव में कुछ संशोधन करना पड़ा। साधारण-सा संशोधन। चित्रा के सम्बन्ध में फ़िलहाल उसका यही विचार था कि उसका हृदय जितना सुन्दर है उससे उसका रूप कई गुना अधिक सुन्दर है। उसके मन की सुन्दरता पर कभी कभी सन्देह भी किया जा सकता है परन्तु उसके तन की सुन्दरता निर्विवाद है। यह अनुभव एक बार फिर नये सिरे से होने का परिणाम यह हुआ कि सुमन्त का मन चित्रा के सौन्दर्य-सागर के चारों ओर उसी प्रकार मंडराने लगा जैसे किसी तालाब के चारों ओर बगुलों का दल।

सुमन्त अब बैठा न रह सका। उठा और चित्रादेवी के बँगले की ओर पुनः चल पड़ा।

चित्रा के फ़ोन रखते ही सुधीरा ने पूछा–"सेठ जी क्या मर गये बाई।"

चित्रा ने सिर हिलाकर सुधीरा की आशंका की पुष्टि कर दी। सुधीरा ने पुनः पूछा–"बाई, मैं तो यहाँ मौजूद ही थी, आपने डर कर सुमन्त बाबू को क्यों बुलाया?"

"देखती हूँ सुधीरा, तू मेरे निजी कामों में अब ज़्यादा दखल देने लग गई है।" –चित्रा ने कृत्रिम क्रोध दिखाते हुए कहा।

"नहीं बाई साब, मैंने तो इसलिए पूछा था कि सुमन्त बाबू आएँगे तो उनके सोने का प्रबन्ध किस कमरे में करना होगा।"–सुधीरा ने अत्यन्त विनीत भाव से अपनी सफ़ाई दी।

"तू मेरे यहाँ नयी-नयी आई है न, इसी से पूछ रही है। जिस कमरे में पिछले महीने देसाई साहब सोये थे उसी में सुमन्त भी सोयेगा। जा तू अपना काम देख।"

ओठों में ही बुदबुदाती हुई सुधीरा कमरे के बाहर निकल आई-देसाई साहब तो सड़क की पटरी पर सोये थे।

सचमुच देसाई साहब ने गत 28 सितम्बर की रात सड़क की पटरी पर ही बिताई थी। ऐसा केवल इसलिए कहा गया, क्योंकि उनकी पद-मर्यादा को देखते हुए यही कहना उचित था यदि यह कहा जाता तो वह सत्य के अधिक निकट होता कि देसाई साहब ठीक सड़क पर पड़े हुए थे और कान्स्टेबल ने उन्हें ऐसी दशा में पाकर सरकारी सराय की एक जंगलेदार कोठरी में टिकाया परन्तु प्रभात होते ही जब कि पुलिस उन्हें सरकारी अनाथालय में भरती करने के लिए मजिस्ट्रेट की अदालत में पेश करने वाली ही थी कि देसाई साहब प्रकृतिस्थ हुए। उन्होंने अपना परिचय प्रकट किया। थाने के सर्वोच्च अधिकारी ने अपने ऊँचे अधिकारी से बात की और उसने अपने भी ऊँचे अधिकारी से। बातचीत का यह सिलसिला इतनी दूर चला कि गृहमंत्री को ठीक प्रात्तिराश के समय टेलीफ़ोन पर कुछ आश्चर्य, कुछ दुख, कुछ क्षोभ और फिर तत्काल छुटकारे के सम्बन्ध में कुछ आदेश भी देना पड़ा और जैसे तालाब की लहर अर्द्धवृत्त बनाती हुई तट तक जाती है और वहाँ से पुनः मध्य धारा में वहीं आ जाती है जहाँ से वह चली थी, उसी प्रकार बातों का सिलसिला जहाँ से शुरू हुआ था वहीं अर्थात् उसी थाने में आकर समाप्त हुआ जहाँ देसाई साहब थानेदार के साथ चाय पी रहे थे।

चित्रा ने देसाई साहब का उदाहरण देकर सुधीरा को उस रात के लिए छुट्टी दे दी और स्वयं जब अपनी शय्या पर पड़ रही तो उसे जल्दी नींद न आई। नींद की जगह बराबर देसाई साहब की याद आ रही थी। सुमन्त के पहले तक वही उसके प्रेमी थे। वह तब उन्हीं से प्रेम करती थी, अर्थात् वे ही उसके मनोरंजन के साधन थे। अपने मनोरंजन का वह साधन जिसे देसाई साहब कहा जाता था चित्रा को कुछ ऐसा दिलचस्प प्रतीत हुआ कि उसने एक बार यह इरादा भी कर लिया कि मनोरंजन के इस साधन को स्थायी बना लिया जाए, अर्थात् इसके साथ विवाह कर लिया जाए।

विवाह की बात पक्की भी हो गई थी। परन्तु जैसे सभी योजनाओं में बाधा पड़ती है वैसे ही इस शुभ कार्य में भी बाधा पड़ गई। चित्रा लेटे-लेटे उसी सत्य का स्वप्न देख रही है–

जिस दिन देसाई साहब के साथ चित्रा के एनगेजमेंट (विवाह पक्का होने) की घोषणा हुई थी, उसी दिन लोगों ने भविष्य की कल्पना कर विज्ञतापूर्वक सिर हिलाया

था। स्पष्ट था कि इस विवाह का परिणाम शुभ न होगा। प्रत्येक दृष्टि से यह जोड़ा परस्पर अनुकूल न था। देसाई साहब के लंगोटिया यार खापर्डे ने कहा–''मेजर कीर्तन देसाई जल्दी किसी एक औरत का पालतू कभी न बनेगा।'' पोपट लाल ने खापर्डे के वक्तव्य का समर्थन करते हुए उसमें एक संशोधन किया। उसने कहा–''कीर्तन देसाई जल्दी क्या, 'कभी' औरत का पालतू न बनेगा।'' मगन मेहता ने कहा–''ठीक कहते हो। देसाई जैसा आदमी जो बराबर दुनिया भर का चक्कर लगाता रहा है और जैसे हम लोग बैंक से रुपया निकालते हैं उसी तरह जो ज़िन्दगी भर आदमियों की जान निकालता रहा है, वह एक लड़की को लेकर घर कैसे बैठ जाएगा। मैं कहता हूँ कि यदि चित्रा की जगह वह किसी अभिनेत्री से विवाह कर लेता तो एक बात भी थी, मगर चित्रा से ब्याह। निबाह कठिन है। निभती तो वहाँ है जहाँ एक नरम दूसरा गरम हो मगर जहाँ दोनों ही गरम हों वहाँ क्या होगा, अपनी गरमी से दोनों एक दूसरे को झुलसा देंगे।''

खापर्डे ने उपसंहार का प्रयत्न करते हुए कहा–''यह विचित्र संसार है। बड़ा ही विचित्र। लेकिन हम लोग किसी का अनभल क्यों चेतें। जो कुछ हो, यह कुछ हमारा व्याह तो हो नहीं रहा है। सोलह आने में पन्द्रह आने आशा है कि दोनों इस विवाह से उतनी ही सफल ज़िन्दगी बिताएँगे जितनी-जितनी हम लोग बिताते हैं।''

''हाँ, उतने ही दिनों तक जब तक उन्हें मालूम नहीं हो जाता कि वे दोनों एक दूसरे के लिए नहीं बने हैं। और तब मेरे दोस्त जानते हो क्या होगा-प्रलय। न तो हवा में पानी मिलाया जा सकता है और न पानी में तेल।'' मगन मेहता ने कहा।

वस्तुतः उन तीनों ने वही बात जोर-जोर से की थी जो आधी बम्बई सोचती थी और आधी बम्बई फुसफुसाती थी। और ऐसी बात जिनके बारे में की जाती है उनके कानों में चाहे बाद पहुँचे उनके अभिभावकों के कानों में पहले ही पहुँचती है। फलतः चित्रा के पिता जिन्होंने पृथक् आवास के साथ ही चित्रा को पूर्ण स्वतंत्रता भी दे रखी थी स्वयं न आकर टेलीफ़ोन पर ही उसे आदेश किया कि वह देसाई से साफ़-साफ़ कह दे कि यह विवाह न हो पायेगा। उधर देसाई की माता ने उस पर दबाव डाला कि वह इतने बड़े विश्व में और चाहे जहाँ और चाहे जिससे विवाह कर ले परन्तु चित्रा से नहीं।

कढ़ाई चूल्हे से उतार ली जाने के बाद भी कुछ देर गर्म रहती है। विवाह-वार्ता टूट जाने पर भी कुछ दिनों चित्रा और देसाई साहब में मिलना-जुलना चलता रहा परन्तु अब चित्रा देसाई को उतनी दिलचस्प न लगती और देसाई से भी अब चित्रा का उतना मनोरंजन न हो पाता। मनोरंजन में कमी होते ही चित्रा समझ गई कि देसाई के प्रति अब उसका प्रेम नहीं रहा और जिससे प्रेम नहीं उससे विवाह करना विशुद्ध व्यभिचार है यही उसके जीवनभर की शिक्षा का निचोड़ था। इसी समय उसके पिता द्वारा उसे सौंपे गये चित्रा प्रकाशन प्राइवेट लिमिटेड द्वारा प्रकाशित हिन्दी दैनिक 'चित्ररथ' में सहायक सम्पादक की जगह खाली हुई। उस पद पर नियुक्त होकर सुमन्त बम्बई आया। पहले चित्रा की सहृदयता और बाद में उसके रूप ने उसे आकृष्ट किया। चित्रा को अपने मनोरंजन का एक साधन मिला। इस योगायोग के फलस्वरूप देसाई साहब से चलने वाली विवाह-

वार्ता इस तरह टूटी जिस तरह टूटने की उम्मीद खापर्डे, पोपटलाल एंड मगन मेहता एन्ड कम्पनी ने भी न की थी। चित्रा ने देसाई साहब से अन्तिम बार अपना मनोरंजन गत 28 दिसम्बर को किया था। मनोरंजन की तरकीब सोचते-सोचते जब वह सोई तो सहसा रात एक बजे उसकी नींद खुल गई। उसी समय मनोरंजन की एक नयी तरकीब उसके दिमाग में आई थी। उसने तुरन्त देसाई साहब को फ़ोन किया कि इसी समय यहाँ आओ मगर अपनी कार से न आकर टैक्सी से आना। नशे में झूमते हुए भर्राये कंठ से देसाई ने पूछा था–टैक्सी से क्यों आऊँ। और चित्रा ने कहा था–यही समझने की बुद्धि होती तो मेरी शादी तुमसे क्यों टूटती। लेकिन अब जब कि वह टूट चुका है इतनी रात को तुम अपने शोफर के साथ यहाँ आओगे तो उसका नतीज़ा क्या होगा यह तुम सबेरे होश में आने पर ही समझ सकते हो, अभी नहीं। और इस हालत में तुम खुद गाड़ी चलाकर आ नहीं सकते। चित्रा की इस बात से देसाई कायल हो गया और जल्दी से पतलून की ज़ेब में ह्विस्की की बोतल डाल टैक्सी पर रवाना हो गया। रास्ते में उसने निर्जल बोतल आधी से अधिक खाली कर दी। फलतः टैक्सी बिदाकर जब उसने चित्रा के घर की घंटी दबाई तब सुधीरा ने उसे अपनी मालकिन का जवाब सुना दिया कि सो रही हैं। इस वक्त किसी से नहीं मिल सकतीं और दरवाज़ा बन्द कर दिया। देसाई लौटा परन्तु उस समय सड़क पर दूसरी टैक्सी न मिली और चलने में असमर्थ देसाई सड़क पर ही गिर पड़ा। देसाई का मान-भंजन हुआ, चित्रा का मनोरंजन हुआ।

अपने कमरे में जिस प्रकार करवटें बदलती हुई चित्रा भूतकाल को प्रत्यक्ष देख रही थी उसी प्रकार उसकी दासी सुधीरा भी अपनी कोठरी में पड़ी विचार कर रही थी कि उसकी हर तरह से अच्छी मालकिन अगर यह खिलवाड़ छोड़ कर किसी भले आदमी से विवाह कर ले तो वही अच्छा। उसे इसकी आशा भी हो गई थी, जबकि एक दिन उसने चित्रा को नन्दिता से यह कहते सुना कि देसाई से विवाह कर मैं भूल कर रही थी। वह तो मेरा मनोरंजन करने की जगह मुझ पर अपना रोब ज़माना चाहता था। पति तो ऐसा होना चाहिए जो पत्नी का मातहत होकर रहे और ऐसा पति वही हो सकता है जो अपना नौकर हो। क्यों नन्दिता, यह सुमन्त कैसा रहेगा।

मगर आज चित्रा ने जब सुमन्त के साथ भी वही मज़ाक किया था जो वह देसाई के साथ कर चुकी थी तो सुधीरा को बड़ा क्लेश हुआ। वह सुमन्त को अपने वर्ग का समझती थी, अर्थात् रोज कुआँ खोद कर पानी पीने वाला वर्ग। अतः उसे सुमन्त के प्रति स्वाभाविक सहानुभूति थी। यह सहानुभूति उस समय बढ़ गई जब चित्रा ने उसके साथ आज यह कठोर मज़ाक किया। उसका पति नन्दन कपड़े की मिल में मजदूर था। उसकी रात की पारी थी। खाना खिला कर उसे काम पर विदा करते समय सुधीरा ने आकाश में घिरे बादलों को देखा था और ट्राम पर सवार होकर अपने पति को कारख़ाने जाते देखा था। वह जानती थी कि इतनी रात ट्राम नहीं चलती इसलिए सुमन्त को यहाँ तक पैदल ही आना पड़ेगा। कहीं आते-आते रास्ते में पानी गिरने लगा तब तो सचमुच सुमन्त की पूरी-पूरी दुर्दशा हो जाएगी। आह बेचारा!

सुधीरा ने एक निगाह बिस्तर पर पड़े अपने दोनों बच्चों पर डाली, फिर अपनी गोद के बच्चे को चूमा और फिर अत्यन्त स्नेह के साथ अपने पेट में भ्रूण को हिलता-डुलता अनुभव किया। जैसे पानी उबलने से भाप ढक्कन पर छा जाता है वैसे सुधीरा के हृदय का वात्सल्य भाव उसके मुखमंडल पर छा गया। उसी समय पोर्टिका की घंटी घनघनायी।

घंटी बजने की आवाज़ सुधीरा ने भी सुनी और चित्रा ने भी। चित्रा ने उठकर रोशनी बुझा दी और फिर खिड़की का परदा हटा कर नीचे सुमन्त को देखने लगी। सुधीरा ने उठकर दरवाज़ा खोल दिया। पानी से तरबतर सुमन्त उसके सामने खड़ा था।

सुमन्त को चर्चगेट के पास पहुँचते-पहुँचते यह भी याद हो आया था कि इसी स्थान पर बम्बई आने के तीसरे ही दिन जब कि वह चित्रा के साथ जा रहा था, किसी उत्तर प्रदेशीय आवारा मिजाज़ तहमदधारी युवक ने चित्रा की ओर देखते हुए गाया था–

बला जूड़े की बन्दिश है, कयामत कद-ए-बाला है।
अजब मुखड़ा, ग़ज़ब चितवन, बदन साँचे में ढाला है।।

और यह सुनते ही सुमन्त उसके साथ कुछ उत्तम मध्यम करने की इच्छा कर ही रहा था कि चित्रा ने कहा था कि यह तो कोई नाराज़ होने की बात नहीं है सुमन्त। उसने मेरे रूप की निन्दा नहीं, प्रशंसा ही की है।

उसके विचार चलते-चलते जब यहाँ तक पहुँचे थे उसी समय उसके पैर चलते-चलते चौपाटी पहुँच गये थे और चौपाटी पर चित्रा का बँगला था। वहाँ पहुँचने के पहले ही पहले तो छोटी-छोटी बूँदे, फिर बड़ी-बड़ी बूँदे पड़ने लगीं और उसके बाद मूसलधार वर्षा आरम्भ हो गई। सुमन्त के कपड़े ही नहीं, कपड़ों के नीचे उसके शरीर का चर्म ही नहीं, बल्कि उस चमड़े के नीचे उसकी हड्डियाँ तक पानी से जैसे तर हो गईं।

जिस समय सुमन्त चित्रा के बँगले पर पहुँचा उस समय रात के दो बज चुके थे। उसने बिजली की घंटी का बटन दबाया। चित्रा देवी की दासी सुधीरा ने दरवाज़ा खोलते हुए कहा–"मेम साहब सो गई हैं।"

सुमन्त ने कहा–"उन्होंने मुझे बुलाया था।"

"बुलाया होगा। वह आप से भी बड़े आदमियों को रात इसी तरह फ़ोन पर बुलाती हैं और यहाँ आने के लिए कहती हैं। परन्तु जब बुलाया हुआ आदमी आता है तो उन्हें सोयी पाता है और अछताता-पछताता लौट जाता है।"

सुमन्त ने जवाब सुना, आँखें उठाकर आसमान का सिलेटी रंग देखा और वहाँ से टलने की जगह वहीं सिर झुकाकर स्थिर हो रहा। सुधीरा ने उसकी दशा देखी। यह भी खयाल आया कि इसी हालत में इसे न जाने कितनी दूर पैदल जाना पड़ेगा। इतना पैसा बेचारे के पास कहाँ कि टैक्सी पर जाए। उसे सुमन्त पर दया आ गई। बोली–"अच्छा तो एक काम करो। मेरे कमरे के बाहर दालान में अपने कपड़े उतार दो। मेरी धोती चादर ओढ़ कर कुरसी पर बैठे रहो और जब सबेरा हो जाए तब चले जाना।

सुमन्त ने हिचकिचाते हुए प्रस्ताव को स्वीकार कर लिया।

कुरसी पर बैठे-बैठे सुमन्त की आँखें लग गईं। वह सपना देखने लगा। स्वप्न में देखा कि बयाबान मैदान है। कोसों तक कहीं छाया का नाम-निशान नहीं। वह चलते-चलते थक गया है। चाहता है कि कहीं कोई सघन छायादार वृक्ष मिले तो वह उसी के नीचे बैठ कर थोड़ी देर विश्राम करे। इधर-उधर निगाह दौड़ाने पर वह देखता है कि दो वृक्ष दिखाई पड़ रहे हैं। एक ताड़ का पेड़ है–पास है, दूसरा नीम का पेड़ हैद्दूर है। वह नीम के पेड़ के नीचे जाकर बैठ जाता है। ताड़ का पेड़ खिलखिलाकर हँस पड़ता है और सुमन्त से कहता है कि बैठना ही है तो मुझ महान वृक्ष की छाया में बैठते जिसका सिर आकाश को छूता है। सुमन्त उसे उत्तर देता है–"बड़े हुए तो क्या हुआ जैसे ताड़ खजूर।"

क्या इसीलिए इस नाटी नीम की छाया में बैठ गये हो। –जैसे ताड़ ने प्रश्न किया।

सुमन्त ने जवाब दिया–हाँ, बैठ जाता हूँ जहाँ छाँव घनी होती है।

चित्रा की आवाज़ पर सुमन्त की आँख खुली। धूप फैल चुकी थी। चित्रा हँसती हुई कह रही थी–आखिर तुम्हें मजदूरनी की कोठरी में आराम मिला।

सुमन्त ने कोई जवाब न दिया। उसके मन में अभी ताड़ को दिया हुआ जवाब गूँज रहा था–

बैठ जाता हूँ जहाँ छाँव घनी होती है।

बुलबुल के आँसुओं में है खुशबू गुलाब की

जिस समय चित्रा सुमन्त के साथ नन्दिता के घर पहुँची तो वहाँ हाहाकार मचा हुआ था। सड़क पर आगन्तुकों की मोटरों की कतार लगी थी। 'रणछोड़ मैन्शन्स' के सभी कमरों के चटकीले परदे हटा दिये गये थे और उनकी जगह काले रंग के परदे टाँग दिये गये थे। स्वयं नन्दिता ने भी गहरे काले रंग की साड़ी धारण कर ली थी और उस काली साड़ी में उसका गोरा-गोरा मुखड़ा ऐसा जान पड़ता था जैसे अमावस्या की रात में पूर्णिमा का चाँद निकला हो। नन्दिता की आँखें लाल हो रही थीं। चित्रा को देखते ही उसकी आँखों से आँसू की धारा फूट चली। चित्रा को आश्चर्य हुआ–नन्दिता के रोने पर नहीं, प्रत्युत उसके रुदन के अभिनय की कुशलता पर। चित्रा जानती थी कि यह नन्दिता की मुक्ति का दिन है और बन्धन से मुक्ति मिलने पर हँसना ही स्वाभाविक है, रोना नहीं। फिर भी अगर कोई रोये ही तो उसका रोना या पाखंड है या फिर विशुद्ध मूढ़ता। यतः नन्दिता मूढ़ नहीं है। अतः यह उसकी मूढ़ता नहीं, पाखंड ही है।

चित्रा को यह भी मालूम था कि के.एल. कलमवाला ने अपनी पत्नी को इसलिए घुला घुला कर मार डाला जिसमें वह नन्दिता से ब्याह कर सके। परन्तु नन्दिता के माँ-बाप ने उसका विवाह सेठ रणछोड़दास से कर दिया। अतः नन्दिता मन ही मन सेठ रणछोड़दास से घृणा करती रही है। इसलिए भी ऐसे घृणित व्यक्ति से छुटकारा पाने

पर नन्दिता को प्रसन्न होना चाहिए था, रोना नहीं। इसलिए भी चित्रा का इस तरह रोना नक़ल ही है—अभिनय ही है और कुछ नहीं। परन्तु अभिनय भी वही जमता है, वही चोखा उतरता है जिसमें सभी पात्र अपनी भूमिका स्वाभाविक ढंग से प्रदर्शित करें। अतः चित्रा ने नन्दिता के दुख में समवेदना प्रकट करने का अभिनय किया। रूमाल से रगड़-रगड़ कर अपनी भी आँखें लाल कर लीं।

सेठ रणछोड़दास का शव बाहर पलंग पर पड़ा था। नन्दिता ने अपने हाथों शव के माथे पर चन्दन छोप दिया था और उसके गले में तुलसी की मोटी-सी माला लपेट दी थी। इस प्रकार सेठ रणछोड़दास का शव परम वैष्णव का शव बना पंचतत्त्व में मिल जाने की प्रतीक्षा कर रहा था। चित्रा ने देखा कि सेठ जी के मुखमंडल पर उस कष्ट के चिह्न अभी तक स्पष्ट हैं जो कठिनाई से साँस लेने के कारण उन्हें झेलना पड़ा था। नन्दिता ने रोते हुए कहा—''आक्सीजन बराबर दी जा रही थी फिर भी साँस न ले सके।''

उसके शव की ओर से मुँह फेरते हुए अपने पति के प्राइवेट सेक्रेटरी से जल्दी शव उठवाने और उसका अन्तिम संस्कार करवाने की ताकीद की। सभी ने समझा कि बेचारी नन्दिता को अपने पति का मृत रूप देख कर बड़ी पीड़ा हो रही है और इसीलिए वह शव जल्दी उठवाने का आग्रह कर रही है। सुमन्त का कोमल हृदय भी यह दृश्य देख कर व्याकुल हो उठा। उसने चित्रा का साथ छोड़ दिया और यह कह कर कि समाचार के लिए तथ्य संग्रह करना ज़रूरी है इसलिए मैं ज़रा घूम-फिर कर देख लूँ कि कौन-कौन से उल्लेखनीय व्यक्ति पधारे हैं, वह वहाँ से हट गया और उस प्रासाद के उपवन में जाकर एक निर्जन कोने में बैठ रहा। उसके जाते-जाते चित्रा ने उससे कहा—''समाचार के साथ दिल में चुभने वाला शीर्षक लगाना और शव-यात्रा के चित्र के साथ सेठजी की जवानी का भी कोई चित्र दे देना।''

चित्रों की उक्त बात से उस बैंगन की तरह जो किसी के लिए पथ्य होता है और किसी के लिए व्याधिकारक, सुमन्त के ओठों पर मुस्कराहट आई जिसे उसने बलपूर्वक रोक लिया और नन्दिता के मुँह पर मुर्दनी छा गई। वह बेहोश होकर गिर पड़ी। चित्रा ने उसे गिरते-गिरते सम्हाल लिया। उपस्थित लोगों ने तय किया कि ऐसी मनस्थिति में नन्दिता को शव-यात्रा में शामिल करना ठीक नहीं। परन्तु नन्दिता होश में आकर बोली—''मैं ज़रूर जाऊँगी। मुझे कोई नहीं रोक सकता।'' वह अपने बिखरे केश नोचने लगी। लोग समझाने-बुझाने लगे। तब सहसा वह उन्मादिनी की तरह उठी और टेबुल पर पड़ी कैंची उठा ली। लोग डर गये कि कहीं भोंककर आत्महत्या न कर ले और यही सोचकर 'हाँ-हाँ' करते हुए कैंची छीनने के लिए झपटे। जब तक कोई उसके पास पहुँच कर उसके हाथों से कैंची छीने तब तक उसने अपने नितम्ब-विलम्बित अलकों का एक टुकड़ा झट से काट दिया और शव के गले में लपेट कर उसमें कड़ी गाँठ लगाती हुई वह बोली—''अच्छी बात है। अगर उनके साथ मुझे नहीं मरने दे रहे हो तो कम से कम मेरी यह लट ही उनके साथ जल जाने दो। ख़बरदार मेरी लट में कोई हाथ न लगाये। उस पर हाथ लगाने का जिसे अधिकार था, वह तो स्वर्ग गया।'' और यही कहते-कहते वह दूसरी

बार बेहोश होकर गिर पड़ी। लोगों ने उस दुखी विधवा की इस इच्छा का सम्मान करने का दृढ़ निश्चय किया और उसकी बेहोशी से लाभ उठाकर शव उठवा दिया। दासियों ने नन्दिता का बेहोश शरीर उठाकर उसके कमरे में ले जाकर पलंग पर लिटा दिया और इसके बाद वे सब भी शव-यात्रा में शामिल हो गईं। उतने बड़े महल में एक नौकर, नन्दिता और बाग़ में बैठे सुमन्त के सिवा और कोई न रह गया।

नन्दिता आँखें बन्द किये पलंग पर पड़ी थी परन्तु उसे यह देख आश्चर्य हो रहा था कि बन्द आँखों से भी विचित्र चीज़ें देखी जा सकती हैं जैसे आज से कुल सात दिन पूर्व इसी कमरे में जो घटना घटी थी उसे वह देख रही थी। वह देख रही थी कि उसके पतिदेव, जिन्हें अख़बारवाले नरपुंगव कहते हैं, आतिशदान में बुझती हुई आग की ओर दृष्टि जमाये देख रहे हैं। वे अपनी गद्देदार आरामकुरसी पर पड़े हुए हैं। आधा हाथ कुरसी के डंडों पर आराम से पड़ा है और आधा निर्जीव-सा नीचे लटक रहा है। हाथ की नीली नसें उभर आई हैं। वह आतिशदान के पास बैठी हुई बड़े ध्यान से उन उभरी हुई नीली नसों को ध्यान से देख रही है। इस तरह देख रही है जैसे कोई बच्चा मिठाई की ओर लोलुप दृष्टि से देखे। उसकी निगाह उन नीली नसों से उठ-उठकर बीच-बीच में उस नरपुंगव के चेहरे पर पड़ती है और वह उसकी आँखों में उसके मनोभाव पढ़ने की कोशिश करती है। इस समय कोई मनोविज्ञानविद् यदि उसे देख पाये तो उसके चेहरे की प्रत्येक रेखा, उसकी अधखुली आँखों और तनिक-तनिक उठी हुई भौहों में केवल दो अक्षर पढ़े, बड़े-बड़े अक्षरों में लिखा हुआ–घृणा।

सहसा नर-पुंगव के निर्जीव से पड़े हाथों में कम्पन हुआ और उन्होंने अपना सिर घुमाकर अपनी पत्नी की आँखों से भरपूर आँखें मिलाते हुए कहा–इस तरह बेकार समय नष्ट करना मुझे नहीं सुहाता। जानती हो मुझे कल चेम्बर में भाषण करना है।

नन्दिता देखती है कि पति की यह बात सुनकर वह उठी थी और गलीचे पर जैसे रेंगती हुई उसकी कुरसी के पास पहुँच कर और उसका एक डंडा पकड़ कर घुटनों के बल वहीं बैठ गई थी। उसकी नसों में भी अभिजात वंश का रक्त प्रवाहित होता था। परन्तु उसके आचरण में औद्धत्य का कोई लक्षण नहीं दिखाई पड़ता था। उसकी विनय गुलामों को मात करती थी और उसकी मुद्रा उस माता जैसी थी जो अपने पुत्र को ढाँढस बँधाने के लिए उसके पास आ बैठी हो। उसने कहा–"यदि इस अधिवेशन में तुम भाषण न करो तो क्या हानि है। इधर तुम्हारा स्वास्थ्य भी ठीक नहीं रहा है।"

"स्वास्थ्य ठीक हो या न हो। कर्तव्य सर्वोपरि है। मुझे जाना ही होगा।"

"अच्छी बात है, जाना। मैं भी तुम्हारे साथ चलूँगी, परन्तु आज रात भर तो आराम करो।"–नन्दिता ने अनुनय के साथ कहा।

नरपुंगव पुनः गरजे–"आराम हराम है। नहीं जानती यह हमारे प्रधानमंत्री का नया नारा है। इस वक्त देश को आराम की नहीं, काम की ज़रूरत है। और काम की यह हालत है कि मैंने अपने भाषण के लिए जो नोट्स तैयार किये उनका कहीं पता ही नहीं लग रहा है।"

नरपुंगव की आँखें चमक उठीं। बोले–"मेरे नोट्स कहाँ गये, क्या हुए, मैंने उन्हें कहाँ रख दिया।"

नन्दिता की मुख-मुद्रा भयभीत-सी हो गई। ऐसी थकावट मालूम हुई जैसे वह सैकड़ों कोस पैदल चली हो। अभी दो ही वर्ष पूर्व उसकी गणना बम्बई की सर्वश्रेष्ठ सुन्दरियों में की जाती थी। उसकी वह सुन्दरता उसकी बुद्धि के विकास के साथ और भी अधिक मनोहारिणी हो गई थी। परन्तु इस समय उसके मस्तक पर सिकुड़न है। उसकी वह मुस्कराहट जिसकी उपमा गुलाब के खिलने से दी जाती थी इस समय विषादपूर्ण है। उसके शरीर का चमड़ा भी जैसे सिकुड़ गया है। वह आज रात बूढ़ी हो गई है। उसने धड़कते हुए कलेजे से नरपुंगव की आवाज़ सुनी–शायद खो गया। सारा परिश्रम व्यर्थ गया। तीन रात जाग-जाग कर, खून को पानी बना कर, मैंने जो चीज़ तैयार की थी, उसे तुमने खो दिया। खैर, कोई बात नहीं। इसकी सजा तुम्हें ज़रूर मिलेगी। मैं अपना भाषण लिखाता हूँ। तुम लिखो।

नरपुंगव के नेत्रों में बच्चों की सी शरारत नाच उठी। नन्दिता भीतर ही भीतर काँप उठी, परन्तु उसने कुछ कहा नहीं। यह जानते हुए भी उसने कुछ नहीं कहा कि इधर महीने भर के भीतर उन्होंने काग़ज़ से कलम का स्पर्श तक नहीं कराया है। वह काग़ज़ कलम लेकर सामने बैठ गई। नरपुंगव ने अपना भाषण लिखाना आरम्भ किया। नन्दिता लिखती जाती थी और रोती जाती थी। कहीं नरपुंगव उसकी आँख का पानी देख न लें इसलिए उसने अपना सिर एकदम झुका लिया। भाषण समाप्त हुआ। नरपुंगव का सिर एक ओर झुक गया। वे खर्राटे लेने लगे। नन्दिता बैठी प्रतीक्षा करने लगी कि वे कब जागें और वह कब उन्हें उनके पलंग पर सुला कर सोने जाए।

सबेरा हुआ तो नरपुंगव सेठ रणछोड़दास ने चेम्बर जाने की तैयारी शुरू की। उस दिन नन्दिता ने स्वयं अपने काँपते हाथों से उनके लिए चाय बनायी। चायपान कर सेठ जी चेम्बर गये। अपना भाषण पढ़ा, जिस पर सदा की भाँति खूब तालियाँ बजीं। परन्तु भाषण का अन्त होते-होते उनके पैर लड़खड़ाये, ढीले हाथों से काग़ज़ छूटकर ज़मीन पर गिरा और स्वयं सेठजी भी ज़मीन पर गिर पड़े। बेहोशी की हालत में उठाकर घर लाये गये। तब से जो खाट पकड़ी तो आज खाट समेत ही उठाये गये।

सोचते-सोचते नन्दिता को ऐसा प्रतीत हुआ जैसे सेठ उसी कुरसी पर उसी दिन की तरह बैठे उसे घूर रहे हैं। वह लेटी न रह सकी और चादर फेंक उठ खड़ी हुई। उसी समय नौकर ने आकर ख़बर दी कि के.एल. कलमवाला आये हैं। नन्दिता नौकर के साथ चल कर ड्राइंग रूम में आई। उसे देखते ही कलमवाला उठ खड़े हुए और समवेदना प्रकट करते हुए बोले–"मुझे बहुत अफ़सोस हुआ नन्दिताजी, मुझे आपके दुख में आपसे पूरी-पूरी सहानुभूति है। ईश्वर सेठजी की आत्मा को शान्ति प्रदान करे। इस तरह बैठे रहने से तो दुख और भी बढ़ेगा। अच्छा होता आप बाग़ में थोड़ा टहल लेतीं।" और नन्दिता उसके साथ बाग़ की ओर चली।

बाग़ के एक कोने में बैठा हुआ सुमन्त शव-यात्रा देख लेने के बाद उसकी रिपोर्ट तैयार कर रहा था। रिपोर्ट समाप्त हो चुकी थी। उसने सद्यः विधवा नन्दिता का बड़ा ही करुणापूर्ण विवरण प्रस्तुत किया था परन्तु चित्रा का आदेश उसके कानों में गूँज रहा था कि शीर्षक कारुणिक लगाना और कौन-सा शीर्षक कारुणिक होगा, इसी पर वह विचार कर रहा था कि उसकी दृष्टि नन्दिता पर पड़ी। वह कलमवाला के हाथ में हाथ दिये रविश पर टहल रही थी। सुमन्त को कलमवाला के सम्बन्ध में कोई जानकारी न थी, अतः उसने समझा कि यह कोई सम्बन्धी है जो समय पर न आ पा कर अभी आया है, और नन्दिता के प्रति समवेदना प्रकट कर रहा है।

मेंहदी की झाड़ी के पीछे बैठे सुमन्त को न नन्दिता ही देख सकी और न कलमवाला ही देख पाया। टहलते-टहलते दोनों मेंहदी की झाड़ी के सामने आ खड़े हुए। अब सुमन्त उनकी बातचीत भी स्पष्ट सुन सकता था। उसने सुना भी कलमवाला नन्दिता से कह रहा है–''नन्दिता मैं बहुत खुश हुआ कि तुमने अपना वचन पूरा कर दिया। अब साल-छह महीने बाद तुम मुझसे विवाह करने के लिए स्वतंत्र हो।''

''मैंने भी तो तुमसे कह दिया था कल्याण, कि हम दोनों का प्रेम घृणा में ही फूल-फल सकेगा। तुम हो पत्नीहन्ता। इसलिए मैं तुमसे उतनी ही घृणा करती हूँ जितनी सेठ से करती थी। मैं हूँ पतिघातिनी। अतः यदि तुम मनुष्य हो तो मुझसे घृणा करोगे ही। हम लोगों की इसी पारस्परिक घृणा को दुनिया उसी प्रकार प्रेम कहेगी जैसे सेठ के प्रति मेरी घृणा को वह प्रेम पुकारती रही।''

नन्दिता की बात सुनकर एक बार तो कलमवाला के चेहरे का रंग उड़ गया परन्तु तत्काल सम्भल कर उसने कहा–''नन्दिता, तुमने तो यह बताया ही नहीं कि काँटा तुमने कैसे दूर किया।''

''यह काम मैंने उसी तरह सात दिनों में पूरा किया, जिस तरह तुमने सात महीनों में किया था।''

''उसकी चर्चा न करो नन्दिता। हम लोगों में तय हो चुका है कि वह घटना हम अपनी ज़बान पर न लाएँगे। केवल जैसे कि मैंने एक बार तुम्हें इतना सुनाया था वैसे ही तुम भी एक बार सुना दो। इसके बाद जीवन भर फिर मैं कभी इसकी चर्चा न करूँगा।''–कलमवाला बोला।

नन्दिता ने सात दिन पूर्व उस रात की घटना सुनाने के बाद कहा कि उसी रात मैंने सेठ से छुटकारा पाने का निश्चय कर लिया। जो दवा तुम मुझे दे गये थे और जिसे मैंने तुम्हारे बार-बार कहने पर भी उसे नहीं पिलायी थी वही दवा चेम्बर जाते समय मैंने उसे चाय में दे दी। वह बेहोशी की हालत में उठाकर घर लाया गया। कल रात मैंने डॉक्टर को कहते सुना कि अब केस हाथ में आ गया है। आशा है अब ये उठ बैठेंगे। उसी समय मैंने निश्चय किया कि यह नहीं होने का। इन्हें तो मेरे हाथों मरना ही पड़ेगा। यही विचार कर जिस समय कमरे में मेरे सिवा और कोई न था, मैंने सिल्क की चादर से उसका गला कस दिया और देखते-देखते साँस रुक गई। मैंने चादर गले

से खोल ली और उसे आतिशदान में जला डाला। उसके बाद अपने कमरे में आकर दस मिनट लेटी रही। फिर अपनी दासी को बुलाकर कहा कि देख आओ सेठ जी की क्या हालत है। दासी ने देखा कि सेवा में नियुक्त नर्स आकर पुनः अपनी कुरसी पर बैठ गई है। मैंने नर्स की अनुपस्थिति से लाभ उठाया था। नर्स ने नाड़ी देखी और तुरत घर भर में ख़बर फैल गई कि सेठ जी चल बसे। मैंने उसके गले में तुलसी की मोटी-सी माला लपेट दी कि यदि गले पर दबाये जाने का निशान हो तो किसी को दिखाई न पड़ सके। बस इतनी ही तो बात है। परन्तु यदि अब कहीं तुमने मुझे धोखा दिया तो मैं कहीं की न रहूँगी। और नन्दिता फूट-फूट कर रो उठी।

सुमन्त का हृदय घृणा से भर गया। उसने निश्चय किया कि इन नारियों की संगति में अब न रहूँगा। यही है मेरी अन्तिम रिपोर्ट, मगर चित्रा ने कहा है कि कारुणिक शीर्षक लगाना। इस विवरण पर क्या शीर्षक लगाऊँ? और सहसा उसने कलम निकाल शव-यात्रा के विवरण के नीचे लिख दिया-बुलबुल के आँसुओं में है खुशबू गुलाब की।

तारा

तडिद्वा तारा वा कनकलतिका वा किमबला

आज तारा की थीसिस सफल हो गई। दो वर्षों का लगातार परिश्रम आज सार्थक हो गया। ये ऐसी बातें हैं जिनके कारण तारा को स्वभावतः प्रसन्न होना चाहिए परन्तु न जाने क्यों वह आज जब से सोकर उठी है, अन्यमनस्क-सी रही है।

माता ने उसकी उदासी का कारण पूछा। पिता ने उसकी मन-मलीनता पर चिन्ता प्रकट की और उसकी अनुपस्थिति में माता-पिता ने उसके सम्बन्ध में कुछ परामर्श भी किया। पिता ने धीरे से कहा था—तारा इधर दिन-दिन न जाने कैसी होती जा रही है। इसके चेहरे पर हँसी तो दिखाई ही नहीं देती। माता ने पिता से भी अधिक धीमे स्वर में जवाब दिया-हँसी क्या खाक दिखाई दे। इसकी जितनी उमर में मेरी गोद में प्रकाश खेलने लगा था।

तारा की माता ने अपने सबसे बड़े बेटे प्रकाश का नाम लिया और बात का सिलसिला आगे बढ़ाया-ब्याह हुआ होता तो अब तक उसकी गोद में भी दो बच्चे होते, लेकिन तुम तो उसे न जाने क्या बनाना चाहते हो।

उसे हज़ारों में, लाखों में एक बनाना चाहता हूँ। प्रकाश को भी बनाना चाहा था—मगर वह केवल डिप्टी कलक्टर बन कर रह गया। विकाश उससे भी बढ़ कर निकला। बी.ए. में तीन साल फेल हुआ। वह तो कहो कि मैं उसका बाप था। इसलिए बेटा डिप्टी सुपरिन्टेन्डेन्ट पुलिस बने मूँछों पर ताव दे रहे हैं, नहीं तो क्लर्की भी मुश्किल से मिलती। मगर मेरी तारा, मैं जैसा चाहता था, वैसी ही निकली। सच कहता हूँ तारा की अम्मा, मैंने जब से उसकी थीसिस पर उसके परीक्षकों की राय पढ़ी है मेरा रोआँ-रोआँ खुशी से भर गया है। अपने-अपने ढंग से तीनों परीक्षकों ने तारा की प्रशंसा की है। परन्तु यह बात तीनों ने लिखी है कि ऐसे दुरूह विषय पर जिस सफलता के साथ यह निबन्ध लिखा गया है वह लेखिका की पैनी सूझ-बूझ, व्यापक अध्ययन और गहरे परिश्रम का परिचायक है। यद्यपि निबन्ध पी-एच.डी. डिग्री के लिए लिखा गया है परन्तु हम डी.लिट्. डिग्री देने की सिफारिश करते हैं।

पुत्री की कृतविद्यता पर गर्व से स्फीत होती हुई जननी ने अपनी कन्या के जनक से कहा–"पहले तुमने यह बात क्यों नहीं बतायी। जाकर महावीर स्वामी को सवा सेर लड्डू चढ़ा आती। आज दिन भी अच्छा था, शनिवार!"

"तो अब से क्या बिगड़ा है। चली जाओ! मन्तू अभी न गया हो तो उससे कह दो कि रिक्शा लेकर पहले यहीं आये और बहूजी को महावीर स्वामी का दर्शन करा लाये!"–राय साहब ने अतिरिक्त उत्साह प्रदर्शित करते हुए कहा! तारा की माँ ने प्रतिवाद किया–"मन्तू तुम्हारा चौबीस घंटे का नौकर तो हैं नहीं! शाम अपनी बेटी को लॉ कॉलेज पहुँचाने और वहाँ से लाने के लिए उसे तुम पैंतीस रुपये माहवारी तनखाह देते हो! फिर तो उसे स्वतंत्र रिक्शा चलाने की छूट है और फिर आज रात भी हो गई है!"

"इससे क्या हुआ? कोई ज़्यादा रात नहीं है! रह गई मन्तू से वक्त-बे-वक्त काम लेने की बात? सो, मैंने बँगले में रहने के लिए क्या उसे मुफ़्त कोठरी नहीं दी है?"

"चलो रहने दो! बहुत बढ़-बढ़ कर बातें न बनाओ! वह कोठरी क्या तुमने आदमी के रहने के लिए बनवायी थी या अपने अलसेशियन कुत्तों की जोड़ी के लिए? फिर भी मन्तू बेचारा बहुत खटता है! तारा का तो जैसे वह निजी नौकर हो गया है!"

"तुम तो जानती ही हो तारा की अम्माँ कि मुझे आदमी की कितनी बारीक पहचान है। मैंने मन्तू को देखते ही पहचान लिया कि मूर्ख है तो क्या लेकिन आदमी मेहनती और ईमानदार है! आखिर वही बात सामने आई न! असल में बात यह है कि आदमी पहचानने में मुझसे कभी ग़लती हुई ही नहीं!"

"तारा के बाप! तुम्हें हाथ जोड़ती हूँ, तुम्हारे पैरों पड़ती हूँ! मेरे सामने डींग न हाँका करो! तुम्हीं ने न तारा को घर पर पढ़ाने के लिए उस पूरनचन्द को रखा था! उसके कारण शहर भर में जो थुड़ी-थुड़ी हुई, सो तो हुई ही, बेचारी लड़की का दिल जैसे हमेशा के लिए बुझ गया। मैंने कितना कहा कि पूरनचन्द विद्वान है, सुन्दर है, कमाऊ है। उसके कारन मेरी बेटी की बदनामी भी उड़ चुकी, उसी से उसका ब्याह कर दो, लेकिन तुमने मेरी एक न मानी। खेलने-खाने की इस उमर में तारा के मुँह पर जब मैं जोगिनों जैसी गम्भीरता देखती हूँ तो मेरा कलेजा कचोटने लगता है।"

"तुम तो बेबात की बात करती हो। अब तुमसे कौन बहस करे।"

राय साहब समझ गये थे कि यदि बात आगे चली तो तारा की अम्मा की आँखें पहले तो आँसू बरसाएँगी और फिर ज़बान भी तड़क-तड़क कर बिजली गिराने लगेगी। अतः कल्याण इसी में है कि अब खसक चला जाए। अतः कुछ सोच कर बोले–"कल सुबह मुझे जल्दी उठना है। इधर दस बज रहे हैं। मुझे सोने दो और तुम भी जाकर सो रहो।"

राय साहब ने पलंग पर पाँव फैला कर गले तक चादर खींच ली और तकिये पर सिर जमाते हुए कहा–"रोशनी बुझाती जाना।"

तारा की अम्मा अपने पति को भली भाँति पहचानती थीं। समझ गईं कि रायसाहब अपनी मूर्खताओं की आलोचना नहीं सुनना चाहते, इसीलिए उसे टाल रहे हैं। वह मुस्कराती हुई उठीं और रोशनी बुझाती हुई निकल कर अपने कमरे में चली गईं। वह यह भी जानती थीं कि अभी रायसाहब दो-एक घंटे न सो सकेंगे, कारण चिन्ता का जो मसाला वह दे आई हैं, वह उन्हें जल्दी सोने न देगा।

सचमुच यही हुआ। राय साहब करवटें बदलते हुए बारबार सोच रहे थे कि वास्तव में भारी भूल हुई। ऐसी भूल पहले कभी न हुई थी। उन्हें सन् 1930 ई. का ज़माना याद आया। कुल पचीस साल पहले की तो बात है। इसी शहर में, इसी सड़क पर जो उस समय महज एक गन्दी गली थी, इसी जगह अर्थात् जहाँ आज यह आलीशान बँगला है, उनका कच्चा दोमंज़िला मकान था। राय साहब अपने बड़े भाई के साथ उस घर में रहते थे और बाहर चबूतरे पर टीन की छाजन के नीचे कटपीस कपड़ों की दुकान करते थे। बड़ा भाई घी का कनस्टर सिर पर लादे फेरी करता था।

कटपीस की दुकान होने पर भी आखिर वह कपड़े की ही दुकान थी और कपड़े की दुकान होने के कारण विलायती कपड़े की दुकान थी। वह विलायती कपड़े की दुकान थी इसलिए उस पर पिकेटिंग होना भी ज़रूरी था। पिकेटिंग होने के कारण उनका अपनी दुकान की रक्षा के लिए ज़िला मजिस्ट्रेट से भी मिलना आवश्यक हो गया और ज़िला मजिस्ट्रेट से उनके मिलने का मुहूर्त कुछ ऐसा शुभ था कि फिर तो जो ज़िला मजिस्ट्रेट ज़िले में आया, वह उनकी बातों के प्रभाव के क़िले में आया। देखते-देखते वह राय साहब की उपाधि से विभूषित हो गये। द्वितीय महायुद्ध छिड़ा तो कुत्तों और गिद्धों के लिए ही नहीं, राय साहब जैसों के लिए भी महामहोत्सव का अवसर आया। चोरबाज़ारी ने उन्हें बाज़ार का सबसे बड़ा साव बना दिया। कटपीस की दुकान की जगह खास चौक में 'वसन प्रतिष्ठान' के नाम से कपड़े की भारी-भरकम दुकान चल ही रही है।

आर्थिक प्रतिपत्ति ही नहीं, सामाजिक प्रतिष्ठा भी बढ़ी। राय साहब तो हो ही गये थे। नगर में डिग्री कॉलेज खुला तो उसके भी मैनेजर बना दिये गये।

स्वराज हुआ तो वह भी उनका साम्राज्य हुआ। कोयले, लोहे, कपड़े का परमिट उन्हें प्राप्त हुआ। राजनीतिक पीड़ित की सुविधाएँ उन्हें प्राप्त हुईं। उनका बड़ा बेटा डिप्टी कलेक्टर और छोटा बेटा डिप्टी सुपरिन्टेन्डेन्ट पुलिस हो गया। यह सब उनकी सुविचारित योजना का परिणाम था। उन्होंने सन् 1950 में फलने वाले फल का बीज सन् 1930 में ही रोप दिया था। म्युनिसिपैलिटी का चेयरमैन होने पर राय साहब ने अपना ग़रीबों का मोहल्ला विकास के नाम पर उजाड़ दिया था और अपने नवनिर्मित बँगले के चारों ओर खुला मैदान छोड़ दिया था अन्यथा यदि वह मोहल्ला बना रहता तो उसके निवासी भी बने रहते और यदि उसके निवासी बने रहते तो वे प्रत्यक्षतः न सही, लुके-छिपे तो कभी न कभी बता ही देते कि सन् 1930 के ग्रीष्म की एक उमसभरी रात में राय साहब ने अपने बड़े भाई से क्या विश्रम्भ वार्ता की थी। वह बतलाता कि दोनों

भाइयों ने यद्यपि गुप्त मंत्रणा की थी परन्तु कंठ स्वर की यंत्रणा के कारण वह गुप्त न रह पाई। उमस भरी रात थी, सभी जाग रहे थे। अतः उस गुप्त मंत्रणा से भी सभी परिचित हो गए। राय साहब ने अपने भाई से कहा था—देखो भैया, तुम बड़े हो, मैं छोटा। इसलिए घर के मालिक तुम्हीं हो। समय बड़ा नाजुक आ गया है। कांग्रेस और अंग्रेज सरकार में लड़ाई चल रही है। अतः वह नीति गहो कि घर कोई जीते अपना लाभ हो। मैं सरकार की ओर रहूँगा, क्योंकि मेरी कपड़े की दुकान है। तुम फेरी लगाकर घी बेचते हो, तुम कांग्रेस के हर जुलूस के पीछे फेरी लगाकर घी बेचा करो। लोग समझेंगे कि तुम कट्टर कांग्रेसी हो। फिर तो ऐसे ही किसी जुलूस में गिरफ़्तार होकर बड़े भाई जेल काट आये और छोटे भाई को राजनीतिक सुविधा का पात्र बना गये।

वहीं छोटे भाई साहब पूरनचन्द के मामले में पूरे बेवकूफ़ बन गये। पूरनचन्द उनके कॉलेज में दर्शन और संस्कृत विभाग का अध्यक्ष था। उस वक्त तारा बी.ए. में थी। पूरनचन्द्र उसे घर भी पढ़ाने आता था। फिर इतिहास ने अपनी पुनरावृत्ति की। उदयन और वासवदत्ता, बिल्हण और उसकी शिष्या राजकन्या की कथा पूरनचन्द और तारा की भी कथा बन गई। पुनरावृत्ति में कसर इतनी ही रह गई कि वासवदत्ता और राजकन्या का भाग्य सीधा था और तारा का सितारा इस मामले में टेढ़ा। उसके पिता ही कुटिल राहु बन गये। राहु केवल पूर्ण चन्द्र को ग्रसता है परन्तु रायसाहब जब राहु बने तो पूर्णचन्द्र के साथ ही उन्होंने तारा की भी कान्ति हरण कर ली।

तारा भी अपने कमरे में लम्बी आरामकुरसी पर पड़ी-पड़ी मन ही मन कह रही है—बाबूजी ने अपनी तारा के बदन की कान्ति ही नहीं हर ली, उसके मन की शान्ति भी हर ली है। आज मेरी थीसिस स्वीकृत हो जाने की बात सुनकर कितने प्रसन्न हुए हैं परन्तु यह प्रसन्नता उन्हें किसके कारण प्राप्त हुई, यह वे नहीं जानते। नहीं जानते कि ज़िला मजिस्ट्रेट से मेरी शादी करने की धुन में उन्होंने जिन बेचारे गुरुजी को ज़िलावतन कर दिया, यह उन्हीं का प्रसाद है। आखिर जिस समय बाबूजी इस नगर में कटपीस के मामूली व्यापारी थे, गुरुजी के पिता इस नगर के सबसे बड़े ज़मींदार थे मगर कांग्रेसी होने के कारण सन् 42 में अंग्रेज सरकार की गोरी फ़ौज ने उनका घर लूट कर सारा नक़द माल साफ़ कर दिया और सन् 52 में ज़मींदार होने के कारण कांग्रेसी सरकार की काली पलटन ने ज़मींदारी छीन कर उनकी ज़मीन पर कब्जा कर लिया। बेचारे के सिर दो आँधियाँ आईं। एक गोरी, एक काली। गोरी आँधी ने घर गिराया, काली आँधी ने मलवे को चौरस कर दिया। पिताजी ने द्वेष और लोभवश गुरुजी का सर्वनाश किया।

तारा कुरसी से उठी और पलंग पर जा पड़ी। आँखें बन्द कर लीं। बलपूर्वक इस अनुभव का प्रयत्न करने लगी कि अब नींद आ रही है।

परन्तु आज जिस निबन्ध पर उसे डॉक्टरेट प्राप्त हुई है उसके रचयिता का ध्यान किसी प्रकार भी उसके चित्त से उतर नहीं पा रहा है। 'शृंगार की दार्शनिक पृष्ठभूमि' का शब्द-शब्द बेचारे गुरुजी का लिखा हुआ था। हाय! बेचारे बेमौत मारे गये।

तारा लेटी न रह सकी। उठ बैठी। पाँच साल पुरानी डायरी निकालकर एक पृष्ठ पढ़ने लगी–आज गुरुजी से बड़ी ही दिलचस्प और ज्ञान-गर्भ बातें हुईं। गुरुजी की बुद्धि अत्यन्त प्रखर है, पांडित्य अपार है लेकिन स्वभाव से बड़े ही भोले हैं। मैंने उनसे कहा कि गुरुजी नर-नारी का प्रेम-संसर्ग स्वाभाविक है। सही है। परन्तु इसके मूल में आप कहते हैं कि वासना के अतिरिक्त और क्या है और वासना तो मन का विकार है। अतः वासना के अतिरिक्त भी तो कोई नर-नारी-सम्बन्ध का शाश्वत आधार होगा। उन्होंने हँसते हुए बात काटकर कहा–नर-नारी का मौलिक सम्बन्ध गोदी का है। नर-नारी एक दूसरे की गोद में रहने के भूखे हैं। नारी या तो पुरुष को बच्चा बना कर अपनी गोद में रखेगी। या स्वयं बच्ची बनकर उसकी गोद में झूलेगी या प्रेयसी बनकर पुरुष के अंक में अपने को देकर उसे अपने अंक में ले लेगी। मैंने कहा कि योग वाशिष्ठ ने कहा है कि नारी शरीर...मेरी बात काट कर वे बोले–योग वाशिष्ठ क्या जाने नारी शरीर...मैंने भी उन्हें अपना वाक्य पूरा करने का अवसर दिये बिना ही अपने मन में ही कहा–ठीक ही तो है। नारी शरीर की बात तो कुछ भोग-वाशिष्ठ ही जान सकता है, योग वाशिष्ठ नहीं। तब गुरुजी ने गम्भीर स्वर में कहा–तारा, हो सकता है कि तुम्हारे नारीत्व के बाह्य विकास के समानान्तर मानसिक विकास न हुआ हो। एक न एक दिन तुम समझोगी कि नर-नारी एक दूसरे के पूरक हैं। एक का भी अभाव नर या नारी को उसके नरत्व या नारीत्व के गुणों से वंचित कर देता है। यह अभाव विषमय काँटा बनकर तन-मन को विषाक्त कर देता है। समझोगी, समझोगी। और तारा आज समझ रही है। वह आज जब से सोकर उठी है तभी से उसका मन चंचल है। आँखें खुलते ही उसने देखा था कि उसके कमरे में कबूतरों का एक जोड़ा खुली खिड़की से आ पड़ा है! बालारुण की रंगीली रश्मि कमरे की चिकनी फ़र्श पर फिसली पड़ रही है! कबूतरी गर्दन मोड़कर कबूतर की ओर देखती है! उसकी आँखें अपनी सम्पूर्ण क्षुद्र गोलाई में पूरा चक्कर खा जाती हैं! कबूतर गुटुरगूँ करता हुआ गर्दन उठाये, छाती फुलाये उसकी ओर चलता है! कबूतरी फुदक कर आगे बढ़ जाती है! आगे-आगे गोलाई में कबूतरी और उसके पीछे-पीछे कबूतर चक्कर काटते हैं! सहसा कबूतर शीघ्रता से बढ़ता है और कबूतरी के आगे निकल जाता है! फिर वहीं से सहसा घूमकर उसके सामने आता है! चोंच में उसकी चोटी पकड़कर हलका-सा झटका देता है जैसे डांट रहा हो कि ऐसे मत भागा कर और फिर तुरत ही उसकी चोंच अपनी चोंच में लेकर गुटरगूं करने लगता है।

तारा की आँखें मदालस हो उठती हैं! वह ताली बजाकर उन्हें उड़ा देती है! परन्तु आज का दिन ही खराब है! वह बरामदे में बैठी जलपान कर रही है! देखती है कि सामने बरगद के वृक्ष के कोटर में रहने वाली समाज बहिष्कृत बंदरिया अपने दो-तीन दिनों के जाए छौने के साथ खेल रही है! गतवर्ष मोहल्ले में अपरिचित वानर समूह आया था और यह बंदरिया बिजली के खम्भे से गिरी थी! ज़मीन पर कुछ देर ऐसे पड़ी रही जैसे मर गई हो! लोगों ने घड़ों पानी डाला! वह पानी में पड़ी रही! लोग चले

गये! थोड़ी देर बाद वह उठ बैठी और जब बानर मंडली की ओर बढ़ी तो उसकी बिरादरी के लोग जो अब तक मर्माहत से बैठे थे, अब मर्मभेदी चीत्कार के साथ उस पर टूट पड़े! बंदरिया ने बरगद के कोटर में घुसकर अपने प्राणों की रक्षा की! बानर-समूह चला गया, बंदरिया रह गई!

दो तीन महीने बाद एक बन्दर भी वहीं गिरा और वह भी वैसे ही जाति बहिष्कृत हुआ। जो बन्दर अपने जाति भाइयों की खीसें देखकर भाग खड़ा हुआ था वही बंदरिया पर पूर्ण विक्रम के साथ झपटा था। बंदरिया ने आत्मसमर्पण कर दिया था। अब बच्चे हुए हैं। गृहस्थी बाकायदे बस गई है!

गूलर के पेड़ के नीचे बहुत-सा गूलर पड़ा हुआ है। बन्दर बीनकर खा रहा है। बच्चे खेल रहे हैं। फिर बन्दर बन्दरिया की गोद में सिर रखे धूप में पीठ किये सो जाता है। बंदरिया बड़े ही मनोयोगपूर्वक उसके बालों में से जूं बीन रही है।

इस दृश्य ने भी तारा को चंचल कर दिया था। सर्वाधिक चंचल किया शाम लॉ-कॉलेज के दृश्य ने। वह किसी काम से जूरिस प्रूडेन्स के अध्यापक के कमरे में गई तो उसने देखा कि उसकी एक मात्र सहपाठिनी मिस मित्रा प्रोफेसर के गले में हाथ डाले खड़ी है। वह जल्दी से कमरे के बाहर निकल आई। वह अत्यन्त चंचल हो रही थी। उसके पैर नहीं उठ रहे थे। वह थरथरा कर सीढ़ी पर बैठ गई। मिस मित्रा भी भागी और सीधे छात्रावास में जाकर दम लिया। थोड़ी ही देर में तारा भी उठी, अपने रिक्शे वाले को बुलाया! सुन्दर स्वस्थ सुमन्त रिक्शा लेकर हाजिर हुआ। यह पेशा अपनाने पर भी उसकी बंशगत उच्चता और उच्चतम शिक्षा का संस्कार उसके प्रच्छन्न रूप को दबाकर उसके माथे पर दमक रहा था! तारा ने उसकी ओर आँख उठा कर देखा फिर तुरन्त आँखें नीची कर लीं। रिक्शे पर सवार हो गई! उसने देखा कि रिक्शे वाला शीशे में झुककर उसकी परछाईं देख रहा है। उसने अपना मुँह फेर लिया।

तारा का मन चंचल है! वह आज अनुभव कर रही है कि गुरुजी का कहना ठीक था—नर नारी का पूरक है। वह उठकर नीचे सुमन्त के कमरे की कोठरी में जाने के लिए सीढ़ियाँ उतरने लगी। तीन ही चार सीढ़ी उतर कर वह थम गई। सोचने लगी कि मन्तू उसे देखकर चकित हो जाएगा। वह भी उसके सामने कैसे खड़ी रह सकेगी। बाबूजी तुम्हारा सर्वनाश हो, उसने मन ही मन अपने पिता को शाप दिया। फिर भी हृदय का ताप ज्यों का त्यों बना रहा। उसने सीढ़ी के अन्धकार में अपने दाँत पीसे। उसका रोम-रोम पिता से बदला लेने के लिए मचल उठा। मन ने कहा—"यदि सुमन्त ने तुम्हारे सम्बन्ध की चर्चा कहीं की तो तुम्हारे बाप उसी तरह मुँह दिखाने योग्य न रह जाएँगे जैसे पूर्णचन्द नहीं रह गया था। वह नये उत्साह से भरकर सीढ़ियाँ उतरी। सहज लज्जा ने एक बार पुनः बाधा डालने का प्रयत्न किया। वासना का वेग उसे आगे खींच रहा था, सहज संकोच उसे पीछे ढकेल रहा था। वह दो-तीन मिनट दुविधा में पड़ी हुई वहीं आँगन में खड़ी रही। उसके पैरों में हल्का-हल्का कम्पन और हृदय में जोरदार

धड़कन थी। मन ने पुनः कहा—"अभी या कभी नहीं। जल्दी-जल्दी पैर बढ़ाती हुई वह सुमन्त की कोठरी के दरवाज़े पर जाकर पुनः ठिठकी।

काठ की चौकी पर कम्बल ओढ़े सुमन्त पड़ा था। रोशनदान से उसने अपने सिरहाने की खिड़की खोल रखी थी जिसमें से होकर चन्द्रमा का प्रचुर प्रकाश कोठरी में आ रहा था। लॉ-कॉलेज से तारा को यहाँ लाने के बाद प्रतिदिन की तरह वह भी सो नहीं सका। आज लेटते ही खर्राटे न भर सका। जिस समय आज वह तारा बीबी के लिए रिक्शा अगोरता हुआ कॉलेज के बाहर बैठा था, उसी समय उसका रिक्शा चालक मित्र पुनवासी राम आ गया। उसने कुछ ऐसी बातें की कि तारा के प्रति सुमन्त के मन में नये भाव पैदा हो गये। उसने उस दिन तारा के आने पर उसकी आँखों में लालसा की लपटें उठते देखी थीं। सुमन्त ने मन ही मन कहा—"वैसी आँखों से एक बार आँख मिला लेने के बाद फिर आँख को नींद जल्दी नहीं मिलती। उसका दिमाग गर्म हो उठा। उसने उस सर्दी में भी खिड़की खोल दी और ठीक खिड़की के सामने सिर रखकर वह लेटे-लेटे ठण्डी हवा के झोंके अपने सिर पर लेने लगा। वायु की एक-एक लपट झपट-झपट कर नयी-नयी स्मृतियाँ लाकर उसके मस्तिष्क में झोंके दे रही थी। उसे किसी नारी से हृदय तृप्त होने का अनुभव कभी प्राप्त नहीं हुआ है। जैसे गुलाब जल की चार बूँदें शरबत के गिलास में डाल देने से सारा शरबत सुवासित हो जाता है, वैसे ही वह किसी नारी-हृदय के स्नेह रस की दो-चार बूँदें अपनी जीवन प्यालों में डालकर उसे सुवासित करने की अब तक कामना ही करता रहा है। उसे सुमित्रा जैसी अभिजातवंशीया रमणी ने धोखा दिया। उसे चित्रा जैसी धनी महिला ने चार सौ बीस पढ़ाया। उसकी अनपढ़ देहाती तरुणी पत्नी को यही पता नहीं है कि दुनियाँ में प्रेम नामक भी कोई वस्तु है। अब परम विदुषी तारा क्या करेगी, कौन कह सकता है। उसने सोचा सुमित्रा के कारण उसे प्राइवेट सेक्रेटरी का पद और एक नगर छोड़ना पड़ा। चित्रा के कारण एक दैनिक समाचार-पत्र की सम्पादकी त्याग बम्बई जैसे नगर से बगटुट भागना पड़ा। अब इस छोटे-से शहर में वह रिक्शाचालक के रूप में जीवन बिता रहा है। अब कहीं तारा इसमें बाधक न बन जाए। व्याकुल सुमन्त ने तेल बत्ती जलायी और अपनी तकिया के नीचे से बिल्हण की रचना चौर पंचाशिका की एक खंडित प्रति निकाल उसका पाठ करने लगा। आज दो पैसे में वह यह पोथी कबाड़ी की दुकान से खरीद लाया था। वह सस्वर और सुस्वर पाठ कर रहा था कि किमिन्दुः किं पद्मं किमु मुकुर बिम्बं किमु मुखं (यह चन्द्रमा है, चमकता शीशा है या मुख है।) और तारा का मुखमंडल उसकी आँखों के सामने नाच उठा।

तारा डगमग पैरों से सुमन्त की कोठरी के दरवाज़े तक पहुँच गई थी। उसने देखा कि कोठरी का दरवाज़ा ज़रा खुला हुआ है। उसने सुना कि सुमन्त अपनी चौकी पर लेटा हुआ कुछ गुनगुना रहा है। उसने झाँक कर देखा। उसके चेहरे की झलक पाकर सुमन्त ने भी समझा कि मैं कल्पना के नेत्रों से तारा का चेहरा देख रहा हूँ

परन्तु जब तारा की आँखों से उसकी आँखें मिलीं तब उसके ओठों पर श्लोक ने अपना दूसरा चरण रखा–

किमब्जे किं मीनौ किमु मदन बाणौ किमु दृशौ

और वह परेशान हो उठा। (कमल हैं कि दो मछलियाँ हैं कि काम के दो बाण हैं अथवा नेत्र हैं।)

तारा ने देखा कि सामने सुमन्त के सिरहाने खुली खिड़की से पूर्णचन्द्र दिखाई पड़ रहा है। तारा को प्रतीत हुआ कि जैसे पूर्णचन्द्र व्यंग से खिलखिलाते हुए कह रहा है– कहो तारा अब समझ में आया न, कि प्रेम मन का विकार नहीं है।

तथ्य की सत्यता स्वीकार करते हुए भी हठ-वश उसके मन ने कहा–"है, है, है। प्रेम मन का विकार ही है और तारा सहसा वहाँ से घूम पड़ी। सुमन्त के मुख पर तीसरी पंक्ति थी।

खगौ वा गुच्छौ वा कनकलशौ वा किमु कुचौ

(दो पक्षी हैं, दो गुच्छे हैं, दो स्वर्ण घट हैं या उरोज युग्म हैं।)

तारा भागती हुई आकर अपनी शय्या पर धम से गिर पड़ी और फूट-फूट कर रोने लगी। सुमन्त किताब फेंककर चौकी पर से उठ पड़ा। उसे दरवाज़े पर नारी मूर्ति की इतनी स्पष्ट झलक मिली थी कि वह उसे अपनी कल्पना मात्र कहकर उसकी उपेक्षा नहीं कर सकता था। उसने दरवाज़ा खोलकर बाहर झाँका। किसी को न देखकर पुनः दरवाज़ा बन्द करके सावधानी से सिटकनी लगाते हुए वह भुनभुनाया-भगवान जाने कौन था, बिजली की चिलक थी कि तारे की झलक थी कि सोने की कोई लता लहराकर झूमकर अदृश हो गई। या कोई नारी थी। श्लोक की पूर्ति करते हुए वह भुनभुनाया–

तडिद्वा तारा वा कनकलतिका वा किमबला।

यदि सा वनिता हृदये निहिता

अमृत के प्रत्येक प्याले में विष, प्रत्येक रंगीले फूल में काँटा, घास के प्रत्येक मैदान में साँप, प्रत्येक सरिता में समुद्र जैसा खारा पानी और प्रत्येक प्रेम में स्वार्थ का भाव देखकर सुमन्त का मन समाज से विमुख हो उठा। उसकी मनस्थिति कुछ ऐसी हो गई थी कि यदि उसकी बूढ़ी माता और नवोढा पत्नी के पोषण का भार उसके सिर न होता तो जीवन-युद्ध में जूझने की समूची शिक्षा के बावजूद वह तुलसीदास जी का यह वचन सार्थक कर देता कि 'नारी मुई घर सम्पत्ति नासी, मूँड़ मूड़ाय भये संन्यासी।' अतः देश में प्रचलित शिक्षा-पद्धति के फलस्वरूप पढ़े-लिखे आदमी के समक्ष पंचवटी की भाँति जीविका के लिए भी पंचवट ही अर्थात् वकालत, चिकित्सा, सम्पादन, अध्यापन और कलर्की ही बचे रहते हैं। अतः भारतीय युवक उन वट-पत्रों पर पड़ा हुआ बाल मुकुन्द

बना हुआ, अपना अँगूठा चूसता रहता है। फलतः सुमन्त भी दिन भर किसी न किसी शिक्षा संस्था में नौकरी खोजने और रात को रिक्शा चलाने लगा।

मुँह से बीड़ी का धुआँ उड़ाते हुए जिस समय वह यह विश्वास करने का प्रयत्न कर रहा था कि यह बीड़ी का नहीं बल्कि उसके जलते हुए हृदय का धुआँ है उसी समय उसका रिक्शा चालक मित्र पुनवासी भी वहीं अपना खाली रिक्शा लिए आ गया और आते ही बोला–"यार एक बीड़ी हो तो इधर टिकाओ।"

सुमन्त ने ज़ेब टटोल कर एक डिबिया निकाली और उसमें से एक बीड़ी निकाल कर पुनवासी के मुँह की ओर देखा। उसने देखा कि पुनवासी की आँखें लाल हो उठी हैं और उसके मुँह से महुए की शराब की गन्ध निकल रही है। उसने पुनवासी से कहा–"क्यों यार तुमने तो वादा किया था कि अब शराब न पिऊँगा। फिर आज यह क्या।"

"किया क्या जाए, भाई, तुम्हारे कहने से हमने भी कसद किया था अब कभी हौली की ओर मुँह न करेंगे, लेकिन लचारी थी।"–सुमन्त के मुँह की जलती बीड़ी से बीड़ी सुलगा कर और उसका कश खींचकर धुआँ छोड़ते हुए पुनवासी बोला।

"मरदे आदमी कै बार तुमसे कह दिया कि मरद की ज़बान एक ही होती है और तुमने मरद होकर अपनी ज़बान छोड़ दी।"–कुछ प्रेमपूर्ण झिड़की के लहजे में सुमन्त ने कहा।

सुमन्त की झिड़की पर एक बार तो पुनवासी ज़रा झेंपा, परन्तु तुरत ही ठठाकर हँसते हुए बोला–"अरे यार, मन्तू, इतना बिगड़ क्यों रहे हो। पहले बात तो पूरी सुन लो।"

रिक्शा चालकों के समाज में सुमन्त ने अपना नाम मन्तू बताया था जिस पर उस विज्ञ रिक्शा चालक ने कहा था कि तुम्हारे छोटे या बड़े भाई का नाम अन्तू होगा क्यों? और अपने माँ-बाप के इकलौते पुत्र सुमन्त ने उसके अनुमान की पुष्टि करते हुए उसकी विज्ञता की साश्चर्य प्रशंसा कर दी थी और उसी प्रशंसा ने पुनवासी को सुमन्त का घनिष्ठ मित्र बना दिया था। उसने कहा–"फिर जल्दी कहते क्यों नहीं? न जाने कब लेक्चर खतम हो जाए और मेम साहब बाहर निकल आएँ। तब तो मैं रुक न सकूँगा।

पुनवासी बोला–"तो कहना यही है कि मरदानगी मरद में होती है। मैं तो मरद रहा नहीं कि मेरे पास मरदानगी रहे।"

सुमन्त ने क्षण भर पुनः पुनवासी के चेहरे को गौर से देखा–यह भाँपने के लिए कि कहीं नशा तेज तो नहीं हो गया है जो वह इस प्रकार बहकी बहकी बातें कर रहा है। उसे इस प्रकार अपनी ओर निहारते देख पुनवासी पुनः हँसा और बोला–"मैं तत्त्व की बात कहता हूँ मन्तू, कुछ पागल नहीं हूँ।"

यह कहते हुए पुनवासी ने सामने से गुज़रते हुए एक रिक्शे की ओर उँगली उठायी। रिक्शे पर उन्हीं दोनों का समवयस्क एक युवक एक युवती के साथ बैठा हुआ था। दोनों हँस-हँस कर बातें कर रहे थे। पुनवासी ने अपनी बात जारी रखी–"हाँ, अलबत्ता वह मरद है, क्योंकि उसके साथ औरत है।"

पुनवासी की बातें सुमन्त को बेसिर पैर की प्रतीत हो रही थी। उसने कहा–"आज तुम्हें क्या हो गया है पुनवासी, तुम्हारी बात तो समझ में ही नहीं आती।"

"यह मेरी बात नहीं है जो समझ लोगे। यह बड़े-बड़े पढ़े-लिखे पुरफेसर की बात है। हमारे तुम्हारे जैसे अनपढ़ क्या समझेंगे। लेकिन बात मुझे अच्छी लगी और मैंने याद कर लिया।"

"किसी प्रोफेसर की बात कर रहे हो?"

"अरे इसी कालिज के। एक दिन दो पुरफेसर मेरे रिक्से पर बैठे। उनमें से एक शायद कुँवारा था। इसलिए दूसरा उससे कह रहा था कि जल्दी ब्याह कर लो नहीं तो ज़िन्दगी भर नामर्द ही रहोगे। जब उसने कहा कि मैं तो अच्छा खासा मर्द हूँ, नामर्द कैसे रहूँगा तो उस पुरफेसर ने कहा था कि इस दुनियाँ में अकेले-अकेले किसी चीज़ का मोल नहीं है। मीठा इसलिए अच्छा लगता है, क्योंकि दुनियाँ में तीता भी है। गरमी का मोल सरदी के कारन है और धरती का मोल आकाश के कारन। उसी तरह मरद का मोल दुनिया में इसीलिए है क्योंकि यहाँ औरत है। जैसे बिना मरद औरत बेकार है वैसे ही औरत बिना मरद मरद ही नहीं है, नामरद है।"

सुमन्त स्वयं समझ रहा था कि ये बातें पुनवासी के मस्तिष्क की उपज नहीं हैं। अतः उसका यह कहा सही मालूम होता है कि ये बातें उसने किसी प्रोफेसर से सुनी हैं। मगर इन बातों का पुनवासी से क्या सम्बन्ध। अतः आतुर होकर पूछ बैठा–"तुम मुझसे कुछ छिपा रहे हो पुनवासी। जो कुछ तुम कह गये वह सब भरे पेट की बातें हैं। जो महीने की पहिली तारीख को हज़ार पाँच सौ का चेक भुनाया करते हैं उनकी बात सोचने से हमारा तुम्हारा काम नहीं चल सकता। यहाँ अपना तन तो चलता ही नहीं उस पर एक औरत भी जुटा लें तब तुम्हीं कहो कि कंगाली में आटा गीला हुआ कि नहीं।"

पुनवासी एक चोट फिर हँसा। जी-भर हँस लेने के बाद संयत हुआ तो प्रतिक्रिया स्वरूप अत्यन्त गम्भीरता से बोला–"मन्तू, एक बात गाँठ बाँध लो। हज़ार हो अभी तुम मुझसे छोटे ही हो। तुम दुनिया देखने आज निकले हो। मैं तुमसे दस बरस पहले से देख रहा हूँ। मैं तुम्हें बताता हूँ–"

और यह कहते-कहते पुनवासी का कंठस्वर अपने आप धीमा हो गया जैसे वह कोई गोप्य-गोप्य-महागोप्य बात कहने जा रहा हो। वह अपना मुँह सुमन्त के कानों के अत्यन्त समीप करता हुआ फुसफुसाया–कोई अपना बस चलते औरत नहीं रखता। परेम सब कुछ कराता है। लेकिन भैया, पेट की आग सरबोपरी। उसमें परेम भी जर जाता है।

पुनवासी ने लम्बी साँस ली और चुप हो रहा। सुमन्त ने हैरान होकर एक बार पुनवासी के चेहरे पर टटोलती हुई दृष्टि डाली। पुनवासी ने सुमन्त की आँखों के समानान्तर आँखें भिड़ाकर कहा–"सच कहता हूँ मन्तू।" और उसकी आँखें मुस्कराने लगीं।

सुमन्त भी मुस्कराया। पुनवासी कहने लगा-सच कहता हूँ मन्तू, परेम के नाम पर भूख को छोड़ औरत और दुनियाभर के सब कलेस उठा सकती है। मरद की मरदानगी इतनी ही है भैया कि अगर वह औरत से परेम करे तो चाहे उसे नंगी भले रखे, लेकिन भूखे कभी न रखे।

"यह भी किसी पुरफेसर की बात है क्या पुनवासी? मैं फिर कहता हूँ कि तुम कोई बात मुझसे छिपा रहे हो। जल्दी कह दो नहीं तो मेरी मेम साहब आती ही होंगी और बात अधूरी रह जाने से मुझे रात भर न नींद आयेगी, न खाना पचेगा।"

"मन्तू मैंने निश्चय किया है कि तुमसे कोई बात न छिपाऊँगा, क्योंकि तुम चाहते हुए भी अपने आपको मुझसे नहीं छिपा सके हो। सम्भवतः तुम्हारा नाम मन्तू नहीं, सुमन्त है।"

पुनवासी ने भाषा का रंग और कहने का ढंग दोनों एक साथ बदलते हुए कहा और सुमंत चौंक उठा। मन ही मन अत्यन्त विस्मित हुआ और जब रहा नहीं गया तो पूछ बैठा–"मेरा नाम कैसे जाना भाई।"

"वह कोई बात नहीं। देखो शायद, तुम्हारी मेम साहब आ गईं। मालकिन के प्रति इसी प्रकार भक्ति बनाये रखो। इस प्रकार की भक्ति भी कभी-कभी वरत्व प्रदान कर देती है।" पुनवासी ने 'वरत्व' शब्द पर जो हुमुच कर जोर रख दिया तो सुमन्त उस बोझ से झुक गया। एक नारी सामने से निकल कर चली गई। वह मन्तू की मेम साहब नहीं थीं। अतः सुमन्त ने कहा–"आप कौन हैं सच-सच बताइये।"

सुमन्त के प्रश्न में बच्चों का आग्रह था। पुनवासी मुस्कराया। इधर-उधर देखा और अपने रिक्शे की गद्दी उठाकर उसके नीचे से उसने एक अद्धा बोतल निकाली। उसी चौकन्ने भाव से उसने उसे मुँह से लगाकर गटागट चार-छह घूँट निर्जल गले से नीचे उतार लिये और फिर उसे जतन से बन्द करते हुए यथा स्थान रख अंगौछे से मुँह पोंछते हुए कहा–"सुमन्त मैंने जिस प्रोफेसर की चर्चा की है उनका नाम डॉक्टर पूर्णचन्द्र था। आज से चार वर्ष पूर्व यही नगर प्रोफेसर पूर्णचन्द्र का नाम उठते-बैठते जपता था।"

सुमन्त ने यशस्वी प्रोफेसर का नाम सुन रखा था। अतः और भी सश्रद्ध होकर सुनने लगा।

अपनी मैली बण्डी की भीतरी ज़ेब में हाथ डाल कर एक अख़बार के टुकड़े में लपेटा हुआ पोस्टकार्ड बाहर निकालते हुए छोटी-सी लालटेन के धुँधले प्रकाश में रिक्शे की हैंडिल में लगे हुए शीशे में अपना मुँह देखते हुए वह खुल कर हँसा और कहने लगा-जिसकी एक आँख फूटी हुई हो, चेहरा चेचक के दागों से इस प्रकार भरा हो जैसे सिल कूटी हुई हो। सिर के आधे बाल उड़ गये हों और आधे पकने पर आ गये हों ऐसे मुझ जैसे आदमी के मुकाबले यह तस्वीर रख कर यदि कोई पूछे कि यह किसका चित्र है तो लोग बे खटके कह देंगे–पूर्णचन्द्र का।

और उसने फोटो से अख़बार का टुकड़ा अलग करते हुए उसे सुमन्त के हाथ में दे दिया। सुमन्त ने देखा कि चित्र एक ऐसे तरुण का है जिसका रंग अत्यन्त गौर है।

बदन भरा हुआ और ललाट चौड़ा है। अरुण ओष्ठ पर निकलती हुई मूँछ की हलकी-सी मसि-लेखा। वह बोला–"सचमुच पूर्णचन्द्र का चित्र है।"

"हाँ, मानता हूँ। इसके सिवा इस नगर में मुझे और कोई सूरत दिखाने का अधिकार ही नहीं रह गया।"–पुनवासी बोला।

"परन्तु आपको इस नगर से भागना क्यों पड़ा?" सुमन्त ने कुछ अनुमान लगाते हुए पूछा।

पुनवासी फिर हँसा। आज उसे हर बात हँसकर कहने की धुन सवार हो गई थी। बोला–"इन्हीं की कथा है भाई। तब यहाँ विश्वविद्यालय नहीं था। एक बड़ा मशहूर डिग्री कॉलेज था। उसी में डॉक्टर पूर्णचन्द्र दर्शन विभाग के अध्यक्ष थे। चार वर्ष में ही उन्होंने उस नगर में ही नहीं दर्शनशास्त्र के एक विद्वान् के रूप में देशभर में थोड़ी-बहुत ख्याति अर्जित कर ली थी। मगर मैं तुम्हें एक श्लोक सुनाऊँ–

उडुराजमुखी मृगराज-कटि-गजराज-विराजित मन्द गतिः।
यदि सा वनिता हृदये निहिता क्व जपः क्व तपः क्व समाधि-रतिः।।"

सुमन्त मुस्कराया। पुनवासी का विवरण चलता रहा–कॉलेज में एक लड़की बी.ए. प्रथम वर्ष में भरती हुई। उसने अन्य विषयों के साथ दर्शन भी पाठ्य विषय चुना। उसका नख-शिख कैसा था यह तो मैं तुम्हें बता ही चुका–बिलकुल क्लैसिकल उडुराजमुखी माने चन्द्रमा जैसे मुख मंडल वाली, मृगराज-सी शेर की सी कमर और हाथी-सी चाल वाली कोई बाल यदि मानस के अन्तराल हो जाए तो जप कहाँ, तप कहाँ और समाधि की भी सुधि कहाँ। रूप-दर्शन होने पर हमें अरूप दर्शन भूल जाता है। यहाँ भी वही दशा हुई। पूर्णचन्द्र उसकी ओर झुके। धीरे-धीरे बात फैली। पहले छात्रों में गुटुरंगू हुई, फिर सहयोगी प्राध्यापक चहके और अन्त में प्रबन्ध समिति ने काफी क़ाँव-काँव करने के बाद उनकी निन्दा का प्रस्ताव स्वीकार करते हुए उन्हें पद-मुक्त कर दिया। जानते हो क्यों?

सुमन्त ने जिज्ञासा भरी आँखों से पुनवासी की ओर देखा। पुनवासी दम लेकर आगे बढ़ा।

"प्रकट आरोप तो यह था कि उन्होंने स्वयंसेवक संघ की कवायदों में भाग लिया है और कॉलेज के छात्रों में भी वे उसके सिद्धान्तों का प्रचार करते रहते हैं। चूँकि उक्त संस्था से सरकार विमुख थी अतः पूर्णचन्द्र के खग्रास ग्रहण कर किसी ने सहानुभूति की सिसकारी तक न मारी।"

"और वास्तविक कारण?" सुमन्त ने गहरी उत्सुकता प्रकट करते हुए पूछा।

"वास्तविक कारण एक नाटक था जिसके अभिनय की व्यवस्था प्रोफेसर ने प्रबन्ध समिति के आग्रह पर की थी।"

"फिर भी इस तरह निकाले गये!" सुमन्त ने आश्चर्य प्रकट किया। उसका समाधान करते हुए पुनवासी ने बताया–"प्रोफेसर पूर्णचन्द्र ने नायक की भूमिका स्वयं ग्रहण की थी और नायिका की भूमिका अपनी प्रिय छात्रा को दी।"

सहसा पुनवासी की बात काटते हुए सुमन्त ने कहा कि आप तो बहुत चतुर आदमी हैं। एक अपरिचित प्रोफेसर पूर्णचन्द्र की कथा सुनाकर आपने मुझे भुलावा दिया और यह मुझे नहीं बताया कि आपने मुझे वचन देने के बावजूद मदिरा क्यों पी।

—चतुर मैं नहीं, तुम्हीं हो। अपने लक्ष्य पर दृष्टि जमाये रहते हो। अच्छा सुनो, पिछले हफ़्ते की बात है। चौमुहानी के कान्स्टेबल से मेरी कुछ झक-झक हो गई। उसने मेरी चालान कर दी। सभी यही करते हैं। मजिस्ट्रेट ने ठोंक दिया दस रुपया जुर्माना। मैं जब मजिस्ट्रेटों के सामने जाता हूँ तब मुझ पर जुर्माना होता ही है, घर पर भोजन के अभाव में गम खाना होता ही है। ऐसी ही हालत में परसों शाम कचहरी में जुर्माना चुका कर पाँच दिनों का भूखा मैं घर गया तो देखा कि बीबी मौजूद नहीं है। पड़ोसियों से पूछा तो मालूम हुआ कि कल शाम को वह एक रंगीले युवक के साथ जिसे वह अपना भाई बताती थी, अपने नैहर चली गई।

पुनवासी रुक गया। गहरी वेदना के चिह्न उसके चेहरे पर उभर आये। थोड़ी देर बाद सिर झुकाये हुए बोला—मैं खूब जानता हूँ सुमन्त, न उसका कोई भाई है और न उसका कहीं नइहर है। मैं यह भी जानता हूँ कि वह किसी मर्द के साथ नहीं भागी है। एक औरत के साथ भागी है—तुलसीदास के 'नारि न मोह नारि के रूपा' वचन को झूठा प्रमाणित करती हुई। उस स्त्री का नाम जानते हो? बोलो—

—नहीं, सुमन्त ने कहा।

—मैं जानता हूँ, पुनवासी ने विश्वास के साथ कहा। सुनो उसका नाम है—भूख! वह भूख के साथ भाग गई। इसीलिए मैंने कहा था कि मेरी मर्दानगी चली गई इसलिए मुझे वचन तोड़ने का अधिकार मिल गया। समझे!

पुनवासी एकदम चुप हो गया। पूस महीने की रात में हवा का तीखा झोंका, जैसे एक तो नुकीला बाण और फिर ज़हर में बुझाया हुआ। कुहासे से पृथ्वी आकाश एकाकार। विश्वविद्यालय के हीरा-हाल के सामने वृक्ष की छाया में अपने रिक्शे खड़े कर कृष्ण त्रयोदशी की रात और कुहासे के ताने-बाने से बुना हुआ अन्धकार का कम्बल ओढ़े एक ही रिक्शे पर पुनवासी और सुमन्त दोनों ही एक दूसरे से सटे हुए दुबके बैठे थे। सुमन्त ने पुनवासी के मन की पीड़ा पहचान ली थी। वह जानता था कि अधिक हिलाने-डुलाने से यह घाव और भी टीसेगा। रोगी रह-रह कर दाँत पीसेगा।

हवा का एक करारा झोंका आया। सिर के ऊपर पेड़ के पत्ते हरहराये। पैर के नीचे ज़मीन पर सूखे पत्ते चरमराये। पुनवासी का शरीर गनगना उठा। वह सुमन्त से ज़रा और सट गया! सुमन्त ने कहा—

मैं तो यहाँ इस समय आने का इसलिए कष्ट उठाता हूँ कि पैंतीस रुपये मासिक पर मैंने उन्हें शाम के 6 बजे उनके घर से ला कॉलेज लाने और रात साढ़े नौ बजे फिर घर पहुँचाने का ठीका ले चुका हूँ परन्तु आप मेरे लिए यहाँ आकर क्यों तकलीफ़ उठाते हैं। आप जानते हैं कि इस कॉलेज के सभी छात्र छात्रावास में रहते हैं। केवल हमारी मेम साहब अपने घर से आती हैं। उनके लिए मेरा रिक्शा है ही,

फिर भी यह जानते हुए कि यहाँ से वापसी सवारी न मिलेगी आप मेरे लिए आकर कष्ट उठाते हैं।

सब परमार्थ ही नहीं है, सुमन्त, कुछ स्वार्थ भी है। बड़ा जाड़ा है। एक बीड़ी और तो दो। -सुमन्त ने एक बीड़ी निकाल कर पुनवासी को दी और दूसरी अपने लिए सुलगायी। दोनों चुपचाप बीड़ी पीने लगे।

सन्नाटा तोड़ते हुए सहसा पुनवासी ने लम्बी साँस खींची और कहा–"वह मुझे बहुत प्यार करती थी सुमन्त, बेचारी को भूख ने भगा दिया।"

सुमन्त ने पुनवासी का ध्यान दूसरी ओर आकृष्ट करते हुए पूछा–"प्रोफेसर पूर्णचन्द्र ने उस नाटक में क्या कर दिया था। -और तो मुझे नहीं मालूम, उस नाटक की नायिका का नाम था रानी तारावली। नाटक के बाद लोग उन्हें पूर्णचन्द्र की जगह तारापति कहने लगे थे। संयोग से लड़की का असली नाम भी तारा ही था।"

पुनवासी कहते-कहते सहसा रुका और फिर झटके के साथ पूछ बैठा–"क्यों सुमन्त, तुम्हारी मेम साहब का भी तो नाम तारा देवी है?"

सुमन्त ने उत्तर दिया–"हाँ। एम.ए. पास कर चुकी हैं। अब कानून के अध्ययन के साथ ही शोध-कार्य भी कर रही हैं।"

"सो तो है ही। मैंने इसलिए पूछा कि तारा नाम वाले ज़रा खतरनाक होते हैं। उन्हें जो अपनी आँख का तारा बनाता है उसके हाथ में वे एकतारा थमा देते हैं। इसलिए कहता हूँ कि सावधान रहना, कहीं मेरी बीबी की तरह वह भी न भाग निकले।"

"पत्नी-वियोग का आपको बहुत दुख है, यह मैं समझता हूँ। इसीलिए आप घूम फिरकर उसी विषय पर आ जाते हैं।"

"ठीक कहते हो सुमन्त। मेरी पत्नी ने मेरे साथ बड़ा कष्ट उठाया परन्तु पूर्णचन्द्र की तारा की तरह मेरी बुधिया ने कभी न कहा कि प्रेम मन का विकार है। जैसे शरीर के अन्य विकारों की चिकित्सा की जाती है वैसे ही इस विकार का लक्षण प्रकट होते ही उसकी समुचित चिकित्सा होनी चाहिए।" तारा की यह बात सुनकर बेचारा पूर्णचन्द्र बिलबिला उठा था। उसने चीख कर कहा था–तारा, रंगमंच पर तुमने मेरी छाती में नक़ली छुरा भोंक दिया था, इस समय पीठ में असली छुरा चुभा रही हो। समझे सुमन्त उस नाटक में नायिका नायक की जान उसकी छाती में छुरा मार कर लेती है।

सुमन्त–"वह कैसा नाटक था?"

पुनवासी–"फिर कभी दे दूँगा। नाटक की एक प्रति मेरे पास है।"

सुमन्त–"आपके पास है?"

पुनवासी–"हाँ भाई, मैं ही प्रोफेसर पूर्णचन्द्र हूँ। हटो मुझे उतरने दो। रिक्शा लेकर पोर्टिको में जाओ। तुम्हारी तारा, आ रही है, मेरी तारा आ रही है।"

सुमन्त मिनट भर पुनवासी उर्फ़ पूर्णचन्द्र की ओर एकटक देखता रहा और फिर रिक्शा लेकर पोर्टिको की ओर बढ़ा।

पुनवासी की आँखें नशे के पानी में तैर रही थीं।

शशिना सह याति कौमुदी

1. रघुनाथ सिंह (द्वितीय) - विष्णुपुर के शासक।
2. गोपाल सिंह - वृद्ध मंत्री।
3. तारावली - रघुनाथ सिंह की पट्टमहिषी।
4. लाल बेगम - रहीम खाँ की पत्नी, रघुनाथसिंह की उपपत्नी।
5. मीना - लाल बेगम की दासी।

(शंख ध्वनि के साथ पटोत्तोलन।
मूक आरती-नृत्य चल रहा है।
नेपथ्य से आवाज़ आ रही है।)

ईसा की अठारहवीं शताब्दी के उत्तरार्द्ध में सम्भवतः 1772 ई. के आस-पास विष्णुपुर ज़िले (आजकल जिसे बांकुड़ा कहते हैं) के राजा रघुनाथसिंह ने मुगल सम्राट का पक्षावलम्बन कर विद्रोही शोभा सिंह और रहीम खाँ से युद्ध किया। शोभासिंह पराजित हुआ और रहीम खाँ युद्ध में मारा गया। रघुनाथसिंह ने शोभासिंह की पुत्री तारावली से विवाह कर उसे अपनी पट्टमहिषी बनाया और साथ ही रहीम खाँ की विधवा लाल बेगम को भी अन्तःपुर में डाल लिया। धीरे-धीरे लाल बेगम का प्रभाव चढ़ने बढ़ने लगा। यहाँ तक कि उसके कहने से राजा ने धर्म-परिवर्तन करना भी स्वीकार कर लिया। सारी प्रजा को भी साथ ही धर्म-परिवर्तन करने का आदेश मिला। परिणामस्वरूप विद्रोह हुआ। सन् 1896 ई. में बाँकुड़ा के विध्वस्त महल के तालाब की खोदाई में जंजीरों से जकड़ा एक नर-कंकाल और कुछ मुसलमानी बरतन निकले।

कथा-पीठ की सूचना समाप्त होते ही आरती नृत्य भी समाप्त हो जाता है। दूसरा परदा उठता है।

(विष्णुपुर के राजकीय प्रासाद का उद्यान। निखरी बिखरी चाँदनी में पद्म-ह्रद लहरा रहा है। बकुल बृक्षों की भीनी-भीनी सुगन्ध से आमोदित मन्द-मन्द गन्धवाह। एक ओर मालतीकुंज। बीच में स्फटिक शिला है। उस पर हीरे सी सुराही, जिसमें तरल लालिमा छलक रही है। नीलम की प्यालियाँ। रेशम की डोर में पड़ा हुआ झूला। तीव्र निस्तब्धता। एक ओर से एक पुरुष और दूसरी ओर से एक नारी का प्रवेश।)

पुरुष–"कौन?"

नारी–"मैं!"

पुरुष–"क्या महारानी? आप आ गईं?"

नारी–"पिता के समान स्नेह की लोरियाँ सुनाने वाले वृद्ध मंत्री के आवाहन की उपेक्षा कैसे करती। बताइये, आपने इस अर्द्धरात्रि को मुझे सपत्नी के आवास में आने के लिए क्यों विवश किया है?"

मंत्री–"महारानी तारावली, सचमुच मैं तुम्हें अपनी तनुजा के तुल्य ही मानता हूँ। इसीलिए मैंने तुम्हें सूचित किया था कि अब मुझ वृद्ध के दुर्बल हाथों में शासन की गाड़ी खींचने की शक्ति नहीं रही। अतः मैं काशीवास करने जाना चाहता हूँ। आपने कहा था कि गोपाल सिंह से पूछो कि उसे बुद्धि-भ्रंश हो गया है क्या? देवी! गोपाल सिंह की बुद्धि नष्ट नहीं हुई है।"

रानी–"यह मैं जानती हूँ मंत्रिवर! परन्तु क्या इतनी ही बात कहने के लिए इस समय मुझे यहाँ बुलाना आवश्यक था।"

गोपाल–"यह कहने के लिए नहीं देवि! प्रत्युत आपको उत्तर देने के लिए कि मैं राज्य का मंत्रित्व ही नहीं, यह राज्य ही नहीं सारा बंग देश क्यों छोड़ देना चाहता हूँ। इसका प्रत्यक्ष कारण दिखाने के लिए बुलाया है।"

तारा–"मुझे पहेलियाँ बूझने का अभ्यास नहीं है। स्पष्ट शब्दों में अपना अभिप्राय बताइये।"

गोपाल–"वह तो बता चुका हूँ महारानी। मैं अब इस राज्य का मंत्री न बना रह सकूंगा। यह राज्य छोड़ दूँगा। यह देश छोड़ दूँगा। अपना पैतृक निवास छोड़ दूँगा।"

तारा–"यह सब आप क्यों करेंगे।"

गोपाल–"वही बताने के लिए ही तो आपको यहाँ आने का कष्ट दिया है परन्तु देवी आप सचमुच नहीं जानती अथवा सब कुछ जानती हुई अनजान बनने का अभिनय कर रही हैं।"

तारा–"वृद्ध मंत्री, आप मेरा विश्वास करें। मैं आपकी बातों का अर्थ बिलकुल नहीं समझ रही हूँ।"

गोपाल–"राजधानी में हाहाकार मचा हुआ है। त्रस्त प्रजा देश छोड़ कर भागी जा रही है। धर्म-नाश के भय से घरों के चूल्हे ठंडे हो गये हैं। क्या महारानी यह सब नहीं जानतीं।"

तारा–"जान भी कैसे सकती हूँ, मंत्रिवर! सुवर्ण पिंजर की बन्दिनी मैना से कौन कहने जाएगा कि उपवन में क्या हो रहा है–पराग चू रहा है कि आग की लपटें उठ रही हैं। उसी मैना जैसी स्थिति मेरी है। उसमें मुझमें कोई अन्तर नहीं।"

गोपाल–"अन्तर है महारानी! मैना का अस्तित्व पिंजरे की शोभा बढ़ाने के लिए ही होता है परन्तु आप प्रजा की स्वामिनी हैं, माता हैं।"

तारा–"प्रजा की स्वामिनी होने पर भी रानी अपने राजा की प्रजा और स्वामी की दासी ही होती है। प्रजा की माता होने पर भी अपने पति की पत्नी ही होती है। नारी का अपना स्वतन्त्र अस्तित्व कहाँ? सती की सत्ता पति में निहित होती है। नारी जीवन विराट शून्य है जिसका स्वतन्त्र मूल्य नहीं परन्तु यदि एक पति बगल में रहे तो वही दस के समान है।"

गोपाल–"क्षमा करो देवि, मैं नहीं जानता था कि तुम अपने श्रृंगार में इतनी करुण हो। तुम्हारी स्वतंत्रता इतनी परतन्त्र है।"

तारा–"नारी की परवशता एक निर्वसन सत्य है जिस पर दृष्टिपात करना भी पुरुषों के लिए पाप है।"

गोपाल–"व्यंग्य न करो रानी, मैं बुड्ढा हूँ।"

तारा–(मुस्कुराती हुई) "इसीलिए बच्चों के खिलौने हैं।"

गोपाल–"मैं खिलौना हूँ? तुम लोग मुझे उछालोगे, पटकोगे और मुझे चोट न लगेगी।"

तारा–"अपनी क्रीड़ा में विभोर बालक यह नहीं देखता कि खिलौने को कहाँ चोट लग रही है।"

गोपाल–"ठीक कहती हो रानी, बच्चों का खेल-खिलौनों को नष्ट करता है। राजा का खेल प्रजा को कष्ट देता है। तब तो महाराज रघुनाथ सिंह कोई नया काम नहीं कर रहे हैं।"

तारा–"मेरे पति महाराज क्या कर रहे हैं यह तो आप बताते ही नहीं।"

गोपाल–"यह वृद्ध बड़ी आशा लेकर आपके पास आया था परन्तु अब कुछ कहने का साहस नहीं होता।"

तारा–"नहीं-नहीं, आप स्पष्ट कहिये। मेरा हृदय आशंका के अन्धकार में आकुल हो उठा है।"

गोपाल–"तो सुनिये और सुनने के पहले साहस बटोर लीजिये। आज के महाराज रघुनाथ सिंह सूर्योदय होने के पूर्व ही नवाब नसीर या मुनीर या आसमानजाह होने जा रहे हैं।"

तारा–"क्या..."

गोपाल–"यही कि हमारे महाराज वैष्णव शिरोमणि श्री रघुनाथ सिंहजी देव अपने पूर्वजों के धर्म को टूटे हुए जनेऊ की तरह फेंक देने के लिए तैयार हैं।"

तारा–(मर्माहत-सी मन्द स्वर में) "तो भी क्या चिन्ता? पति के सुख में ही सती को सुख है।"

गोपाल–"यह आप क्या कह रही हैं।"

तारा–"जो मेरा धर्म मुझसे कहला रहा है।"

गोपाल–"महारानी, तनिक परिणाम की ओर तो देखो। महाराज के धर्म-परिवर्तन कर लेने पर लाल बेगम का प्रताप पूर्णता पर पहुँच जाएगा। तब आपकी क्या दशा होगी।"

तारा–"इस समय से अधिक शोचनीय सम्भवतः नहीं।"

गोपाल–"नहीं महारानी, अपने लिए न सही पर प्रजा के लिए आप महाराज से प्रार्थना कीजिये। उन्हें उनके निश्चय से विरत कीजिये।"

तारा–"महाराज के धर्म-परिवर्तन करने से प्रजा की क्या हानि है।"

गोपाल–"आप नहीं जानतीं महारानी! आप नहीं जानतीं। परसों महाराज ने डौंडी पिटवायी है कि जो परसों सबेरे तक महाराज के साथ ही धर्म-परिवर्तन न कर लेंगे उन्हें प्राण दंड दिया जाएगा।"

रानी–(चुप होकर कुछ सोचती है।)

गोपाल–"आप चुप क्यों हो गईं।"

तारा–"हूँ, कुछ करना होगा। (जोर से) यदि महाराज धर्म-परिवर्तन न करें तो प्रजा पर आई हुई आपत्ति टल जाएगी न।"

गोपाल–"अवश्य, अवश्य, निश्चय।"

तारा–"तब आप जाइये और निश्चिन्त रहिये।"

गोपाल–"आप क्या करेंगी।"

तारा–"जो कुछ आवश्यक होगा।"

गोपाल–"महाराज धर्म-परिवर्तन नहीं करेंगे।"

तारा–(दृढ़तापूर्वक) "नहीं।"

(मंत्री जाता है। रानी अन्यमनस्क सी कुछ सोचती है फिर धीरे-धीरे मालती–कुंज में घुस जाती है। दूसरी ओर से दो स्त्रियाँ मुसलमानी परिच्छेद में प्रवेश करती हैं।)

लाल बेगम–"मीना।"

मीना–"सरकार!"

लाल–"आज मैं बहुत खुश हूँ।"

मीना–"खुश होने की तो बात ही है हुजूर। आप अपने वक्त की नूरजहाँ हैं।"

लाल–"मैं नूरजहाँ से बढ़कर हूँ।"

मीना–"सच फरमाती हैं मलकए आलम। बिल्कुल सच। मैंने नूरजहाँ की तसवीर देखी है। वह भी हसीन थी मगर हुजूर का हुस्न, वल्लाह।"

लाल–"मैं हुस्न की बात नहीं कर रही हूँ, मीना।"

मीना–"जी।"

लाल–"जी नहीं, यह बता कि नूरजहाँ ने क्या किया था?"

मीना–(दबी ज़बान से) "जहाँगीर पर हुकूमत।"

लाल–"हुश। तू तो बात ही नहीं समझती।"

मीना–"समझा दीजिये हुजूर।"

लाल–"जहाँगीर ने नूरजहाँ के शौहर का कत्ल किया था। जानती है?"

मीना–"ज़रूर जानती हूँ सरकार। कत्ल किया था, ज़रूर किया था। 'तुजुक जहाँगीरी' में ऐसा ही लिखा है।"

लाल–"रघुनाथ सिंह ने मेरे शौहर को कत्ल किया।"

मीना–"यह तो आँखों देखी बात है।"

लाल–"नूरजहाँ ने जहाँगीर पर कब्जा करके शौहर के कत्ल का बदला लिया।"

मीना–"यह तो मैं नहीं जानती हुजूर, ख़ुदा झूठ न बुलवाये यह तो मैंने कहीं नहीं पढ़ा।"

लाल–"यह पढ़ने की नहीं, समझने की बात है।"

मीना–"तो यों कहिये! अब मैं सब समझ गई।"

लाल–"क्या समझा?"

मीना–"वल्लाह तूने खूब समझा। अच्छा सुन। नूरजहाँ ने जहाँगीर का सिर्फ़ राज लिया था। मैं रघुनाथ का राज ले चुकी हूँ! कल सुबह तक उसका धरम भी ले लूँगी। बोल, मैं नूरजहाँ से बढ़ गई न।"

मीना–"दरीं चे शक। यह तो बिलकुल आइने की तरह साफ़ है।"

लाल–"इतना ही नहीं, परसों तक बिसुनपुर की सारी रियाया भी हमारा दीने पाक कबूल कर लेगी। मेरे इस काम से ख़ुदा कितना खुश होगा।"

मीना–"और फरिश्ते आपके दस्ते मुबारक बोसे लेंगे।" (बाहर से शोरगुल की आवाज़ आती है।)

लाल–"देख तो मीना, यह शोर काहे का है।"

मीना–"अभी देखती हूँ सरकार, लेकिन ज़रा आप देखिये वो महाराज आ गये।"

(रघुनाथ सिंह का प्रवेश)

रघुनाथ–"बेगम।"

लाल–"बन्दानवाज।"

रघुनाथ–"ओह, आज तो तुम बेहद खूबसूरत जँच रही हो। तुम्हारे हुस्न की लपटें...।"

मीना–"ऐसी जान पड़ती हैं जैसे सैकड़ों शमाएँ एक साथ जला दी गई हों।"

रघु–"ठीक कहा मीना, बिलकुल ठीक कहा। खूब कहा।"

लाल–"लेकिन सरकार, जलती हुई शमा परवानों को भी जला देती है।"

रघु–"यह भी सही है बेगम, मैं भी तुम्हारा परवाना ही हूँ। जलने का मज़ा मुझसे पूछो।"

लाल–"मेरे महबूब, अभी बाहर यह शोर कैसा हो रहा था।"

रघु–"वह कुछ नहीं, विष्णुपुर की प्रजा शोर मचा रही थी।"

लाल–"क्यों?"

रघु–"उसे आज तुम्हारा हुक्म सुना दिया गया है। लेकिन विष्णुपुर की नूरजहाँ! मन में बैठा वैष्णव न जानें कैसा करता है। वह बार-बार मचलता है।"

लाल–"उसे काबू में लाइये, मेरी दीनो-दुनियाँ के मालिक! वरना वह मुझे ही विसुनपुर से चलता कर देगा।"

रघु–"ना, ना, ना, ना, यह न कहो। चलो झूले पर। अपने हाथों से एक प्याल पिलाओ। मुझे खरीद लो, मेरा राज खरीद लो। मेरा दीन व ईमान खरीद लो! कीमत? फ़क़त लाल बेंगम के हाथ का एक लाल लाल लबालब प्याला।"

(रघुनाथ लालबेगम का हाथ पकड़ कर झूले पर बैठाता है। वह उसे मधुपान कराती है। लाल बेगम के इशारे पर मीना सुरबहार लेकर बजाने बैठती है। नेपथ्य से मधुर स्वर में किसी के गाने की आवाज़ आती है।)

ग़ज़ल

हर वक्त हरा रहता है गुलजारे मुहब्बत।
वो दिल ही क्या जिसमें न चुभा खारे मुहब्बत।।
ईरान या तूरान की क्या सल्तनतें हैं।
दुनियाँ में बड़ी सबसे है सरकारे मुहब्बत।।
शिकवा है, इशारे हैं, कहीं सर्द हैं नाले।
खाली कभी रहता नहीं दरबारे मुहब्बत।।

रघु–"लाल बेगम।"

लाल–"हुज़ूरे आलम।"

रघु–"सुनती हो 'दुनियाँ में बड़ी सबसे है सरकारे मुहब्बत।' "

लाल–"सरकारे ख़ुदा की रियाया होना उससे बेहतर है।"

रघु–"लेकिन हमारे मजहब में तो मुहब्बत को ही परमात्मा बताया गया है।"

लाल–"जिस बात को कोई हिन्दू नहीं मानता।"

रघु–"यह कैसे कहती हो लालबाई। एक हिन्दू तो मैं ही तुम्हारे सामने खड़ा हूँ। और प्रेम की बेदी पर धन-दौलत और राजपाट ही नहीं अपना धर्म भी न्योछावर करने के लिए तैयार हूँ।"

लाल–"अगर सरकार को मेरी बात मानने में इतनी तकलीफ़ हो रही है तो हुजूर मुझे ही बिदा कर दें।"

रघु–"तुम्हें बिदा कर दूँगा तो मैं कैसे जीऊँगा लालबाई।"

लाल–"अपने मजहब की तारीफ़ करके।"

रघु–"नाराज़ हो गईं न। नाराज़ मत हो। तुम जो कहोगी वही करूँगा। तुम्हारा तो फिर भी ख़ुदा का मजहब है लेकिन तुम कहोगी तो शैतान का मजहब भी मान लूँगा।"

लाल–"मर्दों का क्या ऐतबार। फिर बदल जाओगे।"

रघु–"कभी नहीं, यह हमारी प्रतिज्ञा है।"

लाल–"मुझे यकीन नहीं आता।"

रघु–"ऐसी बात, तो चलो अभी कलमा पढ़ लूँ। मेरी राह कोई रोक नहीं सकता।"

तारा (कुंज से निकल कर)–"मैं रोकूँगी, महाराज! इस पिशाची के बहकावे में आकर आपको धर्म-परिवर्तन न करने दूँगी।"

रघु–"कौन रानी तारावली।"

तारा–"हाँ प्रभु, आप की दासी।"

रघु–"दासी का धर्म है स्वामी की आज्ञा का पालन करना।"

तारा–"और विपत्ति से उसकी रक्षा करना।"

रघु–"रानी, तुम हट जाओ। मेरी इच्छा के पथ का रोड़ा न बनो। ठोकरें खाओगी पिस जाओगी।"

तारा–"पिस कर सुरमा बनूँगी और आप की आँखों में लगकर उसमें पड़ा हुआ धुन्ध काट दूँगी। मैं अन्त तक सती धर्म का पालन करूँगी। प्रभो! देखिये, सुनिये, सिं द्वार पर खड़ी प्रजा बिलख रही है। उसकी करुण प्रार्थना पर ध्यान दीजिये। मेरी बिनती मानिये।"

रघु–"तुम चाहती क्या हो?"

लाल–"(रघुनाथ का हाथ थाम कर) जाने आलम! अब देर हो रही है।"

रघु–"तो जल्दी करो।"

तारा–"आप न जाने पाएँगे महाराज, मैं आपके पैरों में बेड़ी बनकर पड़ जाऊँगी।"

रघु–"रानी हट जाओ, कहना मानो। मैंने धर्म-परिवर्तन करने की प्रतिज्ञा की है।"

तारा–"और मैंने भी प्रतिज्ञा की है कि आपको धर्म-परिवर्तन न करने दूँगी।"

रघु–"कैसे न करने दोगी। रोको, मैं जाता हूँ।"

तारा–"बस पैर आगे न बढ़े।"

रघु–"ओह यह बात! तो तुम्हें बन्दिनी बनाता हूँ।" (तलवार खींच कर उसकी ओर झपटता है।)

तारा–"सावधान, मैं आपकी शुद्ध-बुद्ध आत्मा को इस पाप कलुषित शरीर से मुक्त करती हूँ।" (चोली में से छुरा निकाल कर रघुनाथ की छाती में भोंक देती है। लाल बेगम चीख कर पीछे हट जाती है। मीना खून-खून चिल्लाती हुई, इधर-उधर दौड़ती है। बूढ़े मंत्री के साथ प्रजा का प्रवेश।)

मंत्री–"अरे यह क्या?"

तारा–"प्रतिज्ञा की पूर्ति! जनम-जनम के प्रेम का प्रदर्शन। अब सती भी पति के पास जाती है।"

मंत्री–"क्यों, क्यों?"

रानी–"तात! शशिना सह याति कौमुदी" (आत्महत्या करती है। यह दृश्य देखकर प्रजा आपे से बाहर हो जाती है।)

प्रजागण–"यह वेश्या कहाँ है, लालबाई। वह है-वह। उसको पकड़ो। लोहे की सिकड़ी में हाथ-पैर बाँधकर तालाब में फेंक दो। हमारे राजा-रानी इसी के कारण मरे हैं। बोलो-बोलो, पति-घातिनी सती की जय।"

(सब दौड़कर लाल बेगम को पकड़ लेते हैं और ले जाते हैं। नेपथ्य में शान्त करुण वाद्य ध्वनि।)

धीरे-धीरे पटाक्षेप।

संसार-नाटक-रसोत्तम-रत्न-पात्रीम्

डॉक्टर पूर्णचन्द्र उर्फ़ रिक्शाचालक पुनवासी राम की बिन घरनी घर भूत का डेरा स्वरूप काल कोठरी की मिट्टी के तेल से भरे हुए धुएँ की रोती रोशनी में जीर्ण-शीर्ण

और दुर्गन्ध भरी कथरी पर बैठे हुए सुमन्त ने वैसी ही एक दूसरी कथरी पर पड़े पूर्णचन्द्र के जलते हुए ललाट पर हाथ रखा और फिर हाथ तत्काल हटा लिया।

बिना आँख खोले ही पूर्णचन्द्र पिनपिनाया–

"बहरे हो क्या? इतनी देर से घंटी बजा रहा हूँ, सुनाई नहीं पड़ता!"

"आप यह सब क्या कह रहे हैं? यह तो मैं हूँ सुमन्त!"–सुमन्त ने बड़ी ही कोमलता के साथ कहा। पूर्णचन्द्र ने आँखें खोल दीं। बोला–तुम हो मन्तू! मैं सपना देख रहा था कि मैं रिक्शे पर सवारी लिए चला जा रहा हूँ। एक आदमी बीच रास्ते में खड़ा है–न इधर हटता है, न उधर। मैं घंटी बजा रहा हूँ मगर वह सुनता ही नहीं। अच्छा बताओ, मेरा नाटक पढ़ गये?

"पढ़ गया, सुमन्त ने कहा–"पढ़कर अफ़सोस हुआ कि इस नाटक का अभिनय मैंने नहीं देखा।"

"अच्छा हुआ तुमने वह अभिनय नहीं देखा, क्योंकि जिन लोगों ने वह नाटक देखा वे पागल हो उठे और अपने पागलपन में मुझे उन्होंने क्षतविक्षत कर छोड़ दिया।" पूर्णचन्द्र ने कहा।

दुनिया की हया-हीन आर्थिक और सामाजिक व्यवस्था के शिकार ये दोनों उच्च शिक्षित सहृदय प्राणी समाज के निम्नतम स्तर पर उतर कर उसका कीचड़ लपेट अपना वास्तविक परिचय छिपाये हुए उन दो व्यक्तियों की तरह परस्पर इतने समीप आ गये थे जो समुद्र में जहाज डूबने पर संयोगवश एक ही बहते हुए पटरे पर एक साथ हाथ रखते हैं। इन दोनों को जिस पटरे पर एक साथ हाथ रखने का संयोग उपस्थित हुआ था उसका नाम है–प्रेम की भूख।

उन दोनों में से एक ने मोटा वेतन ऊँचा पद और विद्वत्ता की ख्याति अर्जित करने में सफलता पाई। वह जीवन की सर्वोच्च मंज़िल की ओर बढ़ता ही जा रहा था कि पाँव फिसला और चूँकि वह बहुत ऊँचे था, इसलिए बहुत नीचे गिरा और चूँकि बहुत ऊपर से बहुत नीचे गिरा इसलिए बिलकुल चकनाचूर हो गया।

दूसरे को पहली ही सीढ़ी पर इतनी करारी भीड़ का सामना करना पड़ा कि वहीं पर धक्का-मुक्की करने में उसका कचूमर निकल गया। वह भी गिरा। एक ही सीढ़ी से गिरने के कारण दरकच-सी लग कर रह गई।

प्रोफेसर पूर्णचन्द्र को रिक्शा चलाने में मर्मान्तक पीड़ा हुई, सुमन्त को नहीं। रिक्शा चलाने में उसे केवल थकावट-सी आकर रह गई, कारण वह कॉलेज की कक्षा चलाते-चलाते नहीं, अख़बार के दफ़्तर में कलम चलाते-चलाते रिक्शा चलाने लगा था।

पूर्णचन्द्र ने कहा–"मन्तू, देखो ठिलिया में पानी हो तो ज़रा पिलाओ तो सही! गला जला जा रहा है।"

सुमन्त ने उठकर पूर्णचन्द्र को पानी पिलाया। पानी पीकर पूर्णचन्द्र ने पूछा–"तुम्हारी मालकिन मुझे पहचान तो नहीं पाई न!"

"कह नहीं सकता। बड़ी बुद्धिमती महिला है। जैसा नुकीला नयन-नक्शा है वैसी ही पैनी बुद्धि भी है। आप पीछे-पीछे रिक्शा लिए आ रहे थे। मैं शीशे में देख रहा था कि वह आपके ही रिक्शे की ओर बार-बार घूम कर देख रही है। लेकिन डॉक्टर साहब, आप दर्शनशास्त्र के पंडित होकर भी रूप के सुदर्शन जाल में कैसे फँसे?" –सुमन्त ने पूछा।

पूर्णचन्द्र ने उत्तर न देकर प्रश्न किया–"मन्तू, किसी को कूड़े की ढेरों में से अन्न का कण बीन-बीन कर खाते देख क्या कभी तुमने पूछा है कि तुम मनुष्य होकर यह क्या कर रहे हो?"

सुमन्त ने कहा–"पूछने की आवश्यकता क्या? यह तो मालूम ही है कि भूख सब कुछ करा डालती है।"

उसकी बात लोकते हुए पूर्णचन्द्र ने कहा–"उसी-उसी भूख ने मेरी भी यह दशा कर दी।"

"परन्तु आप को तो पत्नी थी। आपने बताया है कि वह आप से प्रेम भी करती थी।"–सुमन्त ने सुझाया।

"उस समय नहीं थी और यदि रहती भी तो क्या? सुमन्त, यह बात बिलकुल ग़लत है कि कुछ भी खा लेने से भूख मिट जाती है। सच तो यह है कि जब तक रुचिका भोजन न मिले तब तक चाहे जितना खाते जाओ, भूख बनी रहेगी–तन की न सही, मन की ही सही।"

सुमन्त अब तक बाहर देख रहा था। पूर्णचन्द्र की बात सुनकर वह क्षण भर के लिए आत्मदर्शनार्थ विवश हो गया। वह भी अपनी पत्नी चन्द्रा की उपेक्षा कर कभी सुमित्रा, तो कभी चित्रा, तो कभी तारा की ओर निहार कर अपनी रुचि को तृप्त करने का साधन खोजता रहा है। उसने बिल-बिला कर पूछा–"क्या समस्या के समाधान का कोई उपाय नहीं?"

"है क्यों नहीं? जो वस्तु तुम्हें अरुचिकर लगती है उसका विश्लेषण कर डालो। फिर देखो कि उसका कोई अंश तुम्हें रुचिकर लगता है या नहीं। कोई न कोई अंश अवश्य रुचिकर लगेगा। बस उसे ही कसकर पकड़ लो। उसे कभी हाथ से न जाने दो। धीरे-धीरे वह वस्तु भी जिसका कि एक अंग तुम्हारी रुचि के अनुकूल प्रमाणित हुआ है, अपनी समूची समग्रता में तुम्हें रुचिकर प्रतीत होने लगेगी--लेकिन अफ़सोस, यह भान मुझे कल हुआ।" पूर्णचन्द्र ने कहा।

सुमन्त ने ठंडी साँस भरकर कहा–"वेदान्ती लोग जो प्रेम को माया कहते हैं वह ठीक ही है।

"प्रेम माया नहीं होता, नारी महामाया है।" पूर्णचन्द्र ने झिड़कते हुए कहा–"उसके और ब्रह्म के परस्पर आकर्षण को प्रेम कहते हैं। इससे निवृत्ति अस्वाभाविक है, प्रवृत्ति परम स्वाभाविक।"

"वही तो मैं कह रहा हूँ कि नारी से जीते जी छुटकारा नहीं है।"–सुमन्त बोला।

"क्या जीते जी कभी जीवन से छुटकारा मिलता है? जब मिलता है तो ज़िन्दगी ज़िन्दगी नहीं रह जाती, मौत कहलाती है। वैसे ही स्त्री के बिना पुरुष का जीवन, जीवन नहीं है, जीवनाभास है।" पूर्णचन्द्र ने निर्णयात्मक स्वर में घोषणा की।

"मानता हूँ, दादा!"–सुमन्त ने शिष्यवत् निवेदन किया।

"अच्छा, तो थोड़ा पानी और पिलाओ!"

"दादा, मेरा रिक्शा बाहर खड़ा है। चलो तो वर्मा बाबू के दवाख़ाने तक हो आएँ, आपको बुखार तेज है।"

"बुखार नहीं मन्तू! यह जिगर की आग है जो भीतर न समा पाकर बाहर छिटक पड़ी है–'भर्‍यो सो भर्‍यो, उभर्‍यो सो ढर्‍यो परै' यही किस्सा है। मैं दवा किस के लिए पिऊँ? बुधिया मुझे बहुत प्यार करती थी मन्तू, मुझे छोड़कर भाग जाने में उसे कितना कष्ट हुआ होगा। वह कहाँ होगी, क्या करती होगी?"–पूर्णचन्द्र ने भरे कंठ से कहा। जीवन-युद्ध के उस कठोर योद्धा की आँखों से आँसू की दो बूँदें निकल कर उसके शीर्ण और जलते हुए कपोलों पर लुढ़कती हुई उसकी मैली तकिया पर गिर पड़ीं।

सुमन्त ने सोचा कि क्षुधा से प्रपीड़िता पत्नी के पलायन की याद आ जाने से पूर्णचन्द्र की विकलता बढ़ गई है। उसने बात बदलने की दृष्टि से कहा–"तो आप यदि दवा न खाएँगे तो कम से कम बातचीत न कर विश्राम ही कीजिये।"

'पूर्ण विश्राम करूँगा रे पागल' पूर्णचन्द्र ने कहा–"लेकिन आज मुझे भर पेट प्रवचन कर लेने दे। आज मैं अपने एक अकेले शिष्य के सामने अपनी एक शिष्या के सम्बन्ध में अपनी दुर्बलता का इजहार करूँगा ही। इस मामले में तू मुझे पूरा–कैथोलिक ईसाई समझ। बिना 'कनफेशन' किये कहीं मर गया तो मुक्ति नहीं होगी।

अपने मज़ाक पर स्वयं ही हँसते हुए पूर्णचन्द्र आगे बोला–'सुन आज तुझसे ऐसी-ऐसी बातें कहूँगा जो आज तक न किसी से कहा है और न किसी से कहूँगा ही। तुझसे इसलिए कह रहा हूँ कि अगर कभी अवसर आये तो तारा से–अपनी मालकिन से इतना अवश्य कह देना कि डॉक्टर पूर्णचन्द्र कह गये हैं कि तारा, प्रेम मन का विकार नहीं है। साकार जीवन है। यदि तूने कॉलेज की प्रबन्ध समिति के व्यवस्थापक–अपने पिता रायबहादुर के.सी. कपूर के बहकावे में न आ गई होती तो प्रोफेसर पूर्णचन्द्र पुनवासी राम बनकर गुमनाम न मर जाते। तब उनके निधन पर भी दुनिया की सभी राजधानियों में शोक-प्रस्ताव पारित किए जाते।

पूर्णचन्द्र की आँखें बन्द हो गईं। आवाज़ ज़रा तेज हो गई–कह देना मन्तू, उससे कह देना कि जो वस्तु मैंने उससे चाही थी वह मुझे बुधिया से मिली–बुधिया से जो उस जाति की थी जिसे जात्याभिमानी समाज में अन्त्यज कहा जाता है। परन्तु रुचि परिवर्तन का नुस्खा तब तक मुझे न मिल सका था। मैं...

'नुस्खा' शब्द सुनते ही सुमन्त का कर्त्तव्य-बोध जाग उठा। वह बिना कुछ कहे ही चुपचाप डॉक्टर वर्मा को लाने के लिए उठ खड़ा हुआ। कोठरी से बाहर निकलते-निकलते उसने सुना कि पूर्णचन्द्र बड़-बड़ा रहे हैं–

तारा, मुझे तुम्हारे प्रेम ने मारा। मैंने बुधिया को मार डाला। हाँ मन्तू, तारा से कह देना। कह देना कि तारा उस नाटक वाली रात को याद करो। उस क्षण को याद करो जब तुमने अपने उस सिद्धान्त को भूलकर कि प्रेम मन का विकार है, उसे जीवन का आधार स्वीकार किया था। स्वयं-स्वयं आगे आगे बढ़कर मुझे...

उधर सुमन्त पैडिल पर पैर मारता हुआ रिक्शे को उड़नखटोला बनाये डॉक्टर वर्मा के दवाख़ाने की ओर उड़ा जा रहा था। इधर सन्निपात की झोंक में पूर्णचन्द्र बातों के तोते उड़ा रहा था–

–सुन ले मन्तू, सुन ले, उसी नाटक की बात सुनाता हूँ। कॉलेज के व्यवस्थापक के कहने पर बाढ़ पीड़ितों के सहायतार्थ अभिनय करने के लिए मैंने नाटक लिखा। उसमें पति की हत्या कर पत्नी का उसके प्रति प्रगाढ़ प्रेम प्रकट करा मैंने प्रेम की दुनिया के एक नये रास्ते का उद्‌घाटन किया। मैंने नायक का पार्ट लिया और तारा ने नायिका का।

सुमन्त वर्मा बाबू की दुकान पर पहुँच गया। परन्तु वे कहीं रोगी देखने गये थे। सुमन्त उनकी प्रतीक्षा करने लगा।

काली कोठरी में पूर्णचन्द्र की वाणी का पूर्ण प्रकाश फैल रहा था–दूसरी घंटी बज गई। नाटक के निर्देशक प्रिंसिपल साहब 'ग्रीन रूम' में पर्यवेक्षण करने आये कि सब तैयार है न! मैं तारा के साथ एक कोने में बैठा धीमे स्वर में अपना पार्ट याद कर रहा था। मेरे कानों में आवाज़ आई। वे पूछ रहे थे–सब ठीक है न! किसी ने जवाब दिया कि सब ठीक है परन्तु प्रोफेसर पूर्णचन्द्र किसी बादल में ही अब तक छिपे हैं। कोई बोला–तब उन्हें खोजो। प्रिंसिपल साहब ने मुँह बनाकर कहा–"देखो तारा कहाँ है। पूर्णचन्द्र जी उसी के आस-पास दिखाई देंगे।"

डॉक्टर वर्मा अब भी नहीं लौटे। सुमन्त प्रतीक्षा करते-करते घबड़ा उठा। उसने कम्पाउंडर से पूछा–"कितनी दूर गये हैं?"

"गये तो है पास ही। आते ही होंगे।"–कम्पाउंडर ने कहा। सुमन्त पुनः प्रतीक्षा करने लगा।

उधर पूर्णचन्द्र ने सुमन्त की पीठ के एवज ज़मीन थपथपाते हुए कहा–"नाटक बड़ा सफल रहा रे, मन्तू! जब वह समाप्त हो गया तो हम दोनों रंगमंच के पीछे उपवन में टहलने लगे।"

पूर्णचन्द्र की वाणी धीमी पड़ने लगी और फिर बन्द हो गई। वह बेहोशी में गोता खा गया। कहते हैं आदमी जब डूबने लगता है और तल में पहुँच जाता है तब उसकी आँखों के सामने उसके जीवन भर की घटनाएँ नाच उठती हैं। संज्ञा शून्यता की सरिता के तल में पहुँच कर पूर्णचन्द्र भी देखने लगा–

शरदमल्लिका के सौरभ से सनी हुई वायु शरीर में सिहरन जगा रही थी। आकाश में आश्विन पूर्णिमा का चन्द्रमा अपनी सोलहों कलाओं से उदित था। मृणाल की कलाइयों पर सिर रखकर कमल की नन्हीं नन्हीं कलियों को थपकी दे देकर उन्हें साँझ सबेरे ही सुलाकर और इस प्रकार बच्चों के उत्पात और व्याघात की ओर से निश्चिन्त

होकर अपने प्रियतम पवन के साथ सरोवर की लोल लहरें कलोल करने लगी थीं। सरोवर के तट पर टहलते-टहलते सहसा पूर्णचन्द्र ने तारा से पूछा–"क्यों तारा, तुम्हें पूर्णचन्द्र कैसा लग रहा है?"

वातावरण की मादकता से अभिभूत तारा ने उत्तर भी दिया और प्रश्न भी किया–"किस पूर्णचन्द्र के सम्बन्ध में पूछ रहे हैं। मैं तो तीन पूर्णचन्द्रों को देख रही हूँ–एक ऊपर आकाश में।"

तारा ने आकाश की ओर दाहिने हाथ की एक अँगुली उठा कर दिखाया। फिर बाएँ हाथ की उँगली से तालाब में चन्द्रबिम्ब का प्रतिबिम्ब दिखाती हुई बोली–"दूसरा पूर्णचन्द्र जल में है और तीसरा पूर्णचन्द्र? इसी ज़मीन पर–"

अपना वाक्य बिना पूरा किये तारा पूर्णचन्द्र की ओर देखने लगी। पूर्णचन्द्र ने एक बार आकाश के पूर्णचन्द्र को देखा, फिर सरोवर में तैरते हुए पूर्णचन्द्र को देखा और फिर पानी में अपनी परछाहीं देखी। उन्होंने अपनी आँखों में एक नया संकेत देखा और जैसे भौंरा कली के कान के पास गुन-गुन करता रहता है वैसे ही वे तारा के कान के पास भुन-भुन करने लगे।

बगीचे से सटे हुए राधा-कृष्ण के मंदिर में कोई कथावाचक भागवत दशम् स्कन्ध की कथा आरम्भ कर रहे थे–

भगवानपि ता रात्रीः शरदोत्फुल्ल मल्लिकाः
वीक्ष्य रन्तुं मनश्चक्रे योगयामुपाश्रितः।
तदोडुराजः ककुभः करैर्मुखं
प्राच्याविलिम्पन्नरुणेन शन्तमैः
स चर्षणीनामुदगाच्छुचो मृजन्
प्रियः प्रियाया इव दीर्घदर्शनः।।

पूर्णचन्द्र ने तारा का हाथ अपने हाथों में लेते हुए उसके मुख की ओर मुख बढ़ाया। तारा ने उनका अनुकरण किया। दोनों के अधर मिले। बिजली से बिजली टकरायी और वज्रपात! कॉलेज के व्यवस्थापक और तारा के पिता कपूर साहब प्रिंसिपल के साथ सामने खड़े थे।

"कहिये साहब! आज तो आपके नये-नये ढंग हैं। एक तो सम्प्रदायिक नाटक लिखकर आपने हिन्दू-मुसलमान का सवाल खड़ा किया और उस पर आपकी यह जुर्रत। आप भले आदमियों की संस्था में रहने लायक नहीं हैं। तारा...इधर चल।"

कपूर साहब यह फटकार बताकर लौट पड़े। तारा उनके पीछे-पीछे चली। चुम्बन में सिकुड़ा हुआ पूर्णचन्द्र का ओंठ सिकुड़ा ही रह गया। वे वहीं काठ होकर खड़े रह गये।

डॉक्टर वर्मा की प्रतीक्षा करते-करते निराश होकर सुमन्त वापस लौटा तो देखा कि पूर्णचन्द्र के ओंठ सिकुड़े हुए हैं। परेशानी चेहरे पर छायी हुई है। वह चुपचाप अपने पूर्व स्थान पर बैठ गया। पूर्णचन्द्र पुनः बड़बड़ाने लगे–

"जानते हो मन्तू! मैंने तारा के चले जाने पर बाग़ में खड़े-खड़े क्या कहा था? यह कहा था कि तारा! इस संसार के सर्वोत्तम रस, शृंगार का आकंठ पान करने योग्य रत्न की पात्री तुम्हीं हो! तुम्हीं हो!! तुम्हीं हो!!! तुम्हें मैं सदैव स्मरण रखूँगा। मरते समय भी कहूँगा–

अद्यापि तां क्षितितले वरकामिनीनाम्।
सर्वांग सुन्दरतया प्रथमैकरेखाम्।।
संसार-नाटक-रसोत्तम-रत्न-पात्रीम्।
कान्तां स्मरामि कुसुमायुधबाणखिन्नाम्।।"

पूर्णचन्द्र वायु के झोंके में उठ खड़ा हुआ। सुमन्त उसे सम्हालने बढ़ा। पूर्णचन्द्र अपनी सारी शक्ति लगाकर चिल्लाया–'संसार-नाटक-रसोत्तम-रत्न-पात्रीम्। कान्तां स्मरामि...'

वह गिरा। उसके फड़कते ओठों से दो तीन बार निकला-कान्तां स्मरामि, कान्तां स्मरामि, कान्तां स्मरामि...।

और उसी समय कोने में टिमटिमाता हुआ दीपक एक बार जोर से लहक कर बुझ गया।

एको रसः करुण एव

ऊपर अनन्त आकाश के एक निभृत कोने में एक तारा अपनी झिलमिलाती आँखों से कोई सपना देख रहा है।

नीचे पृथ्वी पर अपने कमरे में सोती हुई दूसरी तारा सपना देख रही है।

आकाश का तारा स्पष्ट देख रहा है कि पूर्णचन्द्र अस्त हो गया। अब आज की रात उसका प्रकाश देखने को न मिलेगा।

बेचारा दुःख से द्रवित हो उठा और पानी की बड़ी-सी बूँद की तरह चुपचाप चू पड़ा।

अपने कमरे में पलंग पर सोयी हुई तारा ने न जाने क्या स्पष्ट सपना देखा कि उसका भी मन द्रवीभूत हो गया और आँसू की एक बूँद निकल कर तकिये पर चू पड़ी। एक लम्बी साँस खींचकर तारा ने करवट बदली।

उसके पिता उसकी माता के कमरे के दरवाज़े पर खड़े चिल्ला रहे थे–"तारा की अम्मा, आज सोती रहने से काम न चलेगा! तुमसे कल ही कह दिया कि तारा के डॉक्टर की डिग्री पाने के उपलक्ष में मैं शानदार दावत दूँगा। सो, बगीचे में टहलते समय वकील साहब मिल गये। उन्होंने कहा कि शुभस्य शीघ्रम्। वाइस चान्सलर साहब भी नगर में मौजूद हैं। आज ही दावत करो। एक ही दावत दो उपलक्षों में हो जाएगी। एक ढेले से दो शिकार। मैंने भी कह दिया--एवमस्तु। लौटते वक्त होटल में ऑर्डर

दे आया। वकील साहब कार्ड छपवाने गये। वही बँटवा भी देंगे। बाहर का काम तो मैंने कर दिया। भाई अब घर के भीतर का काम तुम सँभालो। तुम जानो और तुम्हारा काम जाने।''

तारा की अम्मा सोयी नहीं थी। वह आधी रात से जाग रही थी। पति के यहाँ से कन्या के भविष्य की बात बिलकुल उपेक्षणीय करार दे दी जाने पर जब वह अपने कमरे में आई और पलंग पर लेटीं तो उन्हें भी नींद न आई। अपने पति के घोर स्वार्थी स्वभाव का उन्हें पूरा पूरा परिचय था। उन्हीं के हठ के कारण उनकी पुत्री का प्रथम पवित्र प्रेम व्यर्थ गया और बदनामी हाथ लगी सो मुफ़्त में। और आज रात उन्होंने जो कुछ देखा वह तो कल्पनातीत ही है। कौन सोच सकता है कि एक ऊँचे दरजे की सुशिक्षिता नारी जिसे आज ही शिक्षा जगत की सर्वोच्च उपाधि पाने की सूचना मिली है वह उसी रात एक रिक्शाचालक के कमरे में जाएगी। यह तो लज्जा से मर जाने की बात है और कोई कहता तो वह कदापि विश्वास न करती परन्तु अपनी आँखों को क्या करे जिनसे उन्होंने स्पष्ट देखा है कि उनकी पुत्री मन्तू के कमरे से निकलकर जल्दी-जल्दी ऊपर आई और अपने कमरे में घुस गई! रात सीढ़ी पर किसी के चलने की आहट पाकर उन्होंने अपने कमरे का द्वार खोला था और तारा को मन्तू के कमरे की दालान से ऊपर आते देखा था। तभी से लज्जा, क्षोभ, क्रोध, घृणा की चौआई में उनकी नींद ऐसी उड़ी कि रात भर से उसका कहीं पता ही नहीं है। पति की बात सुनकर उन्होंने कहा–''आप अपने कमरे में चलिये, मैं अभी आती हूँ। आज मेरी तबीयत ठीक नहीं है।''

''क्या हुआ, क्या हुआ'' कह कर राय साहब ने अपनी पत्नी की अस्वस्थता पर गहरी चिन्ता प्रकट की और वहाँ से हट कर वह अपनी पुत्री के कमरे की ओर चले। देखा तो वह अभी बन्द है। कुंडी खटखटाते हुए बोले–''तारा...तारा! बेटी मैंने आज तुम्हारे डॉक्टरेट पाने का उत्सव मनाने का इन्तज़ाम किया है और तुम अभी तक सो रही हो।''

पिता की पुकार पर तारा ने आँखें खोल दीं। रात भर जागते रहने के बाद सबेरे करीब चार बजे उसकी आँख लग गई थी। इसलिए उसे जागने में विलम्ब हो गया। वह तड़फड़ उठ बैठी। बोली–''बाबू जी अभी आती हूँ, आज तबीयत ठीक नहीं है।''

''क्या बात है भाई कि आज घर भर की तबीयत नासाज है। यह जानता तो वकील साहब की सलाह न मानता।''–कहते हुए वे अपने कमरे में गये। उसी समय उनकी पत्नी ने भी उनके कमरे में प्रवेश किया। रुदन और जागरण के कारण उनकी आँखें लाल हो रही थीं। राय साहब ने देखा, बोले–''भाई कहीं सर्दी-वर्दी तो नहीं खा गईं, आजकल दिन ज़रा खराब है, सँभल कर रहना चाहिए।''

इतने में तारा भी आई, उसे उसकी माता ने विष दृष्टि से देखा। उससे वह जल कर राख हो जाती अगर उसके पिता भी उसी समय उस पर अपने हृदय के सारे स्नेहामृत की वर्षा न कर देते। उन्होंने कहा–''आ बेटी, तारा। आ तूने तो मेरी नाक

ऊँची कर दी बेटी।'' और उसी समय तारा की माँ बोल उठी–''हाँ ठीक कहते हो उसने मेरी नाक काट कर उसे तुम्हारी नाक से जोड़ दिया है!'' राय साहब हिनहिना कर हँस पड़े–''अच्छा मज़ाक है, बहुत अच्छा।'' परन्तु तारा को काटो तो लहू नहीं। कहीं अम्मा ने रात उसे नीचे जाते या ऊपर आते देख तो नहीं लिया! तब तो अनर्थ हुआ! वह यह तो समझेगी नहीं कि मैं अपने मन के आवेग से मन्तू की कोठरी तक गई थी अवश्य, परन्तु मैंने भीतर पैर नहीं रखा!

तारा की आँखें भी रुदन और जागरण से लाल हो रही थीं। चेहरा निस्तेज हो रहा था। राय साहब ने कहा–''जरा तारा का मुँह तो देखो तारा की अम्मा, कैसा उतर गया है! बेचारी को पढ़ने में बहुत मेहनत करनी पड़ी है।''

तारा की अम्मा ने कहा–''तारा का मुँह तुम्हीं देखो। मैं बहुत देख चुकी। अब जितना ही कम देखूँ उतना ही अच्छा।''

राय साहब ने समझा कि उनका संकेत तारा का विवाह करने की ओर है जिसके बाद वह यहाँ बहुत कम रह पायेगी। उन्होंने रात को भी तो उसकी शादी का उलाहना दिया था। माँ को बेटी की शादी की फिक्र स्वाभाविक है। परन्तु तारा अपनी माँ का असल आशय समझ गई। बड़ी दुखी हुई। वहाँ से उठ आई और अपने कमरे में आकर पुनः अपनी शय्या पर लुढ़क गई। उसने अपनी सारी व्यथा–अपने जीवन की समूची व्यथा और पूर्ण विफलता का ज़िम्मेदार अपने पिता को ठहराया। यदि उन्होंने प्रोफेसर पूर्णचन्द्र से मेरा विवाह हो जाने दिया होता तो आज यह स्थिति न आती। उसने दांत पीसे। आज वह डी.लिट्. है, उसी पूर्णचन्द्र की थीसिस के बल पर। वह रिसर्च करती थी और हर हफ्ते उसके पास पूर्णचन्द्र की सुन्दर लिखावट में लिखे हुए उसके निबन्ध के अध्याय नियमित रूप से उसके पास आते रहते थे। वह जानती थी कि कौन भेजता है इसलिए चुपचाप उसकी नक़ल उतरवा कर टाइप करा लेती थी। धीरे-धीरे उसकी थीसिस तैयार हो गई। उस पर डॉक्टरेट मिलने की सूचना भी आ गई। परन्तु उसके मन ने अब विद्रोह कर दिया! प्रोफेसर पूर्णचन्द्र की थीसिस पर वह डॉक्टरेट न लेगी। उसका जीवन उसने और उसके पिता ने मिलकर नष्ट कर दिया! वह घोषणा कर देगी कि थीसिस जाली है। उसकी लिखी हुई नहीं। यों वह पिता से पूरा-पूरा बदला ले लेगी।

मन में उक्त विचार आते ही खुशी से उसकी आँखें चमक उठीं! उसने कलम उठाया और यही स्वीकारोक्ति लिख डाली! उसने दासी को बुलाया कि मन्तू को वह स्वीकारोक्ति समाचार-पत्र में ले जाने के लिए बुला लावे। दासी ने आकर कहा–''मन्तू नहीं है! जान पड़ता है वह रिक्शा लेकर निकल गया! अब तो साँझ को ही आवेगा बीबीजी, आपको कालिज ले जाने के बखत।''

''आज रविवार है दाई, कॉलेज नहीं जाना है।''

रविवार! नगर में दुकान बन्दी का दिन! मन्तू की परेशानी का आर-पार नहीं रह गया! इस नगर में एकमात्र उसका बन्धु, देश-विख्यात् विद्वान डॉक्टर पूर्णचन्द्र

रिक्शाचालक पुनवासी राम के छद्मवेश में एड़ियाँ रगड़-रगड़ कर दुनिया से गुमनाम सिधारा गया और स्वयं उच्च शिक्षित सुमन्त समय के फेर से रिक्शाचालक बना हुआ उसके लिए कफ़न तक का प्रबन्ध नहीं कर पा रहा है। पुनवासी के शव को घाट तक ले जाने के लिए कम से कम चार आदमियों की व्यवस्था भी करनी है। वह क्या करे, कुछ समझ में नहीं आता।

पुनवासी की कोठरी कच्ची कोठरियों की कतार में एक थी। अगल बगल भी उसी जैसे लोग रहते थे। सभी सबेरे सस्त्रीक काम पर निकल जाने और रात वापस आने वाले उन लोगों के लौटने में अब भी बिलम्ब था। साँझ सिर पर थी। सुमन्त को पुनवासी के दो पड़ोसी ऐसे मिले जो शव-वहन करने में सहायता देने के लिए तैयार थे। एक साँझ पहले ही कारख़ाने में हड़ताल हो जाने के कारण वे अपनी कोठरियों में ही मौजूद थे। एक आदमी की कसर थी और कफ़न के लिए कपड़ा खरीदना था। वह दौड़ा हुआ रिक्शे के अड्डे पर पहुँचा। वहाँ पुनवासी के मरने और उसकी स्त्री के भाग जाने की ख़बर सुनाई। कुल चार पाँच रिक्शाचालक वहाँ मौजूद थे, वे शवयात्रा में शामिल होने के लिए उसके साथ चले।

पुनवासी का शव निकालकर चबूतरे पर सुला दिया गया। रिक्शाचालक-मंडली उसे घेर कर बैठ रही। सुमन्त कफ़न की तलाश में गया था। जिस समय उसकी मौजूदगी में आज पुनवासी की कुटिया का दीप बुझा और पुनवासी ने उसके सामने ही अन्धकार में दम तोड़ दिया तो एक बार तो सुमन्त का तरुण मन अन्धकार में दहल उठा परन्तु दूसरे ही क्षण ज़ेब से दियासलाई निकाल वह दीपक जलाने लगा। परन्तु दीपक न जाने कब से जल रहा था। अब उसमें तेल ही नहीं रह गया था। उसे जलाने की कोशिश बेकार थी। सुमन्त ने बेकार कोशिश नहीं की।

बाज़ार बन्द रहने के कारण जब सुमन्त को कहीं भी कफ़न के लिए कपड़ा न मिल सका तो वह रायसाहब के घर अपने डेरे पर आया। वहाँ आज कुछ और ही चहल-पहल थी। उसने सोचा था कि वह चुपके से तारा से सारी बात कह देगा और उसी से कफ़न के लिए कपड़ा माँगेगा। मगर उस भीड़-भाड़ में तारा का कोई पता न लगा। तारा की दासी ने जो उसे देखा तो कहा—"मन्तू, तुम आज सबेरे जो गये सो अभी आ रहे हो। तारा बीबी तुम्हें दिन भर पूछती रहीं!" मन्तू ने एक चिट पर पेन्सिल से पूर्णचन्द्र की मृत्यु का समाचार लिख कर तारा के पास भेज दिया। उसे विश्वास था कि तारा चिट पढ़ते ही दौड़ी आयेगी मगर जब आध घंटे से भी अधिक हो गया और दिया जलने की बेला आ गई तब मन्तू वहाँ न ठहर सका। सामने तारा की सिल्क की साड़ी पड़ी हुई थी। उसने इधर-उधर देखकर उसे उठा लिया। पुनवासी दादा के लिए इससे अच्छा कफ़न और क्या होगा।

जिस समय रिक्शा चालकों का दल पुनवासी की लाश साड़ी में लपेट 'राम नाम सत्य है' कहता हुआ श्मशान पहुँचा उस समय रात के आठ बज गये थे। पुनवासी के शव को स्नान करा जल के किनारे ही छोड़ सब चिता की रचना करने लगे। शीत

से भरी वायु वेग से चल रही थी। नदी की धारा में लहरों के थपेड़े खाता हुआ एक मुरदा पल-पल घाट ही की ओर अग्रसर हो रहा था। धीरे-धीरे वह घाट के पास आ गया। हवा के एक झोंके ने उसे तट से सटा दिया।

तट पर पुनवासी का शव इस प्रकार दक्षिण पैर कर सुलाया गया था कि लहरें उठ-उठ कर उसके पैरों से टकराती थीं। हवा के एक झोंके ने मुरदे को इस तरह उलटा कि उसका सिर पुनवासी के पैरों से सट कर टिक गया।

राय साहब के घर पर उत्सव चल रहा था। तारा को जब सुमन्त नहीं मिला और वह अपनी स्वीकारोक्ति जब समाचार-पत्र में नहीं भेज सकी तब उसने विचार किया कि अतिथियों के सामने वह तथ्य का उद्घाटन करेगी और तब उसके पिता की परेशानी देखने लायक होगी। परन्तु ज्यों-ज्यों दिन चढ़ता गया उसका यह ख्याल उतरता गया और अन्त में उसने निश्चय किया कि अभी मौन रहना ही ठीक है। जब अतिथियों के आने का समय हुआ तब उसे ख्याल पड़ा कि उनकी शुभकामनाओं का उत्तर देने के लिए भाषण भी करना पड़ेगा। उसने अपने भाषण के नोट्स की तैयारी की। जल्द दस पाँच वाक्य घसीटकर चिट ज़ेब में रख लिया।

ठीक सात बजे जब उसने सजे-सजाये पण्डाल में प्रवेश किया तो अतिथियों ने उसे देख कर हर्ष-ध्वनि की। तारा लज्जा से लाल हो उठी, रायसाहब खुशी से गद्गद हो उठे। उसकी दासी ने उसे चुपचाप मन्तू की चिट थमा दी। तारा ने उसे ज़ेब में रख लिया। वाइस चान्सलर ने तारा की स्वास्थ्य कामना का जाम उठाया और संक्षिप्त-सा भाषण करते हुए उसकी विद्या बुद्धि की खूब प्रशंसा की। वह जवाबी भाषण करने के लिए उठी। बोली–"माननीय अतिथि गण, इस अवसर पर मैं क्या कहकर आपकी कृपा का बदला चुकाऊँ...।"

मुँह भाषण कर रहा था। हाथ कोट की ज़ेब में चिट टटोल कर निकाल रहा था और जब हाथ ने चिट खोलकर आँखों के सामने रख दी तो आँखों ने स्वभावतः उसे पढ़ा। पढ़ते ही भाषण करता हुआ कंठ जैसे क्रन्दन कर उठा। तारा चिल्लाई–प्रोफेसर पूर्णचन्द्र मर गये। मुझे जिस थीसिस पर डॉक्टरेट मिली है, उसका अक्षर-अक्षर उनका लिखा हुआ था। मैं जाती हूँ।

तारा मंच से कूद कर भागी। अतिथिगण हक्के-बक्के एक दूसरे का मुँह देखते रह गये। रायसाहब क्रोध से दाँत पीसने लगे। किसी ने उसके रोकने की ओर ध्यान न दिया। वह झपटी हुई पण्डाल के बाहर आई और जो पहली मोटर उसे दिखाई पड़ी उसी में बैठ और उसे स्टार्ट कर वह मसान की ओर चल पड़ी।

सरपत की मशाल जलाये हुए रिक्साचालकों का समूह चिता सजा लेने के बाद पुनवासी का शव उठाने आया। उनमें से एक दूर से ही बोला–"अरे, एक लाश की जगह दो हो गईं।" समीप पहुँचने पर मशाल की हवा में बल खाती रोशनी नवागंतुक मुरदे के मुँह पर पड़ी। वह किसी नारी का मुरदा था। बदन फूल आया था। शायद डूब कर मरी थी। पुनवासी के एक साथी ने कहा–"मर गई, लेकिन

मरने पर भी मरद के चरन का आसरा न छोड़, लगी ही रह गई है।" पुनवासी के एक पड़ोसी ने गौर से देखा और चिल्ला उठा–"यह तो बुधिया है, पुनवासी दादा की घरवाली। घर से भाग गई थी, सो उनके चरन पर सिर रख कर अपराध की माफ़ी माँगने आई है।"

उसी समय ऊपर मोटर रुकने की आवाज़ आई और तारा का कंठस्वर गूँज उठा–"गुरुजी, गुरुजी।" पागल की तरह दौड़ी हुई तारा किनारे पहुँची और पुनवासी की लाश के दूसरे चरण पर उसने अपना सिर रख दिया।

सुमन्त ने अपनी धोती के छोर से अपने आँसू पोछे। स्वर्ग में भवभूति ने शायद एक बार फिर कहा–'एको रसः करुण एव।'

चन्द्रा

मोरी बुधि लड़कइयाँ मैं का जानूँ राम

ढोल, करताल बजाते हुए रामायण-प्रेमियों की मंडली गा रही थी—'मोरी बुधि लड़कइयाँ मैं का जानूँ राम...

कंकन किंकिनि नूपुर धुनि सुनि कहत लखन सन राम ह्रदयँ गुनि मानहु मदन दुन्दुभी दीन्हीं मनसा बिस्व बिजय चह कीन्हीं मैं का जानूँ राम।

मोरी बुधि लड़कइयाँ मैं का जानूँ राम। तात जनक-तनया यह सोई धनुष जग्य जेहि कारन होई मैं का जानूँ राम।

मोरी बुधि लड़कइयाँ मैं का जानूँ राम।

चौकी के दोनों ओर चार-चार रामायणी बैठे थे। बीच में मोटी-मोटी रामायण की दो प्रतियाँ दोनों दलों के सामने रखी हुई थीं। एक दल पहले रामायण की चौपाई कहता था फिर दूसरा दल 'मैं का जानूँ राम' का ठेका देता था। फिर दूसरा दल चौपाई कहता था और पहला दल 'मैं का जानूँ राम' की टेक दोहराता था।

अपनी निरानन्द कोठरी में तीन दिनों से व्रत के नाम पर उपवास करती हुई सत्रह वर्षीया तरुणी चन्द्रा रामायण-गान में अपनी भूख भुलवाने का प्रयत्न कर रही थी। शनिवार को उसने एकादशी के नाम पर नहीं खाया, रविवार को सूर्य का व्रत रखने की घोषणा कर घर की इज़्ज़त बचायी। आज सोमवार को प्रदोष का युगसिद्ध बहाना हाथ लग गया। उसकी दालान के सामने से गुज़रती हुई उसकी पड़ोसिन महेश की मौसी ने चन्द्रा को चुपचाप पड़ी देखकर पूछा भी था—''क्यों सुमन्त की बहू! क्या आज भी चूल्हा न जलाओगी।'' चन्द्रा ने जवाब दिया—''आज तो प्रदोष का बरत न है, मौसी।''

''अरे, बरत होता है बूढ़ों के लिए कि तेरी जैसी दुधमुँहीं बच्चियों के लिए। इत्ता ज़्यादा बरत मत रखा कर।'' सहानुभूतिपूर्ण सदुपदेश देकर मुस्कराती हुई महेश की मौसी अपनी कोठरी की ओर चली।

उत्तर तरफवाली दालान में अपनी कोठरी के सामने बैठी सावित्री की माँ ने जो महेश की मौसी को चन्द्रा से बातें कर आते देखा तो चरखा चलाना बन्द कर दिया और आवाज़ दी—''महेश की मौसी, तुम तो दिखाई ही नहीं पड़तीं। एकी घर में रहकर सात-सात दिन बीत जावे हैं लेकिन तुम्हारा दरसन तक भी दुरलभ रहे है।''

महेश की मौसी सावित्री की माँ के पास जाकर बोली–"नहीं जीजी, तुम तो जानो हो कि गिरस्थी का जंजाल कैसा होवे है। आदमी की साँसत हो जाए है। वो जो ऊपर सुमन्त रहे हैं न उसी की जोरू तीन दिन से भूखी बैठी है, तो उसी से कह रही थी कि क्यों भूखी बैठी है!"

सावित्री की माँ ने आश्चर्य का अभिनय करते हुए कहा–"मुझसे तो कोई कहता था कि परदेस में खसम कुसल से रहे इसके लिए बरत करती है। लोग तो कहे हैं कि छोरी बड़ी सती है। खसम से बहुत परेम रखे है।"

"अरत-बरत सब बहाना है जीजी, घर में भूँजी भाँग तक तो है नहीं। खाय भी तो क्या खाय। लेकिन परेम की बात सच्ची है। मेरी आँखों देखी है। पिछली बार सुमन्त आया रहा न तब की बात है। कोई छह महिन्ने हुए होंगे। पिछले माघ की बात है और यह असाढ़ है। खुद गिन लो, 6 महिन्ने हुए। उस दिन भी सास बहू कई दिन से चूल्हा बुझाये बैठी रहीं। मैंने बात ही बात में महेश के मौसा को यह बता दिया तो उन्होंने कहा कि वह जो आटा है न जिसमें राख गिर गई थी वह उन दोनों को दे दो। किसी का भूखा रहना हमें अच्छा नहीं लगता। मैंने जीजी वह आटा और कई दिन दाल बीन कर उसकी खुद्दी मैंने फेंकी नहीं थी, सो वो दोनों उसे दे आई। बहू तो 'नाहीं नाहीं' ही करती रही। कहती रही-यह क्या होगा महेश की मौसी, लेकिन उसकी सास ने ले लिया। संयोग की बात देखो कि खाना बनाकर अपनी सास को खिलाकर जब वह खुद खाने जा रही थी उसी बखत साल भर पर परदेस से हाथ झुलाता सुमन्त आ गया। बेचारी ने अपना खाना उसे खिला दिया और चुपचाप भूखी रह गई। जीजी, अपनी तो भगवान जी से यही परारथना रहती है कि ऐसा निखट्टू खसम सात घर दुस्मन को भी कभी मत देना परभू।"–महेश की मौसी ने अपने दोनों हाथों की उँगलियों से अपने कानों को स्पर्श करते हुए कहा और अपनी आँखें आकाश की ओर उठा दीं।

सावित्री की माँ ने कहा–"उसका खसम निखट्टू काहे को है, महेस की मौसी। अच्छा खासा कमाऊ है। परदेस नौकरी करे है। हर महीने मनीआडर से रुपैया भेजे है। अब और क्या चाहिए।"

महेश की मौसी ने कहा–"तुम्हारी बातें बड़ी अनोखी होय हैं जीजी। तुम्हें कुछ ख़बर भी है। अब वह नोकरी नहीं करे है, बेकार देस देस घूमा करे है। अबकी अपनी अम्मा और जोरू से झगड़ कर गया है न?"

सुमन्त अपनी माता और पत्नी से लड़कर घर से भाग गया है, यह घर के सभी किरायेदार जानते हैं परन्तु लड़ा क्यों, यह कोई नहीं जानता। जानती है तो केवल सावित्री की माँ। वह जानती है कि धन के प्रभाव में आदमी दूसरों से लड़ता है, धन के अभाव में अपनों से ही। अतः उसने बात आगे न बढ़ायी। इतना ही कहकर चरखा चलाने लगी कि अपनी-अपनी करनी अपने साथ है महेश की मौसी! लेकिन छोरी सती है।

और वह सती यदि विचार से ही कोई असती हो जा सकती हो तो, इस समय पूरी वेश्या हो रही थी। वह खिड़की में बैठी रमायणियों का रामायण गान सुनने के

लिए एकत्र भीड़ में प्रत्येक तरुण, युवक और प्रौढ़ की ओर देखती थी और उसका मन करता था कि उतरकर वह उनमें से किसी एक का हाथ थाम ले और कहे कि मुझे दो रोटी दो और जहाँ चाहो वहाँ ले चलो।

रामायणियों की मंडली बालकाण्ड से किसी की फर्माइश पर उत्तरकाण्ड पहुँच गई थी। ऊपर खिड़की में एक तरुणी को बैठी देख रामायण के तरुण श्रोतागण ऊँट की तरह गर्दन उठाये उसी ओर देख रहे थे। वृद्धजन पहले तो अपने चतुर्दिक् चौकन्ने भाव से देख लेते थे और जब देखते थे कि उन्हें कोई नहीं देखता है तब एक उड़ती निगाह ऊपर खिड़की पर फेंक देते थे। जवान उठ-उठकर बैठने के लिए वैसी जगह तजबीज रहे थे जहाँ से खिड़की की ओर मजे में देखा जा सके। रामायणी गाये जा रहे थे--

नारि बिबस नर सकल गोसाईं।
नाचहिं नर मरकट की नाईं।।
मैं का जानूँ राम
मोरी बुधि लड़कइयाँ मैं का जानूँ राम।।

चन्द्रा बैठी न रह सकी। वह उठी। ठीक उसी समय नगर की कुप्रसिद्ध प्रौढ़ा बाड़ी-वाली सोने रूपे के विविध अलंकारों से सजी-बजी वहाँ आई। उसके पैरों की झाँझन और पाज़ेब की रुनझुन ध्वनि ककुनी के दानों की तरह चारों ओर बिखर गई और श्रोताओं के कान कबूतर बनकर उसे चुगने लगे। निराभरणा और क्षुधा से पीड़िता चन्द्रा ने यह दृश्य देखा और अपनी शतच्छिन्ना अत्यन्त मैली धोती उतार अपेक्षाकृत कम फटी और कम मैली एक दूसरी धोती पहन ली। नीचे गली में रामायण-गायकों ने तान लड़ाई–

गुन मंदिर सुन्दर पति त्यागी।
भजहिं नारि पर पुरुष अभागी।।
सौभागिनी विभूषन हीना।
विधवन्ह के सिंगार नवीना।।
मैं का जानूँ राम
मोरी बुधि लड़कइयाँ मैं का जानूँ राम।

अपनी एक मात्र शोभा-सम्पत्ति अपने आजानु-लम्बित रूखे-सूखे केशपाश को समेट कर चन्द्रा चोटी बाँध ली और फिर गली में उतरने के लिए लड़खड़ाते पैरों से वह कोठरी के बाहर निकलने लगी। त्यों ही उसकी दृष्टि सामने दीवार पर टँगे अपने पति सुमन्त के चित्र पर सहसा पड़ी। वह क्षण भर के लिए ठिठक रही।

रामायणियों की मंडली नीचे गली में गा रही थी–

अबला कच भूखन भूरि छुधा
धनहीन दुखी ममता बहुधा
मैं का जानू राम
मोरि बुधि लड़कइयाँ मैं का जानूँ राम।।

उसी समय मनियाँ धोबिन कपड़ों की गठरी सिर पर रखे तीन मंज़िल ऊपर हाँफती हुई चन्द्रा के पास आई।

मनियाँ धोबिन अन्तः सत्वा है। इसलिए थोड़ा ही परिश्रम करने पर हाँफ उठती है, थक जाती है। उसने आते ही चन्द्रा को खड़ा देखकर कहा–"कहीं की तैयारी है क्या बहू जी, ऐसे सज-बजकर क्या ससुराल जा रही हो।"

और चन्द्रा सन्न रह गई। लज्जा से उसका मन मरोड़ उठा। वह धम से ज़मीन पर बैठ गई और मनियाँ से बोली–"कहीं नहीं जा रही हूँ मन्नी। जाऊँगी कहाँ अपनी किस्मत को बैठी रो रही हूँ।"

मनियाँ ने भी ज़मीन पर गठरी रखकर और उस गठरी पर स्वयं बैठती हुई कहा– "बाबू की कोई ख़बर अभी तक नहीं मिली क्या बहू जी!"

मनियाँ के प्रश्न के उत्तर में चन्द्रा ने उसकी ओर इस प्रकार देखा कि मनियाँ अपने प्रश्न का पूरा-पूरा जवाब पा गई। दूसरा प्रश्न करने की हिम्मत न पड़ी।

गोधूलि के धूमिल प्रकाश में दो स्त्रियाँ आमने-सामने बैठीं परस्पर एक दूसरे को देख रही हैं। चन्द्रा–भोली-भाली चन्द्रा मनियाँ धोबिन के हृदय की सुन्दरता पर मुग्ध हो रही है और मनियाँ चन्द्रा के लम्बे रूखे केश, गोरे परन्तु सूखे हुए चेहरे, उसके सुन्दर परन्तु भूखे शरीर की तपस्वी शोभा निहार रही है और मन ही मन सौ-सौ जान से उस पर निसार हुई जा रही है। रामायणियों की मंडली गली में व्यर्थ ही गला फाड़-फाड़ कर गा रही है–

नारि न मोह नारि के रूपा
पन्नगारि यह नीति अनूपा
मैं का जानूँ राम
मोरी बुधि लड़कइयाँ मैं का जानूँ राम!

आखिर मनियाँ बड़े धीमे स्वर से, इतने धीमे स्वर से बोली जैसे डर रही हो कि कहीं अपनी आवाज़ वह स्वयं ही न सुन ले–कै दिन चूल्हा जले हुआ बहूजी!

और किसी ने यही प्रश्न किया होता तो या तो चन्द्रा उत्तर ही न देती और उत्तर देती भी तो न जाने क्या-क्या झूठ सच बोल जाती परन्तु मनियाँ की सहानुभूति से मुग्ध उसने सच्ची बात बता दी–आज चौथा दिन है, मन्नी!

"ऐसे कितने दिन चलेगा।"–मन्नी ने पूछा।

चन्द्रा ने कोई जवाब न दिया। उसकी ओर से मानो रामायणियों ने उत्तर दिया– "मैं का जानूँ राम!"

मन्नी ने पुनः कहा–"बहूजी, तुम तो पहले बड़ी-बड़ी अच्छी-अच्छी गुड़िया बनाती थीं।"

चन्द्रा ने सिर हिलाकर हुँकारी भरी और कहा–"घर में पहनने ही के लिए चिथड़े नहीं रह गये हैं, गुड़िया काहे से बनाऊँ?"

"मैं तुम्हें फटे-पुराने लेकिन धुले कपड़े दे जाया करूँगी तुम गुड़िया बनाओ बहूजी, मैं ले जाकर बाज़ार में बेच आया करूँगी। तुम्हें घर बैठे पैसा मिल जाएगा।"

चन्द्रा ने हाथ बढ़ा कर मन्नी के पैर पकड़ लिये। पैर छुड़ाती हुई गहरी विरक्ति के साथ मन्नी ने कहा–"छोड़ो-छोड़ो क्यों नरक में ढकेलती हो बहूजी!"

चन्द्रा ने मन्नी के पैरों पर से अपना हाथ हटा लिए और आँसू भरी आँखों से मन्नी की ओर देखती रह गई। मन्नी ने उठ कर कपड़े की गठरी उठाते हुए कहा– "तो बस यही तै रहा बहूजी, मैं कल कपड़े दे जाऊँगी।"

चन्द्रा ने कहा–"हम ग़रीब आदमी हैं मन्नी, तुम्हारे इस उपकार का बदला नहीं दे सकते। इसका बदला तुम्हें भगवान देगा।"

"तुम्हारा आसिरबाद मेरे सिर माथे बहू जी, अब चलती हूँ लेकिन तुम जैसी गुनवती बहू से बाबूजी इतने पढ़े लिखे होकर भी क्यों चिढ़ते हैं, बता सकती हो।"

चन्द्रा को सचमुच नहीं मालूम था कि पुस्तकीय प्रेम लालसा रखने वाला सुमन्त उसके हार्दिक प्रेम का परिचय ही नहीं रखता। अतः उसने उत्तर न दिया। उसकी ओर से पुनः उत्तर दिया रामायणियों ने ही जिनका समवेत् स्वर हवा में गूँज रहा था–

मोरी बुधि लड़कइयाँ मैं का जानूँ राम!

जवने रे मँगिया में नउले सेंधुरवा

चन्द्रा के सामने गुड़ियों का अम्बार लगा हुआ है। उसके कुशल हाथों से प्राणवान् गुड्डे ऐसे जान पड़ते हैं जैसे अभी-अभी बोल उठेंगे। चन्द्रा गुड़ियों की चादर में सितारे टाँकती जाती है और कोने में पड़ी हुई अपनी बूढ़ी सास की ओर देखती जाती है।

उसकी सास ने अबकी बार सचमुच खाट पकड़ लिया है। वह जब भी खाट पकड़ती थी तभी उसे विश्वास हो जाता था कि अब न उठूँगी परन्तु इस बार तो चन्द्रा को भी विश्वास हो गया है कि इस यात्रा में अम्मा जी की रक्षा नहीं हो सकती।

सत्रह साल की उम्र कोई उम्र नहीं होती परन्तु इसी उम्र में बेचारी चन्द्रा को अपना सारा पुरुषार्थ प्रकट करना पड़ रहा है। उसका पति सुमन्त गत आठ महीनों से निरुद्देश्य है। कहाँ है, क्या कर रहा है, कोई पता नहीं।

बुढ़िया की साँस चल रही है। वह दमे की पुरानी रोगिणी है। उसका दमा उभर आया है। उसने इशारे से पानी माँगा। चन्द्रा ने उठ कर सास को पानी पिलाया। सास ने वहीं बैठ जाने का इशारा किया। चन्द्रा बैठ गई। उसकी सास उससे धीरे-धीरे कहने लगी–अबकी मैं न बचूँगी बहू! क्या बताऊँ, बड़ी जातना हो रही है। मर जाऊँ तो मानो जी जाऊँ। लेकिन मरते भी नहीं बन रहा है। डरती हूँ कि तू अकेली पड़ जाएगी तो तेरी क्या दशा होगी?

"अम्मा, आप मायाजाल की चिन्ता छोड़ कर राम-राम करो। जो राम जी करेंगे वही होगा। वही सबके रक्षक हैं।"

चन्द्रा ने अपनी सास को सान्त्वना दी परन्तु उसी समय छत पर गुड्डी उड़ाते हुए सुरेश चिल्लाया–'गुड्डी भक्काटे।' नरेश ने तुक जोड़ते हुए आवाज़ लगायी–'हम तुम्हारे चाचे।' और ठीक उसी समय एक छोटी कंकड़ी चन्द्रा के सिर पर आ गिरी। चन्द्रा ने सिर उठा कर देखा कि नरेश सामने छत पर खड़ा मुस्करा रहा है। कंकड़ी उसी ने फेंकी है। जब चन्द्रा ने उसकी ओर देखा तो उसने दाहिना हाथ अपनी छाती पर रखते हुए बाएँ हाथ से उसे अपने पास आने के लिए इशारा किया।

चन्द्रा ने तत्काल सोच लिया कि केवल रामजी इस घर में उसकी रक्षा न कर सकेंगे। अभी तक इस घर में अकेले नरेश ही आवारा मिजाज़ था, अब उसकी मंडली में सुरेश और महेश भी शामिल हो गये हैं! जैसे हो वैसे बूढ़ी को बचाना होगा, उसकी रक्षा करनी पड़ेगी; तभी अपनी रक्षा हो सकेगी।

परन्तु बुढ़िया की रक्षा की जाए तो कैसे? यदि समुचित चिकित्सा की जा सके तो शायद बूढ़ी बच जाए।

चन्द्रा के हृदय की हलचल से अनभिज्ञ उसकी सास कहती जा रही थी–"बहू, मैं जो कुछ कह रही हूँ उसे ध्यान से सुनो। शायद फिर न बोल पाऊँ। बहू आज तक तुमसे मैंने नहीं कहा लेकिन आज कहती हूँ कि मन्तू से मुझे बड़ी निराशा हुई है। मैं समझती थी कि मेरा मन्तू पढ़-लिखकर चार पैसे पैदा करेगा। मेरा दुख दलिद्दर दूर हो जाएगा। लेकिन कुछ न हुआ।"

बुढ़िया ने रुककर दम लिया। चन्द्रा ने श्वेत कृष्ण कुछ न कहा। बुढ़िया फिर बोली–"बहू! बुरा न मानना। इसमें थोड़ा दोस तुम्हारा भी है। सुमन्त की यह दसा तुम्हारे आने के बाद ही हुई है। मैं आज तक यह भेद नहीं समझती थी। लेकिन अन्त समय में भगवान ने मुझे दिव्य दृष्टि दे दी है। मेरे सामने इस बखत सब कुछ निर्मल जल की तरह साफ़ हो गया है। तुमसे उसकी आशा पूरी नहीं हुई बेटी।"

चन्द्रा कलेजे पर पत्थर-सा रखे अपनी आलोचना सुनती रही। बुढ़िया कहती गई–

"बहू, मेरा सुमन्त सभी इन्तहानों में अपने दरजे में बराबर अव्वल आता रहा। बिरादरी की औरतें मेरे सुमन्त की वाहवाही सुनकर मुझसे डाह करने लगी थीं। सुमन्त को जो देखता था, उसकी बात जो सुनता था वह कहता था कि यह लड़का आगे चलकर लाखों में एक निकलेगा। मगर बहू तुमने सब चौपट कर दिया।"

बेज़बान बालिका यह भी नहीं पूछ सकी कि अम्मा मैंने क्या किया है। लेकिन बूढ़ी ने कृपापूर्वक उसे उसका अपराध बता दिया। उसने कहा–"तुम उसको सन्तुष्ट नहीं कर सकीं। कहते हँसी आती है..."

और बुढ़िया सचमुच हँसने लगी। चन्द्रा ने अपनी सास को हँसते कभी नहीं देखा था। तीन वर्ष उसे ब्याह कर आये हुआ लेकिन उसने बुढ़िया को सदैव एक प्रकार के गम में डूबी पाया था। वह नहीं जानती थी कि बुढ़िया हँसना भी जानती है। वह बूढ़ी की हँसी से डर सी गई। उसे सन्देह हुआ कि बुढ़िया अपने होश में नहीं है। उसने भयभीत कंठ से कहा–'अम्मा।'

बुढ़िया ने वैसे ही हँसते हुए उत्तर दिया–"डरती है क्या रे पगली! मैं बेहोश नहीं हूँ। सुन, क्या कह रही थी। हाँ, मेरा सुमन्त बचपन में बड़ा तमासा करता था। घर बाहर कहीं भी जहाँ जिस लड़की को सुन्दर देखता था उसी से कहता था कि मैं ब्याह करूँगा। तू ही बता यह क्या हँसने की बात नहीं है? मेरे कहने का मतलब यह कि वह बचपन से ही सुन्दर बहू चाहता था। जब वह पढ़ने लगा तो कहने लगा कि मैं उसी से ब्याह करूँगा जो खूबसूरत हो और खूब पढ़ी लिखी हो। वह बी.ए. पास कर कलकत्ते पढ़ने गया। इधर सुमन्त के बाप ने तेरे बाप से तेरी और सुमन्त की शादी की बात पक्की कर ली। सुमन्त कलकत्ते से आया, तुझे ब्याह कर चला गया। उसी बखत उसने कहा था कि यह कहाँ की मूरख लड़की मेरे गले तूने मढ़ दी माँ और तभी से उसका सुभाव बदलने लगा बहू। मूरख तो मैं भी हूँ लेकिन इतना ज़रूर जानती हूँ कि जैसे भूखा तन बोझा नहीं ढो सकता वैसे ही भूखा मन संसार में कुछ नहीं कर सकता।"

बोलते-बोलते बूढ़ी हाँफ उठी और बोलने की थकावट के कारण शिथिल हो पड़ी। दरवाज़े पर किसी के खाँसने की आवाज़ आई। चन्द्रा ने सिर उठाकर देखा कि छत पर खड़ा नरेश खुली खिड़की के जँगले से उसकी ओर एकटक निहार रहा है। चन्द्रा ने पुनः निश्चय किया कि जैसे भी हो बूढ़ी की प्राण-रक्षा करनी ही पड़ेगी। घर है किराये का, पड़ोसी स्वार्थी और बदमाश हैं। इस घर में वह अकेली न रह सकेगी। परन्तु बूढ़ी की चिकित्सा के लिए पैसा चाहिए। चौदह-पन्द्रह दिन हो गये, मनियाँ भी नहीं आई।

मनियाँ की याद आते ही चन्द्रा ने सोचा कि शायद उसे लड़का हुआ हो। बस यही बात है जो मनियाँ नहीं आ सकी। उसका रोम-रोम मनियाँ का कृतज्ञ है। उसने धोबिन होकर भी देवियों जैसी दया दिखाई है। चन्द्रा उससे प्राप्त चीथड़ों से गुड़िया और गुड्डे बनाती है। मनियाँ उन्हें बाज़ार में बेच आती है। पिछली खेप की बिक्री का पैसा भी वह चन्द्रा को नहीं दे पाई है। दे तो साठ-आठ रुपये से कम न मिलें। फिर वैद्य जी भी बुलाये जा सकें और बूढ़ी की चिकित्सा शुरू की जा सके।

चन्द्रा ने आज वह काम करने के लिए कमर कस ली जो उसने इस सत्रह साल के जीवन में कभी न किया था। उसने देखा कि बूढ़ी सो गई है। उसे सोयी छोड़ वह चुपचाप उठी, गुड़ियों को पिटारी में भर लिया और चादर ओढ़ वह पिटारी सिर पर रख कर घर से बाहर निकल पड़ी।

वह जानती थी कि मनियाँ का घर मील भर दूर है। रात हो गई है। चन्द्रा का कलेजा धक-धक धड़क रहा था और वह मुख्य सड़क पकड़े बराबर बढ़ी जा रही थी।

मनियाँ के घर पहुँचकर उसने देखा कि उसका खयाल ठीक है। मनियाँ के बच्चे की आज बरही है। धोबियों की भीड़ भोज भात में शामिल होने के लिए लगी हुई है। उसने दूर से ही देखा कि धोबियों की भीड़ में पियरी पहने मनियाँ अपने बच्चे को अपनी पालथी पर रखे बैठी है। चन्द्रा को देखते ही मनियाँ अत्यन्त चकित हुई। बोली–

"अरे, बहूजी आप!" और उठकर चन्द्रा को साथ लिए अपनी कोठरी में घुस गई। बोली–"बहू जी, आपका पाँच रुपया मेरे पास है। यह लीजिये। और यह दो रुपया मुझ ग़रीब की भेंट है।"

अपने आँचल से चन्द्रा का पैर छूती हुई मनियाँ ने उसके चरणों पर दो रुपये रख दिये। जिस समय चन्द्रा अपनी पिटारी लिए हुई घर वापस आने के लिए मनियाँ के यहाँ से चली तो खाना खाने के बाद कमर और पैरों में घुँघरू बाँधे हुए दो तरुण धोबी मटक-मटक कर हुडुक, डुग्गी और मजीरे के ताल पर गा रहे थे–

जवने रे मँगिया में नउले सेंधुरवा
कि तवने मँगिया
हमसे बोझवा ढोआवऽले तवने मँगिया।

चन्द्रा को अपने सिर पर लदी हुई पिटारी का बोझ कुछ अधिक भारी मालूम पड़ने लगा।

रेलिया सवतिया पिया को लिये जाय

पुरातत्व का निष्ठावान् विद्यार्थी सुमन्त जब उस छोटे से देहाती स्टेशन पर उतरा तो सहसा उसे हँसी आ गई। हँसी आने की बात भी थी। लाल टीन से बनी हुई और लकड़ी के दरवाज़े वाली मुरगी के ढापे जैसी उस इमारत का नाम था–बुलन्द दरवाज़ा स्टेशन। बिलकुल आँख के अन्धे नाम नयन सुखवाली स्थिति थी और ऐसी स्थिति काफी हास्योत्पादक होती है।

सुमन्त ने वैसे ही हँसते हुए अपनी दृष्टि चारों ओर घुमायी और स्टेशन के चतुर्दिक फैले हुए खँडहरों को देखा। उसे एक ओर किसी विशाल सिंह-द्वार का एक टूटा-फूटा अंश दिखलायी पड़ा और उसके मन ने तुरन्त कह दिया कि अपनी बुलन्दी के दिनों में यह दरवाज़ा अवश्य ही बुलन्द रहा होगा। इसी समय गाड़ी ने सीटी दी और आगे बढ़ी। सुमन्त का ध्यान टूटा परन्तु तत्काल ही टूटे दरवाज़े के पीछे से किसी नारी का करुणापूरित कंठ-स्वर सुनाई पड़ा-रेलिया सवतिया पिया को लिये जाए।

गाड़ी की घड़घड़ाहट समाप्त होते ही वह स्वर और भी स्पष्ट हो उठा। स्टेशन मास्टर के कमरे से 'ट्रक्को ट्रा ट्रा' की मन्द ध्वनि आ रही थी परन्तु उसे दबाकर 'रेलिया सवतिया पिया को लिये जाय' का करुण स्वर वायु में गूँज रहा था और उसी स्वर के साथ किसी का कर्कश कंठ निनाद नीरवता को कुचल-कुचल कर उछल रहा था–चुप-चुप! कब तक पीटेगी रेलिया सवतिया के नाम। कब तक? उस करुण स्वर के साथ उस कर्कश नाद को सुनकर ऐसा जान पड़ने लगा जैसे बाँसुरी के साथ नगाड़ा बजाया जा रहा हो।

आकाश निरभ्र और चमकीला था। खँडहर के चारों ओर बिखरे वृक्षों और इश्क पेचा की लताओं के सिरे पर क्षितिज की सायंकालिक लालिमा की छाया पड़ रही थी। कर्कश कंठ के दबाव में आकर मधुर स्वर मौन हो गया। फलतः कर्कश कंठ को भी नीरवता की छाती फाड़ने का अवसर न रहा। अतः सुमन्त भी मेंहदी की झाड़ी पार करता हुआ स्टेशन मास्टर के कमरे के सामने आ खड़ा हुआ।

अन्य देहाती स्टेशन मास्टरों की भाँति इस स्टेशन मास्टर को भी बुकिंग क्लर्क, पारसल बाबू और टिकट कलक्टर तक का काम एक साथ करना पड़ता था, अर्थात् गाड़ी आने के पूर्व टिकट बाँटना और गाड़ी आ जाने के बाद यात्रियों से टिकट लेने तक का काम उन्हीं के ज़िम्मे था। सुविधा इतनी ही थी कि दिन-रात के चौबीस घंटों में कुल पाँच गाड़ियाँ इस स्टेशन से गुज़रती थीं जिनमें एक्सप्रेस और डाक तो वहाँ रुकती ही नहीं थीं। रुकने वाली गाड़ियों में भी एक मालगाड़ी थी और दो साधारण पैसेंजर ट्रेन। इन सभी गाड़ियों के आने के पूर्व और जाने के बाद स्टेशन मास्टर को तार के यंत्र पर कुछ संकेत सूचनाएँ लेनी या देनी पड़ती थीं। इस समय भी स्टेशन मास्टर अपने कार्य में व्यस्त थे कि उन्हें आहट-सी लगी कि कोई दरवाज़े पर खड़ा है। उन्होंने सुमन्त को देखा और पहचान लिया कि यह वही युवक है जो अभी-अभी गाड़ी से उतरा है। स्टेशन पर केवल एक यात्री उतरते देख उससे टिकट लेने के लिए उन्होंने बाहर आने की कोई आवश्यकता न समझी थी।

अनुभव ने उन्हें बता दिया था कि 'डब्ल्यू.टी.' (टिकट विहीन) यात्री किसी सूने स्टेशन पर एकाकी रूप में स्टेशन मास्टर की आँखों के सामने ही नहीं उतरा करते, और फिर बुलन्द दरवाज़ा स्टेशन पर उतरने वाले यात्री केवल दो प्रकार के होते हैं। एक तो आस-पास के निवासी जो दो-चार महीनों में इक्के-दुक्के शहर जाते और लौट आते थे। परन्तु दूसरी कोटि के यात्रियों की संख्या अपेक्षाकृत अधिक रहती थी। बुलन्द दरवाज़े के ऐतिहासिक महत्त्व से आकर्षित होकर वे इस वीरान में आते थे और दो-एक दिन खँडहरों और उनमें बनी कब्रों के ध्वंसावशेष का निरीक्षण कर लौट जाते थे। स्टेशन मास्टर की अभ्यस्त आँखों ने भाँप लिया कि यह आगन्तुक भी पुरातत्त्व प्रेमी प्राणी है। कुरते पर लोहा करने के बाद जैसे चुन्नट डाल दी जाए वैसे ही उन्होंने अपने व्यस्त बदन पर हँसी की शिकन डालते हुए पूछा–"कहिये! खंडहर देखने आये हैं।"

"खंडहर देखने नहीं, इतिहास की हड्डियाँ देखने आया हूँ! क्या कोई दिखाने वाला गाइड भी यहाँ मिल सकता है।" सुमन्त ने स्टेशन मास्टर से पूछा। स्टेशन मास्टर ने उत्तर दिया–जी हाँ, पूरब की ओर वाले खंडहर में एक टूटा दरवाज़ा है। उसी में चले जाइये। एक झोपड़ी में आपको एक बुड्ढा मिलेगा। वही यहाँ गाइड का काम करता है।

सुमन्त ने स्टेशन मास्टर को धन्यवाद दिया और वह खंडहर के टूटे दरवाज़े की ओर चल पड़ा। दरवाज़ा पार करते ही उसने देखा कि झोपड़ी के बाहर सत्तर-बहत्तर

साल का एक मरियल-सा बूढ़ा आदमी टूटी मचिया पर बैठा हुआ है। उसने खारुएँ की अत्यन्त मैली तहमद बाँध रखी है। साधुओं की अलफी जैसा ढीला-ढाला कुरता उसके बदन पर है। वह कुरता भी इतना अधिक मैला है कि सहसा पता नहीं चलता कि उसका वास्तविक रंग क्या है। गले में अकीक का कंठा और हाथ में तसवीह है जिसके मनकों को उसकी अभ्यस्त अँगुलियाँ जल्दी-जल्दी फेरे जा रही हैं। वृद्धता और दुर्बलता के कारण उसकी गर्दन घड़ी के खटके की तरह हिलती है और उसी के साथ हिलती हुई लम्बी सफ़ेद दाढ़ी उसे श्रद्धा या आदर का पात्र न रहने देकर, हास्यरस का आलम्बन बनाये दे रही है। उसके केश जो जवानी में घुँघराले रहे होंगे, अब सुफ़ेद होने के बाद मटियाले होकर सूखे सन के समान दिखाई पड़ रहे हैं। सुमन्त ने यह भी देखा कि बुड्ढे के सामने ज़मीन पर एक नारी बैठी हुई है जिसे वह दबी ज़बान से डाँट रहा है। सुमन्त को देखते ही बुड्ढे ने नारी से कुछ कहा और हाथों से उसे हल्का सा धक्का दिया। नारी उठ कर झोपड़ी में चली गई। बुड्ढा भी उठ खड़ा हुआ। इतने में सुमन्त उसके पास पहुँच गया! बुड्ढे ने अपनी झुकी कमर और भी झुकाते हुए सुमन्त को सलाम किया और कहा–"क्या हुजूर यह तवारीखी खंडहर देखने आये हैं?"

सुमन्त द्वारा स्वीकृति सूचक उत्तर मिलने पर बुड्ढे ने पुनः सविनय कहा–"तो हजूर इसी मचिया पर तशरीफ रखें। नमाज़ का वक्त हो चुका है। देर ज़रा भी न होगी, अभी-अभी खिदमत में हाजिर हुआ जाता हूँ।"

जवाब में सुमन्त कुछ भी न कह पाया था कि बुड्ढा एक दूसरी झोपड़ी में घुस गया। सुमन्त ने मचिया पर निगाह डाली परन्तु वह उसे ऐसी घिनौनी लगी कि वह उस पर न बैठकर एक कब्र के टूटे-फूटे चबूतरे पर जा बैठा और बुड्ढे के आगमन की प्रतीक्षा करने लगा। विचार की तल्लीनता के कारण सहसा उसे प्रतीत हुआ कि वह किसी खंडहर में नहीं बल्कि किसी नवाब के शाही महल में है। बुलबुलों की चहक और फूलों की महक से जैसे सारा वातावरण बोझिल हो उठा है। कहीं दूर इसराज के तार झनझना रहे हैं। कहीं से किसी तरुणी के पायज़ेब की ध्वनि समीप आती जा रही है–छम, छम, छमाछम।

सुमन्त चौंक पड़ा। उसकी कल्पना जैसे झकझोर दी गई। उसका स्वप्न टूट गया। उसने देखा कि जिस स्त्री को ढकेल कर बुड्ढे ने झोपड़ी में भेजा था, वह उसी की ओर चली आ रही है। उसके मैले कुचैले कपड़ों को देखकर सुमंत की आँखें उसकी ओर से हटना ही चाहती थीं कि उसका रूप देखकर वहीं अटकी रह गईं।

नारी सुन्दरी ही नहीं, युवती भी थी। उसकी आँखें भी बड़ी-बड़ी और काली थीं परन्तु सर्वथा भावशून्य, खोयी-खोयी-सी। शरीर का वर्ण भी असाधारण गौर था परन्तु विषाद की छाया से आवेष्ठित, जैसे स्वच्छ शीशे पर धूल पड़ गई हो। बदन एकहरा और कुछ लम्बा था। वस्त्र के नाम पर था छींट का चूड़ीदार पाजामा, मलमल का कुरता जो घुटने के नीचे तक झूल रहा था और बूटेदार ओढ़नी तथा आभूषण के नाम पर

नाक में पीतल की बुलाक, हाथ में काले काँच की चार-चूड़ियाँ और पैरों में गिलट के पाज़ेब बजाती हुई सुमन्त के सामने आ खड़ी हुई। सुमन्त की जिज्ञासा भरी आँखें युवती की आँखों से चार हुईं और युवती ने पलकें झुकाते हुए अपना हाथ आगे बढ़ाया और कहा–"बाबूजी, क्या इस खत पर पता लिख दोगे।" सुमन्त ने देखा कि युवती के हाथ में उसके वस्त्रों की भाँति ही गन्दा एक लिफ़ाफ़ा है जो आटे की घोल से बन्द किया गया है। उसने पूछा–

"इस पर किसका पता लिखना होगा।"

"बस यही लिखना होगा बाबू जी कि ज़िला चौबीस परगना गाँव रिसड़ा में पहुँचकर मामूद मियाँ के चटकल में मुन्ने मिस्त्री को मिले। बस यही लिख दीजिये बाबू जी, ज़िन्दगी भर दुआएँ दूँगी?"–नारी ने बड़ी आजिजी के साथ गिड़गिड़ाते हुए कहा।

"मुन्ने मिस्त्री कौन हैं तुम्हारे!" सुमन्त ने पूछा।

"मेरे मियाँ का नाम है बाबू जी।"

नारी ने अभ्यासवश लजाते हुए कहा–"दस बरस हुआ कमाने के लिए परदेस गये। जाने के हफ़्ते भर बाद ही एक खत आया लेकिन उसके बाद फिर एक भी नहीं। बुड्ढे से मैंने कितनी बार कहा खत भेजने के लिए। लेकिन वह मुझे डाँट दिया करता है। यह बुड्ढा बिलकुल शैतान है, बाबूजी, पूरा शैतान। इसी ने नाकों दम कर दिया मेरे शौहर को और परदेस भगाकर ही दम लिया! इससे होशियार रहियेगा।"

"तुम्हारा कौन है यह बुड्ढा?"–सुमन्त ने पूछा। उत्तर में युवती कुछ कहने ही जा रही थी कि दूसरी झोपड़ी से बुड्ढा निकला और उसे देखते ही भागकर युवती अपनी झोपड़ी में घुस गई। बुड्ढे ने कहा–"चलिए हुजूर, खँडहर की सैर करा लाऊँ? हाँ, वह पगली आप से क्या कह रही थी?"

सुमन्त ने उत्तर दिया–"एक चिट्ठी पर पता लिखने के लिए कह रही थी। लेकिन मुझे तो वह पागल नहीं लगी।"

"यही तो उसका पागलपन है, जनाब। चौबीस घंटे उसे एक ही धुन रहती है, खत भेजने की। मैं बड़ा ही बदनसीब हूँ, मालिक!" बूढ़े ने ठंडी साँस भर कर कहा।

बूढ़े की आह उसके दिल से निकली हुई कराह थी। सुमन्त ने अनायास उसके प्रति सहानुभूति अनुभव की और सान्त्वना के स्वर में कहा–"यह सब वक्त का फेर है, बड़े मियाँ! क्या करोगे?"

"वह तो है ही हुजूर! सब वक्त का फेर है।"–बूढ़ा बोला। "फेर न होता तो क्या आज ये दिन देखने पड़ते! इसी जगह पर अब्बाजान की सराय थी और उसी जगह पर आज मुझ फ़कीर की झोपड़ी है। तवारीख से दिलचस्पी रखने वालों को संगमूसा से बनी हुई वह कब्र दिखाता हूँ, लेकिन यह नहीं बताता कि इस कब्र में जो आराम फर्मा रहे हैं उन्हीं का मैं बदकिस्मत परपोता हूँ! दीवानेआम की उजड़ी हुई इमारत उन्हें दिखा देता हूँ लेकिन यह नहीं कहता कि यहाँ जो तख़्तनशीन होते थे वे मेरे ही पुरखे थे।"

बूढ़े का दम फूल गया। उसने फिर लम्बी साँस भरी। सुमन्त की सहानुभूति और गाढ़ी हो चली थी। उसने पूछा–"तो फिर आपकी हालत एकाएक इतनी पतली कैसे हो गई?"

"मोटी अक़्लवाले इस बात को नहीं समझ सकते हुजूर, बड़ी बारीक बात है। अंग्रेज आये और उन्होंने हमें सूबेदार से सराय का भठियारा बना दिया। वे रेल ले आये और उनकी रेल ने हमें भठियारे से भिखमंगा बना दिया।" बुड्ढे ने कहा। "लेकिन रेल से तिजारत में कितना ज़्यादा फ़ायदा हुआ। सफ़र की तकलीफें कितनी घट गईं।"

सुमन्त ने बुड्ढे को रेल की उपयोगिता समझायी परन्तु बुड्ढा यही कहता रहा कि सब ठीक है, लेकिन मैं तो बर्बाद हो गया। सन् 1857 के गदर की बात सुनी है न? उसी मौके पर अंग्रेजों ने हमसे हुकूमत छीन ली। तोप के गोलों से हमारा क़िला उन्होंने ढहा दिया। दादाजी को तोप के मुँह पर बाँधकर उड़ा दिया गया। हमारी समूची जागीर जब्त कर ली गई। फिर भी खैरियत थी। इसी गाँव से होकर एक शाही सड़क जाती थी। मुसाफ़िर कसरत से आते थे। इसलिए गोलों की मार से बचे हुए कमरों को अब्बाजान ने सराय बना दिया। सराय चली और जोरों से चली। लेकिन उसी वक्त इधर से रेल लाइन निकाली जाने लगी। सराय के कुछ कमरे उसमें नप गये। रेलगाड़ी चल पड़ने पर सड़क से सफ़र करने वालों का आना-जाना बन्द हो गया। नतीज़ा यह हुआ कि मैंने भी सराय बन्द कर दी और अपने बेटे से कहा कि नूरेनज़र, अल्लाह का नाम लेकर कहीं परदेस निकल जा और चार पैसे पैदा कर। और कोई लड़का होता हुजूर तो वह घर में हाल की ब्याही नौजवान बीबी को छोड़कर हरगिज न जाता। लेकिन मेरा मुन्ने खाँ! उसने तनिक भी आनाकानी न की और चला गया कलकत्ते। दस बरस हो गये हुजूर! लेकिन बात जैसे आज की ही जान पड़ती है। यही वक्त था और यही बुलन्द दरवाज़ा स्टेशन। मेरा बेटा गाड़ी में बैठ गया। बाहर उसकी बहू मेरे साथ खड़ी आँसू की बूँदें टपका रही थी। लेकिन मेरे बेटे ने उसकी ओर आँख उठाकर भी न देखा और चल पड़ी गाड़ी! हुजूर, हुजूर! वह जैसे लोहे की दो पटरियों पर नहीं, हम दोनों की छाती पर से चली गई। मैं थरथराकर प्लेटफार्म की कंकरीली ज़मीन पर बैठ गया लेकिन मुन्ने की बहू! वह रेल के पीछे दौड़ पड़ी, चिल्लाती हुई–'रेलिया सवतिया पिया को लिये जाए!' वह पागल हो गई मालिक, उसी दिन से पागल हो गई। उधर मुन्ने ने किसी चटकल में नौकरी कर ली जहाँ मशीन में फँसकर वह घायल हुआ और बाद में मर गया। इधर उसकी बीबी की हालत यह है कि जब इधर से रेल गुज़रती है, वह चिल्ला उठती है–'रेलिया सवतिया पिया को लिये जाए।'

बुड्ढे की आँखों से आँसू की धारा फूटकर उसकी दाढ़ी पर बहने लगी। सहसा स्टेशन पर घंटा घनघनाया और एक डाक गाड़ी बिना रुके उस स्टेशन से निकल गई और उसी वक्त झोपड़ी से निकल कर युवती भागती हुई गाड़ी के पीछे हाथ से इशारा करती हुई करुणा-पूरित स्वर में चिल्ला उठी–'रेलिया सवतिया पिया को लिये जाए।'

जौ तूँ जइहौ राजा पुरब के देसवाँ

कानों में पीतल के मोटे-मोटे छल्ले पहने, बाएँ हाथ की कलाई में ताँबे का मोटा-सा कड़ा डाले, कल्ले-ठल्ले के जवान कल्लू नट ने ज़मीन पर सीधा बाँस सीधे खड़ा कर दिया और अपना बदन तौल कर जो उछाल मारी तो पहली ही उछाल में वह बाँस के मध्यभाग पर पहुँच गया। फिर तो फुरती से बन्दर के बच्चे की तरह चढ़ता हुआ पलक मारते वह बाँस के सिरे पर दिखाई पड़ा। ज़मीन पर बैठी नटिन बराबर ढोल पीटे जा रही थी। बाँस के सिरे पर चढ़कर नट ने नटिन को पुकारा—अरे कबूतरी! अरे कबूतरी!

कबूतरी की तरह ही ग्रीवा भंग करती हुई नटिन ने ढोल बजाना बन्द कर दिया और आँखें उठाकर ऊपर नट की ओर निहोरे से निहारा।

दोनों की चार आँखें हुईं और नटिन के पके जामुन के रंग वाला वर्ण ज़रा विवर्ण हो गया। रस भरी आम की फाँक-सी आँखों में एक झलक आशंका खेल गई।

नट की पुत्री और नट की वधू होने के कारण उसने अपने जन्मकाल से ही अपने जाति के पुरुषों को सूली की नोंक पर जीविका कमाते देखा था, फाँसी पाते और कालापानी जाते देखा था।

फिर भी इस समय नट को विकट स्थिति में देख उसका कलेजा एक बार केले के पत्ते की तरह काँप उठा परन्तु तुरन्त ही बड़हर के दानों-सी सफ़ेद दन्त पंक्ति चमकाती हुई कबूतरी ढोलक पर दो बार थाप मारकर बोली—

—का हो परेवा।

—अरे कबूतरी! तोर परेवा पुरुब उड़ा जात है रे।

—नहीं परेवा, पुरुब जिन जायो।

कबूतरी ने ढोलक थपथपा कर थाप मारी और फिर गाने लगी—

उत्तर जइयो, दक्खिन जइयो,
पच्छिम करियो पयान।
ज़हर खाय या मारि कटारी,
तजिबै पतित परान।।
जौ तूँ जइहो राजा पुरुब के देसवाँ...

कबूतरी फिर ढोल पीटने लगी। नट ने कलैया मारी और बाँस के सिरे पर सिर के बल खड़ा हो गया।

दर्शकों में बच्चे मारे खुशी के ताली पीट-पीट कर नाचने लगे। जवानों ने वाह-वाह की। नट ने पुकारा—'कबूतरी!' नटिन ने ढोलक पर थाप मारकर जवाब दिया—'का हो परेवा!' बाँस के सिरे पर शीर्षासन करते हुए नट बोला—"अरे कबूतरी, हमें पुरुब जाए दे। बोल, पुरुब देस कइसन?"

नटिन ने पूर्ववत् ढोलक पर चोट लगाई...और पूर्ववत् गाया–

धानै धान सोनहरा दाना,
दानै दान कि सोन।
अरे परेवा हम बनि जइबे,
जस पानी कऽ लोन।।
जो तू जइहो राजा पुरुब के देसवाँ...

नटिन ने पुनः ढोल बजायी। नट ने बाँस के सिरे पर पुनः पैंतरेबाजी की और इस बार वह बाँस पर तिरछे पेट के बल लेट रहा। बोला–'कबूतरी!'

कबूतरी ने ढोलक बजाकर जवाब दिया–का हो परेबा! नट ने चिल्लाकर कहा–"अरे कबूतरी! पुरब से दौरी भर-भर सोना ले आइब, तोर चोंच सोनवनै मढ़ाइब! हमैं पुरुब जाए दे।"

कबूतरी ने ढोलक में ध्वनि पैदा की–ढम्मक ढम्म, ढम्मक ढम्म और फिर बोली–

का करबै रे लेके सोना
काटै रे जे कान।
अरे परेवा तोर कबूतरी
तोहई पर कुरबान
जो तूँ जइहो राजा पुरुब के देसवाँ।।

नीचे फिर ढोलक बजने लगी–ढमाढम, ढमाढम। बाँस के सिरे पर नाचते हुए नट जैसे लोग पलंग पर सोते हैं उसी प्रकार बाँस की नोक पर आकाश की ओर मुँह किये लेट गया। लेटे-लेटे बोला–"अरे कबूतरी!"

कबूतरी ने ढोल बजाकर कहा–"का हो परेवा।"

नट बोला–"अरे हमके तिलोक देखात है रे!"

कबूतरी जल्दी-जल्दी ढोलक पीटते हुए कहने लगी–"भैया हो, बाबू हो, पेट की खातिर हमार परेवा सूली चढ़ा है। भैया हो, बाबू हो! परेवा तिलोक देख रहा है। जे के जो पूछै के होय पूछ ले। सोना दे, चाँदी दे। घर कऽपूछ ले, घाट कऽ पूछ ले, राज कऽपूछ ले, पाट कऽपूछ ले। भैया हो, बाबू हो!

बांभन हाल वेद कऽ पूछै
भाव ताव सब बनियाँ।
ऊ परदेसी मुहौं न खोलै
जे घर बारी धनियाँ।।

भैया हो, बाबू हो...आओ आओ। पूछो, पूछो। पूछो।" नटिन जोर-जोर से ढोल पीटने लगी।

एक धोबी भीड़ में से निकल कर सामने आया। एक फूटा पैसा नटिन वे सामने फेंक कर बोला–"मोर गदहा हेराय गवा है। नट से पूछ के बताव कि कहाँ मिलिहै।"

नटिन ने एक बार ढोल पीटा। ऊपर से नट बोला–"कबूतरी रे!"

नटिन ने कहा–"अरे परेवा, धोबी महतो कऽ गदहवा हेराय गवा है। तिलोक में देख के बताव कहाँ है।" नट ने वहीं से पुनः आवाज़ दी–"कबूतरी रे बताय दे।

गाड़ी जहाँ तहै गाड़ी कऽ
मिली अगाड़ी पहिया।
तोर गदहवा धोबी तह वाँ
जहवाँ तोर गदहिया।।"

समूची दर्शक मंडली ठठाकर हँस पड़ी। सभी समझ गये कि धोबी नट से मिला हुआ था और तमाशे का मज़ा बढ़ाने के लिए आगे आ गया था।

नटिन ढोल बजाने लगी। परन्तु फिर कोई कुछ पूछने नहीं आया। नट बाँस के सिरे पर से चिल्लाया–"अरे कबूतरी!"

नटिन ने कहा–"हाँ परेवा!"

नट ने कहा–"हियाँ से दाना पानी उठ गवाऽ रे। हम पुरुब जाब।"

नट ने पूर्व दिशा की प्रशंसा करनी प्रारम्भ की–

"पूर्व दिशा दिशाओं की रानी है। सूर्य उसकी कोख से पैदा होता है। चन्द्रमा उसकी गोद में खेलता है। पूरब में धूप है, प्रकाश है, पूर्व जाऊँगा।"

कबूतरी पहले तो बड़ा अनुनय विनय करती है कि परेवा पूरब न जाए। वह समझाती है कि जिस पूर्व की हवा लगने से शरीर फूल जाता है, उसमें पीड़ा होने लगती है, वहाँ के आदमी न जाने कैसे होंगे? जब परेवा इस पर भी नहीं मानता तो कबूतरी उससे कलह आरम्भ कर देती है। कहती है पूरब कमाने जाने की बात झूठ है। अ़सल में पूर्व की किसी कबूतरी ने परेवा का मन मोह लिया है। परेवा कसम पर कसम खाता है परन्तु कबूतरी उसकी किसी बात का विश्वास करने के लिये तैयार नहीं होती। उसकी सारी चालाकी प्रभावहीन प्रमाणित होती है। अन्त में कबूतरी कबूतर से वचन बँधवाती है कि वह कबूतरी के अन्तकाल के अवसर पर अवश्य आ जाएगा।

परेवा और कबूतरी के बिछोह की वार्ता और भी हृदय-द्रावक हुई जिसकी समाप्ति पर कबूतरी ने इतनी जोर से ढोलक बजाई कि लोगों को सन्देह होने लगा कि कहीं ढोल फूट न जाए। ढोलक की आवाज़ बन्द होते ही दर्शकों के मुँह से एक साथ आश्चर्य ध्वनि निकली। बाँस वैसे ही खड़ा था परन्तु बाँस पर से नट गायब हो गया था। नटिन ने पुनः ढोलक बजाना और गाना आरम्भ किया–

'परेवा उड़ा आ रहा है, उड़ा आ रहा है। पूरब के सूरज की किरन उसके पंखों को झुलसाये दे रही हैं परन्तु परेवा उड़ा आ रहा है, उड़ा आ रहा है। पूरब की बदनाम हवा आँधी बन गई है, उसके झोंकों से परेवा के डैने टूटे जा रहे हैं, परन्तु परेवा उड़ा आ रहा है। कारण उसने कबूतरी की पुकार सुन ली है। कबूतरी यही कह कर तो रोयी थी कि आकाश से ओले गिर रहे हैं। हे परेवा! आकर अपने पंखों की छाया करो! कबूतरी की करुण पुकार पर परेवा आ रहा है, आ रहा है। कबूतरी के पंखों की फड़-फड़ाहट शिथिल पड़ती जा रही है। आकाश में उसे धब्बा-सा दिखाई पड़ता

है। परेवा आ रहा है, आ रहा है। परेवा आ गया, परन्तु कबूतरी की आँखें बन्द हो गई हैं। वह कैसे देखे? परेवा आ गया, परन्तु कबूतरी के प्राण चले गये। वह कैसे कूज कर परेवा का स्वागत करे।''

नटिन ने सहसा ढोल बजाना बंद कर दिया। लोगों ने देखा कि बाँस के सिरे से देखते-देखते गायब हो जाने वाला नट नटिनी की बगल में खड़ा है।

नट-नाटक समाप्त हो गया। तमाशाबीनों में अनेक परदेसी उस दिन घर जा रहे थे। अतः स्टेशन पर गृहाभिमुख प्रवासियों की भीड़ लगी थी। एक गिरहकट ने एक व्यक्ति की ज़ेब से उसकी थैली निकाल ली। उसने थैली खोल कर देखी। उसमें एक टिकट कुछ फुटकल रुपये और सोने की एक अँगूठी थी। अँगूठी पर उसके मालिक का नाम ख़ुदा था। गिरहकट ने अँगूठी पहन ली। थैली ज़ेब में रख ली।

उसी समय एक यात्री गार्ड से शिकायत कर रहा था–

''साहब, मैंने थर्ड क्लास का टिकट खरीदा था। उसका नम्बर यह नोट कर लिया था। वह मेरी अँगूठी के साथ गायब है।''

गार्ड ने पूछा–''आपका नाम?''

उत्तर मिला–''सुमन्त।''

नट ने गिरहकट को एकान्त में कुछ देखते देखा। वह उसकी ओर बढ़ा। गिरहकट ने नट को जो आते देखा तो भाग चला। चाहा कि भाग कर पटरी के पार चला जाए। ठीक उसी समय पूरब से गाड़ी आई। नटिन नट के पीछे दौड़ रही थी। नट गिरहकट के पास पहुँचा। परन्तु गिर कर रह गया। गिरहकट लाइन पार कर गया था और नट गाड़ी के नीचे दबकर क्षत-विक्षत हो गया था। उसके पीछे आने वाली नटिन उसे चिढ़ाने के लिए अपने सधे स्वर में गाने ही जा रही थी कि जो तूं जइहो राजा पुरुब के देसवां, परन्तु उसकी बात उसके मुँह में ही रह गई। उसने अपने को भी पहिये के नीचे डाल दिया।

सुमन्त को नटिन के बदन पर अपनी पत्नी चन्द्रा के चेहरे की झलक दिखाई पड़ी और वह गार्ड के उत्तर की प्रतीक्षा किये बिना ही चटपट गृहाभिमुख गाड़ी में बैठ गया।

धनि रे सेंधुरवा कऽ भाग

यदि गुलाब के फूल से कोई पूछे कि ऐसा चटकीला रूप-रंग लेकर तुम अनाथ से बन में खड़े रहते हो, तुम्हारी रक्षा कौन करता है तो फूल के यदि ज़बान हो तो वह कह दे कि हमारी रक्षा उपवन का माली-मेरा मालिक करता है।

यदि भयावने जंगल के जानवर से कोई पूछे कि तुम जंगल में सदैव विचरा करते हो, वहाँ तुम्हारी रक्षा कौन करता है तो जंगली पशु यदि मनुष्य की भाषा पा जाएँ तो कह दें कि हमारी रक्षा हमारा जंगल ही करता है। परन्तु यदि कोई चन्द्रा से

पूछे कि तुम पति-परित्यक्ता की रक्षा कौन करता है तो वह मानवी होते हुए भी और मानव भाषा बोल सकने की शक्ति रखते हुए भी मौन रखने के सिवा और क्या कर सकती है।

चन्द्रा की ज़िन्दगी पड़ोसी किरायेदारों के दो आवारा लड़कों नरेश और सुरेश ने तल्ख कर दी। अपने कमरे में जब वह सोकर उठती है तो देखती है कि फ़र्श पर अश्लील चित्र और चिट्ठियाँ पड़ी हुई हैं!

वह उन चित्रों और चिट्ठियों से ईंधन का काम लेती है और उस ईंधन में जो कसर रह जाती है, उसकी पूर्ति वह अपना कलेजा जलाकर कर देती है! उसकी अंधी सास कुछ नहीं देखती! वह सचमुच अंधी हो चुकी है! अतः कोठरी में उसकी उपस्थिति रहते भी नरेश और सुरेश वहाँ पहुँच जाते हैं! बोलते तो कुछ नहीं, परन्तु भद्दे-भद्दे इशारे करते हैं! बदनामी के भय से वह उनसे कुछ कह तो सकती नहीं! परन्तु उसकी सास अंधी ही है, बहरी नहीं!

उस दिन तो सचमुच बात पराकाष्ठा पर पहुँच गई! चन्द्रा बैठी गुड़िया बना रही थी और उसकी सास प्रतिदिन की भाँति खाट पर सोई पड़ी थी! सहसा वह उठ बैठी और चन्द्रा से बोली—"बहू! सुमन्त आ गया क्या?"

प्रायः साल भर से निरुद्देश्य अपने पुत्र सुमन्त का नाम लेते हुए बूढ़ी का कंठ-स्वर आवश्यकता से अधिक काँप उठा!

चन्द्रा ने कहा—"अम्माँ, तुमने कोई सपना देखा है क्या?"

बुढ़िया मिनट भर वैसे ही चुप चाप बैठी रह गई और फिर शिथिल होकर खाट पर गिरती हुई-सी बोली—"जब सच नहीं है तो सपना ही है न?"

बूढ़ी ने मिनट भर बाद पुनः कहा—"बहू, मैंने सुमन्त की आवाज़ सुनी है! तुम तो न जाने क्यों इस कोठरी का भी दरवाज़ा भीतर से बन्द कर बैठती हो! सुनो, सुमन्त दरवाज़ा खटखटा रहा है!"

चन्द्रा चुपचाप बैठी रह गई। वह अपनी सास से कैसे बताती कि यदि दरवाज़ा बन्द न करूँ तो आवारे लड़के उसके अन्धेपन का लाभ उठा कर, चुपचाप उस कोठरी में घुस आते हैं!

वह जानती है कि दरवाज़ा कौन थपथपा रहा है परन्तु कैसे कहे कि अम्मा यह तुम्हारा बेटा नहीं, तुम्हारे बेटे की इज़्ज़त का चोर है। अतः उसने कहा—"तुम्हें तो भ्रम हो रहा है अम्मा, कोई तो नहीं है!"

उसकी सास बार-बार अपनी बात कटते देख तैश में आकर बोली—"बहू भगवान ने मेरी आँखें ज़रूर हर लीं! लेकिन कान बरकरार हैं! उन्हें अब पहले से भी ज़्यादा सुनाई पड़ रहा है! मैं बराबर सुन रही हूँ, कि कोई दरवाज़ा पीट रहा है! यह कौन है?" चन्द्रा दुःख सहते-सहते अब जर्जर हो उठी थी! क्षण भर के लिए असावधान होकर कह गई कि अम्मा शायद भगवान ने मेरे कानों की भी शक्ति तुम्हारे ही कान में भर दी है!

बुढ़िया यह जवाब सुनकर क्षण भर तो सन्न होकर सुन्न हो गई। फिर तुरन्त ही बिजली के उस लट्टू की तरह जल उठी जो तार बिगड़ जाने से क्षण भर के लिए बुझ जाए और फिर चौगुनी चमक से दमक उठे।

बुढ़िया धनुष से छूटे हुए बान की तेजी से खाट छोड़ कर ज़मीन पर खड़ी हो गई। बोली–"मैं दूध पीती बच्ची नहीं हूँ, यह न समझ कि मैं अंधी हो गई तो कुछ देखती ही नहीं। याद रख, देखती आँखें तो वही देखती हैं जो कुछ प्रकाश में दिखाई पड़ता है, लेकिन अंधी आँखें अँधेरे में होने वाला अँधेर भी देख लेती हैं। तू बैठी रह...। मैं खुद दरवाज़ा खोल कर देखती हूँ।"

बुढ़िया टटोलती हुई आगे बढ़ी। चन्द्रा ने उठकर दरवाज़ा खोल दिया। दरवाज़े पर नरेश खड़ा था। चन्द्रा ने चुपचाप उसके पास जाकर बिना कुछ बोले-चाले उसके पैरों पर सिर पटक दिया। नरेश कुछ लज्जित-सा होकर दो क़दम पीछे हट गया। चन्द्रा ने अपनी सास से कहा, "मैंने दरवाज़ा खोल दिया अम्माँ, अब देखो यहाँ कौन है। नरेश साँसं रोके खड़ा था।" बुढ़िया सन्नाटे में मिनट भर कान उठाकर अकनती रही। फिर बोली–"बहू, कोई था तो ज़रूर। अब चला गया होगा।" और बूढ़ी दीवार टटोलती हुई अपनी खाट पर जाकर लेट रही।

आँखों में काजल, मुँह में पान, दोनों कानों में–एक में मुश्क दूसरे में खस का फाहा-खोंसे हुए, सिर के बाल सावधानी से बने और छँटे हुए, परन्तु आवश्यकता से दुगने चमेली के तेल से सने हुए। ऐसे छैले नरेश ने कोठरी में घुसकर वह छलियापन दिखाया कि चन्द्रा के हृदय का छाला छिल उठा।

नरेश ने चरम दुस्साहस दिखाते हुए चन्द्रा का हाथ पकड़ लिया। चन्द्रा ने देहाती लड़की का शारीरिक साहस दिखाते हुए नरेश के हाथ में अपनी अनारदाने-सी दंत पंक्ति चौचक चुभो दी।

नरेश ने पीड़ा से चिल्लाकर चन्द्रा का हाथ छोड़ दिया। नरेश की चीख इतनी तीखी थी कि समूचे मकान में गूँज गई लोग अपनी-अपनी कोठरी से निकल पड़े और मकान की ऊपरी मंज़िल की ओर–चन्द्रा की कोठरी की ओर आने के लिए दौड़ पड़े।

लेटी हुई बुढ़िया फिर उठ कर बैठ गई परन्तु बोली कुछ नहीं। देखते-देखते चन्द्रा की छोटी-सी कोठरी पड़ोस के किराये दार नर-नारियों से भर गई।

सबके आगे महेश की मौसी, सुरेश की चाची और स्वयं नरेश की नानी। इन्हीं तीनों के ठीक पीछे-पीछे सावित्री की माँ आई। तीन-चार दिन से ज्वर पीड़ित रहने के कारण बेचारी इन तीनों से दो सीढ़ी पीछे रह गई। फिर तो घर में ऐसा कोई न बचा जो वहाँ न आ पहुँचा हो। नरेश की कलाई में चन्द्रा के दाँत बेतरह चुभ गये थे। रक्त छलछला आया था। परन्तु नरेश ने तत्काल बड़े ही कलापूर्ण ढंग से अपना दुपट्टा हाथ में लपेट लिया था। सबके मुख पर एक ही प्रश्न था–क्या बात हुई कि नरेश इस तरह चीखा?

चन्द्रा को काटो तो खून नहीं। परन्तु नरेश बड़े ही शांत भाव से खड़ा रहा। जिस समय सभी अपने प्रश्न के उत्तर की उत्सुकतापूर्वक मुँह उठाये प्रतीक्षा कर रहे थे, नरेश ने अपनी ज़ेब से एक अख़बार निकालते हुए कहा--"सुमन्त भइया मर गए अख़बार में ख़बर छपी है। मैं यही कहने आया था, लेकिन दुःख के मारे मुख से चीख निकल गई।" सभी ने उसे श्रद्धा की दृष्टि से देखा, सभी ने सुमन्त की माँ को संवेदना और सहानुभूति की नज़रों से देखा पर यह किसी ने न देखा कि चन्द्रा कब संज्ञा-शून्य होकर ज़मीन पर पड़ गई। दस-पाँच मिनट तक बैठे रहने के बाद वहाँ से सभी हट गये। उनके साथ नरेश को भी हट जाना पड़ा। कुछ प्रकृतिस्थ होते ही चन्द्रा ने कोठरी का दरवाज़ा भीतर से पुनः बंद कर लिया। उसकी सास काठ हुई बैठी थी। उसके सामने जाकर चन्द्रा पत्थर होकर बैठ गई। कोठरी में दो हाड़-मांस के प्राणी नहीं, दो प्रतिमाएँ थीं—एक काठ की, एक पत्थर की। कब साँझ हुई कब रात हो गई, इसका पता सम्भवतः दोनों में किसी को न चल सका। सहसा चन्द्रा को प्रतीत हुआ कि उसके कानों में सुमन्त की आवाज़ आई। उसी समय दूर किसी थाने का घंटा बारह बार घहराया।

चन्द्रा ने मन ही मन कहा कि वे मुझे बुला रहे हैं। चलना चाहिए। उसने धीरे से उठ कर संदूक खोला। उसमें से एक धोती निकाली। तिपाई रखकर और उस पर खड़ी होकर उसने कड़ी में धोती की एक छोर बाँध दी। दूसरी छोर उसने अपनी गरदन में कसा। उस समय उसे पुनः प्रतीत हुआ कि सुमन्त कहीं दूर से पुकार रहा है—चन्द्रा...चन्द्रा...चं...द्र...अ...आ।...

चन्द्रा ने गला कस लिया था। फिर भी वह चिल्लाकर बोली—"क्षण भर ठहरो, और पैर से धक्का मारकर उसने तिपाई गिरा दी। मिनट भर बाद बुड्ढी ने सुना कि कोई कोठरी का दरवाज़ा फिर पीट रहा है। वह चिल्लायी। मैं अन्धी हूँ। मेरी बहू यार के साथ निकल गई। दरवाज़ा कौन खोले?

सुमन्त क्षण भर के लिए सन्न रह गया और फिर सारी शक्ति लगाकर दरवाज़े पर पदाघात किया। पुराना दरवाज़ा चरमरा कर टूट पड़ा। सुमन्त भीतर घुसा, सामने छत से चन्द्रा को लटकती देख धक्क-सा रह गया। तुरन्त ही आगे बढ़ उसे गोद में उठा उसके गले का फन्दा खोल, उसे ज़मीन पर लिटा दिया। उसने देखा कि चन्द्रा का शरीर अभी गर्म है। नाड़ी टटोली। अत्यन्त क्षीण स्पन्दन...!

चरमराकर द्वार टूटने की आवाज़ से आकृष्ट होकर पड़ोसी दूसरी बार उस कोठरी में घुस आये। सभी ने ज़मीन पर पड़ी हुई चन्द्रा और छत से लटकती हुई धोती को देखा। सही बात समझते किसी को देर न लगी। परन्तु इस बार किसी ने पुलिस को सूचना देने की आवश्यकता न समझी। सुमन्त ने अवश्य यह आवश्यकता समझी कि चन्द्रा के श्वास संचालन का कृत्रिम उपाय किया जाए। वह घुटने टेककर बैठ गया और जीवन में प्रथम बार एक नारी के फेफड़े में हवा भरने के लिए चन्द्रा के मुँह से मुँह लगा दिया।

सभी साँस रोके यह दृश्य देख रहे थे। सावित्री मुँह फेरकर मुस्करायी। और–नीचे ज्वर पीड़ित सावित्री की माँ बुखार की झोंक में बर्रा रही थी–धनि रे सेंधुरवा कऽ भाग बलम मोर बे-तिया से लौटे।

उस मकान का कोना-कोना जैसे उस क्षीण स्वर से क्षण भर के लिए गूँज उठा–

'धनिरे सेंधुरवा कऽभाग बलम मोर–
'बे-तिया'–से लौटे।'

रामबोला रामबोले

रामबोला रामबोले
या
तुलसी की रामकहानी

(पत्रिका के लिए विशेष अनुरोध पर उपर्युक्त शीर्षक के अंतर्गत गोस्वामी तुलसीदासजी का जीवनवृत्त औपन्यासिक ढंग पर प्रस्तुत किया गया है। हिन्दी के क्षेत्र में यह सर्वथा अभिनव प्रयास है। कल्पित पात्रों की विभिन्न बोलियों के समन्वय के कारण यह रचना अत्यंत रुचिकर और उपादेय हो गई है। उद्धृत रूपरेखा से इसमें चर्चित विषय की छाँह मिल जाती है)–

प्रस्तावना	– असी गंग के तीर।
बालकांड	– 1. तब अति रहेउँ अचेत। 2. पाछिले को उपखानु। 3. सुमति हियँ हुलसी। 4. चार फल चार ही चनक को। 5. जदपि कही गुरु बारहिं बारा।
अयोध्याकांड	– 1. लता निहारि नवहिं तरु साखा। 2. नदीं उमगि अंबुधि कहुँ धाईं। 3. भए कामबस समय बिसारी। 4. पत्नी के उपदेस। 5. अवधपुरी यह चरित प्रकासा।
अरण्यकांड	– 1. चित्रकूट सब दिन बसत। 2. धरम तें बिरति जोग तें ग्याना। 3. तिलक देत रघुबीर। 4. असगुन अमित होहिं भयकारी। 5. तुलसी मस्तक तब नवै।
किष्किंधाकांड	– 1. जहँ बस संभु भवानि। 2. दोख दुख देत हैं। 3. मोर न्याउ मैं पूछा साईं। 4. तजिए ताहि कोटि बैरी सम। 5. रजनी चहुँ दिसि चोर।
सुंदरकांड	– 1. जोरी प्रीति दृढ़ाइ। 2. द्विज श्रुति बेचक। 3. सब चाहत अस होय। 4. गंग तरंग माल से। 5. घर ही सती कहावती।
लंकाकांड	– 1. जो पिय मानहु मोर सिखावन। 2. चारु पुर बहु बिधि बना। 3. राज समाज बड़ोई छली है। 4. साँसति तुलसीदास को। 5. क्रुद्धे कृतांत समान कपि।

उत्तरकांड – 1. कहाँ जाइं का करीं। 2. अथए टोडर दीप। 3. नारि न मोह नारि के रूपा। 4. पाये हुते तुलसी कुरोग। 5. रामायन जिन निरमयेउ।

उपसंहार – तुलसी तज्यौ सरीर।

प्रस्तावना

असी गंग के तीर

वाराणसी में त्रिलोचन बाज़ार की गल्लामंडी के प्रमुख व्यापारी शिवटहल साव ने बाएँ हाथ से कमंडल में सद्यः संगृहीत मटमैला गंगाजल अपनी दाहिनी हथेली पर उँडेला और दुकान के चबूतरे पर दो-चार छींटे मार उन्होंने कमंडल तो चबूतरे पर रख दिया और फिर कमर में खोसी हुई प्रायः हाथ भर लम्बी चाभी निकाल कर भुन्नासी ताला खोला। दुकान का टट्टर छप्पर पर डालने के बाद भीतर भी गंगाजल छिड़क कर ज्यों ही वे गद्दी बिछाने चले त्यों ही उन्हें अपने साझीदार बिस्सू साव की आवाज़ सुनाई पड़ी–'सावजी, राम राम।'

'राम राम, भैया'–सावजी ने बिस्सू की रमरमी का जवाब दिया और फिर गद्दी की सिकुड़न ठीक करने लगे। बिस्सू ने फिर कहा–"कहो सावजी, कुछ सुना?"

'क्या' कहते हुए सावजी ने परखी उठाई और गेहूँ के बोरे की ओर पैर बढ़ाया।

बिस्सू ने सूचना दी–"बाबाजी तो रामधाम चले।"

"कौन बाबाजी?" शिवटहल साव ने उपेक्षा से पूछा।

"अरे बाबा तुलसीदास गोसाईं, और कौन?"–बिस्सू ने कुछ इस भाव से उत्तर दिया मानो बाबाजी कहने मात्र से तुलसीदास वाचक अर्थ तत्काल ही ग्रहण न कर जैसे शिवटहल साव ने अपनी विकट बुद्धिहीनता का परिचय दिया हो।

उधर तुलसी बाबा का नाम कान में पड़ते ही शिवटहलराम के मुँह से निकला 'ऐं' और उनके हाथों से छूटकर परखी झन्नाटे की आवाज़ के साथ पत्थर की फ़र्श पर गिरी। वह खुद भी धम से धरती पर बैठ गए।

बिस्सू ने आगे बढ़कर उन्हें उठाते हुए कहा–"बैठे-बैठे क्या करोगे सावजी, चलो अस्सी। आखीरी दरसन तो कर लिया जाए।"

उस दिन त्रिलोचन बाज़ार में सन्नाटा रहा। यहाँ आने की जगह आज व्यापारी वर्ग अस्सी घाट पर चला गया था।

विक्रमीय संवत् 1680 की श्रावण कृष्ण तृतीया के दिन शनिवार था। बादलों से धुँधले प्रभात काल में बिजली की तरह यह समाचार काशी की बिखरी हुई बस्तियों में कौंध गया कि बाबा तुलसीदास को अर्द्ध जल दिया जा रहा है। उस समय

तुलसीदासजी समूची नगरी के श्रद्धा-भाजन हो गए थे। यहाँ आरम्भ में उनका जितना ही उग्र विरोध हुआ था, अब उससे कहीं अधिक लोग उनका आदर करते थे। नगर भर उन्हें अपने दुःख-सुख का साथी समझने के लिए बाध्य हो गया था। इसीलिए तुलसीविहीन काशी की कल्पना मात्र से समस्त काशीवासी जैसे सिहर उठे। अभी अभी प्रायः तीन सौ वर्ष शिवविहीन रहने के बाद जनविश्वासानुसार तुलसी के ही प्रयत्न प्रताप से ज्ञानवापी पर विश्वनाथ मंदिर के निर्माण द्वारा काशी पुनः सनाथ हुई थी। वही काशी अब तुलसीविहीन होने जा रही थी। शिवविहीन काशी की स्थिति में कम से कम यह आशा तो थी ही कि राजा दिवोदास के समय जैसे काशी से निष्कासित होने के बावजूद सदाशिव पुनः लौटे थे, वैसे ही वे फिर कैलास से काशी लौट आएँगे, परन्तु तुलसीदास भी पुनः कभी परलोक से वापस लौट सकेंगे, यह कल्पना तो कोई पागल भी न कर सकता था। यही कारण था कि तुलसी की निर्वाण-वेला समीप समझकर एक बार समूचा नगर अधीर हो उठा।

× × ×

काँख तले मुसल्ला[1] दबाए, बाएँ हाथ में बधना और दाहिने हाथ में मिसवाक[2] लेकर मुँह में डाले शेख कल्लू ने मदनपुरा की मसजिद में प्रवेश किया और हौज़ की ओर चले। उन्हें देखते ही मसजिद के इमाम मुल्ला नासिर ने मुस्करा कर अपनी नुकीली दाढ़ी पर हाथ फेरते हुए उच्च स्वर से कहा–"हदकल्लाह!"[3]

शेखकल्लू भी मुस्कराए, बोले–"तूँ तो हमें सोगहगै[4] काफ़िर करार दे दिहे हौ मौलवी साहेब, लेकिन बात का है। आज तोहार तबियत बड़ी फरहर[5] देखाई दे रही है।"

"खुशी की बात ही है शेख नूरबाफ! खैर, यह तो बताओ अब तुम्हारे फर्जंद[6] की सेहत[7] कैसी है।"

मुल्ला नासिर ने पूछा। उनसे किसी ने कह दिया था कि शेख कल्लू के बेटे का जलोदर रोग इतना बढ़ गया है कि अब उसका इलाज नामुमकिन है। मगर शेख कल्लू ने कृतज्ञता प्रकट करते हुए कहा–

"सब तोहार इनायत है मौलवी साहेब, बस यही समझो कि ओके बचै कऽ कौनो उम्मेद नाहीं रह गई रही। बारे तुलसी साईं कऽअल्ला सुन लिहेन। न

1. मुसल्ला = नमाज़ पढ़ने की दरी।
2. मिसवाक = दातून।
3. दिल्ली के सुल्तानों की राजसभा में जब कोई मुसलमान सरदार प्रवेश करता था, तब नकीब 'बिसमिल्लाह' (शुरू करता हूँ ईश्वर के नाम से) का नारा लगाते थे और जब कोई हिन्दू सामंत आता था, तो 'हदकल्लाह' (ईश्वर तुझे सही रास्ता दिखाये) कहते थे।
4. बिलकुल।
5. प्रसन्न।
6. बेटा।
7. स्वास्थ्य।

जानै कौन आबेहयात[1] कऽबूटी ऊ चुनुआँ के दिहेन कि हमार 'नूरचश्म'[2] फेर से अखाड़े जाए लायक हो गवा।''

शेख कल्लू का अनपेक्षित उत्तर सुनकर मौलवी साहब का चेहरा जैसे उतर गया, मगर उस पर नक़ली उल्लास का आवरण डालकर अपनी फारसीदानी से शेख कल्लू को आतंकित करने के लिए उन्होंने तरन्नुम की अवतारणा की–'सनमख़ानये कुफ्र राहे शिकस्त अस्त।'[3]

शेख कल्लू को मौलवी साहब की बेवक्त की शहनाई न सुहाई, फिर भी उन्होंने हँसते हुए ही कहा–''कवायद के रू से[4] तो तोहार मिसरा ग़लत है मौलवी साहेब। राह लफ्ज़ के पहिले 'दर' या 'बर' जइसा कोई लफ़्ज रखना ज़रूरी है, नाहीं तो 'राह पर' माने कैसे निकसिहै। लेकिन, ई तो बताओ कि कुफ्र कऽमंदिल के कहाँ पर तोड़ रहा है। हम तो ई देख रहे हैं कि गाजी जलालुद्दीन मोहम्मद अकबर पादशाह के तो अहद[5] में सैकड़न बरिस से ज़मीन पर लोटा भवा मंदिलो सिर उठाय लिहेन, अउर अब तो मलका नूरजहाँ कऽ बोलबाला है, अउर शाह जहाँगीर खुद्दै जदरूप गोसाईं कऽ मुरीद हैं।''

इतना कहते-कहते शेख कल्लू कुछ आवेश में आ गए। ज़रा आवाज़ तेज करते हुए उन्होंने कहा–''सुनो मौलवी साहेब, महमूद गजनवी और फिरोज तुगलक कऽ ज़माना लद गवा, जब कि सोमनाथ कऽ मंदिल तोड़ा जात रहा। अब तो हज़रत अर्श आशियानी अकबर बादशाह कऽकौल चलऽथै–

उसके फ़रोगे हुस्न[6] से झमके है सब में नूर।
शमए हरम[7] हो या कि दिया सोमनाथ का।।''

शेखजी सूफ़ियों जैसी मस्ती में आकर गाने लगे।

बात ही बात में बात बढ़ी। भद्रता की नक़ाब जैसे नोच कर फेंकते हुए मुल्ला नासिर गरज उठे–''देखो शेख कल्लू! बारहा तम्बीह के तौर पर हम तुमसे कह चुके कि तुम्हारी चाल-ढाल, रहन-सहन, ख्वाबी ख़याल, कुफ्रो काफ़िरी की ओर बढ़ते जा रहे हैं और इसकी वजह है वह अस्सीघाट वाला गोशाईं। मैंने उसके सरपरस्त काफ़िर ज़मींदार टोडर को तो ठिकाने लगवा दिया, मगर यह गोशाईं बच गया। इस शहर में यही सबसे बड़ा काफ़िर है। जानते हो शेख कल्लू, आज वही काफ़िरे आजम हमेशा के लिए दोजख़ को आबाद करने जा रहा है।''

मुल्ला नासिर की तकरीर ने शेख कल्लू को बेचैन कर दिया। उसने तड़प कर पूछा–''आप तुलसी साईं की बात कह रहे हौ का।''

---

1. अमृत।
2. आँखों की रोशनी।
3. नास्तिकता का मंदिर विनाश के पथ पर है।
4. व्याकरण के अनुसार।
5. शासन काल।
6. सौंदर्य की कृपा।
7. काबे की मसजिद में जलनेवाला चिराग।

"हाँ-हाँ, तुम्हारे तुलसी गोसाईं की बात कर रहा हूँ।" कहते कहते मुल्ला नासिर ने आवेश में अपनी आँखें मूँद लीं और सिद्ध मुद्रा में कहना आरम्भ किया–"मैं यहीं से आँखें बंद किए ही देख रहा हूँ कि तुम्हारे गोसाईं के काफ़िर चेले उसे जीते ही ग़लताँन[1] कर रहे हैं और सारा शहर लबे गंग उसी तीर की ओर दौड़ा जा रहा है।"

शेख कल्लू पर उनके अभिनय का क्या प्रभाव पड़ा, यह देखने के लिए जब उन्होंने पलकें खोलीं तो देखा कि शेख कल्लू वहाँ नहीं हैं। उनका बधना हौज़ पर धरा है, मिसवाक धूल में लोट रही है और मुसल्ला दरवाज़े पर पड़ा हुआ है।

× × ×

भदैनी गाँव की भव्यतम इमारत में अर्थात् ईंटों की दीवार और खपरैल के छतवाले ज़मीनदार टोडर के दुमंज़िले भवन की ऊपरी मंज़िल पर से पूरब वाली खिड़की खोलकर टोडर के पौत्र कन्हई की नवोढा पत्नी ने देखा कि तुलसी-चौरा पर जन-समुद्र उमड़ आया है। प्रतीत होता था मानो गंगासागर में गंगा के मिलन का बदला देने के लिए समुद्र ही उलट कर गंगा के पास आ गया है। वह इस जनसंकुलता पर चकित हो रही थी कि चचिया सास का कर्कश कंठस्वर उसके कर्णपुटों से टकराया। आनन्दराम की प्रौढ़ा पत्नी नीचे से ही ललकार रही थी–'का हो दुलहिन, उप्पर का करऽथऊ। भला ई कउनो मेला देखै कऽ बखत हौ!' (दुलहिन, ऊपर कोठे पर क्या कर रही हो? यह भी कोई तमाशा देखने का वक्त है!)।

सास की आवाज़ कान में पड़ते ही कन्हई की पत्नी ने खिड़की बंद कर दी। इतने में ही सास ने पुनः कहा–"का हो कन्हई बो! बहिरी हो गइलू का?' (हे कन्हई की पत्नी! तुम क्या बहिरी हो गई हो?)।

मिट्टी की सीढ़ियों से उतरते हुए कन्हईबो ने कहा–"नहीं अइया! घटवा पर बड़ी भीर हौ। अब्बो त चलके बाबा कऽ अखीरी दरसन कै लिहल जाए!' (नहीं आर्ये! घाट पर बड़ी भीड़ है। अब भी तो चल कर बाबा का अंतिम दर्शन कर लिया जाए)।

टोडर की प्रौढ़ा पुत्रबधू ने 'बाबा' शब्द कान में पड़ते ही तुलसी के उद्देश्य से अपने हाथ जोड़ दिए और कहा–"तनी कन्हई के आ जाए दऽ।' (ज़रा कन्हई को आ जाने दो)।

सहसा 'राजा रामचन्द्र की जै' के तुमुल निनाद से जैसे आकाश फट पड़ा। सास-बहू दोनों ही चौंक उठीं। उन्होंने फिर कोई दूसरी बात न की। अब उन्हें कन्हई की प्रतीक्षा अनावश्यक जान पड़ी। उन्होंने अपनी-अपनी चादरें उठाईं और दबे पाँव अस्सी घाट की ओर पैर बढ़ाए।

× × ×

---

1. डुबा रहे हैं।

पार्श्ववती हरिश्चंद्र घाट के डोम राजा ने आज बड़ी ही चिन्ता के साथ यह देखा कि प्रातःकाल हुए तीन घंटे हो गए, परन्तु इस बीच एक भी शव महाश्मशान पर नहीं आया। रात में तीसरे पहर न जाने कहाँ से एक लावारिस-सी किसी परम वृद्धा का मुरदा आया था, जो सूखकर लकड़ी हो गया था। शायद इसीलिए उसे लकड़ी भी काफी न दी गई थी। उसके शव-संस्कारकर्ता भी उकता कर चले गए थे, परन्तु उसकी चिता अभी तक सिसक-सिसक कर जल रही थी। ऐसा 'अनभौ' तो कभी न हुआ था कि कोई मुरदा छह घंटे तक लगातार जलता रहे।

मुँह में दातून दबाए चौधरी घंटे भर से पाषाण प्रतिमा के समान उसी चिता की ओर एकटक देख रहे थे। सम्भवतःउनकी समाधि इतने शीघ्र भंग न होती, परन्तु उनके कानों में कुछ ऐसी खनखनाती हुई आवाज़ आई कि वे चौंक उठे।

'का हो चौधरी कुच्छो सुनलऽ?'

चिर-परिचित वाणी की कर्कशता ने उन्हें सिर घुमाने के लिए विवश किया। उन्होंने उलट कर देखा कि दोहरे स्वर्णाभूषणों से लैस उनकी कादंबिनी कलेवरा गृहिणी हाथ मटका-मटका कर कुछ कह रही है और उसके हाथों के स्वर्ण-कंकण ऐसे हिल रहे हैं, मानो घनघोर घटा बिजली का पटा भाँज रही हो।

चौधरी ने मेघमंद्र स्वर में उलटे प्रश्न किया–'का भयल?' (क्या हुआ?) वस्तुतः उस समय चौधरी सोच रहे थे कि जब से उन्होंने जन्म लिया है, तब से एक दिन भी ऐसा न बीता कि दिन-रात चौबीस घंटों में एक घंटा भी ऐसा गुज़रा हो, जबकि कोई न कोई मुरदा घाट पर न आया हो। फिर सामने की चिता भी अद्‌भुत ही है। यह जल कर समाप्त क्यों नहीं हो रही है? दोनों ही प्रश्नों पर विचार करते चौधरी का मानस मथ उठा। उनके हृदय ने प्रश्न किया–यह क्या हुआ और उनके मुख से दो शब्द निकले–'का भयल?'

चौधराइन ने चमक कर कहा–"कइसन अलहदी हौअऽ, तोहरे अइसन निघरघट तऽ लोक-जहान में अउर दूसर केहू न होई। न जानी कहाँ-कहाँ कऽ आलम अस्सी के तरफ दउड़ल जात हौ।' (तुम कैसे आलसी आदमी हो। तुम्हारे जैसा निखट्टू संसार में दूसरा नहीं। न जाने कहाँ-कहाँ के आदमी अस्सी की ओर दौड़े जा रहे हैं)।

"अरे तऽ कुच्छो कहबो कर, का भयल?" चौधरी ने डाँट कर पूछा।

"का बताईं, तोहार बाप मरत हौवन?" (क्या बताऊँ तुम्हारे बाप मर रहे हैं) चौधराइन ने जवाब दिया।

चौधरी एक चोट खूब हँसे, फिर बोले–"मुअलो पर चौदह बरिस बाद हमार बाप फेर से मरै बदै कहाँ आ गइलन?" (मरने पर भी चौदह वर्ष बाद मेरे बाप फिर से मरने के लिए कहाँ आ गए)।

चौधराइन को हँसी नहीं आई। उसने वैसे ही गंभीरता से कहा–"तोहार ऊ बाप जेकरे असीस से तोहार जनम भैल, जेके जनम भर तूँ 'बाबू' पुकरल, जे हमार बाबा हउअन, अस्सी घाट वाले गोसाईंजी। ओनकर चलाचली हौ। चल चल आखीरी दरसन कै लिहल जाए।"

चौधरी के हृदय से विनोद का भाव तिरोहित हो गया। उनकी सारी आर्थिक चिन्ता छूमंतर हो गई। उन्हें ऐसा जान पड़ा कि उनके शरीर में तनिक भी शक्ति नहीं रह गई है, फिर भी वे अपनी पत्नी के पीछे-पीछे अस्सी की ओर चल पड़े।

× × ×

अग्निहोत्र की विधि के निर्वाह के लिए पंडित पुरुषोत्तमजी अग्निहोत्री ने जिस कामधेनु का पोषण किया था, उसने पंचगंगा घाट पर कगार से गिरकर जब गंगालाभ कर लिया, तो सहसा उन्हें तत्काल ही दूसरी गाय न मिल सकी। परन्तु प्रतिदिन उन्हें सेर भर दूध की अनिवार्य आवश्यकता पड़ती थी। उन्होंने अपने पड़ोसी अहीर महादेव सरदार को नित्य सेर भर दूध देने के लिए सहेज दिया।

महादेव के नौजवान बेटे गनेस को एक बार बनारस के कोतवाल का कोपभाजन बनना पड़ा था। उस समय महादेव सरदार इन्हीं पंडितजी की शरण आए थे। पंडितजी ने बाबा तुलसीदास से निवेदन किया था। तुलसीदास ने काशी के सूबेदार हाड़ाकुलभूषण बूँदीनरेश से कह कर महादेव सरदार के बेटे गणेश सरदार को मुक्ति दिलवा दी थी। अतः जितनी भक्ति भाव से महादेव पंडितजी को दूध देने लगे उसका हास्यास्पद भंडाफोड़ उस दिन हुआ, जिस दिन पंडितजी ने उससे कहा कि सरदार कल का दूध तो बिलकुल पानी ही था।

"नाहीं महाराज, भला कबौं अइसनौ हो सकऽला? दूध में केहू दूसरे कऽ हाथ लग गयल होई।"—महादेव ने बड़े ही भोलेपन से कहा।

इस पर पंडितजी कुछ झल्लाए, बोले—"दूध तो नित्य देवदत्त ही पकाता है, उसी ने कल भी पकाया था।"

देवदत्त पंडितजी का अंतेवासी था। उसे दो दिनों से हल्का-हल्का ज्वर आ रहा था। उस दिन वैद्यजी ने उससे दूध का पथ्य लेने के लिए कहा था। इसलिए दूध औटाते समय देवदत्त ने उसमें से प्रायः तीन छटाँक दूध निकाल लिया और उसमें उतना ही पानी मिला दिया था।

महादेव सरदार ने घर आकर अपनी पत्नी से पूछा—"करे आज पंडितजी दूध कऽ सिकाइत करत रहऽलन। कहीं तैं त दूध में पानी-ओनी नाहीं मिलाय देहले रहली?"

ग्वालिन ने गर्व से उत्तर दिया—"हम समुझली कि तूँ पानी नाहीं मिलौले हउअ, तउन हम दुइ छटाँक पानी मिलाय देहली।"

"ई त तूँ बड़ा बेजाएँ कइलू। हम त सेर भर पीछे आध पाव पानी खुद्दै मिलाय देइला।" महादेव ने सिर खुजलाते हुए कहा।

गणेश सरदार दीवार में लगी खूँटी से बँधी हुई रस्सी पकड़ कर बैठक लगा रहे थे। उन्होंने ज़रा दम लेकर बताया—"हम पानी भरले आवत रहली। गगरवा छलक गैल, तउन छटाँक दुइ छटाँक पानी पंडितजी के दुधवौ में मिल गयल होई।"

सेर भर दूध में आध सेर से भी अधिक पानी की मिलावट महादेव की आत्मा सहन न कर सकी। उसने एक हाड़ी में प्रायः पाव भर दूध लिया और पंडितजी के यहाँ पहुँचा। उसी समय कहीं बाहर जाने के लिए शिष्य मंडली के साथ पंडितजी बाहर निकले। ठीक यात्रा के समय महादेव को दूध का पात्र लिए दरवाज़े पर उपस्थित देख एक शिष्य ने कहा भी–"यात्राकाल में दुग्ध-दर्शन, यह तो भारी अपशकुन हुआ।"

पंडित पुरुषोत्तम शर्मा बोले–"गोस्वामी तुलसीदासजी का तिरोधान हो रहा है। इससे बड़ा अपशकुन और क्या होगा? चलो जल्दी अस्सीघाट पहुँचना है।"

महादेव सरदार ने दूध की हाँड़ी वहीं पटक दी और सिर झुकाए पंडितजी के पीछे-पीछे अस्सी चले।

× × ×

अस्सी घाट पर जहाँ तुलसी का प्रसिद्ध राममंदिर है, वहाँ आज भी एक गुमटी दिखाई देती है। उन दिनों वहाँ दो गुमटियाँ थीं। वे एक पटी हुई छत द्वारा मिली हुई थीं। उस पर तुलसी के हज़ारों पौधे लगे हुए थे।

सावन की बढ़ी हुई गंगा छत की सतह तक पहुँच गई थीं। छत के किनारे तुलसी का एक सबसे बड़ा पौधा खड़ा था। उससे केवल एक हाथ की दूरी पर गंगा लहरें ले रही थीं। उसी पौधे की बगल में वृद्ध तुलसीदास कुशासन पर लेटे हुए थे। कमर के नीचे तक का भाग पानी में था। चारों ओर राम नाम का कीर्तन हो रहा था। भदैनी गाँव में भीड़ के कारण तिल रखने की भी जगह न बची थी। परन्तु समस्त कोलाहल के बीच निस्तब्ध पड़े तुलसीदास का अंतर्मन इसी ऊहापोह में मग्न था कि मैं इस धराधाम पर प्रायः सौ वर्ष रहा। आखिर मेरे इतने लम्बे जीवनकाल की उपलब्धि क्या है?

उक्त प्रश्न का उत्तर खोजने के लिए मुमूर्ष तुलसी की स्मृति भूतकाल के अभेद्य पटल को भेद कर काल के उस अनंत पथ पर उस ओर दौड़ चली, जहाँ उनकी जन्म-तिथि, दूरीसूचक पाषाण-खंड की भाँति समय की छाती में गड़ी खड़ी थी।

बालकांड

तब अति रहेउँ अचेत

वाराणसी में बारह मारुति-मंदिरों की स्थापना के लिए तुलसी मुनि ने जो संकल्प कभी किया था, वह नयपुरा में बने बारहवें मंदिर में हनुमत्-मूर्ति की स्थापना द्वारा जब उस दिन पूरा हो गया, तो समूची नगरी एक बार तुलसी बाबा के जय-जयकार से गूँज उठी।

वाराणसी नगर में मृत्युंजय महादेव के मंदिर से दारानगर होते हुए जो रास्ता मैदागिन की ओर जाता है, वहाँ उस मोहल्ले की रामलीला के रामजी के बैठने के लिए जो पत्थर और चूने से बना हुआ एक सिंहासन है, वह एक प्रकार से ठीक सड़क के

बीच में ही है। उसी के पास एक कुआँ भी दिखाई देता है। उस सिंहासन और कुएँ के बीच से एक रास्ता पश्चिम की ओर फूटता है, जो नवापुरा मोहल्ले में जाता है। नगर के मध्य में बसा हुआ यह मोहल्ला तुलसी के जीवन-काल में जंगल काट कर नौतोड़ भूमि के रूप में परिणत किया गया था और नगवा से लेकर वरुणा संगम तक काशी नगरी के अर्द्ध चन्द्राकार रूप में घेर कर फैली हुई टोडर की विशाल ज़मींदारी में अंतर्मुक्त था। उसके ठीक बगल में जहाँ आजकल हरिश्चंद्र कॉलेज की इमारत खड़ी है, वहाँ विघ्नेश-वापी या गणेश-गड़ही थी और जहाँ आज कंपनी बाग़ है, वहाँ मंदाकिनी तीर्थ लहराता था।

संवत् 1668 विक्रमीय के बसंत की उस मधुमयी संध्या बेला में गणेश-गड़ही के उत्तरी किनारे पर बनी हुई छावनी में पूर्वोल्लिखित कुएँ के ठीक सामने स्थित छप्परदार ओसारे में पड़ी हुई काठ की चौकी पर काला कंबल बिछाए और दाहिने हाथ को तकिए की जगह सिर के नीचे रखे गोस्वामी तुलसीदास अधलेटे हुए कमर सीधी कर रहे थे। सामने कुछ ही दूरी पर समानांतर बिछे हुए पलंग पर मोटे गद्दे के ऊपर सूक्ष्म सूचिकार्ययुक्त लाल रंग का बिछौना था, जिस पर दो बड़ी-बड़ी तकियों के सहारे बनारस के ज़मींदार टोडरराय बिन देवराय ओंठगे हुए बैठे थे। आकाश से बरसे हुए अंधकार के पहले ही दौंगरे ने ज्यों ही धरती को आप्लावित किया, त्यों ही चौकी और पलंग के सिरहाने ठीक बीचोबीच रखे हुए काठ के ऊँचे दीवट पर परिचारक ने एक बड़ा-सा दीपक लाकर रख दिया। पास ही निर्मित हनुमान्-मंदिर पर शहनाई बज रही थी।

तुलसी और टोडर दोनों ही मौन थे। दीपक की मंद ज्योति दोनों के मुखमंडल पर पड़ रही थी। टोडर ने उस दीपक के धुँधले प्रकाश में देखा कि गोस्वामीजी के धवल दाढ़ीयुक्त गोरे मुखमंडल पर क्लांति के साथ ही परितृप्ति और संतोष के वे चिह्न भी झलक रहे हैं, जो किसी के बदन पर उसी समय दिखाई देते हैं, जबकि उसके जीवन का कोई महान् लक्ष्य पूरा हो चुकता है।

तुलसीदास ने उस दिन, दिन भर हाड़तोड़ परिश्रम किया था। देवप्रतिमा के संस्थापक होने के नाते उस दिन उन्होंने उपवास भी कर रखा था। उनके साथ ही टोडर ने भी काफी दौड़-धूप की थी, किन्तु वे उतने से ही बेतरह थक गए थे। उन्हें तुलसी के समान वह उल्लास प्राप्त न हुआ था, जो बड़ी से बड़ी और कड़ी से कड़ी क्लांति तक को धो-बहाता है। तुलसी की प्रसन्नता स्वाभाविक थी। काशी में द्वादश मारुति-मंदिरों की स्थापना का उनका बहुत पुराना संकल्प कितनी ही विघ्न बाधाओं के सफल निराकरण के बाद पूरा हो पाया था। मंदिर की नींव पड़ते ही पहले बनारस के कानूनगो ख्वाजा दौलतबेग़ ने मंदिर निर्माण में यह कह कर अड़ंगा लगाया कि ज़मीन खालसा है, अर्थात् खास सरकारी ज़मीन है, जो टोडरराय की ज़मींदारी में नहीं है। इसलिए विशेष शाही अनुमति बिना वहाँ मंदिर नहीं बन सकता। मंदिरों के बनाने पर सदियों से लगा हुआ प्रतिबंध जब से अकबर ने उठा दिया था, तब से साधारणतया मंदिर बनाने में कोई रोक-टोक न की जाती थी, परन्तु इस मामले में शाही भूमि की पख

लगाकर दौलतबेग़ ने साधारण स्थिति को असाधारण बना दिया था। उस समय हिन्दी के प्रसिद्ध कवि अब्दुर्रहीम खानखाना बनारस के सूबेदार थे। इसलिए ख्वाजा दौलतबेग़ की एक न चली। तुलसी के आग्रह पर खानखाना ने वह सारी भूमि टोडर के हाथ बेंच दी, जिससे वह भूमि खालसा न रह कर टोडर की हो गई और उस पर मंदिर बनाने में कोई बाधा न रह गई। फिर भी मंदिर बनते समय सूबेदार बायजीद व्यात ने भी बाधा देने का थोड़ा प्रयत्न किया था, परन्तु दिल्ली ने स्थानीय आदेश रद्द कर दिया। तब कहीं यह मंदिर बन पाया। इसीलिए गोस्वामीजी आज परम प्रसन्न और अत्यंत संतुष्ट थे। उनके संतोष से टोडर को भी संतोष हुआ।

सहसा टोडरराय के मन में एक प्रश्न उठा—आखिर इस अद्‌भुत व्यक्ति का जन्म कहाँ हुआ है? यही प्रश्न पहले भी अनेक अवसरों पर उनके मन में उठा था, परन्तु तुलसीदास की गुरु गंभीर मुद्रा के कारण कभी उनसे यह प्रश्न करने का वे साहस न कर सके थे। परन्तु आज जो उन्होंने तुलसी को असाधारण रीति से प्रसन्न देखा तो उनसे रहा न गया और उन्होंने चटपट पूछ ही तो दिया—"आज सारा देश आपको जानता है, पर कोई भी यह नहीं जानता कि आपकी जन्मभूमि कहाँ है? यहाँ तक कि मैं भी, जिस पर आपकी इतनी कृपा रहती है, आपकी जन्मभूमि के बारे में कुछ भी नहीं जानता।"

टोडर के आकस्मिक और अनपेक्षित प्रश्न पर चौंक कर टूटी हुई डोरी के धनुष की तरह तुलसीदास चौकी पर सीधे उठ बैठे। उनके चेहरे पर भीषण भाव परिवर्तन दिखाई पड़ा, जिसे देख टोडर भी कुछ भयभीत से हो उठे। उन्होंने आश्चर्य के साथ देखा कि तृप्ति, संतोष और उल्लास के भाव तुलसी के चेहरे से सहसा लुप्त हो गए हैं और उनकी जगह चिन्ता, विषाद और व्यथा की मोटी-मोटी रेखाएँ बड़ी ही स्पष्टता से उभर आई हैं। वे पछताए कि मैंने यह प्रश्न किया ही क्यों, जिसके कारण इस महात्मा को इतना कष्ट हुआ? मन ही मन उन्होंने इसे अपनी बड़ी भारी मूर्खता माना और अपनी मूर्खता पर लज्जित और दुःखी होकर वे गुमसुम सामने ही दीवार पर चिपकी हुई छिपकली को बड़े गौर से एकटक देखने लगे।

रसाल मंजरियों की सुगंधि से आमोदित बासंती वायु का एक करारा झोंका आया और दीवट पर रखा हुआ दीपक एक बार झिलमिला कर बुझ गया। सारा ओसारा अंधकार में डूब गया। इधर तुलसीदास स्मृतिसागर के अतलांतक में गोते खाने लगे।

जीवन की सभी घटनाएँ प्रकट या विलुप्त किसी न किसी रूप में मनुष्य की स्मृति में उसी प्रकार समाई रहती हैं, जैसे सभी नदियाँ किसी न किसी प्रकार समुद्र में ही विलीन होती हैं। इसीलिए किसी भी नदी के समुद्रतटीय मुहाने से चलकर कितने ही दुर्गम, अलक्ष्य और गहन गिरि वन में छिपे उसके उद्‌गम स्रोत का पता लगाया जा सकता है। सम्भवतः तुलसी के अंतर्मन ने भी सहज बुद्धिसंमत इसी पथ का अनुसरण किया। स्मृति-सागर के तट से उसने मेधा की पगडंडी पकड़ी और खेतों, खलिहानों में से होते हुए, छोटी-बड़ी नदियों के ऊपर ही ऊपर उछलते, पहाड़ियों पर चढ़ते और

घाटियों में उतरते, कीकर-पाकर, बट-पीपल, जामुन-कैथ, सीसम-साल, ताल-रसाल के विशाल वृक्षों से भरे बड़े बसे जंगलों और बेर, झरबेरी तथा मकोय के कंटीले वनों में चक्कर काटते हुए, वह ज्ञात-अज्ञात पथों पर चल पड़ा।

अवध का एक गाँव। गाँव के पाँव पखारती हुई कोई पवित्र नदी। नदी के किनारे दिगंतव्यापी अमराई। अमराई के मध्य में मध्यकालीन वास्तुकला के सभी अनुकरणीय आदर्शों से युक्त किसी भव्य भवन का खंडहर। खंडहर की बिखरी हुई लखौटिया ईंटों और टूटी-फूटी दीवारों का मौन चीत्कार कि हम पर फावड़ा भी चला है और हम आग में भी भूने गए हैं।

तुलसी का अंतर्मन उसी भग्न भवन पर इस भाँति मँडराने लगा जैसे वायुयान भूमिस्पर्श के पहले हवाई अड्डे पर चक्कर लगाता है।

उसी खंडहर के कुछ दूर ईंटों का बना हुआ एक टूटा-फूटा छोटा-सा मकान और उसके कोने में कुआँ और कुएँ के पास ही एक कोठरी, जिसमें टूटा हुआ चूल्हा, फूटा हुआ पनघड़ा, गोबर से लिपी हुई कच्ची भूमि और उस भूमि पर बिखरे हुए जले-अधजले लकड़ी और उपलों के टुकड़े, जिनमें मनुष्य की भी हड्डियाँ थीं, भूतकाल में घटित किसी दुर्घटना के साक्षी थे।

उस कोठरी की ठीक बगलवाली कोठरी में ध्वस्त छत के सुगम मार्ग से तुलसीदास का अंतर्मन उतर पड़ा। वहाँ भूमिस्पर्श करते ही वह जैसे तुरन्त पैदा हुए शिशु के मन के समान हो गया, जिसका ठीक-ठीक अध्ययन अभी मनोविज्ञानविद् नहीं कर पाए हैं। वह सद्योजात शिशु के समान ही रो भी उठा। इसी कोठरी की भूमि स्पर्श कर वह कभी पहले भी एक दिन इसी तरह रोया था, परन्तु उस समय अमृत से भरकर उसका मुँह बन्द कर देने वाली कोई देवी इस कोठरी में थी। आज वह नहीं है। अंतर्मन दोहरी चोट से और भी बिलख उठा। साथ ही उस दूध के स्वाद में उसे बड़ी कड़वाहट लगी। वह तुरन्त वहाँ से उड़ा। उस भूमि से जैसे घृणा हो गई थी।

वह बड़े वेग से, जैसे किसी नगर में घर-घर चक्कर लगाती हुई बिजली प्रतिक्षण उसी बिजली-घर में लौट-लौट आती है, जहाँ से वह चली थी, उसी तरह तुलसीदास का अंतर्मन भी उनके पास तत्काल ही लौट आया।

तुलसीदास जैसे ग्लानि से गलने और दुख से जलने लगे। मुँह खोले बिना ही उन्होंने कहा—"छिः छिः मातृभूमि से घृणा! यह तो माता से ही घृणा के समान है। 'जननी जन्मभूमिश्च स्वर्गादपि गरीयसी।' अपनी मातृभूमि से ही घृणा करने वाला मैं अधम उसका नाम किसी को किस मुँह से बताऊँ?"

उन्होंने एक लम्बी साँस लेकर आँखें खोल दीं। टोडर जिस छिपकली को इतनी तल्लीनता से निहार रहे थे, वह अंधकार में न जाने कहाँ खिसक गई थी। उसी समय तुलसी ने भर्राये हुए कंठ से कहा—"बंधु, क्षमा करो। इच्छा रहते हुए भी मैं तुम्हारी जिज्ञासा का उत्तर देने में असमर्थ हूँ। मैंने उस भूमि को कभी ठीक से जाना ही नहीं। जानता भी तो कैसे भाई, तब अति रहेउँ अचेत।"

ओसारे में अंधकार देख परिचारक दूसरा दीपक ले आया। उसके प्रकाश से टोडर ने देखा कि–तुलसी की आँखों से गंगा-यमुना का प्रवाह जारी है।

टोडर के कानों में तुलसी का स्वर गूँज रहा था–'तब अति रहेउँ अचेत।'

(दो)

पाछिले को उपखानु

तुलसीदास को यों विसूरते देखकर टोडरराय को अतिशय दुःख के साथ ही अत्यंत आश्चर्य भी हुआ कि यह इस्पाती व्यक्तित्व आज इस प्रकार फूट क्यों पड़ा। तुलसी के अति संवेदनशील हृदय की तरल सहजता के परिपार्श्व में उनकी प्रचंड बौद्धिक कठोरता उनसे परिचित प्राणियों के लिए सदैव पहेली ही बनी रही। इतना तो टोडर समझ ही गए थे कि अनजान में ही उन्होंने तुलसी के हृदय के किसी सूखते हुए पुराने घाव को खरोच कर पुनः हरा कर दिया है और वह व्यथातुर होकर पुनः रिसने लगा है।

कभी-कभी मौन सहानुभूति वाचाट ठकुरसुहाती की तुलना में अधिक मुखर होती है। टोडर की उसी मौन मुखर सहानुभूति का स्वर तुलसी की हृदय-वीणा के किसी सूक्ष्म तार से टकराया और उन्होंने उसकी झंकार को सुना। कुछ शांति मिली तो उन्होंने अपने को संयत किया। उत्तरीय के खूँट से उन्होंने आँखें पोंछ लीं और फिर बड़ी ही करुण मुस्कराहट के साथ कहा–"अनंत शक्ति के स्वामी तो केवल तुलसीश ही हैं, तुलसी तो जीव होने के कारण अत्यंत दुर्बल है। तुम्हीं कहो भाई, इस दुर्बल जीव-धर्म का पालन कैसे न करूँ? मुझे क्षमा करो। मैंने मित्र से कपट किया, उसके सहज-से प्रश्न का भी उत्तर न दिया। परन्तु मैं विवश हूँ मित्र!"

अब टोडर के रोने की बारी थी। तुलसी की मर्मस्पर्शिनी सहृदयता ने टोडर के मन को किसी भीगे हुए वस्त्र-खंड की भाँति निचोड़ दिया था। ऐसा कस कर निचोड़ा था कि उसका सारा पानी आँखों की राह से टपाटप चूने लगा।

तुलसी ने हँसने का प्रयत्न करते हुए पूछा–"रोने क्यों लगे भाई? तुम जनि मन मैलो करौ।"

टोडर ने किसी मखाए हुए बालक की तरह सिसकते हुए कहा–"क्या आपका जीवन सदैव रहस्यमय ही बना रहेगा? उसके बारे में क्या कभी किसी को कुछ भी पता न चलेगा?"

इस बार तुलसी ठठाकर हँस पड़े। वे अपनी चौकी पर से उठे और टोडर के पलंग के पास जाकर खड़े हो गए। अपना दाहिना हाथ कंधे पर रख दिया और बोझिल वातावरण को हलका बनाने के लिए अपने बाएँ हाथ से टोडर का चिबुक छूकर बोले–

"सुनो जिस बात के विषय में कोई कभी कुछ नहीं जानता, वह रहस्य होती ही नहीं। रहस्य तो उसे ही कहते हैं, जिसे बहुत ही थोड़े लोग जानते हों, दो ही चार

आदमी जानते हों, दस-पाँच उसके सम्बन्ध में अनुमान लड़ाते रहते हों, और शेष सभी उससे सर्वथा अनभिज्ञ हों। रहस्य कैसे बनता है, मैं तुम्हें बताता हूँ।''

तुलसी फिर हँसे, बोले–''जब तुम बच्चों की तरह रो ही रहे हो, तो बच्चों की ही एक पुरानी कहानी सुनो।''

तुलसी की बात सुन और उनके कहने का ढंग देखकर टोडर को भी हँसी आ गई। तुलसी मुस्कराते हुए पुनः अपनी चौकी पर जा बैठे और कहने लगे–

''सुनो, प्राचीन काल की बात है कि रामपुर नामक एक बड़ा ही समृद्ध नगर था। उसके गढ़ के कंगूरे इतने ऊँचे थे कि सूर्य और चन्द्रमा उस पर लट्टू की तरह घूमते दिखाई देते थे। कोट के चारों ओर मरुभूमि के कुएँ जैसी गहरी और किसी नदी जैसी चौड़ी खाई थी। वैभवशाली नागरिकों की अटाओं पर उनके वैभव की सूचक विविध रंग की पताकाएँ वायु में लहर-फहर कर देवताओं के कोषाध्यक्ष कुबेर को चिढ़ाती थीं। वापी, कूप, तड़ाग, वन-बाग़ आदि से सुसज्जित उस नगर में जनसंख्या भी अपार थी। कैसी अपार थी, वह इतने से ही समझो कि उस नगर में नदी की ओर दो रास्ते जाते थे, एक दाहिने से और दूसरा बाएँ से। प्रातःकाल स्नानार्थियों के लिए राजाज्ञा थी कि कुलांगनाएँ दाहिने मार्ग से और वारवनिताएँ बाएँ रास्ते से नदी पर जाया करें। एक दिन की बात है कि एक बंजारा दो ऊँटों पर सिंदूर लादकर उस नगर में पहुँचा और बड़े सबेरे नदी पर जाने वाले बाएँ रास्ते पर जाकर डट गया। थोड़ी ही देर में गणिकाओं के झुंड के झुंड इतराते, मुस्कराते, इठलाते, बल खाते, परस्पर खेल-कुलेल और ठेलम-ठेल करते, दर्शकों का मन हरते नदी के घाट की ओर चले। उधर बंजारे ने आवाज़ लड़ाई–'चटक सेंधुर-मटक इंगुर।'

वेश्याएँ उसके पास पहुँची। सभी ने कहा कि पहले नमूना दो तब तुम्हारा सेंधुर खरीदेंगे। बात कायदे की थी। बंजारे ने एक-एक चुटकी सिंदूर नमूने में देना आरम्भ किया और देखते ही देखते एक ऊँट का बोझ समाप्त हो गया। सारा सिंदूर फोकट में ही उड़ गया, यह देख बेचारे बंजारे का औसान हवा हो गया। 'बनी को कैसो मोल है' कहते हुए उसने अपना करम ठोंका और अपने बनिज में लगे हुए करारे घाटे की दोहाई देने राज-द्वार पर पहुँचा। वहाँ द्वारपालों और दंडधरों ने पहले तो उसका खूब ठट्ठा उड़ाया और फिर उसे अर्द्धचन्द्र देकर हटा दिया। ग़रीब बेचारा ग़रीबनेवाज को सुमिरता हुआ अपने ऊँटों की नकेल हाथ में लिए दिए राजपथ पर जा खड़ा हुआ। जब राजा की सवारी निकली तो उसने दोहाई दी। राजा ने उसका सारा हाल जानकर आदेश दिया कि वह दूसरे दिन सबेरे अपने दूसरे ऊँट पर लदा हुआ माल लेकर नदी की ओर जाने वाले दाहिने मार्ग पर जाए। बंजारे ने उस दिन ऐसा ही किया। उस रास्ते जब कुलबधुएँ आईं, तो उनमें से प्रत्येक ने एक-एक कौड़ी बंजारे के सामने रखते हुए एक-एक चुटकी सिंदूर ले लिया। एक ऊँट का बोझ उस दिन भी खाली हो गया, परन्तु आमदनी इतनी अधिक हुई कि उससे चार ऊँटों का बोझ सिंदूर खरीदा जा सके। हाँ, तो ऐसा था वह समृद्ध नगर!''

कहानी कहते-कहते तुलसीदास ज़रा रुके। उन्होंने टोडर से कहा–''क्या भाई सो रहे हो क्या? अभी तो मैंने कहानी की भूमिका ही बाँधी है।''

''नहीं बाबाजी, मैं ज़रा बंजारे के सिंदूर की बिक्री का हिसाब समझ रहा था। अच्छा तब।''–टोडर ने कहा।

हाँ, तो उस राजा के एक राजपुरोहित थे। देखो ऐसी कहानियों में सदैव राजा की दो रानियाँ बताई जाती हैं, एक जेठी और दूसरी लहुरी। लहुरी ही सदैव राजा की चहेती होती है और जेठी सदैव उपेक्षिता। सो इस कहानी में राजा को नहीं, राजपुरोहित की दो पत्नियाँ थीं। बड़ी का नाम था हुलसी और छोटी का नाम फुलसी। पति का प्रेम प्राप्त रहने के कारण फुलसी नित्य ही फूल-सी खिली रहती थी और पतिप्रेमवंचिता हुलसी माई अपना सारा हुलास अपने मन में ही दबाकर अपने भाग्य पर झंखती रहती थीं। विवाह की गाँठ जुड़ते ही उसका भाग्य फूट गया, क्योंकि नेग के लेन-देन में कुछ झगड़ा हुआ। बात ही बात में करष बढ़ि आई। सो राजगुरुजी के पिताजी ने बहू को तो विदा करवा लिया, परन्तु अपने पुत्र को आदेश किया कि वह अपनी पत्नी का मुँह जन्म भर न देखे। आदेश की अनवसरता और कठोरता के कारण कहीं पुत्र विद्रोह न कर दे, इसलिए उन्होंने तत्काल ही बेटे की क्षतिपूर्ति करने के लिए उसका विवाह रचा दिया। उनकी इस पतोहू का नाम था रमदेइया! परन्तु अपनी बड़ी पतोहू को जलाने के लिए उन्होंने अपनी छोटी पतोहू का नाम फुलसी रख दिया और कहा, ''यह फूल-सी ही है। हमारे बाबा को एक महात्मा का वरदान है कि तुम्हारी चौथी पीढ़ी में एक जगद्विख्यात महापुरुष जन्म लेगा, सो इसी की कोख से वह उत्पन्न होने वाला है। उससे हमारे वंश का यश-सौरभ चारों ओर फैलेगा।'' कुछ दिनों बाद बूढ़े बाबा मर गए। उधर राजगुरुजी ने फुलसी के कहने पर हुलसी को घर से निकाल, नगर के किनारे एक जीर्ण-शीर्ण छोटे से घर में डाल दिया। यह करते हुए भी उन्होंने अपने पिता के आदेश का ध्यान रखा और अपनी उस पत्नी का मुँह तक न देखा। अपनी सखी तुल्य दासी मुनियाँ के साथ वह बेचारी दुखिया उसी टूटे-फूटे खंडहरनुमा घर में रहने लगी। राजगुरु के पितामह के समय का एक सेवक घुरहू पाण्डे था। पुराना होने के कारण मालिक के मुँह लगा था। उसने एक दिन मालिक से उनके व्यवहार का प्रतिवाद किया कि दास-दासियों की भीड़ भरी रहे और उस दुखिया की बात भी न पूछी जाए? इस आलोचना से राजगुरुजी इतने बिगड़े कि उन्होंने घुरहू को तत्काल अपनी सेवा से मुक्त कर दिया। घुरहू हुलसी के घर के पास ही छप्पर डालकर रहने लगा। वह अपने घर खाता और हुलसी के दरवाज़े पर हाजिरी बजाता।''

बच्चों की शैली में कही जाने पर भी टोडर को तुलसी की कहानी बड़ी ही रोचक प्रतीत हुई। तुलसी ने कहना जारी रखा–''परन्तु मुनियाँ के मन में घुरहू की तरह संतोष न था। वह हुलसी के साथ उसके मायके से आई थी और इसीलिए वह दासी से अधिक हुलसी की सखी थी और फिर तुम तो जानते ही हो कि रसशास्त्र में सखी के क्या कर्तव्य बताए गए हैं?''

''मंडन और शिक्षा''–टोडर ने ज़रा मुस्कराते हुए कहा।

"ठीक कहते हो, सो मुनियाँ बड़े हुलास से अपनी पति-परित्यक्ता हुलसी दीदी का नित्य फूलों से सिंगार करती थी। पुरोहितजी अपनी इस पत्नी को केवल पेट के लिए अन्न और शरीर के लिए साल में दो धोतियाँ ही देते थे। अतः यह पुष्पविलास मुनियाँ और घुरहू के उत्साह से ही चल पाता था। घुरहू पाण्डे नित्य सबेरे नदी-तट वाले बाज़ार की ओर निकल जाते थे और वहाँ दुकानदारों से झरी के नाम पर टिकुली, बिंदी, काजल, महावर, ईंगुर, सेंधुर आदि स्त्रियों की प्रसाधन सामग्री वसूल कर लाते थे और स्वामिनी की सेवा में प्रस्तुत कर देते थे। उधर मुनियाँ बड़े भोर में ही मालियों की निगाह बचाकर राजगुरु के उद्यान में घुस जाती थी और रंग-बिरंगे सुंदर-सुंदर फूल वहाँ से चुन लाती थी। दोपहर में गृहस्थी के कामकाज से छुट्टी पाकर वह फूल गूँथने बैठती थी। अपनी निराभरणा सखी-स्वामिनी को देखकर उसका कलेजा फट जाता था। वह स्वर्णाभरण के अभाव की पूर्ति पुष्पाभरण से करती थी। सिर से लेकर पाँव तक के लिए वह फूलों से ही कुंडल, ताटंक, हार, भुजबंध, कंकण, पाज़ेब, तगड़ी, किंकिनी, नुपूर आदि बनाती। नित्य ही शाम को अपनी स्वामिनी को वासकसज्जा की भाँति सजाती थी और नित्य ही प्रातःकाल उसके शाश्वत खंडिता रूप को देखकर दुःखी होने के बावजूद वह अपने दैनिक कर्तव्य में तनिक भी त्रुटि नहीं करती थी। दासी मुनियाँ अहीर थी और उसकी स्वामिनी ब्राह्मणी। परन्तु सामाजिक प्रतिबंधों का सबसे बड़ा विध्वंसक हार्दिक स्नेह होता है और साहित्यशास्त्र में तो सखी के दूती बन जाने पर भी कोई रोक नहीं, भले ही दूती के कर्तव्य सखी से भिन्न हों। सिखावन देना और सजाना यदि सखी के कर्तव्य हैं, तो विरह-निवेदन और दंपति का मिलन संघटित करना दूती की ज़िम्मेदारी है। क्यों टोडर भाई, फिर झपकी आ गई क्या? हुँकारी क्यों नहीं भरते?"

सचमुच किसी छोटे बालक की भाँति ही परम प्रौढ़ ज़मींदार टोडरराय आँखें मूँदे कहानी के रस में आकंठ डूबे जा रहे थे। वह तुलसी के प्रश्न पर चौंके, आँखें खोल दीं और मुस्कराते हुए जवाब दिया—"नहीं बाबाजी, भगवान् ने आपको अद्भुत शक्ति दी है। सचमुच अपनी कथा से आप आदमी को नचा सकते हो।"

"अच्छा अच्छा ठाकुर, ठकुरसुहाती रहने दो।"—तुलसीदास ने हँस कर कहा और फिर अपनी खंडित कहानी का सूत्र जोड़ने लगे। "सुनो, अब कहने में कोई हानि नहीं है। मैं तो नब्बे के फेर में पड़ ही चुका हूँ। अगले साल से सैकड़े का पेटा है।"

टोडर ने बात काटकर कहा—"बाबाजी, उसके बाद फिर इकाई है।"

"नहीं भैया, उसके बाद जीवित रहना शुद्ध बेहयाई है। अच्छा, कहानी सुनो। यह बात तो मैंने इसलिए कही कि तुम भी साठा पार कर सत्ता की कोठी में आ गए हो। अतः शरद् ऋतु का वर्णन करने में अब न मेरा कोई नुकसान है, न तुम्हारे ही लिए कोई खतरा। हाँ, तो वह कार्तिक मास था। वनों और उपवनों में शरदानिल क्रीड़ा नहीं कर रहा था, विधिवत् उपद्रव मचा रहा था। आकाश निरभ्र और दिशाएँ प्रसन्न हो उठी थीं। पारिजात कुंज में खंजन का कूजन मधु की वर्षा करता था, सुमनों का आमोद नासिका-रंध्र में प्रविष्ट होकर हृदय को बरबस गुदगुदा देता था। सहज स्फूर्ति उत्पन्न

करने वाले इन्हीं दिनों की बात है कि नित्य की भाँति उस दिन भी फूल चुनने के लिए मुनियाँ राजगुरु के उद्यान में गई। झाड़ी की ओट में छिपकर फूल चुनते-चुनते उसने सुना कि कहीं आस ही पास बगीचे के माली टहलू और फुलसी की मुँहलगी दासी झुनिया में कुछ बातें हो रही हैं। टहलू कह रहा था–"देखो झूना रानी! तुम मालकिन से कह देना कि अबकी टहलूराम कोई भारी चिह्न लेंगे। हाँ बड़े लल्ला के जनम समय का वादा है।"

"घबड़ाते क्यों हो, सब मिलेगा। हाँ, यह तो बताओ कि उस बाँझिन की टहलुई मुनियाँ अब तुम्हारे पास पूछताछ करने आती है कि नहीं?"--झुनियाँ ने पूछा। त्रिलोक और त्रिकाल के समस्त पुरुषों के दंभ का लेप अपने स्वर पर चढ़ाते हुए टहलूराम बोले–

"उसकी क्या मजाल जो मेरे रहते वह बगिया में पाँव भी रख सके। यहाँ आवे तो उसकी नाक ही न काट लूँ!"

क्रोध से मुनियाँ का चेहरा तमतमा उठा। वह वहाँ से बगटुट भागती हुई घर लौटी। बादलों की तरह भारी उसके चेहरे पर निगाह पड़ते ही हुलसी ने तत्काल ही समझ लिया कि मुन्नीदेई ने आज बगीचे में कोई न कोई ऐसी बात अवश्य देखी या सुनी है, जिसका सम्बन्ध मेरे हिताहित से है, सो हुलसी ने बड़े आग्रह से पूछा–"तुम मेरा ही मरा मुँह देखो जो सच सच न बताओ, तुम्हारा मुँह आज इतना भारी क्यों है?"

मुन्नीदेई ने किसी दानवी की तरह दांत किटकिटाते हुए उत्तर दिया–"मरे तुम्हारा बैरी! तुम्हारी वही कसम मुझे अच्छी नहीं लगती। कहूँ क्या, छोटी रानी को एक लड़का तो पहले से ही था। आज सुन कर आ रही हूँ कि दूसरे नन्दलाला भी औतार लेने जा रहे हैं।"

"यह तो बड़ी खुशी की बात है मुन्नी! अपनी वंशवृद्धि पर तो प्रसन्न ही होना चाहिए।"–हुलसी ने कोमल स्वर से कहा।

मुन्नी चमक कर बोली–"तुमसे जितनी खुशी मनाते बने मनाओ। मेरे मन में तो आग लग रही है, आग। हे भगवान्! यह कैसा कुन्याव है कि जेठी कोख रहे सूनी और लहुरी की भरे दूनी।"

हँसते हुए हुलसी ने मुन्नी को समझाया–"आज सबेरे ही कोई चुड़ैल तुम्हारे सिर आ गई क्या, राम के नाम पर कहो तो।"

मुन्नी ने अपने स्वर को तनिक भी मंद न करते हुए कहा–"झुनियाँ मुँझौसी की यह औकात कि वह मुझे बाँझिन की टहलुई कहे। यह सब तेरे करम का दोष है, लेकिन तुमको क्या कहूँ दीदी, तुम्हारे जैसी बुद्धू औरत जान-जहान में न होगी। भगवान् ने तुम्हें इतना गुन दिया है। बिधना ने जैसे तुम्हारा तन साँचे में ढाला है। तुम्हारा रूप ऐसा है कि अँधेरे घर में उसकी जोत से उजाला हो जाता है, लेकिन भगवान् ने ऐसा भकुआ स्वामी दिया जो कँवल को छोड़कर भटकटैया का भौंरा बना हुआ है।"

हुलसी पंडित की पुत्री थी, पंडित की पतोहू थी, पंडित की पत्नी थी और स्वयम् भी पंडिता थी। अतः मुन्नी की कंपित काया, उसके फड़कते अधर, स्फीत नासिका

रंध्र और उद्वेग से तमतमाए हुए उसके मुखमंडल पर दृष्टि जमाकर कुमारसम्भव के मदन-दहन प्रसंग के एक वाक्य की बार बार आवृत्ति करती हुई, हाथ जोड़कर वह कहने लगी–'क्रोधं प्रभो संहर संहरेति, क्रोधं प्रभो संहर संहरेति।'

अब मुन्नी को भी हँसी आ गई। उसने कहा–"दीदी, अगर तुम चाहे तो त्रिलोक को अपनी मुट्ठी में कर सकती हो। मुझे तो यही अचरज होता है कि तुम अपना यह भुवनमोहन जादू पंडित भकुआजी पर क्यों नहीं चलाती? जो हो, मैंने तो अब प्रतिज्ञा कर ली है कि अगर मैं असल जादव की बिटिया हूँ तो साल भर के भीतर ही भतीजा खेलाऊँगी।"

हुलसी का मुखमंडल सहसा विवर्ण हो उठा। गहरी वेदना की रेखाएँ चेहरे पर उभर गईं। उसने बड़े ही दुःखभरे स्वर में कहा–"मुन्नी, तुमने यह क्या कर डाला?" परन्तु मुन्नीदेई का उत्साह भंग न हुआ। उसने चहकते हुए कहा–"घबराती क्यों हो? भगवान् ने चाहा तो बरस भीतर ही मैं भी सोहर गाऊँगी।" और पागलों की तरह ताली पीट-पीट कर मुनियाँ गाने लगी–

'झूलैं चार ललना झुलावैं रानी पलना जगत जस छावइ हो।'

उसी दिन से फूलों के गहने गूँथने की जगह अपने विरह-निवेदन के दौत्य में विफल संघट्टन का सूक्ष्म जाल बुनने में मुन्नी व्यस्त हो गई। उसने घुरहू पाण्डे को अपना मंत्री बनाया। दोनों की सम्मिलित मंत्रणा यह हुई कि जैसे हो सके वैसे स्वामिनी का स्वामी से मिलन कराया जाए, परन्तु इस तरकीब से कि स्वामी को इसका पता न चले।

उक्त मंत्रणा के फलस्वरूप घुरहू पाण्डे रोज़-रोज़ जंगल में जाने और बनरखों से मेल बढ़ाने लगे।

मैं पहले ही कह चुका हूँ कि वह शरद्काल था। एक दिन हाँफते-हाँफते बनरखों ने आकर राजा को ख़बर दी कि एक सिंहनी अपने नर को कहीं खोकर अत्यंत उन्मत्तावस्था में राज-जंगलों में आ निकली है। उसके कारण जंगलियों की जान तो साँसत में पड़ी ही है, जंगल के आसपास बसे गाँव वाले भी अपना-अपना घर छोड़कर भागे जा रहे हैं।

राजा साहब को शिकार का बड़ा शौक था और उन्हें इस बात की शिकायत भी थी कि उनके जंगलों में शिकार के नाम पर केवल हरिन और वन-वाराह ही मिलते हैं। सो, सिंहनी के आने की सूचना पर उन्हें बड़ी प्रसन्नता हुई। उन्होंने तत्काल राजगुरु को बुलाकर शिकार-यात्रा का मुहूर्त पूछा। राजगुरुजी भली भाँति जानते थे कि ज्योतिष में अनुमान का महत्त्व कम नहीं होता। सिंहिनी की बात ठहरी, कुछ ऊँच-नीच हुआ तो ये कलियुगी राजा लोग साम-दाम-भेद को भुलाकर केवल दंड कराल ही जानते हैं। इसलिए उन्होंने मुहूर्त के झमेले में पड़ना उचित न समझा और तत्काल ही कह दिया– "मनोत्साहं च अंगिरा। सो महाराज, अंगिरा ऋषि ने कहा है कि जब जिस काम के लिए मन में उत्साह हो, वही उस काम का सर्वोत्तम मुहूर्त होता है। इसलिए सरकार शुभस्य शीघ्रम् करें।"

अब क्या था? नगर में डौंडी पिटवा दी गई कि राजाजी भोर में ही शिकार खेलने जाएँगे। उसी रात मुनियाँ ने हुलसी से कहा–"दीदी मैंने वनभैरो की मानता मानी थी, सो उसको पूरा करने की साइत कल ही है। चलो न, तुम भी दर्शन कर आओ। घुरहू दद्दा भी संग चलेंगे।" हुलसी ने मुन्नी का प्रस्ताव स्वीकार कर लिया।

दूसरे दिन सबेरा हुआ। घुरहू के सिर पर एक बड़ी-सी गठरी रखकर मुनियाँ हुलसी को लेकर चली। उधर राजाजी भी जंगल में पहुँचे। बेगार के लिए प्रजाजन रात ही पकड़ लिए गए थे। उन्हीं लोगों ने जंगल में परह बाँधा। एक ओर थोड़ा रास्ता खुला छोड़ दिया गया। उसी ओर से बनरखों ने ढोल, धौंसा, नगाड़ा आदि पीटना प्रारम्भ किया। मृग, वाराह, नीलगाय आदि छोटे-बड़े पशु उसी खुली राह से निकलने लगे। उनमें से बहुत से मारे भी गए, परन्तु सिंहिनी का दर्शन न मिला। थककर परह तोड़ने की आज्ञा दी गई।

उधर नगर से राजा की सवारी जंगल की ओर रवाना हो जाने के बाद एक बनरखा राजगुरु के घर पहुँचा। उसने उन्हें सूचना दी कि महाराज ने आपको जंगल में बुलाया है। आठ कहारों के कंधे पर पालकी लदवाकर राजगुरु उस बनरखे के साथ वन की ओर चले। 'क्यों भाई टोडर, तुम फिर मौन हो गए?' तुलसी ने कथा का क्रम भंग करते हुए कहा।

टोडर फिर चौंके, बोले–"गोसाईंजी, साँप को अपने जादू से नचा-नचा कर उसे डंडा तो मत मारो। बस जल्दी से कहानी खत्म करो कि पता चले कि अंत में क्या हुआ?"

"यह कहानी इतनी जल्दी समाप्त होने वाली नहीं है भाई, अच्छा सुनो।"–तुलसी ने पुनः कहना आरम्भ किया–'जब घुरहू पाण्डे हुलसी और मुनियाँ के साथ मध्य जंगल में पहुँचे तो वहाँ एक पुराने मकान के खँडहर को देखकर उन्होंने गठरी पटक दी और कहा कि मैं थक गया हूँ। थोड़ा विश्राम कर लूँ तो चलूँ। इतने में सिंह की दहाड़ सुनाई पड़ी। मुनियाँ ने हुलसी से कहा कि दीदी अब आगे जाने का काम नहीं है। हम लोग शायद जंगल में रास्ता भूल गए हैं। तुम खंडहर में चलकर बैठो और मुनियाँ ने खंडहर के भीतर एक प्रशस्त कोठरी में जिसकी दीवारों की चित्रकारी अब भी धूमिल नहीं पड़ी थी, हुलसी को ले जाकर बैठा दिया। वह कोठरी अपेक्षाकृत साफ़-सुथरी भी थी। वहाँ न जाने कब का चंदन की लकड़ी का बना हुआ एक पलंग भी पड़ा था। मुनियाँ ने उसे झाड़-पोंछ कर और गठरी खोल बिस्तरा निकाल उस पर बिछा दिया। इधर बाहर शेर की दहाड़ बंद हो गई और जिधर वह दहाड़ सुनाई पड़ती थी, उधर से ही एक बनरखा दबे पाँव निकल कर घुरहू के पास पहुँचा। दोनों में गुपचुप बातें हुईं। वह बनरखा चला गया और घुरहू ने अपनी छोटी-सी पोटली खोलकर उसमें से नक़ली दाढ़ी, मूँछ, जटा और गेरुआ वस्त्र निकाला। वह मनोयोग से अपना वेश बदलने लगा।

दूसरी ओर वन-पथ पर राजगुरु की सवारी चली आ रही थी। पालकी के बोझ से चँपे हुए आठो कहार हाँफते जा रहे थे। आगे आगे साथी बनरखा पथप्रदर्शन कर रहा था। सहसा उन्हें शेर के दहाड़ने की आवाज़ कहीं पास ही सुनाई पड़ी। वह नाद

सुनते ही कहारों के हाथ-पाँव फूल गए। उन्होंने काँपते हुए पालकी वहीं रख दी और भयभीत दृष्टि से चतुर्दिक् देखने लगे। पुनः सिंह-गर्जन सुनाई पड़ा। इस बार ऐसा जान पड़ा कि शेर इधर ही आ रहा है। अब तो साथ का बनरखा सिर पर पैर रखकर भाग चला। जानते ही हो कि पलायनवृत्ति कितनी संक्रामक होती है। सेना में एक सिपाही के भागते ही भगदड़ मच जाती है। सो, कहारों ने भी बनरखे का अनुकरण किया और देखते-देखते चारों ओर तितर-बितर होकर भाग गए। पालकी में बैठे राजगुरु दुर्गा का नाम स्मरण करने लगे। थोड़ी ही देर बाद उन्हें ऐसा प्रतीत हुआ मानो कोई पालकी के चारों ओर टहल रहा है। राजगुरु साँस रोककर आहट लेने लगे। त्यों ही एक तीखी दहाड़ के साथ उनकी पालकी को जोरदार धक्का लगा। राजगुरु संज्ञाशून्य हो गए। घुरहू के पास से आए हुए बनरखे ने पालकी में झाँक कर राजगुरु की दशा देखी और वह तुरत ही वहाँ से दौड़ चला।

राजगुरु बड़ी देर तक संज्ञाशून्य पड़े रहे। जब ज्ञान हुआ और उन्होंने अपने आपको सकुशल पाया, तो कुछ क्षण आहट लेने के बाद उन्होंने पालकी का दरवाज़ा खोला। झाँक कर बाहर देखा कि संध्या का अंधकार बढ़ता ही जा रहा है। चतुर्दिक् भीषण सन्नाटा छाया हुआ है। बीच बीच में कोई वन्य पशु बोल उठता है, तो जैसे सन्नाटे की छाती चीर जाती है। आत्मरक्षा के लिए राजगुरु आकुल हो उठे और धीरे-धीरे किसी सुरक्षित स्थल की शोध में चले। पूनों की तिथि होने के कारण शीघ्र ही वन में चारों ओर बड़ी ही चटकीली चाँदनी फैल गई, जिसमें समूचा जंगल माया-महल-सा दृष्टिगोचर होने लगा। इसी समय राजगुरु को जान पड़ा कि कहीं पास ही कोई रमणी बड़े ही मधुर कंठ से गा रही है। उसके विरह-गीत के भाव भी बड़े ही करुण हैं। राजगुरु उस स्वर लहरी में डूब से गए। ठीक उसी समय कोई शेर पुनः दहाड़ उठा। गीत तो तत्काल बंद हो ही गया, राजगुरु अपने को बिलकुल अरक्षित अवस्था में पाकर बहुत घबड़ाए। उसी समय चाँदनी में उन्हें कुछ दूर कोई जानवर उछलता-सा जान पड़ा। उस दिन राजगुरु दूसरी बार पुनः बेहोश हो गए। जब होश आया तो उन्होंने देखा कि जटाजूटधारी एक महात्मा उनके सामने खड़े कह रहे हैं– 'मा भैः। तुम कौन हो? यहाँ क्यों आए हो?'

राजगुरु ने अपना परिचय दिया। महात्माजी बोले–"सब जगदंबा की माया है। तुम अपने को राजगुरु बताते हो, परन्तु यह नहीं जानते कि तुम शिवजी के मणिभद्र नामक गण हो। तुमने अपनी पत्नी योगिनी मणिमेखला को अकारण ही सताया था, जिस पर महामाया ने तुम्हें शाप दिया था। तुम आज महामाया के वन में चले आए हो। इसीलिए भगवती ने तुम्हें इस संकट में डाल दिया है। तुम्हारा उद्धार तुम्हारी पत्नी मणिमेखला ही कर सकती है। देखो! वह देखो! मणिमेखला की प्रिय सखी भद्रा आ रही है। यही तुम्हें मणिमेखला के पास ले जाएगी। उससे तुम अपना अपराध क्षमा करवाओ। तभी अपना अवशिष्ट जीवन सुख-शांति से बिता सकोगे और परलोक में पुनः मणिमेखला से मिल सकोगे।"

बाबाजी अभी बातें कर ही रहे थे कि भद्रा पास आ गई। शरीर पर गेरुए रंग का वस्त्र, हाथ में चमकता त्रिशूल, लम्बे बिखरे काले केशपाश के बीच चौड़ी माँग में सिंदूर की मोटी-सी रेखा योगिनी के व्यक्तित्व को आकर्षक बना रही थी। बाबाजी के इशारे पर योगिनी चली और योगिनी के पीछे पीछे राजगुरु मंत्राभिभूत की भाँति चले।

दूसरे दिन सबेरा हुआ। राजगुरु की आँखें खुलीं। उन्होंने जंगल में अपने को घास के बिछौने पर पड़ा पाया। आस पास कहीं कोई भी न था। राजगुरु को प्रतीत हुआ कि उनका सिर बहुत भारी है, जिसमें किसी स्वप्न की स्मृति बोझिल होकर पड़ी है। उन्हें स्मरण आया कि रात में उन्होंने कोई बड़ा भयानक पर साथ ही बड़ा रंगीला स्वप्न देखा था। स्वप्न में वे एक योगिनी के साथ एक अत्यंत सुंदरी देवी के पास पहुँचाए गए थे। सुंदरी ने उन्हें अपना पति बताकर उनकी बड़ी सेवा की थी। उन्होंने उसे अपने हाथ की अँगूठी पहना दी थी, जिस पर उनका नाम अंकित था। उसी समय उन्होंने साश्चर्य देखा कि उनके हाथ में अँगूठी और कंठ में रत्नजटित रुद्राक्ष की माला नहीं है। अपना स्वप्न उन्हें सत्य-सा प्रतीत हुआ, परन्तु वे कुछ निश्चय न कर सके। उसी समय उन्होंने देखा कि उनके कहार पालकी लिए आ रहे हैं। राजगुरु किसी से बोले बिना ही चुपचाप पालकी पर सवार हो गए। पालकी घर की ओर चली।

उसी समय हुलसी के घर में मुनियाँ उससे कह रही थी–"देखो दीदी, अँगूठी और माला सम्हाल कर रखना। यही दिखाकर एक दिन तुम्हारे भकुआ महाराज को और भी भकुआ बनाऊँगी।"

कहानी कहते-कहते तुलसी ने देखा कि टोडर सचमुच खर्राटा भर रहे हैं। तुलसी चुप हो गए। उन्होंने बड़ी ही स्नेहपूर्ण दृष्टि से प्रस्तुत टोडर को देखा, फिर धीरे से उठकर उन्होंने दीपक की लौ मंद कर दी और अपनी चौकी पर आकर ध्यानावस्थित बैठे रहे।

सुमति हियँ हुलसी

रसाल की डाल पर मंजरियों के अंतराल में कोकिल का स्वर पंचम पर जाकर दसों दिशाओं में गूँज उठा–कुहू-कू!

सामने ही इमली के पेड़ पर बैठे हुए उल्लू ने पधारकर जैसे जवाबी ध्वनि की–धूध-धूध-धू!

सरोवर में पंख फटफटाकर हँस ने भी जैसे उल्लू और कोकिल के विवाद में विरक्त मध्यस्थता की, विवश कामना प्रकट की।

चौकी पर बैठे हुए तुलसीदास प्रयत्न करने पर भी ध्यानस्थ न हो सके। फागुनी बयार से हरी और तारों भरी वह मदमस्त रात चौपाल से उठकर निरन्तर गूँजनेवाली चौताल की ध्वनि का स्पर्श पाकर जैसे काँप-काँप उठती थी और उसी के साथ चर

और अचर भी सिहर जाते थे। चौपाल या चौताल में राम के होली खेलने का वर्णन किया जा रहा था–

'होरी खेलैं रघुबीरा
अवध में, होरी खेलैं रघुबीरा।'

तुलसी ज़रा ध्यान से सुनने लगे–

'राम के हाथे कनक पिचकारी
लछिमन हाथे अबीरा
अरे लछिमन हाथे अबीरा।'

स्वर-लहरी ने जैसे वातावरण को झकझोर दिया। तुलसी का रोम-रोम रस से आप्लावित हो गया। अधरोष्ठ पर मंद मुसकान की एक रेखा-सी खिंच गई। लीलानन्द की रसानुभूति में वे ऊभचूभ होने लगे, परन्तु जैसे कोई अगम अगाध में डूबता-उतराता हुआ लहरों द्वारा सहसा तट पर फेंक दिया जाए, वैसे ही तुलसी की रसोपलब्धि भी उनके हृदय से तिरोहित हो गई और उन्होंने अपने को शुष्क वातावरण में पाया। वह विकल होकर सामने क्षितिज की ओर शून्य में एकटक देखने लगे। उनकी आँखें खोई खोई-सी अनंत आकाश में प्रवहमान चेतना में किसी विद्युत्कण का स्पर्श पाकर सहसा वैसे ही प्रकाश से भर गईं जैसे बिजली का बटन दबाते ही बल्व जल उठता है।

उस प्रकाश में उन्हें ऐसा प्रतीत हुआ मानों कोई नारी-मूर्ति हवा में तैरती हुई-सी चली जा रही है। अपनी बूढ़ी आँखों को श्रमान्वित समझकर उन्होंने अंगोछे से उन्हें पोंछ लिया और फिर ध्यान से देखा तो स्पष्ट ही चने, तीसी और सरसों के खेतों की हरियाली की ओट लेती हुई कोई स्त्री जल्दी-जल्दी क़दम बढ़ाए जा रही है। उन्हें संदेह-सा हुआ कि यह वास्तव में नारी न होकर कोई अशांत अशरीरी आत्मा है। पुनः तत्काल ही उन्होंने सोचा कि मैं रामदास हनुमान् का आजीवन उपासक रहा हूँ और आज ही केसरीकुमार के विग्रह की मैंने स्थापना की है, भूत-पिशाच मेरी दृष्टि में आ कैसे सकते हैं? निश्चय ही यह कोई अपदेवता न होकर हाड़-मांस की नारी ही है। युवती प्रतीत होती है। बूढ़ी स्त्रियाँ इस वायुवेग से नहीं चला करतीं। फिर यह मधुमास है। पुराने वृक्ष में भी नयी कोपलें निकल रही हैं। हो न हो यह कोई अभिसारिका ही है। उसकी ओर से तुलसी ने बर्बर दृष्टि हटा ली।

उनके जीवन में अब तक जितनी नारियाँ आईं, वे सभी उनके हृदय पर तप्त शलाका का स्मृति-चिह्न छोड़ गईं, श्रेयसी माता से लेकर प्रेयसी पत्नी तक।

तुलसी की बढ़ती हुई विकलता ने उन्हें बैठने न दिया। वे उठकर टहलने लगे और टहलते-टहलते ही गणपति सरोवर की ओर जा निकले। उल्लू और कोकिल का विवाद पुनः आरम्भ हो गया था, हंस भी पुनः उसमें हस्तक्षेप करने के लिए प्रस्तुत हो रहा था कि तुलसी के कर्णपुट किसी की कर्कश कंठ-ध्वनि से काँप उठे। केवल गले से ही नहीं बल्कि पेट तक से आवाज़ निकालने का प्रयत्न करता हुआ कोई कह रहा था–'आज वक्त कि सिपर वह शमशीर हमायल कर्दभ गाह वा दुश्मने खुद पुश्त ना

नमूदह।' (जब से मैंने पेटी में ढाल तलवार बाँधी है, तब से अब तक किसी दुश्मन को पीठ नहीं दिखाई।)

तुलसी ने समझ लिया कि कोई तुर्क सिपाही है, जो अपने किसी साथी से डींग हाँक रहा है। परन्तु उसके जवाब में किसी को व्यंग्य से गुनगुनाते हुए जवाब देते सुन उन्हें आश्चर्य हुआ और वह आश्चर्य और भी बढ़ गया, जब उन्होंने समझा कि गुनगुनाहट का स्रोत कोई नारी-कंठ है, जिससे कल-कल ध्वनि छलक रही है–

थे यारी कुनद भिगफरो जोशनम्।
चूँ बारी ना कर्द अख्तरों रोशनम्।।

शिरस्त्राण और कवच क्या सहायता कर सकते हैं, यदि ईश्वर ही भाग्य के नक्षत्र को न चमकाए। न चाहते हुए भी तुलसी दोनों की बातें सुनने लगे। नारी कह रही थी–''बेशक तुम बड़े बहादुर हो तभी तो चुपके चुपके बंगाल जाने की तैयारी कर ली। ख़ुदा भला करे दरिया बीबी का कि उस बेचारी ने तुम्हारी चालबाजियों से मुझे आगाह कर दिया।''

उत्तर में वही कर्कश पुरुष स्वर सुनाई पड़ा–''यह तो तुम ग़लत कहती हो शबनमुन्निसा, तुम से छिपकर भागता होता तो तुम्हारे बुलाने से इस वक्त मैं यहाँ क्यों आता?''

''तुम आए हो मुझे फिर धोखा देने। कह रहे हो कि बंगाल में अफ़गानों से जंग होने वाला है, और तुम्हें भी वहाँ जाने का शाही फर्मान मिला है। मगर क्या सचाई यही है?''

''तो क्या मैंने तुमसे कुछ झूठ कहा है?''

''अपने दिल से पूछो। मगर वह भी तो इस वक्त तुम्हारे पास नहीं रह गया है। शायद तुमने उसे शाहजादी माहबानू के पास भेज दिया है, जिसके पास तुम खुद जाने के लिए बेकरार हो। शाही खानदान में रिश्ते का यह नायाब मौका मिला है। हूर वश बीबी के साथ ही जागीरें मिलेंगी, मनसब बढ़ेगा, इसीलिए ज़रूरी है कि मिर्ज़ा सिराज बेचारा शबनम को जलाए।''

''यह तुम्हारा वहम है बानू, शायद उस शैतान की खाला दरिया बीबी ने तुम्हें यह पट्‌टी पढ़ाई है। तुम जानती हो कि वहम की दवा लुकमान के पास भी नहीं।''

''लुकमान के पास भले ही न हो तुम्हारे पास तो है।''

''वह क्या? मैं तुम्हारा वहम कैसे दूर कर सकता हूँ?''

''मुझसे निकाह करके।''

''वह तो मैं करूँगा ही, मगर जानती हो कि मैं चुग़ताई तुर्क हूँ और शादी के लिए बादशाह से मंजूरी लेना मेरे लिए ज़रूरी है।''

''मगर यह मंजूरी लेना क्या उस वक्त ज़रूरी न था, जब तुमने मुझसे मुहब्बत की थी। मेरे पेट में तुमने जो गठरी बाँध दी है, वह जब खुलेगी तब मैं उसमें से निकलने वाले माल का मालिक किसे बताऊँगी? क्या वह लावारिश माल न समझा

जाएगा और क्या तब मैं भी चोर न ठहरायी जाऊँगी? क्या यह ज़रूरी नहीं कि अब तुम मुझे निकाह में ले लो और मेरी इज़्ज़त बचाओ।''

रसाल की डाल पर बोलते-बोलते कोयल जैसे थक कर चुप हो गई। उल्लू का घिघियाना जारी रहा। सिराज ने शबनम को समझाने का प्रयत्न किया–

''बंगाल की मुहिम खत्म होते ही आकर तुमसे निकाह करूँगा। तब तक खामोश रहना ही अच्छा है।''

''बंगाल की मुहिम तो पीछे सर होगी, पहले मैं ही यहाँ वह जंग मचा दूँगी कि बदनामियों से लहूलुहान होकर तुम कहीं मुँह दिखाने के काबिल न रहोगे।''

''तब सुनो शबनम, तुम जानती हो कि मैं खास बल्ख का चुग़ताई तुर्क हूँ, बादशाहे वक्त के खानदान में पैदा हुआ हूँ। मेरी शादी तो शाहजादी से ही होगी। तुमसे निकाह करके मैं अपनी खानदानी इज़्ज़त नहीं खो सकता।''

''तुम भी समझ लो सिराज कि अगर तुम बल्खी तुर्क हो तो मैं भी ईरानी तुर्कमान हूँ। खानखाना बैरम खाँ की औलाद में से हूँ। आज हमारे खानदान का सितारा ज़रूर गर्दिश में है। मगर यह न भूलो कि मेरे ही खानदान ने तुम्हारे खानदान को उस वक्त हिन्दुस्तान की सल्तनत बख्श दी जब कि अफ़गानी गर्दिश में पड़कर आफ़ताबे मुग़लिया को मेरे वतन में ही पनाह मिल सकी थी।''

''बहुत बढ़-बढ़कर बोलने लगी है बदकार, तो जा दुनिया से हमेशा के लिए।''

जोरदार छपाके की आवाज़ आई, जैसे कोई भारी चीज़ पानी में फेंकी गई हो। तुलसीदास तेजी से आगे बढ़े। उन्होंने देखा कि खसखसी लाल दाढ़ी वाला एक नौजवान तुर्क तालाब के किनारे खड़ा खिलखिलाकर हँस रहा है, एक सुंदरी युवती पानी में गोता खा रही है और अब डूबने ही वाली है। तुलसी ने युवक को घृणा से एक नज़र देखा और फिर स्वयं झम्म से पानी में कूद पड़े।

युवती का सारा शरीर जल में डूब चुका था, केवल उसके लम्बे-लम्बे काले बाल बिखर कर सिवार की तरह पानी के ऊपर फैले हुए थे। वही चोटी तुलसी के हाथ लगी। उन्होंने सारा बल लगाकर उसे ऊपर उभारा। सिर पानी के ऊपर निकल आया, जिसे वैसे ही उभारे हुए वे किनारे की ओर तैर चले।

पिच्छिल तट की काई पर फिसलते हुए बड़ी कठिनाई से भारी बोझ उठाए तुलसीदास घाट पर आए और बड़े यत्न से उस अचेतन शरीर में प्राण फूँकने की चेष्टा करने लगे। उनका प्रयत्न सफल हुआ। युवती के पेट से पानी निकल जाने पर उसने चेत में आकर आँखें खोल दीं।

अब तक तुर्क युवक खड़ा तमाशा-सा देख रहा था। युवती को होश में आते देख ज्यों ही उसने चलने के लिए पीठ फेरी त्यों ही युवती ने उसे चिल्लाकर रोका–''कहाँ चले? मैं तुझे छोड़ने वाली नहीं।''

युवक ने उसकी ओर घूमकर देखने की भी आवश्यकता न समझी और तेजी से आगे बढ़ा। तुलसी ने लपक कर उसके कंधे पर हाथ रख दिया।

युवक ने अपनी गति संयत की और ठमक कर खड़ा हो गया। उसने क्रोधपूर्ण दृष्टि से तुलसी को घूरते हुए कहा–"दूर हट काफ़िर। जा अपना काम देख। इस फाहिशा औरत के माशूकाना चोचलों के चक्कर में न पड़।"

मगर तुलसी ने उसके कंधों पर से हाथ हटाए बिना ही उत्तर दिया–"नौजवान ज़रा गौर से सुनो, यह किसी माशूक की नहीं, बल्कि एक माँ की दर्दभरी आवाज़ है, जिसे तुम ठुकरा रहे हो।"

"माँ की आवाज़ है?" युवक ने साश्चर्य पूछा। "हाँ, तुम्हारे होने वाले बच्चे की माँ, तुम्हारे बच्चे की ही भलाई के लिए तुमसे निकाह की भीख माँग रही है।" तुलसी ने स्निग्ध स्वर में उत्तर दिया। युवक ने कहा–"इस औरत से मेरा कोई सरोकार नहीं। इसके पास मैं खुद नहीं गया। यही मेरे पास आई थी।"

"यही तो स्वाभाविक है, नौजवान। तुमने अमीर खुसरो का यह कलाम नहीं सुना है क्या–

इश्क अव्वल दर दिले माशूक पैदा भी शवद,
तान सोजन शभअ के परवाना शैदा भी शवद।
पहिले तिय के हिय में उमगत प्रेम-उमंग,
आगे बाती बरति है पाछे जरत पतंग।।

नौजवान तुम नहीं जानते, मैं जानता हूँ कि उस बच्चे की कैसी दुर्दशा होती है, जिसे उसका बाप ही ठुकरा देता है। किसी भी बाप के लिए यह महापाप है कि वह एक प्राणी की सृष्टि तो कर दे और फिर दर-दर की ठोकरें खाने के लिए उसे दुनियाँ में बेसहारा छोड़ दे। भगवान् के यहाँ इसकी बड़ी कड़ी सज़ा मिलती है जवान।"

"क्या सज़ा मिलती है?"

"सुनोगे। अच्छा तो एक कहानी सुनो। तुम्हारे ही जैसा एक आदमी था। उसने दो ब्याह किए थे। मगर पहली स्त्री को छोड़कर वह अपनी दूसरी ही पत्नी के साथ रहा करता था। पहली स्त्री की सखी ने बड़ी होशियारी से अपनी सखी की मुलाकात उसके शौहर से करवा दी और शौहर को मालूम भी न हो सका कि वह अपनी ही पत्नी से मिल रहा है। विदा होते समय उसने अपनी उस पत्नी को अपनी ही अँगूठी और माला दे दी। कुछ दिनों बाद पहली पत्नी को लड़का पैदा हुआ। नौकर यह ख़बर लेकर उस आदमी के पास गया। बेटा होने की बात सुनकर वह बहुत बिगड़ा और कहने लगा कि वह मेरा लड़का ही नहीं। जब नौकर ने समझाना शुरू किया तो उसने क्रोध से उसके ऊपर खड़ाऊँ फेंककर उसे इतनी जोर से मारा कि वह बेचारा बूढ़ा ब्राह्मण वहीं ठंडा हो गया। फिर ब्राह्मण की हत्या के पाप का फल यह हुआ कि अफ़गानों के एक दल ने उसका घर लूट लिया और सपरिवार उसकी हत्या कर दी। सौरी में पड़ी हुई नारी ने बड़े ही दुःख के साथ अपना बच्चा अपनी सखी को सौंप दिया और चुपचाप इस दुनियाँ से सदा के लिए विदाई ले ली। इस पाप की यही ईश्वरीय सज़ा है, नौजवान। इसलिए तुम इस औरत को स्वीकार करो।

इसके पेट में तुम्हारी औलाद है। इस सत्य को स्वीकार करके माता के पद की इज़्ज़त करो।''

तुलसी की वाणी से प्रभावित युवक मौन ही रहा। तब तुलसी ने फिर कहा–''माँ की इज़्ज़त कैसे करना चाहिए यह स्वर्गीय बादशाह अकबर पहले ही बता चुके हैं। जानते हो! एक बार अपनी माँ को कश्मीर बुलाने के लिए उन्होंने जो पत्र भेजा था, उसमें उन्होंने लिखा था–

हाजी बसूए काबा रवद अज बराए हज,
या रब बुवद कि काबा बआयद बसूए मा।।''

–(हाजी, हज के लिए काबा जाते हैं, हे भगवान् मेरा काबा ही मेरे पास आ जाए।)

''तुम ठीक कहते हो, फ़कीर। मैं ही ग़लती कर रहा था। आओ शबनम चलो काजी के पास। इसी वक्त निकाह होगा।''

सिराज ने शबनम का हाथ पकड़ा। शबनम ने कृतज्ञता भरी दृष्टि से तुलसी की ओर देखकर उन्हें सलाम किया। दोनों चुपचाप तालाब के किनारे-किनारे चलते हुए वृक्षों की झुरमुट के पीछे गायब हो गए।

तुलसी कुछ देर तक उसी ओर खड़े देखते रहे। फिर सहसा उन्हें अपने सारे शरीर में सिहरन-सी मालूम हुई। उनके पैर लड़खड़ाए। वे वहीं भूमि पर बैठते-बैठते एकदम लेट गए। आकाश में अस्त होते हुए चन्द्रमा ने देखा कि तालाब में एक हंस सो रहा है और तालाब के तट पर एक परमहंस मूर्च्छित पड़ा है।

कहानी

मानवीय विश्लेषण

सबेरे 4 बजे से शाम 7 बजे तक नौकरी-फल प्राप्ति की। लेकिन पूरा पंचकोसी दौरा समाप्त कर जब मैं घर लौटा तो पैर अकड़ा और सिर सँकड़ा जान पड़ा। थकावट उतारने के लिए एक गिलास मिर्च का शर्बत पीकर गहरी डकार ली और तब दिन भर की कमाई जाँचने के लिए ज़ेब में हाथ डाला। मेरी ज़ेब में न सावरेन था, न पिस्तौल। न रूबल न येन, न रुपया न पैसा, न धेला न कौड़ी। कहने का तात्पर्य यह कि देशी अथवा विदेशी नवीन या प्राचीन किसी किस्म का सिक्का मेरी ज़ेब में बरामद न हो सका। मेरी ज़ेब की दशा उस दिवालिए बंक जैसी थी जिसमें से सिक्के निकल गए हैं और काग़ज़ों का कूड़ा बच रहा है। मेरी ज़ेब से भी केवल काग़ज़ ही निकले—लाल, हरे, नीले, पीले, रंग-बिरंगे। मेरी आदत ही कुछ ऐसी है कि जब मैं घर से बाहर निकलता हूँ तो रास्ते में जितनी नोटिसें मिलती हैं, सबको बिना पढ़े ज़ेब में जमा करता जाता हूँ और घर लौटने पर एक-एक को गौर से पढ़ता हूँ। शायद कभी कोई प्रामेसरी नोट ही हाथ लग जाए। वैसे तो कूड़े के ढेर में हार और गुदड़ी में लाल बहुतों ने सुना होगा।

पहिली नोटिस पेटेन्ट दवा की थी। दवा का नाम था 'आगबबूला' उसकी तारीफ़ में जिन दलीलों से काम लिया गया था, उनमें यह सबसे जबरदस्त थी कि धन्वन्तरि के ज़माने से आज तक जितनी दवाएँ तैयार की गई हैं, उनका प्रधान गुण अमृत होना कहा गया है। अमृत का गुण है मुरझे को खिलाना और मरे को ज़िलाना। ऐसी हालत में वे दवाएँ किसी रोग पर काम नहीं कर सकतीं। उलटे रोग को ज़िलाए रखती हैं। रोग को समूल भस्म कर देने वाली यह पहिली दवा है 'आगबबूला'। दूसरी नोटिस और भी अनोखी थी। उसमें एक तेल का विज्ञापन किया गया था। विज्ञापनदाता ने तेल का नाम रखा है 'ब्रह्मद्रव'।

तीसरा विज्ञापन 'कामिनी-मद-मर्दन' नामक प्रबल बाजीकरण का था। यदि विज्ञापक का कहना सच हो तो यही एक दवा थी, जिसने महाराज दशरथ को 10 हज़ार रानियाँ रखने योग्य बनाया था। इसी के बल पर श्रीकृष्ण अच्युत हुए थे। हिन्दू वाजिद अली शाह, महाराज भोज को यह प्राणों से प्यारी थी। हिमालय की दुर्गम कन्दरा में दस लाख वर्ष तक एकासन बैठकर तप करने वाले किसी

महात्मा ने स्वयं जितेन्द्रिय होने के कारण यह अमूल्य नुस्खा विज्ञापक को बतला दिया था।

चौथी नोटिस बड़े काम की थी। शायद यही वह प्रामेसरी नोट था जिसकी तलाश में मैंने आज तक अपना खून पानी किया था। मैंने उसे पढ़ा, फिर पढ़ा और अनेक बार पढ़ा। वह नोटिस यह थी–

जानिये! अपने को! पहचानिये!

अपने को जानना ब्रह्म को पहचानना है!

महाशय,

आप अपनी माँ को, बाप को, बेटे को, शत्रु को पहिचानते हैं। पर क्या यह जानते हैं कि आप कौन हैं? क्या कभी आपने अपने आपको जानने की कोशिश की है? आपके बदले में मैं ही इस प्रश्न का उत्तर देता हूँ और कहता हूँ कि आप अपने को नहीं पहचानते और यही कारण है, जो जीवन में आप अब तक सफलता न प्राप्त कर सके। यदि जीवन में सफलता चाहते हैं तो आपके लिए यह स्वर्ण संयोग उपस्थित है। आइये और 10) में अपने आपको पहिचान जाइये। यह आपका भाग्य है जो प्रो. दिव्यचक्षु सोहं स्वामी विज्ञानवारिधि एम.ए. (टिम्बकटू) पी-एच.डी. (लिन्पोपो) आपके नगर में आये हुए हैं। प्रोफेसर साहब साइंस के डॉक्टर हैं और मानवीय विश्लेषण में आपको कमाल हासिल है।

मिलने का समय और पता–रात 10 से सुबह 3 तक

बाँस का फाटक डी. $71\frac{1}{2}$/0032 बनारस

घड़ी में नौ बज रहा था। इस नोटिस ने हृदय कलिका को खिला दिया। बुद्धि ने कहा–"एक बार प्रोफेसर साहब से अवश्य मिलो। सम्भव है बेकारी से छूटने का कोई उपाय बतला दें। मैंने अपनी कुबड़ी उठाई और टहलते हुए प्रो. दिव्यचक्षु की लेबोरेटरी की ओर चला। रास्ते भर एक ही विचार दिमाग में तेली के बैल की तरह कावा काट रहा था। मैं बार-बार सोचता था कि प्रोफेसर साहब की फीस तो है 10) और मेरी ज़ेब में एक पैसा भी नहीं। किन्तु अपनी बुद्धि पर मेरा कुछ अन्धविश्वास-सा था। मेरी ज़िन्दगी में ऐसे मौके कसरत से आये हैं जबकि यह बेचारी मेरे आड़े आई है; मुश्किल आसान किया है। हे प्रभो आनन्ददाता! तेरा ही भरोसा है! तू ही वह सिकलीगर है, जो अकल की कैंची और ज़बान के सरौते पर सान धरता है; उन्हें तेज करता है। इस वक्त जेहन कुन्द हो रहा है। ज़रा इसे तेज कर दे। फिर एक नहीं, एक दर्जन दिव्यचक्षुओं से मैं निबट लूँगा। मैंने ख़ुदा की याद में आसमान की ओर सिर उठाया। सामने प्रोफेसर के नाम की तख़्ती लगी थी।

प्रोफेसर दिव्यचक्षु सोहं स्वामी का कमरा बाकायदे सजा हुआ था। ज़मीन पर मारबल पत्थर बिछे हुए थे। बीच में गोल टेबुल था जिस पर तरह-तरह के औजार बिखरे पड़े थे और एक मोटा सा रजिस्टर अपनी बोझ से टेबुल का एक कोना ज़रा झुकाए हुए था। शेक्सपियर ने आदमी की कई हालतों का जो वर्णन किया है, उसकी तस्वीरें दीवार पर टँगी थीं। सामने काला परदा पड़ा था। दाहिनी ओर करीब एक दर्जन कुरसियाँ करीने से रखी हुई थीं। कोने में एक छोटी सी मेज़ के सामने एक बड़ी सी कुरसी पर कोई लक-लक जीव विराजमान थे। कमरे में बिजली का हल्का प्रकाश फैल रहा था। मैंने समझा यही प्रोफेसर दिव्यचक्षु हैं। कमरे की झुटपुटी रोशनी में उनकी आँखें उल्लू-सी चमक रही थीं। मैंने उन्हें बाअदब सलाम किया।

वे बोले–"आप कौन हैं?"

"यही जानने के लिए तो दरे दौलत पर हाजिर हुआ हूँ।"

"बैठ जाइए। अभी नौ बजे हैं। प्रोफेसर साहब ठीक दस बजे आ जाएँगे।" मैं डरते-डरते कुर्सी पर बैठ गया। ज़ेब खाली रहने से मन में डर भरा रहता है। लेकिन फिर भी हिम्मत बटोर कर कमरे के ऐक्टिंग मालिक से मैंने अर्ज किया–प्रो. हुजूर से क्या रिश्ता है?

"जी, क्या कहा आपने?"

मैंने अपना प्रश्न दुहरा दिया। वे कुछ सोचकर बोले–

"वैसा कुछ खून-माँस का रिश्ता नहीं है...।"

"खैर, आग-पानी का ही सही। प्रोफेसर साहब हुजूर कौन होते हैं?"

वह गौर में पड़ गए। मैंने अपने कान उनकी तरफ इस तरह कर दिए कि उनके मुँह से लफ़्ज निकलते ही वे लोग आखिर उन्होंने झिझकते हुए कहा–

"मैं उनका प्राइवेट सेक्रेटरी हूँ।"

"वल्लाह! तो यों कहिये कि आप सब कुछ हैं। प्राइवेट सेक्रेटरी के माने–बीबी का प्यार, बच्चों का दुलार, माता सेवा, पिता का आशीर्वाद, यहाँ तक कि नाऊ, धोबी, रसोइया, कहार..."

मेरी बातें नौजवान को कुछ खट्टी-सी लग रही हैं। अपनी बातों का सिलसिला इसी तरह जारी रखेगा तो वह कुर्सी नौजवान छोड़कर भाग निकलेगा। हुआ भी ऐसा ही वह, सेक्रेटरी कुरसी छोड़कर यकायक खड़ा हो गया और यह कहते हुए कि अभी आता हूँ, काले परदे के पीछे गायब हो गया।

मेरे में जो कुछ अच्छी आदतें हैं। उनमें एक यह भी है कि मैं जीते जागते, अपने होश-हवाश में कभी एक मिनट भी चुप नहीं रह सकता। इस सूने कमरे में मेरी हालत राबिन्सन क्रूसो जैसी हो गई थी। न कोई संगी, न साथी। तबीयत बेचैन होने लगी तब मेरी निगाह टेबुल पर पड़े हुए रजिस्टर पर पड़ी, मैंने सोचा–चलो तब तक इसी के पन्ने उलट कर तबीयत बहलाऊँ।

पहिला पन्ना खोलते ही आँखें खुल गईं। यह वह रजिस्टर था जिसमें प्रोफेसर अपने मरीजों का नाम, पता और विश्लेषण (Analysis) का नतीज़ा दर्ज करता था। इस पन्ने पर एक देशी राजा साहब की जाँच का नतीज़ा था। दो लाइनों में लिखा जाने वाला राजा साहब का नाम इन्द्र, महेन्द्र, नरेन्द्र, सुरेन्द्र से शुरू होकर बाल-उल-नाक सरकार-ए-बरतानियाँ पर खत्म हुआ था। होशियार प्रोफेसर ने राजा साहब के स्वभाव का विश्लेषण कर जो नतीज़ा दर्ज किया वह इस तरह था–

खुदगरजी–	10%
ऐयाशी–	50%
हाँ, हुजूरी–	25%
आदमीयत–	5%
क्रूरता–	10%

दूसरा नम्बर कौम के जाँनिसार एक कांग्रेसी लीडर का था। उसके लिए प्रोफेसर ने लिखा था–

सच्चाई–	50%
खुदगरजी–	30%
छल–	7%
यशलोलुपता–	5%
कष्टसहिष्णुता–	8%

तीसरा नाम किसी मुस्लिमलीगी शेर का था, जिसके जंगली स्वभाव का वर्णन इस तरह किया गया था–

ख़ुदापरस्ती–	5%
खुदपरस्ती–	60%
धर्मान्धता–	2%
बेवकूफ़ी–	8%
हिमाकत–	6%
कष्ट सहिष्णुता–	1%

चौथे सज्जन सनातनी शास्त्री लीडर थे। इनके लिए लिखा था–

अर्थलोभ–	60%
पाखंड–	20%
अविवेक–	9%
विद्या–	4%
भीरुता–	6%
धर्मप्रेम–	1%

पाँचवें पन्ने पर किसी सिनेमा स्टार की हुलिया इस तरह लिखी गई थी–

शारीरिक सौन्दर्य–	40%
मानसिक सौन्दर्य–	1%
कला ( )–	9%
विलासिता–	50%

घड़ी टन-टन दस बार बोली, मैंने रजिस्टर बन्द कर दिया। इतने में काला परदा हिला और उसमें से आगे प्रोफेसर और पीछे प्राइवेट सेक्रेटरी कमरे में दाखिल हुए। प्रोफेसर ने एक बार सिर से पैर तक मुझे घूरा और फिर बोला–"आप यह जानना चाहते हैं कि आप कौन हैं?"

"इसीलिए हाजिर हुआ हूँ।" मैंने नम्रतापूर्वक कहा।

प्रोफेसर सेक्रेटरी से फीता निकालने के लिए कहकर मुझसे बोला–"आप खड़े हो जाइए।" मैं खड़ा हो गया। प्रोफेसर ने फीते से मेरा हाथ पैर, नाक, मुँह सब नाप कर मुझसे पूछा–"आपने कहाँ तक पढ़ा है?"

"बी.ए. पास कर चुका हूँ।" मैंने कहा।

प्रोफेसर सेक्रेटरी की ओर घूमकर बोला–"लिखो, विद्या 20%।" फिर मुझसे पूछा–"कहीं नौकरी की थी?"

"एक सौदागर के आफिस में नौकर था। कभी-कभी जाने में देर हो जाती थी इसलिए इस्तीफ़ा दे दिया।"

प्रोफेसर ने कहा–"लिखो, सुस्ती और गफ़लत, 30%।"

मैंने चिल्लाकर कहा–"जनाब, मैं सुस्ती की वजह से नहीं निकाला गया, बल्कि उसकी जोरू मुझ पर बुरी निगाह रखती थी। मेरा मालिक भी परले सिरे का हरामी था। इसीलिए मैंने नौकरी छोड़ दी।" प्रोफेसर गरजा–"लिखो, नमक हरामी 50%।"

मैंने कहा–"अब बस कीजिए। आपने जो कुछ जाँच किया है उसका सर्टिफिकेट दे दीजिए।"

"रुपया निकालिए।"

"रुपया तो नहीं लाया हूँ।"

"अच्छी बात है, कल रुपया ले आइएगा और इसे ले जाइएगा।" कहकर प्रोफेसर वहाँ से चला गया। मैं उदास मन किये वहाँ से बाहर निकला। अब दस रुपये की फ़िक्र पड़ी। पहिले तो सोचा–खैर, इसे लेकर क्या करूँगा? फिर तुरत ख्याल आया कि नहीं, सर्टिफिकेट है–ज़रूरी चीज़ है। वक्त-बेवक्त काम आ सकता है। इसलिए रुपये का इन्तज़ाम करना चाहिए। इसी उधेड़बुन में पड़ा था कि एक पुराना दोस्त दिखाई पड़ा। उनसे खुशामद कर लिया और लौट कर प्रोफेसर के यहाँ आया। प्रोफेसर मौजूद न था। सेक्रेटरी ने कहा–"रुपया लाए?"

"जी हाँ।"

"अच्छा तो सर्टिफिकेट ले जाइए।"

मैं सलाम कर चलने को घूमा त्यों ही प्रोफेसर आ पहुँचा।

"इन्होंने रुपया दिया?" प्रोफेसर ने सेक्रेटरी से पूछा।

"जी हाँ, मैंने सर्टिफिकेट भी दे दिया।"

"ठीक, ठीक, ज़रा सुनिये तो।" प्रोफेसर ने कहा–"सर्टिफिकेट की सब बातें काट कर लिख दीजिये–

"बेवकूफ़ी–सेन्ट परसेन्ट!"

(1 जनवरी, 1940, ख़ुदा की राह पर)

अलाप की उत्पत्ति कोतवाल पाण्डे

तानसेन की ख्याति भारत-व्यापी हो गई थी। दूर-दूर से उसकी ख्याति सुनकर बड़े-बड़े कलावन्त आते परन्तु तानसेन के सामने तक न जाने पाते। दिल्ली के गली-कूँचे में, कारवाँ सराय में, जामा मस्जिद में हर कहीं निठल्लों के हैरत से वे तानसेन का बखान सुनते और दहल जाते।

जामा मस्जिद में जुमा की नमाज़ आरम्भ होने में कुछ देर थी? नमाज़ियों के झुंड चले आ रहे थे। नमाज़ की प्रतीक्षा में बैठे कुछ दिलदार समय काटने के लिए बादशाह अकबर की आलोचना कर रहे थे।

एक मुल्ला ने दूसरे मुल्ला की दाढ़ी से अपनी दाढ़ी मिलाते हुए धीरे से कहा– "बादशाह तो आधा काफ़िर हो गया। इस शैतान तानसेन ने अपनी तानारीरी से बादशाह का मन बिगाड़ दिया है।"

दूसरे मुल्ला ने जवाब दिया–"इसीलिए तो हज़रत रसूल ने गाना-बजाना कुफ्र करार किया था।"

मस्जिद की सीढ़ी पर बैठे चार कलावंतों के कान में जो तानसेन का नाम सुनाई पड़ा तो उन्हें भी अपने दिल्ली आगमन का उद्देश्य याद पड़ गया।

एक कलावन्त ने कहा–"यार हम लोगों पर तो यह कहावत सच हो जाना चाहती है कि दिल्ली में बारह बरस रहे लेकिन भाड़ ही झोंकते रहे।"

दूसरा कलावन्त हसरत भरे स्वर में बोला–"हम लोग तानसेन से कुछ भी न ले सके।"

तीसरे ने कहा–"भाई एक तरकीब मुझे सूझी है। देखो हम कलावन्तों का तो यह कायदा ही है कि हम सूरज निकलने से पहले ही अपना इल्म मश्क करने लगते हैं। तो तानसेन भी ऐसा ज़रूर करते होंगे। इसलिए हम लोग रात को चलकर तानसेन के मकान के पीछे नाबदान में छिप रहें। वह जब रियाज करेंगे तो हम लोग भी सुनकर मश्क कर लेंगे।"

राय पक्की कर कलावन्त उठे और उसी रात तानसेन के मकान के पीछे जा छिपे। सबेरे तानसेन ने कुल्ला करने के सिलसिले में जब आं-आं करना शुरू किया तो कलावन्तों ने समझा कि पहले आना सार्थक हो गया। वह नित्य रात तानसेन के घर के पीछे छिपते और सुबह घर लौट कर आं-आं का अभ्यास करने लगे।

तभी से भारत में शास्त्रीय संगीत के अभ्यासी गाने के पहले 'ओं ओं ओं' किया करते हैं और उसे आलाप कहते हैं।

कोतवाली के प्रशस्त प्रांगण की पूरी परिक्रमा कर कोतवाल साहब हथकड़ी कसे क़ैदी के सामने आकर खड़े हो गये और उसे एक ठोकर जमाकर मूँछों पर ताव देते हुए बोले–"क्यों बे, क्या नाम बताया तूने अपना? ऐं! भोंगई? भोंगई कौन-सा नाम है? सालों को ठिकाने का नाम भी रखना नहीं आता!"

क़ैदी को दूसरी ठोकर लगाते हुए कोतवाल साहब कुरसी पर बैठ रहे और अपनी सन्तान का अनगढ़ नाम रखने वालों को कोसने लगे।

इतने में दीवानजी ने आकर टेलीफ़ोन रिसीवर साहब के हाथ में थमा दिया और बोले–चौक थाना, हुजूर, साहब ने अच्छा कहकर टेलीफ़ोन के चोंगे में मुँह लगाया "मैं हूँ कोतवाल साहब बहादुर!"

"सलाम हुजूर।"

"मैं इंचार्ज थाना चौक!" दूसरे छोर से आवाज़ आई।

"बोलो, क्या है?"

"टेढ़ा मामला है, हुजूर! यहाँ और 9 बरस के दो लड़के लाये गये जो अपने माँ-बाप से छूटकर भटक गये थे। चौकी मणिकर्णिका के दो कांस्टेबल ने उन्हें ब्रह्मनाल में रोते हुए पाया था। बड़े लड़का से बार-बार उसका नाम पूछा लेकिन लड़का सिवा 'सिपाही सिपाही' कहने और कुछ नहीं कहता। यह रिपोर्ट पाकर मैंने छोटे लड़के को अपने पास बुलाया और पुचकार कर उससे उसका नाम पूछा। मेरे बार-बार यह कहने पर भी कि मैं अपना नहीं तुम्हारा नाम पूछता हूँ, लड़का दारोगा, दारोगा, कहता रहा। दोनों ही लड़के अपना नाम नहीं बता रहे हैं। मैं क्या करूँ?"

"लड़के बदमाश जान पड़ते हैं!"–कोतवाल साहब गरजे।

इतने में ही एक बूढ़ा आदमी रोते हुए आकर कोतवाल साहब के पैरों पर गिर पड़ा और बोला–"हुजूर, मेरे दो लड़के खो गये।"

"तुम्हारे लड़कों का नाम क्या है।"

"हुजूर, बड़े का नाम है सिपाही और छोटे का दारोगा।"

"कम्बख्तों को नाम भी रखना नहीं आता!"

"तेरा क्या नाम है?"

"हुजूर, कोतवाल पाण्डे!" उत्तर मिला।

कोतवाल साहब ने बूढ़े को विषदृष्टि से देखा और कहा–"कम्बख्त!

(1 अप्रैल, 1951, तरंग)

मत्स्यगंधा

पिंडुक ने मच्छक से कहा और मच्छक ने कच्छप से। मुँह-मुँह से बात निकली और कानों-कान हस्तिनापुर की मछुआ टोली में जा फैली कि धीवर-राज की पुत्री मत्स्यगंधा रातोंरात योजनगंधा हो उठी है। इस चमत्कार की बात जिसने भी सुनी, विस्मय से उसकी आँखें पल भर फैली रह गईं, क्षण भर मुँह खुला रह गया।

बात भी कुछ विस्मय की ही थी। वही मत्स्यगंधा, जो ब्रह्मा के शाप से मछली बनी हुई अद्रिका अप्सरा के उदर से निकाली गई थी; वही मत्स्यगंधा, जिसके शरीर से सड़ी मछली की दुर्गन्धि निकलने के कारण राजा वसु ने उसे धीवर-राज को सौंप दिया था; वही मत्स्यगंधा जिसका नाम ही दुर्गन्धि के कारण मत्स्यगंधा पड़ गया था; वही मत्स्यगंधा, जिसे देखकर मछली खाने वाले मछुए तक नाक-भौं सिकोड़ते थे, सहसा शत-शत नन्दन काननों के समवेत् सौरभ-सम्भार की स्वामिनी बन बैठी।

यमुनापार निवासी मछुओं के चौधरी का लड़का बक्कल भी यह संवाद सुनकर अवाक् हो रहा। केवल साठ घड़ी पूर्व उसने मत्स्यगंधा के साथ अपने विवाह का प्रस्ताव ठुकरा दिया था। उसने कहा था–'इस घिनौनी के साथ बक्कल का विवाह! असम्भव!' और वह घिनौनी यह सुनकर ग्लानि से गल उठी थी, क्रोध से जल उठी थी, क्षोभ से मचल उठी थी। यमुना के कृष्णोज्वल जल में दाँत पीसते हुए उसने अपनी परछाहीं देखी। उसने देखा अपने स्निग्ध नवनीत के समान कोमल और सलोने मुखमंडल पर काले रेशम जैसे कोमल अपने सघन केश-कलाप को, नैन की कोरों में उलझी हुई मनमोहिनी माया को। वह अपने ऊपर स्वयं ही मोहित हो उठी।

परन्तु वह ठहर न सकी। भागी। पिता उसे इस दृष्टि से देख रहा था जैसे उस परिवार में आकर उसने कोई भारी अपराध किया हो। परिजनों की दृष्टि उसे कोस रही थी–"तू इस परिवार में आ कहाँ से गई!"

वह भागी। भागकर बस्ती के बाहर अपनी विश्रामदायिनी कुटिया में उसने आश्रय लिया।

जब से उसे अपने मत्स्यगंधा नामकरण का कारण ज्ञात हुआ था, जब से उसने दूसरों की आँखों में अपने प्रति घृणा देखी थी और जब से उसने दूसरों के मुख से अपने लिये झिड़की के शब्द सुने थे, तभी से उसके नन्हें से मन ने यह अनुभव कर लिया था कि अपने समाजपति की पुत्री होकर भी समाज में तो क्या, अपने

परिवार में भी उसके लिये कोई स्थान नहीं है। इसलिए वह अपने को इसी झोपड़ी के आवेष्टन में बाँधे रहती थी। परन्तु आज अपनी जीर्ण कन्था में मुँह छिपाकर फफक-फफककर रोते हुए उसने सर्वात्मा से यही एकान्त प्रार्थना की कि इस सौर विश्व की परम शून्यता में इस घृणित और उपेक्षापूर्ण वातावरण-सहित उसके समूचे अस्तित्व का चिह्न तक सहसा विलुप्त हो जाए। पृथ्वी पर उसे अपनी तो गंध असह्य हो ही उठी, साथ ही पृथ्वी की गंध भी। मत्स्यगंधा के मस्तिष्क में झंझावात के झकोरे उठ चले।

जड़ प्रकृति भी जैसे उसकी उग्र चेतना से प्रभावित हो उठी। नील गगन पर काली छाया-सी आ फैली। दिशाएँ जैसे साँस रोककर मत्स्यगंधा का क्रन्दन सुनने लगीं। वृक्षों की पत्तियों तक का हिलना रूक गया। चतुर्दिक् वातावरण में अद्‌भुत निस्तब्धता, विचित्र सन्नाटा छा गया।

उसी सन्नाटे में बक्कल, उसका पिता और उसके परिजन अपनी नौका पर सवार होकर उस पार चले गए। मत्स्यगंधा का पिता अपने बन्धु-बान्धवों सहित यमुनातट पर सन्न खड़ा रह गया।

वे इस प्रकार सन्न, निश्चल, निस्तब्ध खड़े थे कि प्रभंजन के झोंके के समान बढ़े आते हुए महर्षि पराशर ने दूर से समझा कि काले पत्थर की प्रतिमाएँ खड़ी हुई हैं।

महर्षि के अनुमान को विश्वास का बल मिल गया जब उन्होंने दूर से ही धीवरों को पुकारा और उनमें से किसी ने भी उनकी पुकार पर भ्रूक्षेप-तक न किया। महर्षि चिन्तित हुए। उन्हें किसी भी प्रकार सूर्यास्त से पहले-पहले आश्रम पर पहुँच जाना ही था। परन्तु उनके मार्ग में यमुना सबसे बड़ी बाधा बनी बह रही थीं। महर्षि सोचने लगे– "क्या देवता का प्रसाद व्यर्थ हो जाएगा? समय से घर पहुँचने के लिए काम्बोज से हस्तिनापुर तक आने का त्वरायुक्त पथश्रम क्या वृथा ही सिद्ध होगा?"

महर्षि का मन चंचल हो उठा। पैर और भी वेग से बढ़ चले। उनके अन्तःचक्षु और भी स्पष्टता से देवता का प्रसाद पाने वाला दृश्य देखने लगे।

काम्बोज-नरेश के यहाँ यज्ञ में सभी प्रमुख देवता आए हुए थे। उन्हीं में अश्विनीकुमार भी थे। उनसे महर्षि पराशर की इतनी अधिक पटरी बैठ गई कि उन्होंने महर्षि को अपने नवीनतम आयुर्वेदीय आविष्कारों की बातें बतानी आरम्भ कर दीं। उन्होंने यह भी बताया कि कल्पवृक्ष के पंचांग, कामधेनु के क्षीर, देवतात्मा हिमालय की संजीवनी बूटी, गंधमादन गिरि-पर संगृहीत मधु और पारिजात-चूर्ण के योग से एक ऐसी दिव्यौषधि प्रस्तुत की गई है जिसे खा लेने पर शरीर जीवन-भर कस्तूरी मृग के समान सुगंधित और नीरोग बना रहता है और उस शरीर की सुगंधि योजन-तक फैली रहती है। इस औषधि का सबसे बड़ा चमत्कार यह है इस औषधि का सेवन करने वाला पुरुष चालीस दिनों के भीतर जिस किसी नारी के शरीर को यह सुगंधि प्रदान कर दे उस नारी से उत्पन्न होने वाली संतान बड़ी ही विचक्षण, धर्मनियामक, तत्त्ववेत्ता और संसार का कल्याण करने वाली होती है।

महर्षि ने अश्विनीकुमारों की कृपा से वही औषधि खाई थी और आज चालीसवाँ दिन सूर्यास्त के साथ ही समाप्त होने वाला था।

महर्षि का मन चंचल हो उठा। पैर और भी वेग से बढ़ चले। वे धीवरों के अत्यन्त समीप पहुँच गए।

महर्षि की पुकार और उनकी पदध्वनि तो धीवरों की जड़ता भंग नहीं कर सकी थी परन्तु जब उनके शरीर की सुगंधि ने धीवरों की नाक में गन्धाती हुई मत्स्यगंधा के शरीर की दुर्गन्धि को छोप लिया तो वे चौंके। जैसे गहरी नींद में सोए हुए व्यक्ति को कोई चाबुक मारकर जगा दे, उसी प्रकार महर्षि के शरीर से निकली हुई सुगंधि के सपेटों ने उन धीवरों को चौकन्ना कर दिया। फिर भी उनमें से कोई भी उन्हें पार ले जाने के लिए तैयार न हुआ। उन्होंने महर्षि को संक्षेप में समझा दिया कि द्वार पर आई हुई बारात लौट जाने से हमारा बड़ा अपमान हुआ है और इस कारण हम बड़े ही दुखी हैं।

महर्षि ने आतुरता के कारण बहुत अनुनय-विनय किया परन्तु धीवरराज के पास सबका एक ही उत्तर था और वह था ईशान कोण की ओर आकाश में उठी हुई तर्जनी का संकेत, जिसका स्पष्ट अर्थ था कि आँधी आ रही है। ऐसी स्थिति में कोई भी धीवर अपने प्राण संकट में डालने को कैसे प्रस्तुत हो सकता था?

विवश होकर महर्षि आगे बढ़े—उस घाट को खोजते हुए जहाँ पानी कम हो और जहाँ से नदी हलकर ही पार की जा सकती हो। मछुआ टोली से निकलकर सरिता तट पर सुरभित समीर के झकोरे की भाँति पथश्रम से लड़खड़ाते हुए महर्षि बढ़े जा रहे थे कि निराशा के कारण उनके मुँह से निकल पड़ा—"क्या कूद ही पड़ूँ?"

झोपड़ी में रोती हुई उपेक्षिता मत्स्यगंधा की चिन्ता का पारा उच्चतम तापबिन्दु को छूने लगा। उतरते ज्वर के समय शरीर से अनवरत छूटने वाले पसीने की भाँति उसका धैर्य भी छूट चला। उसने विचार किया कि यमुना के शीतल तल में चिर शयन द्वारा ही यह कठोर ताप ठंडा किया जा सकता है। उसके कंठ को जैसे फोड़ते हुए उसका विचार ध्वनित हो उठा—"क्या कूद ही पड़ूँ?"

उसी समय महर्षि ने अपनी ध्वनि की प्रतिध्वनि के समान मत्स्यगंधा के शब्द सुने और जब उसे गुना तो समझते देर न लगी कि इस नारी के मौन में बाण-विद्धा कुररी का क्रन्दन भरा हुआ है। वे ठिठककर रुक गए।

झोपड़ी के भीतर मत्स्यगंधा ने भी महर्षि की वाणी सुन ली थी। वह झिझककर चुप हो रही।

महर्षि ने झोपड़ी के द्वार पर खड़े होकर पुकारा—"क्या किसी पीड़ित प्राणी को मेरी सहायता अपेक्षित है?"

करुणा और सहानुभूति से विगलित महर्षि की वाणी ने अनुकूल प्रभाव डाला। पुण्य हृदय का सहयोग पाकर दुखिया मत्स्यगंधा के हृदय में भी पुण्य भावना प्रतिबिम्बित हुई। 'परोपकारः पुण्याय' की जो पूत वाणी आगे चलकर उसके पुत्र के

ही द्वारा विश्व भर में मुखरित होने वाली थी वही उज्ज्वल विचार के रूप में उसके हृदय में कौंध गई। उसने सोचा कि जिसकी वाणी में सहानुभूति की इतनी शीतलता है, उसका दर्शन कितना आह्लादकारी होगा। उसने उठकर कुटिया का द्वार खोल दिया।

सामने खड़ी थी महर्षि की प्रशान्त तेजस्वी मूर्ति जिसने उसके शरीर की दुर्गन्धि पर नाक नहीं सिकोड़ी, उसे देखकर भौंहें नहीं तरेरीं। जीवन में सर्वथा नवीन अनुभूति हुई। श्रद्धा से सिर झुकाते हुए मत्स्यगंधा बोली–''मैं क्या सेवा कर सकती हूँ, महात्मन्?''

महर्षि क्षण भर उसके तन में शोभा की और उसकी आँखों में यमुना की लहरें देखते रह गए। वे समझ गए कि यही वह मछुओं के चौधरी की लड़की है जिसके कारण टोले भर के मछुओं को आज लज्जित और अपमानित होना पड़ा है। तरुणी स्वयं भी कम लज्जित या अपमानित नहीं हुई है। उसकी बरौनियों में उलझी हुई पानी की बूँदें उसके हृदय के ताप से अब भी सूख नहीं पाई हैं। अब महर्षि ने भली भाँति समझ लिया कि मत्स्यगंधा ने क्यों कहा था–''क्या कूद ही पड़ूँ?''

उधर मत्स्यगंधा ने भी समझ लिया था कि महर्षि के मुख से क्यों निकला था–''क्या कूद ही पड़ूँ?''

उसने आकाश की ओर आँखें उठाईं और जातिगत अभ्यास से समझ लिया कि नील गगन को धूसरित होने में अब अधिक विलम्ब नहीं है। उसने महर्षि से पूछा–''क्या आप पार जाना चाहते हैं?''

परन्तु पर-पीड़ा की पुण्य अनुभूति ने महर्षि की पार जाने की उत्कंठा पर पानी फेर दिया था। साथ ही देवता का प्रसाद व्यर्थ हो जाने का दुःख भी उनके मुखमंडल पर स्पष्ट झलकने लगा। बुद्धिमती मत्स्यगंधा उद्विग्न महर्षि की आवश्यकता समझ गई थी। उसने द्विरुक्ति न की। शैवाल से कसकर बँधे हुए बाँस के चौखटे पर पटरे जमाकर उसने चारों कोनों पर दो-दो तूँबियाँ बाँध दीं और एक डाँड़ लेकर वह जल में उतर गई। उस स्वहस्तनिर्मित उडुप को पानी में उतारने के लिए उसने उसे एक ओर से उठाने का ऋषि को संकेत किया। ऋषि ने उसके संकेत की उपेक्षा करते हुए उससे पूछा–''इस आसन्न झंझावात में जब कि बड़े-बड़े कुशल नाविक नौका खोलने का साहस नहीं कर रहे हैं, क्या तुम जैसी सुकुमारी तरुणी के लिए यह दुःसाहस नहीं है?''

''उनके जीवन का मूल्य होगा, मेरे जीवन का नहीं है।'' मत्स्यगंधा ने उत्तर दिया और ऋषि के प्रत्युत्तर की प्रतीक्षा बिना किए ही उसने बाँस का बेड़ा एक ओर से उठा लिया। विवश होकर महर्षि ने भी दूसरी ओर हाथ लगा दिया।

अब भी यमुना का छल-छल काला जल स्थिर और स्निग्ध था। वह उडुप जल में उतार दिया गया और दोनों उस पर चढ़ चले। मत्स्यगंधा के डाँड़े से जल में छप-छप हुई और नौका तट छोड़कर धारा में बढ़ चली।

उभय तट पर विविध तरुओं पर खिले हुए रंग-बिरंगे फूलों का सौरभ, ऋषि के शरीर से निकलती हुई सुगंधि से मिलकर वातावरण को मादक बना रहा था। नीड़ों की

ओर लौटने वाले कलकंठ पक्षियों की काकली समाधिस्थ मन को भी चंचल बनाए डाल रही थी। सौरभ के इस समारम्भ में मत्स्यगंधा के शरीर की दुर्गंधि दुश्चिंता के समान न जाने कहाँ विलीन हो गई।

सहसा वायु के थपेड़े से जमुना का जल ऊर्म्मिमुखर हो उठा। वृक्ष काँप उठे। आँधी का वेग बढ़ चला। मेघ घिर आए। वृक्षों के टूटने की कड़ाकेदार ध्वनि वज्रपात-सी प्रतीत होने लगी। डाँड़ा भी टूट चला पर मत्स्यगंधा का साहस नहीं टूटा। अपने कोमल करों में डाँड़ लिए वह विकराल लहरों से लड़ती-बढ़ती चली जा रही थी। सहसा एक धक्का लगा। उडुप बीच में उठे हुए द्वीप से टकराकर ध्वस्त हो गया और कुल आध घंटे पूर्व आत्महत्या का विचार करने वाली मत्स्यगंधा ज्यों ही जल में गिरी कि आत्मरक्षा की सहज प्रवृत्ति के वशीभूत होकर अपने कोमल वृन्तों से वृक्ष को बाँधने वाली लता के समान वह महर्षि से लिपट गई।

उत्ताल तरंगों में डूबने वाले उडुप से त्रस्त उस अपने शरीर से लिपटी हुई तरुणी मत्स्यगंधा को उन्होंने अपने सबल हाथों से स्नेहपूर्वक सँभालकर निकाल लिया और उसे उठाकर वे द्वीप पर चढ़ गए।

पवन में कोमल कम्पन हुआ। सरिता की छाती किसी आकस्मिक आह्लाद का स्वागत करने के लिये धड़क उठी। झंझा के अन्धकार ने चारों दिशाओं की आँखें मूँद लीं। इस उत्पात से विक्षुब्ध सूर्य अस्ताचल की चोटी पर चढ़कर लुप्त हो गए हो देखते-देखते चारों ओर कोहरा छा गया।

महर्षि ने करुणा-कलित स्वर में कहा–"तुमने अपने प्राण संकट में डालकर मुझे यहाँ तक पहुँचाया है। बताओ मैं तुम्हारा क्या हित कर सकता हूँ?"

लहरों ने नारी का स्नेहानुरोध कानों-कान सुना–"मेरी दुर्गंधि दूर कर सकोगे महर्षि?" और पुरुष के सबल कंठ से घोषणा सुनी–"मेरा तेज धारण कर सकोगी नारी?"

कन्या बोली–"मैं कन्या हूँ देव!"

महर्षि ने आश्वासन दिया–"तुम कन्या ही बनी रहोगी बाले!"

मत्स्यगंधा बोली–"यदि मेरी दुर्गन्धि दूर हो जाए तो मैं अवश्य धारण करूँगी आपका तेज।" पराशर ने वरदान दिया–"तू परम तेजस्वी पुत्र की माता हो। तेरा शरीर चार योजन तक सुगन्धि का प्रसार करे।" बिजली ने चमककर देखा कि पुरुष भले ही अपने को भुजंग-भूषण समझता रहे, नारी तो उसे भोलानाथ ही समझती है।

उक्त घटना हुए कुल एक दिन बीता है। इसी बीच जैसे संसार बदल गया। उसे दुरदुराने वाली मछुओं की टोली मधुकर बनी उसकी झोंपड़ी के चारों ओर मँडरा रही है। माता-पिता दिन भर में दस-दस बार आकर उसे घर चलने के लिए उसकी मनुहार कर रहे हैं। वही संध्या बेला है।

मत्स्यगंधा गर्व से एक बार ऊँची हो गई और पुनः कृतज्ञता से झुककर महर्षि पराशर के पूत चरणों की स्मृति में उसने पृथ्वी पर अपना मस्तक टेक दिया।

गर्भ में बादरायण कृष्ण-द्वैपायन भगवान् महामुनि व्यास की तपःपूत स्थिति के आलोक से वह क्षुद्र कुटिया उद्भासित हो उठी और योजनगन्धा के चन्द्रमुख से लज्जित चन्द्रमा बादलों में मुँह छिपाने का अत्यन्त दयनीय प्रयास करने लगा।

(उपरिवर या वसु नाम के राजा ने आखेट के समय अपनी महारानी गिरिका का स्मरण कर आने से उसके निमित्त त्याग किया हुआ अपना तेज एक श्वेन के द्वारा महारानी के पास पहुँचाने के लिए दिया किन्तु वह बीच में ही यमुना के जल में गिर गया, जिसे ब्रह्मा के शाप से मछली बनकर रहने वाली अद्रिका नाम की अप्सरा ने ग्रहण कर लिया। जब मछुओं ने उसे पकड़कर महाराज वसु को दिया तो उसके पेट से एक पुत्र और कन्या उत्पन्न हुई किन्तु कन्या के शरीर से इतनी भयंकर मछली की गंध आती थी कि महाराज वसु ने उसे एक धीवर को पालने के लिए दे दिया।

यही मत्स्यगन्धा थी। महर्षि पराशर के प्रभाव से वह योजनगन्धा हुई और उसे भगवान् बादरायण, कृष्णद्वैपायन तथा महाभारत के रचयिता महर्षि वेदव्यास की माता बनने का सौभाग्य मिला। व्यास जी साँवले होने के कारण कृष्ण, द्वीप पर जन्म लेने के कारण द्वैपायन, बदरी-क्षेत्र पर तप करने के कारण बादरायण और वेद की व्याख्या करने के कारण वेदव्यास कहलाए।)

—महाभारत

(1 फरवरी, 1955, वासंती)

यशस्वीयश

(एक)

मत्स्योदरी तीर्थ के उत्तर आनन्दवन को वाराणसी से मिलाने वाले वरुणा सेतु पर* आज से प्रायः ढाई सहस्त्र वर्ष पूर्व पावस की एक प्रमादमयी संध्या की शोभा निरखते हुए चार-पाँच रँगीले काशी में नागरिक हास-परिहास और आनन्दोल्लास में व्यस्त बैठे जीवन की मस्ती ले रहे थे। सभी के कानों में झूलते यह कुंडल, हाथों में सुशोभित वलय और भुजदंडों पर दमकते हुए केयूर शरीर पर झलमलाते हुए वाराणसी के बने हुए कौषेय अधोवस्त्र और उत्तरीय, घुँघराले काकपक्षवाले मस्तकों पर बँधा हुआ रंगीन रेशमी उष्णीष उनके कुलपुत्र, कुलीन वंशजात होने की साक्षी दे रहे थे। ऊँट के चमड़े से बना हुआ एक बड़ा-सा कुप्पा उनके सामने रक्खा था जिसमें भरी हुई मदिरा वे मिट्टी के चषकों में उँड़ेल-उँड़ेलकर पीने जा रहे थे और केले के पत्ते पर रक्खा हुआ खाद्य भक्षण करते जा रहे थे।

उनके हास-परिहास और व्यंग्य-वचनों का लक्ष्य वही व्यक्ति था जो प्रायः तीन मास पूर्व से मृगदाव में आकर टिका हुआ था। उसके सम्बन्ध में नागरिक विचित्र-विचित्र बातें करते थे। कोई कहता था कि निरंजना के तट पर विकट तपस्या कर उसने अलौकिक सिद्धियाँ प्राप्त की हैं। कोई इसका विरोध करते हुए अपनी जानकारी प्रकट करता है कि सिद्धि प्राप्त करना हँसी-खेल नहीं है। यह व्यक्ति तपस्याच्युत होकर वहाँ से भाग निकला है और यह बात हमें उन लोगों से ज्ञात हुई है जो उसी के साथ तपस्या करते थे परन्तु असफल होकर मृगदाव में आ बसे हैं।

उक्त नागरिकमंडली मदमत्त होकर इन्हीं विषयों पर अट्टहासपूर्वक विवाद किए जा रही थी कि उनमें से एक बोला—"जो भी हो, परा है पहुँचा हुआ। जानते हो वह कपिलवस्तु के राजा का पुत्र है परन्तु सब कुछ छोड़-छाड़ कर वैरागी हो गया है।"

---

* काशी नगरी में अलईपुर के पास वरुणा नदी पर सरैया घाट के पास जो सेतु बनाया जा रहा है उसके ठीक नीचे नदी गर्भ में एक प्राचीन सेतु के चिह्न प्राप्त हुए हैं। जानकारों का विचार है कि प्राचीनकाल में यहाँ भूमि की सतह बहुत नीची थी। कालान्तर में यह ऊँची होती गई और उसी के साथ वरुणा नदी की सतह भी प्राचीन सेतु भी नीचे धँसता गया। अब उसी पर नया सेतु बन रहा है।

"यह तो मैंने भी सुना है कि राजा शुद्धोदन ने अपने कुमार के लिए ऋतुओं के अनुसार अनेक अत्यन्त सुखद प्रासाद बनवाए थे परन्तु उन रसपूर्ण प्रासादों के तोरण और प्राकार इसका पथ अवरूद्ध न कर पाए।"—दूसरे नागरिक ने कहा।

तीसरे नागरिक ने मदिरा के प्रभाव से अरुण और बिलोल नेत्र अपने चौथे साथी के मुखमंडल पर निबद्ध करते हुए कहा—"राजा शुद्धोदन ने ऋतुओं के अनुसार अनेक प्रासाद बनवा दिए तो कौन-सा अलौकिक पराक्रम कर दिया? देखो हमारे वाराणसी के सेठ ने ही मित्र यश के लिए तीन-तीन प्रासाद बनवा रक्खे हैं। हेमन्त के लिए अलग, ग्रीष्म के लिए अलग और वर्षा के लिए अलग।"

चौथा व्यक्ति जिसे तीसरे ने 'मित्रयश' कहकर सम्बोधित किया था अभी सर्वथा तरुण था। सुकुमारता उसके अंग-प्रत्यंग से टपकी पड़ती थी। उसके शरीर का हलका श्यामवर्ण लावण्यपूर्ण था। उसने अपनी बड़ी-बड़ी रसभरी आँखों की बोझीली पलकें उठाई और अधरोष्ठ पर परम मनोहर मुसकान की मदभरी रेखा खींचते हुए कहा—"इसमें सन्देह नहीं कि पिताजी ने मेरी सुख-सुविधा की सांगोपांग व्यवस्था कर दी है परन्तु न जाने क्यों उनमें मन नहीं रमता।"

"ठीक कहते हो! जैसे बहुत भोजन कर लेने पर अजीर्ण हो जाता है, भोजन से अरुचि हो जाती है वैसे ही बहुत सुख मिलना भी कभी-कभी दुःखदायक हो जाता है। मैं तो देख रहा हूँ कि शाक्यपुत्र गौतम जैसी ही दशा कुलपुत्र यश की भी हुई जा रही है।"—एक साथी ने कहा। दूसरा साथी बोला—"हमें तो तनिक आश्चर्य न होगा वयस्य! यदि हम सुनें कि शाक्यपुत्र की भाँति कुलपत्र यश भी एक रात अपने प्रासाद से चुपचाप निकलकर रमते योगी बन गए।" और अपने इस साथी की बात पर शेष सभी अनायास और अकारण ही अट्टहास कर उठे जैसे उसने कोई बहुत ही विनोदपूर्ण बात कह दी हो।

(दो)

अपने पुरुषहीन पावस प्रासाद के धवल गृह में कलामयी सुन्दरी तरुणियों से घिरा हुआ नगर-श्रेष्ठि का तरुण पुत्र यश उसी प्रकार सुशोभित हो रहा था जैसे वैजयन्त धाम में अप्सराओं से घिरा हुआ शक्क बैठा हो।

कोई तरुणी लम्बी ढोल (जिसे आधुनिक बँगला में खोल कहते हैं) थपथपा रही थी। कोई मृदंग पर थाप मारकर उसमें से मेघगर्जन का स्वर निकाल रही थी। कोई वीणा के तारों में झींगुरों की झनकार का भ्रम उत्पन्न कर रही थी तो कुछ तरुणियाँ मंडल बाँधकर यश के चारों ओर इस चपल गति से नृत्य कर रही थी मानो मेघ को घेरकर बिजलियाँ चमक रही हों। दो सुन्दरियाँ उसके सिरहाने चँवर डुला रही थीं और दो पैताने खड़ीं उसका चरण-मर्दन कर रही थीं, परन्तु इस रंगीले वातावरणी में भी यश का चित्त लग नहीं रहा था। वह चाहता था कि यह नृत्यगान बन्द हो जाए, ये सुन्दरियाँ वहाँ

से चली जाएँ। तब कुछ शान्ति मिले। मैं सोच तो सकूँ कि वह कौन-सा अभाव है जिसके लिए मेरा चित्त व्याकुल हो रहा है। यही सोचते-सोचते यश ने धीरे-धीरे अपनी आँखें मूँद लीं और वह निद्रा का सफल नाट्य करने लगा।

परिचारिकाओं और नृत्यांगनाओं ने स्वामिपुत्र को प्रसुप्त देखा तो उन्होंने भी अपना उत्सव बन्द कर दिया और जो जहाँ थीं, वह वहीं भूमि पर लेट रहीं, धीरे-धीरे उनकी आँखें भी लग गईं।

उधर अपनी शय्या पर पड़ा हुआ यश निरन्तर विचार करता जा रहा था कि संसार में सुख की जितनी भी और जैसी भी सामग्रियाँ हो सकती हैं वे सभी मुझे उपलब्ध हैं। फिर भी मन को सन्तोष क्यों नहीं मिलता? मेरे पिता नगरसेठ हैं। इस देश में ही नहीं, महासमुद्रों के पार तक उनका व्यवसाय फैला हुआ है। उनका सार्थ तक्षशिला से चम्पा तक और ताम्रलिप्ति से भरुकच्छ तक निरन्तर यात्रा करता रहता है। विश्व की सारी सम्पदा उनके पास जैसे खिंची चली आती है। आर्यावर्त के श्रेष्ठियों में श्रेष्ठतम अनाथ पिण्डक के पश्चात् मेरे ही पिता की गणना होती है। मेरे पास रूप है, यौवन है, विद्या है, धन है, शक्ति है, प्रभाव है, फिर भी शान्ति नहीं है। वह कौन-सी सम्पदा है जिसे प्राप्त कर लेने पर अक्षय शान्ति प्राप्त हो जाती है।'

और यही सोचते-सोचते यश ने करवट बदली और वह चुपचाप शय्या से उतर पड़ा।

उसने देखा कि दीपाधारों में तेल कम हो जाने से दीपकों का प्रकाश भी मन्द पड़ गया है। उसने यह भी देखा कि सुन्दरी रमणियाँ भूमि पर शिव की भाँति चारों ओर पड़ी हैं। कोई वायुग्रस्त रोगी की भाँति निद्रा में ही बड़बड़ा रही हैं, किसी के मुख से लार चू रही है। दुःस्वप्न देखने के कारण किसी की मुखाकृति विकृत हो गई है। किसी के गले में बँधा मृदंग मौन पड़ा हुआ है और किसी के अंग में झंकारहीन बीन पड़ी है।

यश ने यह भी देखा कि निद्रा में बेसुध हो जाने के कारण कोई रमणी विवस्त्र-सी है तो प्रस्वेद के कारण किसी का अंगराग बहकर उसके मुखमंडल को विचित्र रीति से चित्रित कर हास्यास्पद बना रहा है।

यह सब देख-सुनकर उनके मन में ग्लानि का भाव अंकुरित हुआ, उसकी विराग भावना और भी पुष्ट हो गई। सोने की खड़ाऊँ पहनकर वह दबे पाँव प्रासाद के नीचे उतरा। उसने सतर्कता में इधर उधर देखा कि कहीं कोई देख तो नहीं रहा है और तब मृगदाव की ओर उसने धीरे-धीरे पैर बढ़ाए।

(तीन)

प्रत्यूष-वेला थी। मृगदावक के मृगों ने इधर-उधर चौकड़ी भरना आरम्भ कर दिया था। वृक्षों पर पक्षी कलरव करने लगे थे। कण-कण को प्राणवान करता हुआ दक्षिणनिल मन्द-मन्द प्रवाहित हो रहा था। मृगों का स्वच्छन्द विहार देखते, पक्षियों

का कलरव सुनते और रोम-रोम से वायुसेवन करते हुए भगवान् बुद्ध पशु-पक्षी सभी पर अपनी करुणामयी दृष्टि से अमृत बरसाते हुए इधर-उधर टहल रहे थे। सहसा उन्होंने कुलपुत्र यश को आते हुए दूर से ही देखा। वे अपनी कुटी के पास ही निश्चित आसन पर बैठ गए। उनके कानों में यश की करुण पुकार आई–'उपद्‌दुतं वत भो, उपत्सठं वत भो।'

भगवान् ने हाथ उठाकर यश को अभय मुद्रा दिखाई और आश्वस्त करने वाली वाणी में कहा–

"आओ यश! बैठो। मैं तुम्हें धर्म प्रदान करूँगा।"

यश विनीत भाव से भगवान् के चरणों में बैठ गया। भगवान् उसे धर्मोपदेश करने लगे। समय बीतने लगा।

सहसा इसिपत्तन के शान्त वातावरण को झकझोरते हुए अनेक कंठों से निकली हुई तुमुल ध्वनि गूँज उठी। सपरिजन नगरसेठ अपने प्रियपुत्र को खोजता हुआ वहाँ आ रहा था। उसने अपने पुत्र को भगवान् के चरणों पर झुका हुआ देख अपत्य स्नेह से उसका हृदय भर आया। उसने गद्‌गद कंठ से कहा–

"भगवन्! आपने यह क्या किया? मेरे एकमात्र पुत्र को मेरी इस विशाल सम्पदा से क्यों वंचित कर दिया।"

भगवान् ने वृद्ध नगर श्रेष्ठि को आश्वासन देते हुए कहा–

"इसकी चिन्ता क्या है श्रेष्ठि! मैं तुम्हारे पुत्र को उपसम्पदा प्रदान करूँगा।"

और यश ही वह पहला गृहस्थ था जिसे भगवान बुद्ध ने उपसम्पदा (दूसरों को प्रव्रज्या देने का अधिकार) प्रदान की।

(सन् 1956, वासन्ती)

दमड़ी और दुकड़ा कऽ नाइके सेंधुरवा

(एक)

क़िले पर तोप का पहला गोला पड़ा—धायँ।

सब लोग धक् से रह गये परन्तु बुद्धिमती युवती रानी को पगली वृद्धा धाय गंगाजली ने अपना पोपला मुँह खोलकर पुरबी की तान लड़ाई—

दमड़ी अउर दुकड़ाकऽ नाइके सेन्हुरवा
छोड़ाइ रे देहले ना।
माई बाबा कऽ नगरिया
छोड़ाइ रे देहले ना।

विषाद-मलिन विधवा रानी ने अपनी भीगी आँखें सामने दीवार पर टँगे विशाल तैल-चित्र पर उठाईं। चित्र में से रानी के स्वर्गीय पति की आकृति झाँक रही थी। चित्रकार हज़ार प्रयत्न करने पर भी उस आकृति की क्रूर रेखाओं को छिपा न सका था। रानी आँखों से उस चित्र को देख रही थी और कानों से अपनी बूढ़ी धाय का गाना सुन रही थी—

दमड़ी अउर दुकड़ा कऽ नाइके सेन्हुरवा
छोड़ाइ रे देहले ना।
माई बाबा कऽ नगरिया
छोड़ाइ रे देहले ना।

और उसका मन माई-बाबा के नगर अर्थात् अन्नपूर्णा माई और बाबा विश्वनाथ के नगर, स्वयं अपने माता-पिता के नगर, बनारस की टेढ़ी-मेढ़ी गलियों में विचरने लगा। विचरते-विचरते उसने स्मृति का वह शीशा पाया जिसमें आँख गड़ाते ही वे दृश्य नज़र आने लगे जिन्हें तिरोहित हुए पाँच-दस-पंद्रह वर्ष बीत चुके थे। उसने स्मृति के शीशे में यह चटकीला चित्र देखा—

सन् 1838 का ज्येष्ठ मास। गंगा दशहरा का पुण्य पर्व। काशी में पेशवा बाजीराव प्रथम के घाट पर नर-नारियों की अपार भीड़। इस पार से उस पार तक केवल नर-मुंड ही नर-मुंड। कोई इस पार नहा रहा है, कोई उस पार। बहुत से लोग तैरकर गंगा पार कर रहे हैं। गंगा के वक्षस्थल पर इधर-उधर नौकाएँ सूइस की तरह उतरा रही हैं। पेशवा

बाजीराव द्वितीय के अनुज अपने परिषदों सहित मोरपंखी पर सवार दशहरे की बहार लूट रहे हैं। उनके गृह प्रबंधक मोरोपंत प्रबंध में व्यस्त है। मोरोपन्त की अबोध पुत्री, छह-सात वर्ष की भोली बालिका मनूबाई सबसे उपेक्षित-सी मोरपंखी की दूसरी मंज़िल पर बैठी देख रही है कि गंगा पार बहुत से लड़के बालू में अपना सारा शरीर धँसाये और केवल सिर बाहर निकाले परम कौतुकपूर्ण मुद्रा में बैठे हैं। गिने न जा सकें, इतने आदमी गंगाजी को तैर कर पार करने का प्रयत्न कर रहे हैं। काशी की यह प्रथा ही है कि जितने लड़कों ने इस साल तैराकी सीखी है वे सभी आज गंगा पार कर तैराकी की परीक्षा दें।

सहसा शोर मचा–'मगर, मगर।' और सचमुच एक मगर एक बारह बरस के लड़के की बगल में ठीक अस्सी घाट के सामने उतराया। सभी तैराक छटक-छटक कर दूर जा रहे, परन्तु वह बारह वर्षीय बालक मगर को बिलकुल अपनी बगल में देख सन्न रह गया। उसके हाथ-पैर अवश हो रहे। नावों पर सवार और घाटों पर खतरे के बिलकुल बाहर बैठे हुए व्यक्ति उस बालक को हिम्मत बँधा रहे थे–"घबराना मत, राजा भरथरी हैं। तुमसे तनिक न बोलेंगे।"

काशीवासियों में यह प्रवाद है कि राजा भर्तृहरि अमर फल खाने के कारण अमर हैं और हर साल दशहरे के दिन मगर का रूप धर कर चुनार से गंगा-स्नान करने आया करते हैं। अस्सी, संगम, दशाश्वमेध, मणिकर्णिका, पंचगंगा और वरुणा संगम पर उतर कर गोता लगाते हैं, परन्तु न किसी पर चोट करते हैं और न किसी को किसी प्रकार की हानि ही पहुँचाते हैं। काशीवासी अपने इसी विश्वास के बल पर उस बालक को ढाँढस बँधा रहे थे, लेकिन बालक की मनःस्थिति ऐसी न रह गई थी कि वह किसी की बात सुन सकता या उनकी बातों पर ध्यान ही दे सकता। फलतः यद्यपि मगर गोता लगाकर गायब हो चुका था, फिर भी वह बालक डूबने लगा।

हज़ारों आदमियों ने यह दृश्य देखा। बड़े-बड़े वीर बाँकुरों ने देखा। विख्यात पहलवानों ने देखा। तेवरबाज तैराकों ने देखा। पेशवा के अनुज और उनके हवालियों-मवालियों ने देखा, परन्तु किसी ने बालक को बचाने के लिए उसके पास जाने का साहस न किया। साहस किया एक बालिका ने, छह-सात वर्ष की नन्हीं नादान अल्हड़ बालिका मनूबाई ने। मर कर ही हटने वाले मरहठे वंश की उस बालिका ने काछा तो स्वभावतया ही कस रखा था। अतः उसे और किसी प्रकार की तैयारी करने की आवश्यकता ही न थी। इसके पहले कि उसे कोई देखे और रोकने की चेष्टा करे मनूबाई मोरपंखी की दूसरी मंज़िल से गंगा में कूद पड़ी झम्म से।

सभी लोग हाँ, हाँ करते रह गये। अप्पा साहब पेशवा के अनुज दुखी हुए। बालिका मनूबाई ने अपनी बाल सुलभ चटुल चेष्टाओं से उनका मन मोह रखा था। बालिका के पिता मोरोपंत छाती पीटने लगे–"मैं तो फाँसी पड़ गया रे। मेरी मनू चली गई।" पेशवानुज की बगल में बैठे ज्योतिषी कोंड भट्ट बोले–"इतने आतुर क्यों होते हो पंत जी। फाँसी तो तुम्हें पड़ना ही है, परन्तु आज नहीं, उसके लिए बहुत दिन हैं और मनू को तो अभी रानी होना है। वह कैसे डूबेगी?"

वृद्ध ज्योतिषी की बात पर किसी ने ध्यान न दिया। सभी उसी ओर देख रहे थे जिधर मनू गंगा की लहरों पर हाथ फेंकती हुई बराबर बढ़ी जा रही थी। देखते-देखते वह उस बालक के पास पहुँच गई और उसकी भुजा में दाँत काट लिया। भुजा के मांस में दाँत चुभते ही बालक एक बार तो चिला उठा फिर तत्काल ही एक बालिका को अपने पास देख होश में आया, परन्तु इतना थक चुका था कि प्रयत्न करने पर भी तैर न पाता था। मनू ने सहारा दिया। बालक ने हिम्मत बाँधी और देखते-देखते दोनों किनारे लगे। मोरपंखी भी झूमती हुई घाट पर लग गई। मोरोपंत ने बजड़े से कूद अपनी बेटी को गोद में उठा लिया।

घाटियों के नेतृत्व में जन-समूह ने धन्य-धन्य का नारा लगाया। किसी ने कहा–"यह बनारस का पानी है।" कोई बोला–"काशी की कन्या यह पराक्रम न करेगी तो कौन करेगा?" सर पर चंदन लगाते हुए घीसा साव ने सिकारी घाटिया से पूछा–"ई केकर बिटिया हो महाराज, ई तऽ आज कमाल कइलेस। जैसे साच्छात अन्नपुरना हो।"

"ई पेशवा महराज के मुनीम कऽ बिटिया हो। घाट के उपरैंतऽ रहऽला। सच्चौ अन्नपुरने हो।" सिकारी घाटिया ने घीसा साव का समर्थन किया।

"ई लड़की के तऽकासिये में घर वर मिले तऽ ठीक!" स्नेह-गद्‌गद स्वर से घीसा साव बोले।

"एहू ठीक हो। बड़े लोग कह गयल हउवन कि कासी कऽ कन्या और मथुरा कऽ गाय, करम फुटै तऽ बाहर जाए।" सिकारी महराज ने निर्लिप्त समर्थन किया।

और उधर घर जाने पर मोरोपंत ने मनू को डाँटना आरम्भ किया। परन्तु मनू की समझ में न आ रहा था कि एक बालक की जान बचाकर मैंने ऐसा कौन-सा अपराध किया है जिस पर इतनी डाँट पड़ रही है। मोरोपंत की दासी गंगाजली ने जिसने मनू को अपना दूध पिलाकर पाला था और जिसकी तोतली वाणी का रस पीकर अपने स्नेही किन्तु बन्ध्या मन की भूख मिटाई थी, पिता के क्रोध के समक्ष पुत्री की ढाल बनकर जा खड़ी हुई। उसे अपनी आँचल की छाँह में ले लिया। मोरोपंत का कृत्रिम क्रोध तुरन्त ही दूर हो गया, परन्तु जैसे सूर्य डूब जाता है फिर भी उसका प्रकाश कुछ देर बना रहता है उसी प्रकार मोरोपंत का कृत्रिभ क्रोध तो तिरोहित हो गया लेकिन उसकी धमक बनी रही। उन्होंने गंगाजली से कहा–"गंगाजलिया! देखता हूँ मारे दुलार के तू इस लड़की का सत्यानाश कर देगी। रानी बिटिया, रानी बिटिया कहकर ग़रीब की इस लड़की का दिमाग खराब किये दे रही है।"

"रानी तो मैं बनूँगी ही..." दुर्घर्ष मनू ने गंगाजली की आँचल के नीचे से ज़रा-सा सिर निकाल कहा।

मोरोपंत का शांत होता हुआ कृत्रिम क्रोध पुनः भड़क उठा जैसे कोई अतिथि गृहस्वामी से विदा होकर उसके घर से जाए, परन्तु कोई बात याद आने पर खड़े-खड़े कहने के लिए दरवाज़े पर से ही फिर लौट आये। वे पुनः गरजे–"क्या कहा?"

मनू ने क्या उत्तर दिया यह वे न सुन पाये कारण तब तक गंगाजली उसे लेकर खिलाने-पिलाने और सुलाने के लिए अपनी कोठरी में घुस गई थी। मोरोपंत को ज्योतिषी कोंड भट्ट की बात याद हो आई। अभी कुल तीन घंटे पहले उन्होंने कहा था कि "इतने आतुर क्यों होते हो पंत जी। फाँसी तो तुम्हें पड़ना ही है, परन्तु आज नहीं। उसके लिए बहुत दिन है। और मनू को तो अभी रानी होना है वह कैसे डूबेगी?" उनकी समझ में न आया कि मुझ निर्धन ब्राह्मण को कोई फाँसी क्यों देगा और मुझ जैसे साधारण परान्नजीवी की पुत्री से कोई राजा विवाह ही कैसे करेगा कि वह रानी हो जाए। सोचते-सोचते मोरोपंत व्याकुल हो उठे। उनके मुँह से निकला–"श्री हरि! तुम्हारी जैसी इच्छा।" एक लम्बी साँस भरकर वे शिथिल होकर उस छोटी-सी छत पर पड़ी शैय्या पर लुढ़क पड़े। परन्तु उस रात उन्हें नींद न आई। ज्योतिषी कोंड भट्ट बड़े ही विकट भविष्यवक्ता थे। उस रात गरमी भी बहुत थी।

उधर मानवती मनू मचल गई। बिना रानी बने खाना ही नहीं खाऊँगी। गंगाजली ने उसे समझाना शुरू किया–"हाँ, हाँ, अपनी रानी बिटिया का ब्याह मैं किसी राजा से ही करूँगी।"

"हाँ, किसी ऐसे राजा से करना जिसके पास काशी नरेश से भी ज़्यादा हाथी हों। मेरी सवारी हाथी पर निकले और घोड़े भी बहुत से हों। मैं घुड़सवारी भी करूँगी। भोला, छुट्टू, द्वारिका सबका मुँह इतना-सा हो जाएगा जब मैं घोड़े पर बैठकर चौक में चलूँगी। बड़ा मज़ा आयेगा।"

मोहल्ले के लड़के, उसके खेल के साथी भोला, छुट्टू, द्वारिका सब उसे घोड़े पर सवार देखकर हतप्रभ हो जाएँगे, इस कल्पना मात्र से मनू खिलखिला कर हँस पड़ी। गंगाजली ने उसके विचार में संशोधन किया।

"घोड़े हाथी तो तुम्हें अपनी ससुराल में न मिलेंगे? यहाँ तुम घोड़े पर कैसे घूमोगी?"

"यह क्यों?" मनू ने भोलेपन से पूछा।

"इसलिए रानी बिटिया कि विवाह हो जाने पर माँ-बाप का घर छोड़कर लड़की को अपने दूल्हे के घर जाना पड़ता है।" गंगाजली ने उसे समझाया। परन्तु मनू ने न जाने क्या समझा कि उदास-सी हो गई।

छोटी-सी कोठरी के कोने में रखे हुए दीवट पर मंद-मंद जलते हुए दीपक के निष्प्रभ आलोक में गंगाजली ने मनू की मौन मूर्ति का ऐसा रंग देखा कि देखकर चकित रह गई, थकित रह गई। उसने देखा कि लड़की अत्यन्त सौम्य और सुन्दर है किन्तु सर्वथा माधुर्यहीन। उस रंग में मधुरता का एक छींटा भी नहीं पड़ा है। परन्तु परुषता और रुक्षता में ही इतना आकर्षण है कि उसकी ओर बिना देखे रहा ही नहीं जा सकता। उसमें भैरवी में उतारी हुई ठुमरी के मीठे सुर की कोमलता नहीं है जो मन को द्रवीभूत कर भावना में स्वप्न भर दे। वह षड्ज स्वर है, जिसके किसी पादे में मिठास की छाया तक नहीं परन्तु जो अपने गंभीर रूप के बल पर मन को अभिभूत कर लेता है। वह

रास का आवाहन करने वाली बाँसुरी की ध्वनि नहीं है, वह रण-डंके की आवाज़ है जो रग-रग में उत्साह भर देती है।

और मनू सोच रही थी कि मेरी काशी, मेरी मातृभूमि, क्या मुझसे छूट जाएगी। तब घोड़े हाथी की सवारी से लाभ ही क्या होगा। यहाँ का गंगातट, यहाँ के कच्चे-पक्के घाट, यहाँ की धूप, यहाँ की चाँदनी, यहाँ के तिरछे बाँके लोग, यहाँ के कुंड और सरोवर, यहाँ की सर्पिल गलियाँ, मंदिरों की मधुर घंटा-ध्वनि, सुबह की भैरवी और शाम का श्यामकल्यान सब छूट जाएगा क्या?

मनू उदास से उदासतर और उदासतर से उदासतम होती गई। स्वास्थ्यवती, सुडौल शरीर वाली गंगाजली ने उसे देखा, उसकी आकृति के प्रत्येक रेखा की परख की और फिर तत्काल उसे गोद में उठाकर कोठरी के बाहर शैय्या पर जा पड़ी। उसके मन पर भी जैसे मनू के मन की छाया पड़ गई थी। आज बहुत दिनों बाद उसे अपने नैहर की याद आई। वे दिन याद आये जब छपरा ज़िले के एक नगण्य गाँव में रूखे केश फहराती हुई गले में लाख गुरिया का कंठा पहने वह अपने बाप की भैंस चराया करती थी। उसे याद नहीं पर उसने सुना है कि जिस समय उसे पृथ्वी पर आये कुल दो महीने हुए थे तभी उसे सूप में रखकर उसका विवाह पार्श्ववर्ती गाँव के एक-एक वर्षीय बालक से कर दिया गया था। वह बालक बड़ा होकर कमाने पूरब चला गया और लगातार दस बरस नहीं आया। इधर जिस समय उसका यौवन गंधराज की शाखाओं के समान वायु में आंदोलित हो रहा था, कि उसी समय बनारस का वीरू सरदार पूरब की कमाई लेकर अपने घर बनारस लौटते समय उसके गाँव में एक रात ठहर गया और जब प्रभात हुआ तो गाँववालों ने देखा कि गाँव में न गंगाजली है और न रातवाला वह पथिक। सोचते-सोचते गंगाजली बिस्तर पर पड़ी-पड़ी गुनगुनाने लगी–

'दमड़ी औ दुकड़ाकऽ नाइके सेन्हुरवा,
छोड़ाइ रे देहले ना।
माई बाबाकऽ नगरिया छोड़ाइ रे देहले ना।'

गंगाजली ने समझा था कि मनू सो गई है परन्तु मनू जाग रही थी और गंगाजली के गीत का एक-एक अक्षर पी रही थी।

(दो)

क़िले पर दूसरा गोला पड़ा–धायँ। उसकी आवाज़ में बूढ़ी गंगाजली का स्वर डूब गया। रानी ने उस क्रूर आकृति वाले चित्र से अपनी निगाह हटा ली। उसकी दोनों सहेलियाँ सुन्दर और मुन्दर उसके अगल-बगल खड़ी थीं। उनसे प्रश्न न करते हुए भी जैसे रानी ने उन्हीं से प्रश्न किया–"मेरी काशी तो मुझसे छूट ही गई थी। क्या मेरी झाँसी भी मुझसे छूट जाएगी।"

सुन्दर या मुन्दर किसी ने भी उसके प्रश्न का उत्तर न दिया। बूढ़ी गंगाजली ने आकर अवश्य प्रश्न किया–"रानी बिटिया, मुझे कासी जी कब भेजोगी?"

रानी ने मिनट भर चुप रहने के बाद कहा–"दाई अम्मा, क्या तुम भी मुझे अब छोड़ देना चाहती हो?"

"नहीं रानी बिटिया, मैं तुमको छोड़ना नहीं चाहती। अब प्रान ही इस तन को छोड़ना चाहता है। इसलिए चाहती हूँ कि कासी जी चली जाऊँ, कारण जिसके लिए मैंने माई-बाबा का गाँव छोड़ा था उसकी चिता की राखी कासी जी की ही मिट्‌टी में न मिली है?"–गंगाजली ने बड़े ही विनय से कहा।

"तुम्हें आज ही कासी जी भेजने का प्रबंध करती हूँ। लेकिन जिसके कारन मेरी कासी मुझसे सदा के लिए छुटी उसकी चिता की राख तो इसी झाँसी की मिट्‌टी में है न? लेकिन जान पड़ता है मुझे झाँसी भी छोड़नी पड़ेगी। तब इस महल में न मेरी आवाज़ सुन पड़ेगी, न सुन्दर की, न मुन्दर की और न तुम्हारा ही बनारसी स्वर गूँजेगा। तब इस क़िले में कौन बोलेगा दाई अम्मा?"

दाई अम्मा कोई ज्योतिषी तो थी नहीं कि भविष्यवाणी कर सकती। वह चुपचाप रानी का मुँह निहारती खड़ी रह गई।

"बोलो दाई अम्मा, तब इस क़िले में कौन बोलेगा?" रानी ने पुनः पूछा।

भीतर सब चुप रहे।

बाहर बाग़ में बकाइन के पेड़ पर बैठा एक उल्लू उसी समय बोल उठा।

(तीन)

सन् 1857 की खूनी आँधी आई और चली गई। न जाने कितने महावृक्ष उस आँधी में धराशायी हो गये। न जाने कितने कोमल तरु रौंद दिये गये और उन्हीं के साथ वह कोमल लता भी, जिसे इतिहास झाँसी की रानी कहता है, कट-कुटकर सदा के लिए धूल में मिल गई। उसके पिता मोरोपंत झाँसी के चौक में फाँसी पर लटका दिये गये। और, काशी में उसी रानी के बाल्य-सखा भोला, छुट्‌टू और द्वारिका के छोटे-छोटे बच्चे दर्जनों की संख्या में केवल विद्रोह का अभिनय करने के कारण जेनरल नील के हठ की वेदी पर बलिदान हो गये। सन् 1857 में काशी की लाज उसकी एक लड़की और इक्कीस लड़कों ने बचा ली।

उसके दूसरे साल ज्येष्ठ का नहीं, आश्विन का दशहरा आया। काशी में जगह-जगह रामलीला की धूम मच गई। उस साल नक्कटइया का जो जुलूस निकला तो बूढ़े सिकारी घाटिया के साथ सड़क की पटरी पर खड़े जुलजुल घीसा साव ने अपने साथी से पूछा–"का हो गुरू, ई घोड़ा पर कौन मेहरारू सवार हौ?"

"जनत नाहीं का? ई झाँसी वाली रानी न हो, जउन ऊ साल अस्सी पर डूबत लड़िका बचउले रहल।"

ढलती जवानी वाले भोला, छुट्टू और द्वारिका भी जुलूस देख रहे थे। उन्होंने देखा कि झाँसी की रानी घोड़े पर सवार काशी में चली जा रही है।

उसी समय एक पगली बुढ़िया उधर आ निकली। उसने भी झाँसी की रानी की सवारी देखी और खिलखिलाकर हँस पड़ी। फिर सहसा रोती हुई गाने लगी–

दमड़ी अउर दुकड़ाकऽ नाइके सेन्हुरवा,
छोड़ाइ देहले ना।
बाबा माईकऽ नगरिया
छोड़ाइ रे देहले ना।।

(1 अगस्त, 1957, त्रिपथगा)

कमच्छा का जादू

"आप ठीक कहती हैं श्रीमतीजी, मैं मनुष्य नहीं हूँ, वास्तव में भेड़ा हूँ।" पाण्डुपुर से गोहाटी जाने वाली गाड़ी के थर्ड क्लास डिब्बे में बैठे हुए युवक ने अपने सामने बैठी हुई एक महिला से कहा। युवक की यह विचित्र घोषणा सुनकर सभी हँस पड़े। साथ ही चौंक पड़ने वालों की संख्या भी कम न थी। ये लोग उस वर्ग के थे जो परमब्रह्म परमात्मा से लेकर महात्मा हरसूब्रह्म तक को पूजते हैं और उनके सामने स-भय नतमस्तक होते हैं। सावन का महीना, रात का समय, उसमें भी आर्द्रा! डिब्बे में ब्लैकआउट के कारण अन्धकार! ऐसे वातावरण में पचीस वर्ष के एक सुदर्शन और सुपुष्ट युवक को यह घोषित करते सुना कि मैं मनुष्य नहीं हूँ, भेड़ा हूँ, उनका कलेजा काँप गया। बहुसंख्यकों के भाव का प्रभाव अल्पसंख्यकों पर भी पड़ा और डिब्बे में सन्नाटा खिंच गया। युवक अपना कथन बराबर 'घोषता' जा रहा था—"इन बहिनजी ने बहुत सही कहा है, मैं भेड़ा हूँ।"

युवक को इस प्रकार विक्षिप्तों की तरह बकते देख 'श्रीमतीजी' के 'श्रीमानजी' ने उसे शांत करने के उद्देश्य से कहा—"भाई शायद मेरी पत्नी की बात से आपको कष्ट पहुँचा है। इसके लिए मैं आपसे क्षमा माँगता हूँ। मेरी पत्नी ने उस शब्द का प्रयोग मुहावरे के ढंग पर किया था।"

समूचे डिब्बे में कौतूहल की लहर-सी बह गई। युवक ने उक्त घोषणा करके जो विचित्र पहेली पैदा कर दी थी, इस 'माफ़ीनामे' में श्रोताओं का उसके समाधान की गन्ध लगी। वे उद्ग्रीव हो गये। एक ने कह भी दिया—"हाँ महाशयजी, बात क्या है?" उक्त सज्जन ने कहा—"बात यह है कि ये महाशय बगल वाले बर्थ पर लेटीं हुई महिला की शुश्रूषा में इस प्रकार सचेष्ट हैं कि जो यात्री उधर बैठने जाता है उसी से सावधान रहने और लेटी हुई महिला के विश्राम में व्याघात न पहुँचाने की प्रार्थना करते हैं। इसी पर मेरी पत्नी ने कहा कि औरत काँमरू कमच्छा की है क्या? यह तो बिल्कुल उसके भेंड़ हो रहे हैं।"

उस यात्री की बात अभी पूरी भी न हो पाई थी कि युवक फिर कहने लगा—"हाँ महाशयजी, आपकी श्रीमतीजी ने बिलकुल ठीक कहा है। यह सही है कि मेरी शकल भेंड़े जैसी नहीं है। मुझे दो सींग, चार पैर नहीं हैं। शरीर पर इतना रोम भी नहीं है कि लोग कतरकर कम्बल बनवा लें। मरने के बाद मेरे चमड़े से मशक भी नहीं बनवायी

जा सकती। यह सब समझते और जानते हुए भी मैं अपने को इनका भेड़ा ही मानता हूँ। इनको अधिकार है कि ये जब चाहें मेरी बलि दे दें।''

युवक रुका, मुस्कराया और फिर बोला–''मेरी जैसी स्थिति में पड़कर जो मनुष्य अपने को भेड़ा नहीं मानता, मैं उसे भेंड़ा-भेड़ा ही नहीं, गधा समझता हूँ।'' बर्थ पर लेटी हुई स्त्री के शरीर में कुछ हलचल हुई, जैसे वह उठना चाहती हो। युवक ने उसे अपने हाथों से रोकते हुए कहा–''मैं जानता हूँ आपको अपनी प्रशंसा प्रिय नहीं है। परन्तु मैं विश्व को आपके हृदय की विशालता का परिचय दे देना चाहता हूँ जिसमें मेरे जैसे क्षुद्र जीव के प्रति भी अपार करुणा भरी है।''

इतनी बातें हो चुकने पर यात्रियों का नवसंसर्गजात संकोच भी घट चला था। एक पंजाबी सज्जन ने लट्ठमार प्रश्न किया–''ये आपकी कौण हैं?''–''ये मेरी सब कुछ हैं, मैं इनका क्रीतदास हूँ।'' युवक ने कहा।

आतंक की काई फट गई। डिब्बे में बैठे हुए सभी लोगों को विश्वास हो गया कि युवक का मस्तिष्क विकृत है। पागल प्रायः बालकों के भय, युवकों के विनोद और वृद्धों की उपेक्षा का पात्र हुआ करता है। यात्रियों में भी कुछ युवकों ने उसे अपने विनोद का लक्ष्य बनाया। एक युक्त प्रांतीय मुसलमान ने युवक का श्रीसम्पन्न मुख देखकर कहा–''हैं तो जनाब यूसुफ सानी ही! वह मिस्त्र के बाज़ार में बिके थे। आप शायद काँवरू कमच्छा के जंगलों में बिक गये।''

''आपका कहना बिलकुल सही है।''–युवक ने अनपेक्षित रीति से स्वीकार किया। मियाँ जी चुप हो गये। एक दूसरे यात्री ने पूछा–''और तभी से भेड़ा बने हुए घूम रहे हैं?''

''यही बात है!''–युवक ने उत्तर देकर प्रश्नकर्ता को निरुत्तर कर दिया। जिस स्त्री ने युवक पर भेड़ा होने का कटाक्ष किया था उसके पति ने पूछा–''अच्छा, यह तो बताइये आप भेड़ा बने कैसे?''

युवक उछल पड़ा, बोला–''हाँ अब आपने पूछा है! मैं भेंड़ा कैसे बना? बताने लगूँ तो आप डरेंगे तो नहीं?''

''नहीं।''–सहयात्रियों ने मुस्कराकर उत्तर दिया।

''तो सुनिये।''–युवक ज़रा रुका और फिर कुछ सोचकर बोला–''लड़कपन में प्रायः हर आदमी गधा, जवानी में भेंड़ा और बुढ़ौती में उल्लू हो जाता है। यह दूसरी बात है कि वह खास आदमियों द्वारा ऐसा बनाया जाता हो या कुछ खास आदमियों के लिए ऐसा बनता हो। लड़कपन में मैं भी गधा था। बड़े आदमी का लड़का था इसलिए बड़ा गधा था। कामरूप प्रदेश के कामाख्या पीठ की कहानियाँ सुना करता था। सुनता था कि वहाँ की स्त्रियाँ जादू जानती हैं। किसी परदेसी के वहाँ पहुँचे जाने पर उसे भेंड़ा बना लेती हैं। यह सब सुनने पर यह जानने का कौतूहल होता था कि वे स्त्रियाँ कैसी हैं और आदमी भेंड़ा कैसे हो जाता है।''

गाड़ी स्टेशन पर खड़ी हो गई। शोरगुल के कारण युवक चुप हो गया। पुनः गाड़ी चलने पर उसने कहना आरम्भ किया–''गतवर्ष रोज़गार के सिलसिले में मैं गोहाटी

आया और वहीं रहकर अपना व्यवसाय चलाने लगा। व्यापार से बचे हुए समय में मैं जादू जानने वाली स्त्रियों का पता लगाता। जिससे पूछता वही मूर्ख समझता और कहता कि यह सब गप्प है। एकाधिक बार अपने प्रश्नों का यही उत्तर पाते रहने के कारण मैंने मान लिया कि यह अवश्य गप्प है।''

बात काटकर युक्त प्रांतीय मुसलमान ने पूछा–''लेकिन अब तो आप इसे गप्प नहीं मानते?''

युवक ने उत्तर दिया–''यह तो मैं आपको पहले ही बता चुका हूँ कि अब मैं दोनों बातों को सत्य मानता हूँ। वहाँ की स्त्रियाँ निश्चय जादू जानती हैं, और मनुष्य, यदि वह वास्तव में मनुष्य है तो उसके जादू से भेंड़ा भी अवश्य बन जाता है।''

'श्रीमती जी' के 'श्रीमान्जी' ने दाहिनी आँख से कनखी मारते हुए युक्त प्रांतीय मुसलमान से कहा–''आप बार-बार छेड़ते क्यों हैं? बीच में बोलते रहने से कहानी जम नहीं पाती।''

''यह कहानी नहीं है, आपबीती है।'' युवक ने चीखकर कहा। उसका यह जोश देखकर प्रायः सभी यात्री पुनः हँस पड़े। यहाँ तक कि यह दास्तान का मज़ा आरम्भ कराने वाली श्रीमतीजी भी आँचल से मुँह ढँककर खिलखिलाने लगीं। यह देखकर युवक और भी अधिक उत्तेजित हो गया और चिल्लाने लगा–''हे भगवान, कौन विश्वास करेगा? रंजना और सुरमा! नरक और स्वर्ग की कहानी! नास्तिक दुनियाँ कैसे विश्वास करेगी?''

पागल की उत्तेजना बढ़ाते जाना किसी को भी अभीष्ट न था। सभी ने उसे शांत करने के लिए कहा–''हम लोग आपकी बात का पूरा विश्वास करते हैं और इसलिए चाहते हैं कि आप अपनी अलौकिक कथा हमें सुनाएँ।''

युवक अत्यंत उत्तेजित हो उठा था। उसने कहा–''तुम लोग झूठ बोलते हो। तुम हमारी बात का विश्वास कभी नहीं कर सकते। बोलो क्या तुम विश्वास करोगे कि भादों की भयावनी रात थी, पादप संकुल अरण्य था और अनवरत वर्षा में मैं मार्ग भूलकर महापीठ के पार्श्ववर्ती वनों में एकाकी भटक रहा था। एक चीत्कार सुनाई पड़ी। सहसा बिजली चमकी। उसके प्रकाश में मैंने देखा कि एक तरुणी सामने लतागुल्म में उलझी हुई पड़ी है। तरुणी अपूर्व लावण्यवती थी। बोलो, क्या विश्वास करोगे कि उसके जैसी सुन्दरी विश्व में दूसरी नहीं दिखाई दे सकती। उसने चटकीले लाल रंग का एक वस्त्र-खंड लुंगी की तरह लपेट रखा था, अर्थात् वक्षःस्थल के कुछ ऊपर से घुटने के कुछ नीचे तक उसने केश समेटकर ऊपर गोल जूड़ा बाँध रखा था। जूड़े में विविध रंग के जंगली फूल खोंसे हुए थे और मध्य में सिंदूर का एक बहुत बड़ा चटकीला बिंदु था। बोलिये, क्या आप विश्वास करते हैं कि रूप में बड़ा आकर्षण होता है। मैं भी उसकी ओर आकर्षित हुआ। विविध उपचार कर उसे होश में ले आया। तरुणी ने बताया कि वह मार्ग भूल गई थी। अन्धकार के कारण लताओं में फँसकर गिर पड़ी। पैर मोच खा गया जिसकी पीड़ा से वह अचेत हो पड़ी थी।

कौन विश्वास करेगा कि स्वयं भूला हुआ आदमी दूसरे भूले हुए व्यक्ति को रास्ता दिखाने के लिए तैयार हो जाएगा। लेकिन कमच्छा की स्त्रियाँ जादू जानती हैं। मुझ पर उसका जादू चल गया। मैं उसे रास्ता बताने की हिमाकत कर बैठा। तरुणी को राह दिखाने के बहाने उसकी आँखों से मार्ग देखता मैं बढ़ा जा रहा था। पथ क्रमशः ढालुवाँ होता जा रहा था। कौन विश्वास करेगा कि वह ढालुवाँ पथ एक गुफा में जाकर समाप्त हो गया। गुफा में एक दरवाज़ा था जिसका कड़ा तरुणी हिलाने लगी। भीतर से आवाज़ आई, कौन?''

''मैं हूँ रंजना।''—तरुणी ने उत्तर दिया। भीतर से किसी ने फिर कहा—''लौट जाओ रंजना! मैं जानता हूँ, भगवती मुझसे रुष्ट हैं। मेरी साधना सफल न होगी। यदि सिद्धि ही मिलने वाली हो तो दस पशुओं की बलि दे देने के बाद आज पाँच बरसों से मैं अन्तिम बलि के लिए पशु खोजते-खोजते थक न जाता!'' भीतर से आती हुई आवाज़ खड़ज से गान्धार तक तीन परदों के भीतर ही खेल रही थी।

''पहले दरवाज़ा खोलो।''—झल्लाये हुए स्वर में रंजना ने कहा। भीतर खड़भड़ाहट हुई जैसे कोई भारी अर्गला हटा रहा हो। भारी साँकल गिरने की आवाज़ भी सुनाई पड़ी और फिर दरवाज़ा खुल गया। साथ ही भीतर से कोयले की रंग की एक खर्वाकृति मूर्ति बाहर निकली। बड़ी विचित्र मूर्ति थी वह! मस्तक पर सिंदूर का मोटा पलस्तर किया गया था। रुद्राक्ष के मोटे दानों से गुँथी एक सौ आठ माला कंठ में फँसी हुई उसकी नाभि तक झूल रही थी। शरीर पर मैला रक्ताम्बर था। दाढ़ी, मूँछ और भारी जटा से उसका चेहरा छिप-सा गया था। आँखों के स्थान पर जैसे दो लाल-लाल शोले थे। नीचे की पट्टी के तीन-चार दाँत गिर चुके थे जिससे उसके मुखमंडल की भयंकरता और भी बढ़ गई थी। रंजना के साथ मुझे देखते ही उसके भीषण बदन पर जैसे हर्ष की लहर दौड़ गई। उसने रंजना पर प्रशंसासूचक दृष्टि डालते हुए कहा—''वाह रंजना, यह पशु तुम्हें कहाँ मिल गया?'' रंजना ने जो उत्तर दिया उससे मेरा खून पानी होने लगा। उसने कहा—''खंड भैरव! मैं तुम्हें मानसिक कष्ट से पीड़ित देख बहुत दुखी थी। दिन-दिन भर रात-रात भर महामाया के मन्दिर में, महापीठ के चारों ओर जंगलों में बलि के लिए उपयुक्त सर्व सुलक्षण सम्पन्न पशु की खोज किया करती थी। आज इस पशु को जंगल में भ्रमण करते देख मैं गिरने की नक़ल करके पड़ गई। पशु मेरे पास आया। मैं उसे यहाँ तक ले आई। अब तुम जानो, तुम्हारा काम जाने।''

''तुम्हारा उपकार कभी न भूलूँगा, रंजना!''—खंड भैरव ने कहा और तब मेरी ओर देखकर वह बोला, ''देखो युवक! यह शरीर नश्वर है ही। यदि वह महामाया की भेंट चढ़ जाए तो इससे बढ़कर आनन्द की बात और क्या होगी? चलो मेरे साथ!'' खंड भैरव ने दीवार के सहारे खड़ा अपना भीषण त्रिशूल उठा लिया। उसकी नोंक मेरी पीठ में चुभोकर मुझे आगे बढ़ने का संकेत किया। रंजना मेरे आगे-आगे कोठरी में चली—उसके पीछे मैं चला और मेरे पीछे खंड भैरव। अन्धकार में हम प्रायः

घंटे भर आगे बढ़ते गये। कौन विश्वास करेगा कि यह कोठरी बहुत लम्बी गुफा थी। वह समाप्त हुई और हम खुले आकाश के नीचे आ गये।

युवक ने ठहरकर साँस ली और फिर कहने लगा–"चिकनी मिट्टी पर पैर फिसल रहा था परन्तु मार्ग ऊबड़-खाबड़ होने के कारण फिसलते हुए पैरों को भी सँभलने की आड़ मिल जाती थी। मार्ग के दोनों ओर धन पत्र शाखामय वृक्ष पंक्ति थी। मेघ-पूरित आकाश में रह रहकर बिजली चमक जाती थी। ऐसा जान पड़ता था जैसे विश्वात्मा का समस्त प्रकाश स्पष्ट हो उठा है। जैसे निसर्ग के अस्तित्व ने विद्युज्ज्वाला के बहाने आत्म-प्रकाश किया है। ब्रह्मपुत्र की प्रखर धारा का कल-कल निनाद सुनाई पड़ रहा था। ब्रह्मपुत्र के मध्य में स्थित उमानाथ महादेव के मंदिर का चूड़ा भी बिजली के प्रकाश में चमक जाता था। मैंने उसी प्रकाश में देखा कि सामने ही एक उच्च और अत्यंत प्रकांड गोलाकार वेदी है और वेदी के मध्य में है एक विशालायतन महीरुह। इतना लम्बा वृक्ष मैंने दूसरा नहीं देखा है।"

छरहरे बदन के एक बंगाली तरुण ने बात काटकर कहा–"क्यालिफार्निया के जंगलों में...।" बंगाली तरुण को रोकते हुए युवक बोला–"जी हाँ, कैलिफोर्निया के जंगलों में जिन दानवाकृति वृक्षों की बात सुनी जाती है, वह वृक्ष भी उनका छोटा भाई ही जान पड़ता था। समूचे वृक्ष में न कोई शाखा थी, न एक भी पत्ता। छाते की तरह केवल शीर्षदेश थोड़ा शाखा पत्र समन्वित था। मैंने मन ही मन सोचा कि यह वृक्ष न जाने कितना पुराना और कितनी हत्याओं का मूक साक्षी है। वृक्ष के सहारे खड़ी चामुंडा की विशाल भीषण प्रतिमा थी। प्रतिमा के हाथ में एक खड्ग था और उसके सामने ही एक ताम्रकुंड। ताम्रकुंड के पास ही एक यूप गड़ा था जिसके आसपास की भूमि खून के जमे हुए काले-काले धब्बों से मलिन हो रही थी। हम तीनों इसी वेदी के नीचे खड़े हो गये। अब मैंने देखा कि खंड भर के कंधे पर कलश के आकाश का एक पात्र भी है जिसे उसने वेदी पर रख दिया। रखते समय पात्र का ढँकना हट जाने से उसमें से अत्यन्त तीव्र मदिर गन्ध निकली। खंड भैरव ने पीठ पर से एक झोली भी उतारी। उसमें से उसने पूजा के अनेक उपकरण निकालकर वेदी पर सजा दिये और तब वह रंजना से बोला–'रंजना! तुम जाकर स्नान तो कर आओ। तब तक मैं पशु को बाँध देता हूँ।' हरिणी की तरह उछलती हुई रंजना नदी तट की ओर चली। मेरी चेतना लुप्त होने लगी। खंड भैरव ने मोटी-मोटी मजबूत लताओं से मुझे कसकर उसी खूँटे में बाँध दिया। रंजना भी स्नान करके लौट आई। उसका जूड़ा खुल गया था और भीगे केश पीठ पर लहरा रहे थे।"

युवक रुककर फिर साँस लेने लगा। कथा में श्रोताओं की दिलचस्पी बढ़ गई थी। सभी साँस रोके सुन रहे थे। युवक फिर कहने लगा–

"विविध प्रकार के पूजोपचार के बाद कारण रस का पान चला। तत्पश्चात् मूर्ति के हाथ का खड्ग खंड भैरव ने ले लिया। उसने गम्भीर स्वर से पूछा–'त्वंका?'

'अहं भैरवी! कस्त्वं?'

'भैरवोऽहं!' खंड भैरव ने उत्तर दिया। बलि का समय समीप आता जाता था और मेरे हृदय की धड़कन क्रमशः घटती जा रही थी। सहसा मुझे सुनाई पड़ा–"खंड भैरव! यह बलि नहीं है, कुकर्म है। तुम वीराचारी नहीं, दुराचारी हो।"

खंड भैरव ने अट्टहास करते हुए उत्तर दिया–"कौन भैरवी सुरमा! तुम मेरे साधना-पथ में पुनः बाधक बनकर आ पहुँची?"

"मैं बाधक नहीं, तुम्हारी दीक्षा गुरु हूँ। तुम मद्यप न बनकर मद्य साधक बनो। ब्रह्मरन्ध्र से झड़ती हुई सोमधारा का पान करके जो आनन्दमय हो जाता है वही मद्य-साधक है।"

"भैरवी सुरमा, मुझे उपदेश मत दो। मैंने तुमसे तांत्रिक दीक्षा अवश्य ली है परन्तु मेरे वास्तविक गुरु हैं सिद्ध कराली। मैं गुरु के बताये मार्ग पर चलता हूँ। क्यों रंजना?"

रंजना कारणानन्द में चूर थी। उसने कुछ उत्तर न दिया। भैरवी सुरमा ने पुनः कहा–"खंड भैरव! यह नर-हत्या है। मैं तुम्हें नर-हत्या न करने दूँगी। देखो! तुम जिसकी हत्या करने जा रहे हो अभी उसकी जवानी पूरी खिल भी नहीं पाई है। उसने अभी जीवन का उद्देश्य भी पूरी तरह नहीं समझा है।"

"समय नष्ट न करो सुरमा! यदि नर-हत्या नहीं देख सकती तो हट जाओ।" इतना कहते-कहते खंड भैरव ने खंग उठाया। ऊपर आकाश में बिजली चमकी, नीचे अवकाश में खंड भैरव के हाथ का खंग। मैंने दोनों से भयभीत होकर आँखें मूँद ली। दूसरे ही क्षण वेदी पर किसी वस्तु के झनझनाकर गिरने की आवाज़ सुनाई पड़ी। मेरी आँखें बरबस खुल गईं। मैंने देखा कि खंड भैरव का खंग छटककर दूर पड़ा है, उसके हाथ से रक्तस्राव हो रहा है, सुरमा के हाथ में त्रिशूल है और त्रिशूल की नोकों में भी रुधिर लगा हुआ है। मैंने देखा कि खंड भैरव खंग की ओर दौड़ा, मैंने देखा कि वह खंग उठाने के लिए झुका और मैंने यह भी देखा कि खंग उठाने की कौन कहे, वह स्वयं ऐसा गिरा कि फिर न उठ सका। सुरमा का त्रिशूल उसकी पीठ में दो-तीन इंच घुस गया था। रंजना पूरी तौर पर मद्य से अभिभूत होकर काठ-सी पड़ी थी। सुरमा ने खंग से काटकर मुझे बन्धन मुक्त किया। अब वही मुझे गोहाटी लिए जा रही है। यदि आप यह समझते हैं कि गोहाटी में मेरी कोठी है और मैं वहाँ सुरमा देवी को लिए जा रहा हूँ तो आपकी समझ ग़लत है। मुझे तो रंजना ने मार डाला। सुरमा ने मुझे दूसरा जन्म दिया है। वे मेरी उपास्य हैं, नमस्य हैं। मेरी ही नहीं, आप लोगों की भी विश्व भर की।"

युवक कहते-कहते हाँफ उठा और चुप हो गया। युक्तप्रांतीय मुसलमान ने कहा–"वल्लाह! अगर सलाम के काबिल होंगी तो हम ज़रूर सलाम करेंगे। सलाम क्या, सिजदा करेंगे।"

परमाणु बम भी फट पड़ता तो भी शायद डिब्बे में बैठे यात्रियों को इतना आश्चर्य न होता। सबके मुख पर श्रद्धा का अपूर्व भाव छा गया। युक्त प्रांतीय मुसलमान सचमुच

सिजदा करने लगा। बर्थ पर लेटी हुई महिला बैठ गई थी और कह रही थी–"तुम्हारी ही नहीं, तुम्हारे पिता और सम्भवतः तुम्हारे पितामह की भी मैं नमस्य हूँ।"

गले के नीचे महिला का सारा शरीर ढँका था। सिर पर बाल नहीं रह गये थे। चेहरे पर जीवन के बीते वर्ष अपनी छाप झुर्रियों के रूप में छोड़ गये थे। मुख में एक भी दाँत न था। भौं तक के बाल सफ़ेद थे।

यह सुरमा भैरवी थी।

(1 जून, 1959, प्रसाद)

जुझौअल

(1)

न लायची बटल न सोपाड़ी। केवके घरे बोलउआ लेके नउऔ नाहीं गयल। न डुग्गी पर चोट पड़ल, न 'खलक खोदाकऽ, मुलुक बादशाह कऽ, हुकुम सरकारकऽ' अवाजै गूँजल, तौनो पर सहर भर में जेके देखऽ वही मछरहट्टा के तरफ पागल ऊँट मतिन मुँह उठउले भागल जात हौ। एक्का देखऽ तऽ ओहरै, बग्घी देखऽ तऽ ओहरै। केहू दुकान में बिना टट्टर लगउले भागल तऽ केहू टट्टर लगउलस लेकिन भुन्नासी जड़ब भूल गयल। मजूर गठरी लेहले ओहरै बढ़ल अउर घासीराम चनाजोर गरम कऽ झोली सँभरले।

सहर भर में सनसनी छाय गइल। बिजुरी मतिन ए कोने से ऊ कोने तक ख़बर दउड़ गइल कि ठाकुर छन्नू सिंह अउर सेख सल्लर में तरवार चलत हौ।

(2)

पियरी के सेर बाबू छन्नू सिंह कऽ नाँव सहरै का दूर दूर दिहात तक तपत रहल। कुन्नन मतिन बदन रंग, सेर अइसन चौड़ी छाती, 6।। फुट लम्बा सरीर, लोढ़ा मतिन मोढ़ा अउर मुसुक, करेर कलमा अउर लम्बी भुजा संछेप में ठाकुर छन्नू सिंह क यही होलिया रहल। भगवान के दया से ओन्हैं मोछौ खूब खड़ी और खूब बड़ी मिलल रहल। ओंठ के नीचे तनी खम खाय के फेर उप्पर के तरफ टेकुआ मतिन सीधी और तनल, अइसन कि अगल बगल कागदी निबुआ रखदऽ तऽ थमल रह जाए। घुटने दुइ अंगुर नीचे तक धोती, उप्पर बगलबन्दी, माथे पर गुलाबी मुँडासा, पीठ पर ढाल, कमर में तरवार लगउले ठाकुर जउने रस्ते निकस जाएँ ओहरै सन्नाटा छाय जाए।

नगरभर में ठाकुर के पौरुख कऽ धूम रहल। मसहूर रहल कि एक बार ठाकुर फउजदार के पास मालगुजारी ले गइलन। फउजदार मुरतजा मियाँ कउनो मामूली जीव नहीं रहल। फ़ौजदार के सामने ठाकुर रुपया क गठरी रख के बइठ गइलन। एहर ओहर कऽ बात होये लगल। एही बीच गठरी से एक एक रुपैया निकाल, अंगुरी के दबाव से ओप्पर कऽ लिखावट मिटाय मिटाय के मुरतजा मियौं ठाकुर के सामने फेंकै

लगलन। कहलन देखो ठाकुर रुपये तो खरे नहीं हैं ठाकुर भी पुराना घाघ। आने से फउजदार कऽ फेंकल रुपैया उठाय उठाय अउर खाली ओकर दुई दुई टुकड़ा कैके मुरतजा मियाँ के सामने फेंकै लग गइलन अउर कहलन--सरकार! रुपैया भले खोटा होय लेकिन चानी खरी हौ। ठाकुर कऽ बल देख के फउजदार एतना खुस भयल कि सारा रुपैया लौटाय देहलस। ओही ठाकुर छन्नू सिंह आज समर में उतरल हउअन ई सुन के जे जहाँ रहल हुँअईन से तमासा देखै दउड़ पड़ल।

(3)

अगर अपने बल वीरता के कारन ठाकुर छन्नू सिंह पियरी कऽ सेर रहलन तऽ सेख सल्लर घिउहट्टाकऽ। दूनों महल्ला के बीच हडहा तलाब, एक छोटा जंगल एक बड़ा भारी दलदल रहल। आज वही हड़हा तालाब पर हड़हा महल्ला हौ अउर जंगल दलदल के जगह बेनिया बाग़। घिउहट्टौकऽ नाँव तब तलक औरंगाबाद नाहीं पड़ल रहल। एही से सेख जी के लोग औरंगाबादी न कहके घिउहट्टा वाले सेख कहत रहलन।

सेखजीकऽ बदन नाटा लेकिन गँठीला रहल। चेहरे पर अगल बगल पट्टा, माथे पर छल्लेदार जुल्फी, नाक के नीचे मोछ करतल अगल बगल सिरे पर साबूत अउर सानदार समुच्चा चेहरा चमचमा, ठोढ़ी पर दुइ चार ठे छोटा छोटा बार। छींटकऽ पैजामा, जामदानी कऽ अँगरखा माथे पर हरिहर पगड़ी, कमर में ज़री क फेंटा, फेंट में पेसकब्ज, कटार अउर बिछुआ, हाथ में गुरुज। हाथकऽ दसों अंगुरी छल्ला अउर मुंदरी से गुहल। गोड़ में सानदार सल्लम साही। मुँह में पान अउर आँखी में सुरमा घुलउले सेखजी जेहरै निकस जाएँ दुई पट्टी दुकनदार चच्चा सलाम कहके ओनकर अगवानी करैं। बड़ा से बड़ा संकट सामने रहै लेकिन सेख जी मस्ती से एतनै कहैं-- अमाँ! देखा जइहै।

(4)

हाँऽ, तऽ सेखसल्लर अउर ठाकुर छन्नू सिंह में बिगड़लतऽ बहुत दिन से रहल। कहावत हौ--रोगकऽ जड़ खाँसी बैरकऽ जड़ हाँसी। सेख अउर ठाकुर के भी बैरकऽ जड़ हांसीयै रहल। सुरु भइल हाँसी, अन्त में होय गयल बँहड़ेर। ई कइसे भयल एकर कौनो भारी इतिहास नाहीं हौ। साधारन सी बात रहल लेकिन घात कै गइल। अइसेतऽबात बरसातकऽ पानी हौ। बरसल, बह गैल। लेकिन जहाँ लग गइल तहाँ बात बात नाही रह जात बान हो जाला। करेजे में कसकल करऽला। गरमागरम लोहू से धोअले बिना जरन नाहीं जात। सेख अउर ठाकुर में बैरकऽनेंव पड़ल सिवपुर के मेला में। होत रहल गुड्डी लड़ैया-- लड़ गइलन अदमी। बात भइल ई कि सेख के गुड्डी से ठाकुर कऽगुड्डी कट गइल। सेखकऽ चेला चाटी थपोड़ी पीट देहलन। ठाकुरकऽ चेहरा मारे

क्रोध के लाल भभूका हो गयल। बारे ऊ गम खाय गइलन अउर चुपचाप अपने एक्का पर बइठ गइलन। जीत के खुशी में मस्त सेखजी औ अपने एक्का पर चल गइलन। ठाकुरऽघोड़ा कुम्मैत रहल अउर सेखजीकऽ सब्जा। सहीस के रास उठउतै दूनो घोड़न के जइसे पर लग गयल। दूनों तड़प के उड़ चललन। ठाकुर कऽ एक्का सेख के एक्का से एक बाँस आगे बढ़ गयल। सेख कऽ एक्कावान कहलस ई गुड्डी लड़ैया नाहीं हौ। एम्मे सेखी न चली। एक्कावान के मुँहे से सेखी सब्द सुनते सेखजी गुरुज तौल के एक्का पर से कूद गइलन। ठाकुरौ तलवार लेके उछरलन चार जने के बीचबचाव से ओ दिन झगड़ा बरक गयल। तबसे ठाकुरकऽ रस्ता सेख अउर सेखकऽ रस्ता ठाकुर बरावै लगलन। ओदिन संजोग से मछरहट्टा के आगे जहाँ आजकाल बाबू ठाकुरदासकऽ कटरा हौ, दूनो जने कऽ सामना होय गयल। बसफेर का? चले लगल दनादन गुरुज अउर छपाछप तलवार। सारा शहर टूट पड़ल। कुल 6 घंटा लड़ाई भइल। ठाकुर गनेशक हाथ मरलन सेख अपने गुर्ज से वार बचाय गइलन। सेख गुर्ज में घुमाय के ठाकुर पर चोट कइलन। ठाकुर कावाकाट गइलन। दूनों के शरीर से खून कऽ फुहारा छूटै लगल फिर भी बीरनकऽ लड़ाई गरमाइलै रहल। अन्त में ठाकुरकऽ एक हाथ सेख के कन्धे पर बइठल। तरवार दुइ इंच धँस गइल। सेख के हाथ से गुर्ज गिर गयल। ठाकुर लपक के उनके उठाय लेहलन। फिर धीरे से सहारा देके ठाकुर सेख के उठौलन–काहो सेखजी! चोट ढेर आगइल का? अमाँ देखा जइहे–कँहर के सेख जी कहलन। ठाकुर भीर के ललकरलन "तूँ लोग देखत का हौआ। एक जने दउड़ के डोली लिआवऽ। सेखजी के हम अपने हियाँ लियाय जाब। जब अच्छा हो जइहैं तब बिदा कर देब। गुरजौ दे देब जेम्मे फेर कबौं सामना होय तो..." ठाकुर तनी चुप हो गइलन मिनिट भर चुप रहके सेख से कहलन 'कहौ! सेख जी हमार कहल ठीक हौ न?' आँख बन्द कइलेही सेख कहलन "अमाँ देखा जइहै। यही तौ जुझौवल कहात है। हमहूँ मर्द तोहऊँ मर्द। समझे, हाँ देखा जइहै।"

(1 मार्च, 1962, प्रसाद)

दधीचि के अस्थिदान की कहानी

भारतीय दान-परम्परा में महर्षि दधीचि का अस्थिदान अपना अन्यतम महत्त्व रखता है। वृत्रासुर दैत्य से पीड़ित देवमंडली को सुरेन्द्र के नेतृत्व में ब्रह्मा जी ने महर्षि दधीचि से अस्थियों की याचना कर उनसे अस्त्र बना वृत्रासुर के विध्वंस की युक्ति सुझायी थी। सुरेन्द्र के तदनुरूप आचरण से अस्थिदान की महान् घटना घटित हुई। इसका वर्णन हमारे प्राचीन साहित्य में विद्यमान है। भारत में इस कथा का आकर्षक आख्यान उपलब्ध होता है। 'महाभारत' के अरण्य पर्व का यह आख्यान जिज्ञासुओं के मनःतोष के लिए नीचे उद्धृत किया जाता है।

भूय एवाहमिच्छामि महर्षेस्तस्य धीमतः।
कर्मणां विस्तरं श्रोतुमगस्त्यस्य द्विजोत्तम।।

युधिष्ठिर ने कहा–'द्विजश्रेष्ठ! मैं पुनः बुद्धिमान् महर्षि अगस्त्यजी के चरित्र का विस्तारपूर्वक वर्णन सुनना चाहता हूँ।'

शृणु राजन् कथां दिव्यामद्रमुतामतिमानुषीम्।
अगस्त्यस्य महाराज प्रभावममितौ जसः।।

लोमशजी ने कहा–"महाराज! तेजस्वी महर्षि अगस्त्य की कथा दिव्य, अद्‌भुत और अलौकिक है। उनका प्रभाव महान् है। मैं उसका वर्णन करता हूँ, सुनो।'

आसन् कृतयुगे घोरा दानवा युद्धदुर्मदाः।
कालकेया इति ख्याता गणाः परमदारुणाः।।

सत्ययुग की बात है। दैत्यों के बहुत-से भयंकर दल थे, जो कालकेय के नाम से विख्यात् थे। उनका स्वभाव अत्यंत निर्दय था। वे युद्ध में उन्मत्त होकर लड़ते थे।

ते तु वृत्रं समाश्रित्य नाना प्रहरणोद्यताः।
समन्तात् पर्यधावन्त महेन्द्र प्रमुखान सुरान्।।

उन सबने एक दिन वृत्रासुर की शरण लेकर उसकी अध्यक्षता में नाना प्रकार के आयुधों से सुसज्जित हो महेन्द्र आदि देवताओं पर चारों ओर से आक्रमण किया।

ततो वृत्रवधे यत्नमकुर्वस्त्रिदशाः पुरा।
पुरंदरं पुरस्कृत्य ब्रह्माणमुपस्थिरे।।

तब समस्त देवता वृत्रासुर के वध के प्रयत्न में लग गये। वे देवराज इन्द्र को आगे करके ब्रह्माजी के पास गये।

कृतांजलींस्तु तान् सर्वान् परमेष्ठीत्युवाच ह।
विदितं मे सुराः सर्व यद्वः कार्य चिकीर्षितम्।।

वहाँ पहुँच कर सब देवता हाथ जोड़ कर खड़े हो गये। तब ब्रह्मा ने उनसे कहा– ''देवताओं तुम जो कर्म सिद्ध करना चाहते हो, वह सब मुझे मालूम है।

तमुपायं प्रवक्ष्यामि यथा वृत्रं वधिष्यथ।
दधीचइति विख्यातोमहानृषिरूदारधीः।।
तं गत्वा सहिताः सर्वे वरं वै सम्प्रयाचत।
स वो दास्यति धर्मात्मा सुप्रीतेनान्तरात्मना।।

मैं तुम्हें एक उपाय बता रहा हूँ, जिससे तुम वृत्रासुर का वध कर सकोगे। दधीच नाम से विख्यात् जो उदार चेता महर्षि हैं उनके पास जाकर तुम सब लोग एक साथ ही वर माँगो। वह बड़े धर्मात्मा हैं। अत्यंत प्रसन्न मन से तुम्हें मुँह माँगी वस्तु देंगे।

स वाच्यः सहितैः सर्वैर्भवद्रभिर्जयकांक्षिभिः।
स्वान्यस्थीनिप्रयच्छेति त्रैलोक्यस्य हिताय वै।।

जब वह वर देना स्वीकार कर लें, तब विजय की अभिलाषा रखने वाले तुम सब लोग उनसे एक साथ यों कहना–महात्मन्! आप तीनों लोकों के हित के लिए अपने शरीर की हड्डियाँ प्रदान करें।

सः शरीरं समुत्सृज्य स्वान्यस्थीनि प्रदास्यति।
तस्यास्थिभिर्महाघोरं वज्र संस्क्रियतां दृढ़म्।।

तुम्हारे माँगने पर वह शरीर त्यागकर अपनी हड्डियाँ दे देंगे। उनकी हड्डियों द्वारा तुम लोग सुदृढ़ एवं अत्यंत भयंकर वज्र का निर्माण करो।

महच्छत्रुहणं घोरं षडश्रं भीमनिःस्वनम्।
तेन वज्रेण वै वृत्रं वधिष्यति शतक्रतुः।।

उसकी आकृति षट्कोण के समान होगी। वह महान् एवं घोर शत्रुनाशक अस्त्र भयंकर गड़गड़ाहट पैदा करने वाला होगा। उस वज्र के द्वारा इन्द्र निश्चय ही वृत्रासुर का वध कर डालेंगे।

एतद् वः सर्वमाख्यातं तस्माच्छीघ्रं विधीयताम्।
एव मुक्तास्ततो देवा अनुज्ञाप्य पितामहम्।।
नारायणं पुरस्कृत्य दधीचस्याश्रमं ययुः।
सरस्वत्याः परे परं नाना द्रुमलतावृतम्।।

ये सब बात मैंने तुम्हें बता दी है। अतः अब शीघ्रता करो। ब्रह्मा जी के ऐसा करने पर सब देवता उनकी आज्ञा लेकर भगवान् नारायण को आगे करके दधीच के आश्रम पर गये। वह आश्रम सरस्वती नदी के उस पार था, अनेक प्रकार के वृक्ष और लताओं से घिरा हुआ था।

षट्पदोद्रीतूनिनदैर्विघुष्टं सामगैरिव।
पुंस्कोकिलरवोन्मिश्रं जीवं जीवक नादितम्।।

भ्रमरों के गीतों की ध्वनि से वह स्थान इस प्रकार गूँज रहा था, मानों सामगान करने वाले ब्राह्मणों द्वारा सामवेद का पाठ हो रहा हो। कोकिल के कलरव से कूजित और दूसरे जन्तुओं (पशु-पक्षियों) के शब्दों से कोलाहलपूर्ण बना हुआ वह आश्रम सजीव-सा लग रहा था।

महिषैश्च वराहैश्च सृमरैश्चमरैरवि।
तत्र तत्रानुचरितं शार्दूलभयवर्जितैः।।

भैंसे, सुअर, बाल मृग और चवँरी बाघ-सिंहों के भय से रहित हो उस आश्रम के आस-पास विचर रही थीं।

करेणुभिर्वारणैश्च प्रभिन्नकारटामुखैः।
सगोऽवगाढ़ैः क्रीडद्भिः समन्तादनुनादितम्।।

अपने कपोलों से मद की धारा बहाने वाले हाथी और हथिनियाँ वहाँ सरोवर के जल में गोते लगाकर क्रीड़ाएँ कर रहे थे, जिससे आश्रम के चारों ओर कोलाहल-सा हो रहा था।

सिंहव्याघ्रैर्महानादान्नदद्भि रनुनादितम्।
अपरैश्चापि संलीनैर्गुहाकन्दरशायिभिः।।

पर्वतों की गुफाओं, तथा कन्दराओं में लेटे, झाड़ियों में छिपे और वन में विचरते हुए जोर-जोर से दहाड़ने वाले सिंहों और व्याघ्रों की गर्जना से वह स्थान गूँज रहा था।

तेषु तेष्ववकाशेषु शोभितं सुमनोरमम्।
त्रिविष्टपसमप्रख्यं दधीचाश्रममागमन्।।

विभिन्न स्थानों में अधिक शोभा पाने वाला महर्षि दधीच का वह मनोरम आश्रम स्वर्ग के समान प्रतीत होता है। देवता लोग वहाँ आ पहुँचे।

तत्रापश्यन दधीचं ते दिवाकरसमद्युतिम्।
जाज्वल्यमानं वपुषा यथा लक्ष्म्या पितामहम्।।

उन्होंने देखा, महर्षि दधीच भगवान् सूर्य के समान तेज से प्रकाशित हो रहे हैं। अपने शरीर की दिव्य कान्ति से साक्षात् ब्रह्माजी के समान जान पड़ते थे।

तस्य पादौ सुराराजन्नभिवाद्य प्रणम्य च।
अयाचन्त वरं सर्वे यथोक्तं परमेष्ठिना।।

राजन्! उस समय देवताओं ने महर्षि के चरणों में अभिवादन एवं प्रणाम करके ब्रह्मा जी ने जैसे कहा था, उसी प्रकार उनसे वर माँगा।

ततो दधीचः परममप्रतीतः सुरोत्तमांस्तानिदमभ्युवाच।
वारोमि यद् वो हितमद्य देवाः स्वं चावि देहं स्वयमुत्सृजामि।।

तब महर्षि दधीच ने अत्यन्त प्रसन्न होकर श्रेष्ठ देवताओं से इस प्रकार कहा– "देवगण! आज मैं वही करूँगा, जिससे आप लोगों का हित हो। अपने इस शरीर को मैं स्वयं ही त्याग देता हूँ।'

स एवमुक्त्वा द्विपदां वरिष्ठः प्राणान वशी स्वान् सहप्तोत्ससर्ज।
ततः सुरास्ते जगृहुः परासोरस्थीनि तस्याथ यथोपदेशम्।।

ऐसा कहकर मनुष्यों में श्रेष्ठ, जितेन्द्रिय महर्षि दधीच ने सहसा अपने प्राणों का त्याग कर दिया। तब देवताओं ने ब्रह्मा जी के उपदेश के अनुसार महर्षि के निर्जीव शरीर से हड्डियाँ ले लीं।

प्रहृष्टरूपाश्च जयाय देवा सत्वष्टारमागम्य तमर्थमूचुः।
त्वष्टा तु तेषां वचनं निशम्य प्रहृष्टरूपः प्रयतः प्रयत्नाम्।।
चकार वज्रं भृशमुग्ररूपं कृत्वा च शक्र स उवाज हृष्टः।
अनेन वज्रप्रवरेण देवं भस्मीकुरुष्वाद्य सुरारिमुग्रम।।

इसके बाद वे हर्षोल्लास से भर कर विजय की आशा लिए त्वष्टा प्रजापति के पास आये और उनसे अपना प्रयोजन बताया। देवताओं की बात सुनकर त्वष्टा प्रजापति बड़े प्रसन्न हुए। उन्होंने एकाग्र चित्त होकर प्रयत्नपूर्वक अत्यंत भयंकर वज्र का निर्माण किया। तत्पश्चात् वह हर्ष में भरकर इन्द्र से बोले–'देव! इस उत्तम वज्र से आप भयंकर देवद्रोही वृत्रासुर को भस्म कर डालिए।

ततो हतारिः सगणः सुखं वै प्रशाधि कृत्स्नं त्रिदिवं दिविष्ठः।
त्वष्ट्रा तथोक्तस्त पुरंदरंस्तद् वज्र प्रहष्टः प्रय ह्यगृहात।।

इस प्रकार शत्रु के मारे जाने पर आप देवगणों के साथ स्वर्ग में रहकर सुखपूर्वक सम्पूर्ण स्वर्ग का शासन एवं पालन कीजिए।' त्वष्टा प्रजापति के ऐसा कहने पर इन्द्र को बड़ी प्रसन्नता हुई। उन्होंने शुद्ध चित्त होकर उनके हाथ से वज्र ले लिया।

(1 जनवरी, 1966, त्रिपथगा)

✿✿✿